白鱼解字

流沙河 著

海南出版社
·海口·

图书在版编目（CIP）数据

白鱼解字 / 流沙河著. -- 海口 : 海南出版社,
2024.11
（流沙河解字全书）
ISBN 978-7-5730-1589-1

Ⅰ. ①白… Ⅱ. ①流… Ⅲ. ①汉字—古文字学—研究
Ⅳ. ① H121

中国国家版本馆 CIP 数据核字 (2024) 第 076156 号

白鱼解字

BAI YU JIEZI

作　　者：流沙河
策　　划：彭明哲
责任编辑：闫　妮
执行编辑：姜雪莹
封面设计：任　佳
责任印制：杨　程
印刷装订：炫彩（天津）印刷有限责任公司
读者服务：唐雪飞
出版发行：海南出版社
总社地址：海口市金盘开发区建设三横路 2 号
邮　　编：570216
北京地址：北京市朝阳区黄厂路 3 号院 7 号楼 101 室
电　　话：0898-66812392　　010-87336670
电子邮箱：hnbook@263.net
经　　销：全国新华书店
版　　次：2024 年 11 月第 1 版
印　　次：2024 年 11 月第 1 次印刷
开　　本：889 mm × 1 194 mm　1/16
印　　张：70
字　　数：910 千字
书　　号：ISBN 978-7-5730-1589-1
定　　价：598.00 元（全五册）

编者序

流沙河早年写新诗。1957 年以一首《草木篇》惹祸，并谬得大名。

二十年飘萍沉浮，苦境起落。到了二十世纪八十年代，他返文坛重新提笔，热切写诗，且成果颇丰。到了 1989 年，他突然心情大变，声称自己不再写新诗。个中原因自不待言。他不喜欢被人称为“诗人”，说称“成都文人”合适一些。转而弄文史、翻类书笔记、典籍系列。以现代人的思维视角写出《庄子现代版》《庄子闲吹》《流沙河短文》《书鱼知小》《诗经现场》《再说龙及其他》等一系列散文作品，得到读者和文化界的一致好评。

流沙河读书博杂，腹笥丰盈。正如他给别人的题辞“纸上烟云，胸中臆象”，我以为这恰好印证了他自身的知识储备和创作状态，简直就是“夫子自道”。他对中国优秀的传统文化有一种发自内心的热爱，对当今某些人把《三字经》《弟子规》等“糟粕”当成“国学”来提倡，大不以为然。他说，他们说的“国学”，不但含义混淆且偏颇。要弄清中国传统文化的精义，首先要弄清楚汉字。“小学”是中国语言文化之基础，每一个汉字，从古人创造出来到使用过程的演变中，都包含了丰富的社会文化信息，体现了古人的生产劳动、生活方式、思维方式的状态。汉字包含了民族文化的灵魂密码。汉字是象形文字，且书画同源，它独特而美丽，是人类文明留存下来的硕果之一。

早在少年求学的时期，流沙河就跟着一刘姓老师读《文字蒙求》《说文解字》一类的书籍。他当时虽然懵懂，但这却激起了他的兴趣，种下了探究的种子。

二十世纪六十年代初，流沙河被剥夺了写作的权利，下放到农场劳改。他在种菜喂猪之余又偷偷地读《说文解字》一类的书，并且写出一本《字海漫游》，可惜“文革”来临，他的政治待遇“升级”，吓得他赶紧将书稿付之一炬。

四十多年后，也就是 2009 年前后，流沙河已是耄耋之年。又重新沉潜求索于古老汉字的海洋中。只见他苍颜白发、瘦弱躯体、不管不顾，一副旁若无人，书中自有黄金屋、颜如玉的样子，每天上午 9 时进入书房。一副老花镜加一支放大镜，他伛偻驼背，伏于案上。在那些字体比蚂蚁还小的辞书、类书、笔记等各种史籍上查考或书写，一直工作到下午 6 时左右方休。饭点到了他不知，须我大声喊叫，喊他吃饭就像喊大河对岸的渡船那样艰难。我怕他太劳累，生病倒下，劝其减少工作时间，他充耳不闻，我再进言时他就大发脾气。我就笑他：烈士暮年，壮心不已，害己又害人。他这样解释自己的“痴迷”：“孤灯不寐，窥读东汉许慎《说文解字》。一不小心，深潜下去，捞到快乐。这才发现，解说文字好比侦探破案，进程曲曲折折，必须从典籍里翻查主证，又须从词语里找到旁证，还须从百科知识里觅得印证，更须有胆有识，动摇权威的旧说，自创切实的新解。这样做了，方能少办冤假错案。”

历时八年多的时间，劬劳晨昏、孜孜以求，他终于完成了《白鱼解字》《文字侦探》《正体字回家》《字看我一生》《画字》五本系列文字学著作。

流沙河对汉字有一种类似于宗教信仰般的虔敬和使命感。他毫不讳言地反对随意简化汉字。某日他和友人聊天，毫不客气地批评钱玄同、刘半农、胡适、吴稚晖等这一批五四时期主张废除汉字的激进派知识分子。他说，他们把中国落后的原因归罪于汉字是荒唐的。最近几十年的历史证明汉字是非常先进的，国家落后有其复杂原因，但是肯定与文字无关。世界上那么多民族，唯一留下并使用的象形文字就是中国的汉字。所以，汉字完全应得到尊重。

流沙河这段话让我回想起那年，我同他到台湾中山大学与余光中先生见面的情形。在余先生盛情宴请我们的席桌上，两人相谈甚欢。余先生知悉流沙河正在写《正体字回家》一书，高兴地告知他，说时任台湾地区领导人的马英九正在向联合国教科文组织申请中国汉字为“非物质文化遗产”。台海两岸同文同种，对汉字根脉的热爱与尊重之情是攸同不二的。

2009 年 7 月 8 日晚上将就寝，流沙河进卧房坐下，郑重地说道：“我有几句话对你说，我俩结婚 23 年了，我也到了风烛残年的时候。我读、写一辈子的书，最看重刚写完的这一本《正体字回家》。文字学是国粹，但后来几乎被湮灭。北大的裘锡圭是他们培养的最后一个研究古文字的专家，后来离开，听说到了香港大学（实际为复旦大学）。20 世纪 50 年代实行简化字后，文字学更成冷门的东西。我 1957 年当‘右派’后研究文字学，读的是董作宾的学生李孝定编的一部《甲骨文字集释》，此书极有用。这次写书，又把陈梦家著的《殷墟卜辞综述》重读。这本书是在中国文字传统研究的基础上，再结合自己几十年诸多生活观察、农业生产实践，写出我对文字的感悟思考。我相信对简化字的否定和挑战，我是第一人。这样做不是为了个人的名和利，是为正体字回归，中国文化的回归。这就是我应该完成的一件大事，今后或许有人出来骂我，无所谓！文化生态正常时，有后来的学者会感谢我。”

“凿石索玉，剖蚌求珠。”流沙河在他人生晚年最后的时光求仁得仁，完成了他的使命，留下这五部文字学论著，为中国汉字研究留下一家之言，从而捍卫了中国文化的尊严。功耶？罪耶？留待读者诸君评说。

吴茂华

2023 年 4 月 15 日于成都寓所

目录

（犬移豕后）

001·一二三最古老

流沙河

原始人类[redacted]采集狩猎，群体出动，必须公平分配果品[redacted]肉类，所以需要计数。如果真有仓颉夫子，他一定会先造[redacted]一二三。怎样造？据说是"近取诸身，远取诸物"。那好吧，仿照[redacted]手指，画一杠，画两杠，画三杠，字就造出来了。这该是最简单也最古老的三个汉字。设想我们的手指不是条状，而是圈状，一二三很可能就写成0—00—000了。

一字简单之极，东汉许慎《说文解字》，此书距今已有一千九百余年之久，这样解说一字："惟初太始，道立于一。造分天地，化成万物。"一是宇宙之始，万物之源，大道之根。能把最简单说得最伟大，也不容易。许慎又拈出弌字，说是一的古文。此说欠妥。弌字分解开来，从一，弋声，资格怎能比一更老？皆因后世巧诈日出，偷添笔画，改一成二成三成五成七，才造弌字代替一字，用于会计账簿，这算什么古文。后来又用壹顶替弌，等同写别字。

二字上短下长，求美观也。古代二字读丽，音与丽同。三千余年前商代甲骨文丽字是两只鹿，其后古文简化近似今丽，意为二鹿。古代送礼品两张珍贵兽皮，谓之[redacted]丽皮。丽即二也。二字用于会计，防人偷改，便在弌下加一，成弍。还不放心，人民币又[redacted]加贝，作贰。贝壳在古代曾经

25×20=500　　Ch001 219 86 3　　第一页

是货币。从贝的字多与财富有关。

三字古代读shēn，音与人参的参同。篆文参字是三颗星，其下是声符。参是古代白虎七宿中的参宿，即猎户座中的三星，冬夜可见，很亮。《诗经》的“三星在户”就指参宿冬夜出现于正南方天空上。参即三也。古人最初只叫三星，后来造出参字，专指三星。三字用于会计，稍改参字成叁。

有文盲学了一二三，大喜说：“就这样简单。好，我能写十百千万了。”说对了一点点，甲骨文四的确横画四杠。四杠的那个四，被后来的篆文废除了。

甲骨文丽　古文丽

篆文参

002. 四五六皆借字

流沙河

甲骨文四，横画四杠，这样用了千年，终觉不妥。允许四杠，就有五杠六杠七杠直至N杠登场，文盲都能写十百千万了，那还像文字吗。俗话“事不过三”，到三而止，四就另找替代。于是三加一写成四。四的本义是鼻涕，与数目字无关系，是借来用的。古文四字，两条清鼻涕左右孔流下，诙谐有趣。借作数目字用以后，四的本义遂隐。于是另造泗字，代表双龙出洞。《诗经·陈风·泽陂》荷塘遇美女，想她睡不着，“寤寐无为，涕泗滂沱”。涕是泪水，泗是鼻涕。大男人家哪能哭成这样，可能这是编来搞笑的诗，被多情种子误读了。

解字好比侦探破案，事属科学，切勿意识形态挂帅。否则难免瞎说。许慎《说文解字》：“五，五行也。从二（象天与地），阴阳在天地间交午也。”也不想想，水火木金土相生相克的学说，即五行学说，产生于春秋战国时，比五字的出现至少晚了千年，怎能用五行去解说呢。请看甲骨文三个五，最老的那个五只有两杠交叉，并无象天地的两横，便知许慎之说落空了。不过我们应原谅他，因为他未见过甲骨文。他身后又过了一千八百年，甲骨文才出土于殷墟（今河南安阳小屯村）。

两杠交叉的这个五，我想或为远古巫术符号，表示有

（请注意：不是二）

所禁止。这个符号至今仍用，例如教师批改作业，又如道路禁止通行。我见过池边竖牌，牌上画鱼，打个红叉，表示禁钓，文盲都懂。五被借去作数目字，所以另造毋字，表示禁止。小孩行为越轨，大人发出鼻音很重的毋声，以制止之。这种毋声狗都会发，虽然不识五字。由此便知五的本义应是禁止，难怪古人迷信五月五日为恶月恶日（恶音wù）或忤月忤日（忤音wǔ）。孟尝君五月五日呱呱堕地，其父王厌恶说："丢到野外去！"端午节室内洒雄黄驱毒蛇，河上划彩船驱恶龙，都与迷信五有关系，初无涉于屈原。

甲骨文六，象棚屋形。《诗经·小雅·信南山》："中田有庐，疆埸有瓜。"六借去作数目字用，棚屋一义就交给后起的庐字去管。田中棚屋，夏秋入住，为守瓜也。

（请注意：不是场）

旧时四五六有所谓大写就是肆伍陆，用于会计账簿。这是故意写笔画繁多的别字，以防偷改。

古文四　甲骨文三个五　篆文六　甲骨文六

二

003·七八九亦借字

流沙河

中国作家协会四川分会

今之十字在甲骨文乃是七字，仅仅用于计数。七字本义，后人猜测，应是刀割[redacted]。看篆文有些像横刀割[redacted]庄稼，如秋收之刈禾。如果猜测不错，这个七就该是许慎定义的指事字。读者或以为横杠既象刀，立柱又象禾，应属象形[redacted]字。非也。物有形，方可象，所以象形字所指的必须是名词，是一件物。而刀割[redacted]是动词，是做一件事，用形象表达出来，就是[redacted]指事[redacted]字。这是[redacted]象形与指事之区别[redacted]。指事字和会意字，今人通称象意字。

七就是切。切乃后起之字，从刀，七声。七字借作数目字用，所以后人造出切字，管领[redacted]切割[redacted]一义。

七的大写是柒，乃漆字的异体。漆与七有关系。漆树取漆[redacted]，必须用刀切割树身，开一小[redacted]口，缓缓泌出液汁，滴注桶内。因为要切，所以名漆。

八字好解，就是扒字。甲骨[redacted]文[redacted]八，联想到扒树皮（可以盖屋）。《说文解字》："八，别也。象分别相背之形。"八是象意字，应该说"象分别相背之意"，免滋误会，以为是象形字。八的大写是捌，意近于掰，音bāi。

说起扒树皮，忽想到皮字。籀文皮字很像在剥树皮。请设想从空中俯看下面，那个圆圈便是树干，右手正在撕剥树皮。最早皮乃动词，音义或同剥吧。这与扒的音义也相近。皮后来变名词，转成今音pí。

九这个字，诸家聚讼，各说不一。其间有说九乃肘字，最合鄙意。甲骨文九，我猜想是钓钩。后来见到比殷虚甲骨文晚数百年的周代金文，才知绝非钓钩。丁山说，金文九上面的又字是右手（以三指表五指），下面弯屈者乃臂肘。九肘古音相同。九字借作数目字用，所以后人造出肘字，管领臂肘一义。九的大写是玖，一种黑色玉石。

篆文七　甲骨文八　籀文皮　金文九　甲骨文九

004·十百千回到一

流沙河

中国作家协会四川分会

手有十指，所以数字序列十进位。横一指，横二指，横三指，表示一，二，三。竖一指便是十，暗示回归到一，这就是十进位。甲骨文十字正是竖一指。[redacted]这个画一竖杠的十，如果自转90°，就会被误认作一字了，所以终觉不好，金文便在杠腰加一圆点。圆点[redacted]刻画[redacted]费工，篆文[redacted]改为横刻一杠，[redacted]最后定型。这就是十，至今不改。

数字到十，已是巨额，所以广大深厚的博，多人出力的协，字皆从十得义。今人多误作所谓竖心旁，其故在不通文字学常识。十的大写是拾，义为拾取。

十十为百。先有白字，后造百字。百字是一白二字合成的。甲骨文白字象母指[redacted]之形，就是今之擘字。人手五指，母指最壮。数字到十十，堪称为壮了，比拟于母指，乃用白称之。一个十十就是一个白，合写成百。看甲骨文就知道白与百的关系。一个白是百，二个白是二百，三个白是三百。

白既有壮大的意思，所以大哥称伯，春秋五霸[redacted]原称五伯。今人说起某人可敬，竖母指以称之[redacted]。商民族[redacted]尊[redacted]素色，[redacted]素色叫作白色，算是敬称。于是白又成了一种色名。许慎未见过甲[redacted]骨文，所以《说文解字》[redacted]认为白这个字是专门造来表示素色的。我们比许先生幸运多了。

十百为千。千，[redacted]从一，人声。数字由999到1000，又

[redacted]回到丨，所以千字从一。古音千人二字同韵。或许最早造出千字的某族人，在其土语方音，千人二音同读，所以用人作千字的声符。远古渺茫，只能推测。

百和千的大写是佰和仟，义为百夫长和千夫长。

甲骨文十　金文十　篆文十

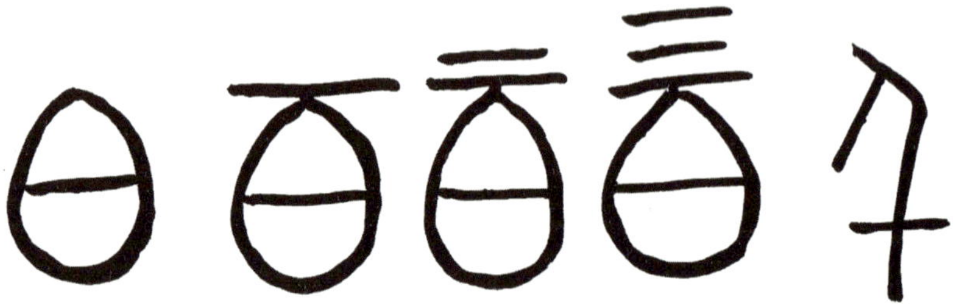

甲骨文白　一百　二百　三百　甲骨文千

005·万是一只蝎子

流沙河

中国作家协会四川分会

十千为万。万这个字最[redacted]早原非数字，与十千不相干。看甲骨文[redacted]万字，[redacted]竟是一只极厉害的蝎子，举双钳，翘尾刺，作临战的姿势。蝎尾毒针刺人，通夜惨痛，哭爹叫娘，据闻[redacted]疼到天亮[redacted]稍可缓解。旧时华北民居患蝎，也就是患那种名叫万的毒虫，所以檐下有万便是厉害的厉。这种造字方法，旧称会意字，今[redacted]已归入象意字。[redacted]

随着周朝取代商朝，甲骨文式微了，被刻铸在青铜器上的金文以及在竹简木条上的书写[redacted]籀文和古文取代。到秦朝篆文又兴起，至汉代甲骨文终于被历史完全掩[redacted]埋。东汉许慎未见过甲骨文，固不足奇。他见到的万字已经是[redacted]篆文了，非甲骨文，看来看去不能断言那是一只蝎子，所以《说文解字》只[redacted]好说那是虫[redacted]，不能落实是哪种虫。

令人迷惑的是甲骨文万字固然是蝎子，但是在甲骨文文本里竟无一处作蝎子[redacted]解，例皆借指十千为万之万。猜想起来，早在商朝甲骨文时代前，夏朝已有象蝎子之形的万字。距今[redacted]四千年前，夏人造它[redacted]来专门指蝎子。夏被商取代后，文明日臻，事务日繁，计数日巨，十百千这三个数量级已嫌不够用了，于是[redacted]向蝎子借万字管领十千一义。久借不还，就在万字下面添虫成虿（chài），专指蝎子，而且读音也改变[redacted]，不读wàn了。

为何十千叫万？在下猜想，万满[redacted]古音或同。计数到了十千之巨，古人觉得已经满爆[redacted]，不可以[redacted]添加了，故谓之万。

25×20=500　Ch001 219 86　第一页

甲骨文万，尾上加一，便是一万。有加三的算是三万，在甲骨文已是最高纪录。

周朝宴聚娱宾，节目有万舞，就是蝎子舞。蝎子遇敌，高举双钳，曲翘尾刺，行进踏着节拍，威仪逼人。武舞[redacted]名之曰万，良有以也。

蝎是简体。繁体作蠍，从虫，歇声。旧称形声字，今称象声字。至此，象形、象意、象声三种字造字[redacted]方法[redacted]了。汉字以象声字[redacted]数量最多，象意字次之，（我都举过例）[redacted]象形字最少。说汉字部分是象形字，这样就准确了。

繁体万　篆文万　甲骨文万　一万　三万

006·春夏秋冬

流沙河

中国作家协會四川分會

华夏先民生息在地球的北温带，能感知春夏秋冬四季的明显差异。在漫长而寂寥的寒冬里，忽见河冰解冻，草木萌芽，万物苏醒，自然界的一切都动起来，生机蓬勃，就说这是春季到了。春的意思就是蠢动，于是农夫也动手春耕了。蠢字的本义是虫动，不是愚蠢。古诗云：“春动草萌芽。”看篆文春，草之下，日之上，是个屯字。屯字正是画的一茎小草（屮音cè）以其嫩芽穿透地平线[redacted]冒出来。屯音ch[redacted]ūn，也是春字的声符。篆文春变成隶书，谓之隶变。隶变后，春字上部的草和中部的屯都变形了，只有下部的日还在。甲骨文春字有许多写法，兹录其最简者。此春字左[redacted]日[redacted]右[redacted]屯。草（艸）被拆开组装在日之上下，求美观，无深意。

夏字首见金文，从日表示事属季节，正如春之从日。更早在甲骨文尚未发现夏字，不知何故。篆文夏字《说文解字》：“中国之人也。从夊，从页，从臼。臼，两手。夊，两足也。”不解释为季节之名。金文夏字有日旁，那才是表示季节的夏字。许慎说的“中国”亦即中原，夏禹治水，建立夏朝，奄有中原之地，故称中国人也。看那篆文夏字，脸部甚大（很有面子），双手插腰，两腿架叠，感觉良好。《尔雅·释诂》：“夏，大也。”扬雄调查方言，发现"自关而西，秦晋之间，凡物之壮大者而爱伟之，谓之夏"。至今大楼称厦，从夏得义。说者或[redacted]云，夏季长养万物，所以为大，而称为夏。此说[redacted]终嫌勉强扯拢。

蟋蟀年年准时鸣秋。古人闻[redacted]虫声而知秋节至，上海至今呼为秋虫。请看甲骨文，头有须，背有翅，身有环节纹，明显是蟋蟀。前人[redacted]认作龟字，竟不考虑头须背翅身纹非龟所有。籀文晚出，用龟替代蟋蟀，也有道理。龟古音qiū，放在右边做了声符。篆文省掉笔画繁难的龟。《说文解字》："秋，禾谷熟也。"从火，因为[redacted]古人以大火（天蝎座阿尔发星）天黑后出现于正南天[redacted]作为秋季[redacted]之始。甲骨文秋字本义为[redacted]蟋蟀。因其鸣声qiūqiū，古人以为[redacted]"其名自呼"，所以此虫名秋。今称蛐蛐，秋蛐双声可对转也。商代人所说的秋季，[redacted]意思是[redacted]蟋蟀的季节。

古人认为冬是秋之延长，不宜[redacted]当作一个季节看待。甲骨文和金文虽然有冬字，但作终字解。那时终字尚未造出，就借榛[redacted]声表之。甲骨文和金文的冬字象两粒榛子挂在榛枝上。到了古文，嫌画两粒榛子太繁，以一横杠代之。枝间又添个白，终于[redacted]成了冬季的冬。篆文枝下[redacted]再添冰字（仌），寒冷可知，也更像冬季了。

中国作家协会四川分会

篆文春　金文春　甲骨文春

篆文夏　金文夏

篆文秋　籀文秋　甲骨文三个秋

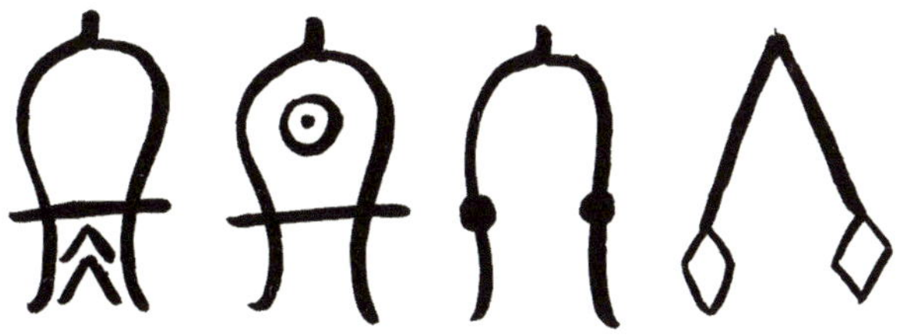

第 三 页

篆文冬　古文冬　金文冬　甲骨文冬

007·东南西北

流沙河

四方观念晚出，所以当初并无专字代表四个方位，东西南北四字都是借来用的。

东字的繁体和篆文，两千年来都说"日在木中"，牵合太阳从东海[redacted]旸谷升上扶桑的神话，又满足了汉代五行学说东方木、南方火、西方金、北方水、中央土的意识形态[redacted]要求。待到甲骨文出，真象大白。原来是一只胀鼓鼓的口袋。口袋有底，一端捆束，曰囊。口袋无底，两端捆束，曰橐。这是一只橐（tuó），借作方位[redacted]东用。东[redacted]橐双声对转。日文保留古音，至今东芝读Toshba。许慎以动释东。日出打破黎明前的平静，东方就是首动之方。

华北平原观察大树，树冠向南部分因光照好，枝叶特别茂盛。"南枝向暖北枝寒"。"向阳花木早逢春"。先民观察大树而知南方之所在，由此造出篆文南字。南字从𣎵（巿）音pèi。巿字义为木之茂盛，用在这里特指树冠最[redacted]茂盛的[redacted]部分。巿字易误作市字。沛芾肺皆以[redacted]巿[redacted]为声符。篆文南字中间的羊像人民币符号，音rén，是南字的声符。树冠最茂盛的一方就是南方。似乎南字是专门造来代表方位的了。其实不然。看金文南，已走样了。看篆文南，全变形了。前人说那是一种陶制钟形乐器，悬在架上，敲击发声。甲骨文南在卜辞里已借用来指[redacted]方位了。后人不满意

注意：不是市字

，改造其[redacted]字形，赋以新内容，遂成篆文南。

西也是这样。本义是鸟巢，而不是方位。先民发现鸟类筑巢总在森林西边，对着落日，借斜晖以照亮归程。所谓西方意即鸟巢之方。用作表示方位之后，鸟巢本义被人遗忘，另造棲字（简作栖[redacted]）管领鸟巢一义。篆文鸟伏巢上。籀文鸟头出巢。甲骨文巢内三只小鸟伸嘴[redacted]待哺。试看巢字，下木，中窠，上面也是三只小鸟。上面若不加[redacted]点[redacted]笔画表示鸟的存在[redacted]，谁知那是鸟巢。

人背部很难画，所以背字无法象形。画二人背向[redacted]背坐着，就是北字，这是象意。北就是后起的背字，本与方位无关。北半球高纬度地区，筑屋为了采光采暖，必须向阳，坐北朝南。所谓北方意即背[redacted]向之方。用作表示方位之后，背部本义被人遗忘，另造背字递补。背字下面是个肉字，象猪肥形，泛指一切肉体。肉字隶变作月，今多混同月字。

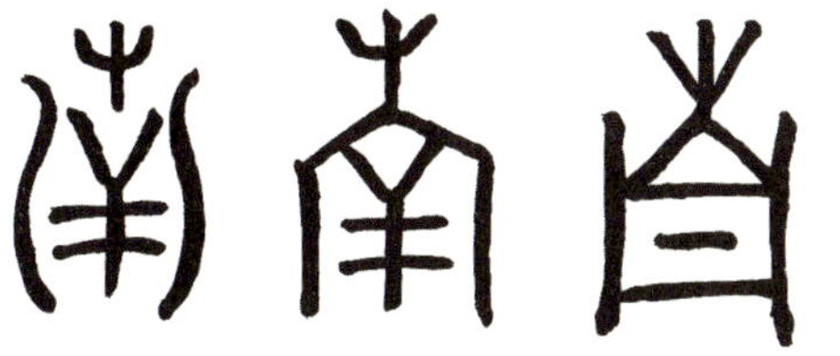

篆文南　金文南　甲骨文南

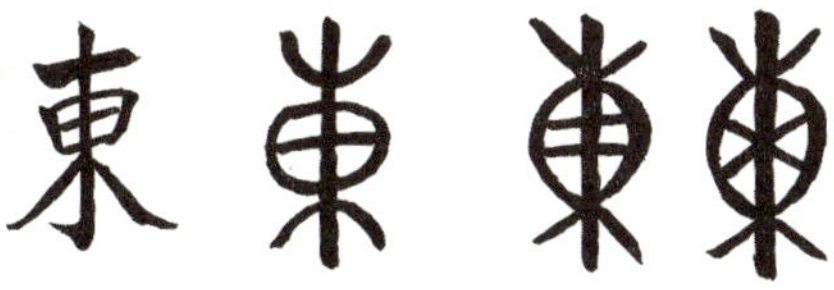

繁体东　篆文东　甲骨文东

篆文西　籀文西　甲骨文西

篆文北　篆文背

008·太阳之子

流沙河

中国作家协会四川分会

今称太阳古称日。古人说日是"太阳之精"。甲骨文日字不圆，弧线不好刻，多作方形菱形甚至五角形。到金文始有圆日。日中有圆点，太阳黑子也。风沙天肉眼能看见，所以《汉书》有记载"日中有黑气如钱"。

太阳与地平线结合，孳生[redacted]出旦[redacted]。金文旦字日下有大气折射形成的虚像，知先民观察之精细。

太阳与树木结合，孳生出东的[redacted]繁体已解过，以及杲和杳。杲，日在木上，明也。杳，日在木下，暗也。太阳与草月结合，孳生出朝，朝朝暮暮的朝。[redacted]这个朝字看[redacted]甲骨文[redacted]，日出草中，月还未落，是早晨也。如果太阳[redacted]含月[redacted]取水，便是金文潮了。臣拜君，有定时，如潮水，所以去掉水旁，又是朝廷的朝和朝拜的朝[redacted]。

太阳[redacted]之子还有冥字，幽暗也。甲骨文冥，双手持巾覆盖物上，就是晚造的幂字。[redacted]物被覆盖，当然就幽暗了。后来又有[redacted]篆文冥字，原有持巾的双手被改造成六[redacted]，于义无取，徒滋困扰。

太阳之子还有暮字，与朝相对[redacted]。暮字初作莫，二草之间[redacted]已[redacted]有日[redacted]，[redacted]又加一日在下面，于理不通。篆文暮字，日在二草之间[redacted]。其实这二草是一个茻字，音义皆同草莽之莽，作为声符使用。莽暮双声，可对转也。与暮义近，还有昏字。昏上面是氐省。氐，低也。日低为昏，今呼黄昏。古

中国作家协会四川分会

时娶妻之礼，都[redacted]在黄昏举行，所以造出婚字。《诗经·陈风·东门之杨》："东门之杨，其叶牂牂。昏以为期，明星煌煌。"

太阳之子还有显字。繁体作顯，头上的装饰品。引申义为明显。篆文显是日下看丝（繁体作㬎），微秒毕现，乃知太阳可显微也。

太阳之子还有曝字。日旁是乃不必要的[redacted]蛇脚。《孟子》："一日暴之，十日寒之。"比喻人无[redacted]恒心。此[redacted]暴即今之曝。上为[redacted]日出二字。下为双手搬米[redacted]到日下[redacted]晒。此暴音pù同曝。若读bào，便是暴君之暴[redacted]，另一字了。

金文旦　甲骨文朝　金文潮

篆文冥　甲骨文冥

篆文暮　篆文显　篆文曝

009·月亮之脸

流沙河
中国作家协会四川分会

月，圆时少，缺时多，所以造字为弯月。古人观察月相，发现月有四相，谓之朔弦望晦，据此以订历法。于是有了旧历，或称夏历农历阴历。先有历法之制订，后有历史之记载，其重要[redacted]可知矣。旧历每月初一无月为朔之始，十五圆月为望之始。朔望之间，初七初八见上弦月为弦之始，二十三二十四见下弦月为晦之始。算来一个月分四段，每段七八日，与古犹太人每月四个星期之制相同。

晦日将尽，必在月底。[redacted]你若黎明前起床，能见到残月挂在东方地平线上，被红[redacted]霞[redacted]反衬成[redacted]惨白色。待到晦尽朔来，[redacted]已是下月[redacted]初一，此时一钩[redacted]残月也消失了。[redacted]其原因[redacted]是地月日这三球[redacted]走成一条近似直线，月亮以其照不到阳光的[redacted]黑面向着[redacted]地球，我们当然看不见她了。此为[redacted]朔之始日，古代许多祭祀典礼都在这天举行。第二天是初二，日落[redacted]西方地平线时，能在日[redacted]旁乍[redacted]见一钩新月，转瞬即入地平线下。到了初三初四天黑以后，新月由钩形逐夜变船形。原来黑面之月最先是从脚下[redacted]复明生光，逐夜向上扩展亮[redacted]域，最后才变成[redacted]圆满光面的。商[redacted]朝的甲骨文尚无朔字，可能是由于天象学落后，尚未完善[redacted]朔的概念。篆文朔字从月，左旁是甲骨文的逆字。因为新月诞生脚先出来，[redacted]所以造字从逆（顺产都是头先出来）。[redacted]朔字义为逆行[redacted]，所以逆黄河而上的河套地区古称朔方，[redacted]西[redacted]北风也跟着叫朔风了。

初一过完了半个月就是十五，入夜月圆，曰望。简体望把繁体下部的壬改造成王，作为声符。可能是嫌左上角作声符的亡不显著，怕劳动人民学文化时忽略了，才改壬作王吧。壬音tíng，是廷字的声符。字从人从土，人立土上。这个字不应该被废除。壬是停的古写。篆文望左上角非亡字，乃臣字。臣的本义是瞠chēng，瞪大眼睛，象眼球突出形。一个人站立在土地上瞠目看[redacted]圆月亮，这就是望。月圆时，月面上的阴影，古之所谓嫦娥玉兔，今之所谓静海梦海，最挑逗[redacted]先民的好奇心，所以要“举头望明月”。金文望字脚下以地平线代替土。甲骨文土作[illegible]，[redacted]无月，应是望的初文。

篆文月　甲骨文月或夕

篆文朔　甲骨文逆

望的繁体　篆文　金文　甲骨文

0[redacted]0·月下之事

流沙河

中国作家协会四川分会

旧历每月初一朔日以后，黑月开始复明，明亮域面逐夜扩大，到十五而扩大成圆月亮。明亮域面在古籍里称之为霸，音pò而不音bà。从月，䨣声。䨣即川人造的𤆵字。皮革坚硬，雨渍浸则𤆵软。古籍说月相分五种：哉生霸[redacted]指一钩新月，生霸指上弦月，既生霸指圆月，死霸指下弦月，既死霸指黑月。霸为古梵文Paksa之译音，义为一半，指月之一半明一半暗。

圆月明亮，通夜在天。清辉入室，倍觉皎皎。古人造字，请看篆文和甲骨文，用窗前之月，象明亮之意，何其富有诗意。再看那两个古老的窗字，象形。其样式居然如此之典雅，那该有三千年上下了，古人不俗。

甲骨文[redacted]的月夕二字在卜辞中可以[redacted]通用。画[redacted]月形，既可以是月[redacted]字，也可以是夕[redacted]字，视上下文而定。夜字右旁是月字，配个亦字做声符就成了。黄河流域昼夜多晴，夜晚例可见月，故造夜字如此。顺便点醒，亦即腋之古字。大即人，两点指向腋下，好像在说："就是那里。"

多字二夕[redacted]重叠，[redacted]月形在此乃是夕字。天黑以后为夕，也常作夜字[redacted]用。重夕[redacted]系许慎的说法。王国维说是二肉堆叠表示多。卜辞每见多臣多父多老多寇多尹多君[redacted]词组，知在商朝多有众义。然《诗经》有"如何如[redacted]何，忘我实多"之句，多指时间长久，则二夕叠加之说亦通。

25×20＝500　　Ch001 219 86 3　　第 一 页

外行被人嘲讽，盖自古而然矣。《说文解字》解此外字：“卜尚平旦。今若夕卜，于事外矣。”语含讥诮。请容细细分说。先说卜字，象龟板之侧视，铜钻钻小孔[redacted]龟板上。孔成，[redacted]再以灼红的铜[redacted]钻尖插入，[redacted]致使龟板[redacted]受热不均，卜卜有声而裂纹乍现了。卜师视裂纹之走向以[redacted]断定吉凶，这就是商王的龟卜。后世不用龟了，仍叫占卜。君子在神明前卜以决疑，必须早晨举行。你若夜晚举行，肯定不灵。夜卜召鬼，乱[redacted]判吉凶，足见你是外行。川人嘲讽劣质商品曰外货，生手驾车曰外司机，外在这里音wài。

新月　上弦月　圆月　下弦月　黑月（看不见）

篆文明　甲骨文明

篆文赤　篆文夜　篆文多

011·星与晨星

流沙河

中国作家协会四川分会

古人不懂计数，一[redacted]尚能二分晓[redacted]，[redacted]三以上就糊涂[redacted]，笼统名之曰多。三就是多，所以山上树多曰森，原上草多曰芊，家中财多曰鑫，头上发多曰㐱，夜天上亮点多曰星。森、[redacted]芊、[redacted]鑫、[redacted]㐱、[redacted]星，[redacted]语源都是三，读音自然也近乎三。星字见于三千数百年前的甲骨文，那是一条记录天象[redacted]极有名的卜辞："七日己巳夕陡有新大星并火。"说是七日己巳夜晚观天，忽然[redacted]看见一颗[redacted]大大的新星[redacted]逼近心宿二。心宿二即"七月流火"的火，又名大火，今之天蝎座阿耳发星是也。心宿二在[redacted]夏夜南天苍龙七宿[redacted]之内，为龙[redacted]之心[redacted]，象征帝王。忽[redacted]有客星来犯，侵害当今帝王。天象如此险恶，[redacted]商王惊悚，令卜吉凶。卜师在龟甲上刻录此事，是为卜辞，然后存档。用科学眼光看，这可能[redacted]是一次超新星大爆发，或是一颗过路的彗星，原不足怪。

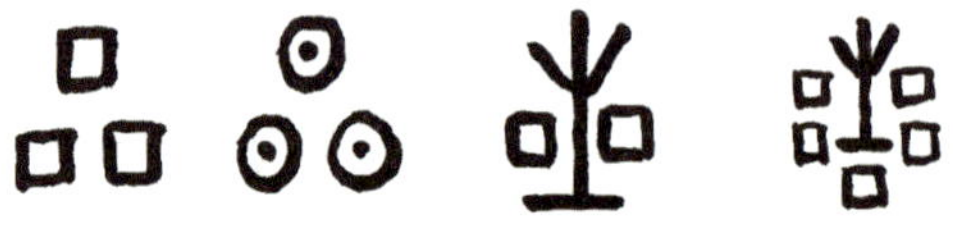

甲骨文星四种写法

星字在甲骨文有四种写法。第一种三个方形，但不是品。品是三只同样的碗，表示同一品类。而此处的三个方形表示众星罗列（方而不圆便于刀刻），是象形。第二种三个

25×20=500　Ch001 219 86 3　第一页

日字但不是晶，也是罗列众星，象形。第三种第四种则是形声字。夹在众星间的是生字省一横，这就叫生省声，表示此字读音。到后来的篆文就好认了。用生表音。生音近三，表示多也。其实生乃生长，字形是草从土中生长出来，不涉天上众星。或人喜作新解，说宇宙中不断生长出星体来，所以星字从生。须知先民并不具有现代天文观测设施，怎知宇宙中的星体正在不断生长。新解成了甚解，仅供娱乐戏说可也。

篆文星

《说文解字》用东汉人的观念解说星字：“万物之精，上为列星。从晶，生声。”与古希腊的星空神话不同，华夏星空乃是人间事物的天上版，绝少神话。众星皆[redacted]有世俗名称，例如帝座、三垣、市场、监狱、厨、库、车、弓、箕、狼，甚至屎、棒、积尸气，总之缺乏趣味，迥异[redacted]于古希腊的星名。人间万事万物[redacted]挤满华夏星空。吾先民重实用，轻想象，盖[redacted]自古而然矣。星光之下鲜有神话故事可讲。

《说文解字》作者许慎在整理古文字的时候，把象众星罗列之形的三个日字独立成晶字，赋以“精光”[redacted]义，拿来自圆他的[redacted]星为“万物之精”[redacted]之说[redacted]。晶字独立，不再是星的古写，改音[redacted]精。晶体闪光，就叫“精光”，古人认为神秘有灵。由晶字去统领星字，星体就闪烁出神秘的灵光来，哪怕是一堆屎，一条棒，一团积尸气。

晨字也归晶字统领。晨为星名，早晨乃是后起[redacted]的衍生义。正如星字是形声字，从晶生声一样，晨字也是形声字，从晶辰声。前面提到南天苍龙七宿之内有红亮星名心宿二，为龙之心。龙心之西又有四颗星竖排成道行，便是房宿，为龙之胸房。古代中原农夫呼房宿四星为农祥星或晨星。春季天亮时见晨星出现于正南方天空，农夫便知道春耕时节来到了，该忙了。晨本星名，因为春季天亮时看见，便把天亮时叫作早晨了。

篆文晨

012. 参商[redacted]以及木星[redacted]

流沙河
中国作家协会四川分会

"人生不相见，动如参与商。"[redacted]杜诗句。参音shēn，白虎七宿之一。参宿三颗星，密排成行，很亮，冬末春初天黑时出现于正南天。至于商星，[redacted]乃是前面说到的苍龙七宿之一的心宿。心宿也是三颗星，同样密排成行，[redacted]只有中间那颗很亮，此即[redacted]"七月流火"[redacted]之火（不[redacted]要混同太阳系的火星），夏末秋初天黑时出现于正南天。参与商，[redacted]亦即白虎三星与[redacted]青龙三星。前者乃[redacted]冬夜星，[redacted]夏夜[redacted]看不到。后者乃夏夜星，冬夜看不到。彼此在天穹上相距180°，所以永"不相见"。参东升起时，商早已西落。商东升起时，参早已西落。不学一点天文常识，不但不懂《诗经》的"七月流火"所指为何，也不懂"互为参商"是何意思。

参的繁体　篆文　金文

参的繁体，上面象众星形，下面是声符。篆文同。金文比篆文早，透露真相，使人恍然大悟。原来下面不是声符，而是[redacted]人跪[redacted]星下[redacted]，手置膝[redacted]上，正在礼拜。他为何要跪拜参宿三星[redacted]？试从《诗经·唐风·绸缪》找答案吧。诗曰："绸缪束薪，三星在天。今夕何夕，见此良人。子兮子兮，如此良人何？"诗写冬末春初，黄昏[redacted]举行婚礼。贺婚者唱歌，请[redacted]参宿[redacted]三星见证人间[redacted]爱情。顺便逗笑新娘，问她对新郎满

25×20=500　Ch001 219 86 3　第一页

意不满意。祈求三星赐福，所以跪拜。直到二十[redacted]世纪五十年代之前，民间春联还贴“三星在户”和“五福临门”呢。

前已提到，商即心宿三星。[redacted]商字原作[redacted]地名使用，即今河南商丘。卜辞多见“王入于商”“大邑商”“在商”皆商丘。不过商字本义却是开店[redacted]经商。商字上为[redacted]章字[redacted]头部，是所谓章省声。开店，[redacted]必须彰显，[redacted]亮出[redacted]货色，给顾客看。这就和章字拉上了关系。商字下为挂货物的桁架，中间有一张[redacted]店主的谝嘴。这不叫象形，应叫象事。甲骨文商偶有在左右各添二[redacted]星的，表示也作星名使用。心宿三星，特别是居中那颗[redacted]红色亮星名曰火的，原係商朝国王的保护神，所以又名商星。商星夜见，便知秋至，所以秋风又叫商飙。

甲骨文商

参商都是恒星，即遥远的太阳。木星则是[redacted]我们太阳系[redacted]最大的[redacted]行星，它自己不发光，只反射太阳光。木星古名[redacted]曰岁。造此岁字绝非为了纪年，而是为了命名此星。古人[redacted]从观察中知悉，日月和金木水火土五星都在天穹黄道上缓缓移行。古人等分[redacted]黄道[redacted]为十二宫。每一宫占30°，周天十二宫占360°，[redacted]在天穹上連成一圈。木星一年走完一宫，十二年走

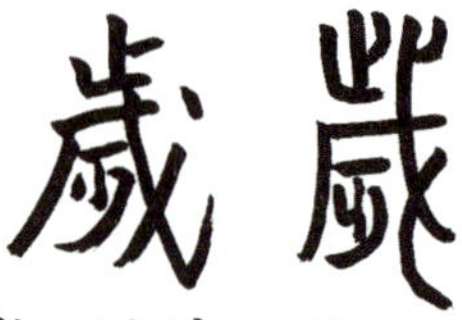
岁的繁体　篆文

完十二宫亦即一周天，[redacted]回到[redacted]起点宫来。木星名岁，古人就把木星走完一宫称为一步。繁体岁字是由步戌二字组合而成[redacted]，从步戌声。从步，[redacted]是说[redacted]此星在黄道上行走，一年一宫，缓缓跨步。这个步字上面是止，下面不是少[redacted]，也是止（反写）。上止是先出左脚，下止是[redacted]后出右脚。左脚一跨，右脚又一跨，这样才算一步。

篆文步字上面的止就是左脚，下面的止正好相反，当然是右脚了。脚五趾而省其二，只画老大老三老幺三个。老大有旁逸而突出的态势，因为旧时农夫赤脚，所以如此。

步的篆文 金文 甲骨文

今人文明臻进，尖头皮鞋夹紧，五弟兄皆向前看矣。

013·天上雨云雷电

流沙河

古人认为日月五星（各以金木水火土名）绝不可能悬空存在，一定是附丽于[redacted]圆形[redacted]天穹[redacted]，并在其[redacted]上移行[redacted]，如走棋子似的。天字难造，总不能画个圆说这是天，所以从人身上想办法。人身上最高处曰颠，古音同天。脑顶骨俗犹称天灵盖，彝族头上椎髻称天菩萨，可证。头顶既然称天，头顶之上的一厘米，二厘米，三厘米，直到无穷厘米，抵达想象中的圆穹，都可以跟着称之为天了。天字已被借用到天穹上[redacted]，不得不[redacted]又造一个形声字，从页真声，今之颠字，还给[redacted]人身上最高处。

甲骨文天

金文天

请看[redacted]甲骨文三个天字由繁而简，义皆指颠为天。金文天亦同样如此。不同者，刀刻甲骨易方难圆，铸造铜器就易圆了。后出篆文[redacted]天字，《说文解字》：“天，颠也。至高无上。从一大。”大象人形。一为人所顶戴，天在人上。

篆文天

天[redacted]要下雨。名词的雨难画。动词的雨就是下雨，易画。甲骨文雨正是作动词用，上面的拱桥形或球门形就是天穹，其下的短竖[redacted]或长[redacted]竖是雨滴。球门上加横杠，趋繁而已，并无深意。

甲骨文雨

下雨或要打雷。打雷先亮闪电，后闻雷声。甲骨文雷的[redacted]折线象闪电形，而四点或二圆形或二菱形或二田象球雷形（俗称滚雷）。其实常见闪电为树枝形，折线作之字形的较少见，而更具震慑性。今人用之字形闪电作符号，表示高压电有危险，以警闲人。到了金文，折线闪电和球雷之上加雨。到了篆文，球雷四减一。今则仅剩球雷一矣。看其[redacted]形是田字，溯其源为球雷，非田也。姓雷取名雨田，终觉不妥。

雷的甲骨文　　金文　篆文

[redacted]闪电形的折线后来变形，独立成字，[redacted]就是申字。申字放在雨下，就是电的繁体。申字本义就是闪电。不，闪电应作申电，才算书写[redacted]无误。因为闪字本义是指人在门内探头窥[redacted]看[redacted]门外，不涉雷电事也。申字读音一转，[redacted]误写成闪[redacted]。别字用久转正，自然堂堂。

电的繁体　篆文　古文

先民[redacted]穴居野处，不惧风雨雷雪，但怕雷电，尊[redacted]为雷公电母，塑像跪[redacted]拜。怕申（闪电）而跪拜，造出了神字。最早的神就是要命的闪电[redacted]。先有自然之神（如日月闪电山川之类），人格的神都是后来才出现的。

甲骨文卜辞有[redacted]云雨二字[redacted]缀使连用者，如"今兹云雨"为问卜之词，即"现今将有云雨吗"。农业靠天吃饭，商王忧心干旱，害怕禾稼无收，乃有此问。那时也有气象学家对云很有研究，在卜辞中[redacted]使用"三云""四云""六云""帝云"这类专业术语，令人费解。据说三四六指云色种数（云有青赤白黑黄紫至少六[redacted]色）。"帝云"可能指最高空的冰晶云，俗呼瓦子云，预示天放晴。久雨亦伤农，所以也有卜问天晴的。

繁体的云上面有雨[redacted]，承接篆文。简体的云返回到最古老的甲骨文。此字上面似二非二，乃象云[redacted]层[redacted]，[redacted]下面绕圈，乃象云气[redacted]旋升。云字在今为简化字，义为天上[redacted]气团之可见者。云字在昔[redacted]非简化字，义为言说。举凡[redacted]"诗云""孔子云""古人有云"不能写成上面有雨的云。

014. 求雨和扫雪

流沙河
中国作家协会四川分会

少时目睹巫师"打醮求雨"，心甚鄙之。后读古籍，方知习俗古老，盖自农耕艺稼以来就兴祭祀求雨了。商朝的甲骨文卜辞常见"雩[redacted]祀"记载，雩[redacted]就是歌舞号叫，呼老天爷快下雨。雩字从雨于声。请[redacted]注意雨字下面是于[redacted]，不是吃亏的亏[redacted]。于字在特殊[redacted]情况[redacted]下可以写成亏[redacted]，但仍读作于。于本[redacted]吹奏的是乐器竽，因为[redacted]发声似人尖叫[redacted]，所以生[redacted]出呼吁一义。祈求[redacted]甘霖救济禾稼[redacted]，只能[redacted]吁天，故字从于得声，亦兼得义。

雩

篆文雩

现今预报天气，见用霾字（音mái），古色斑斓，心中窃喜。《尔雅·释天》："风而雨土为霾。"雨土就是[redacted]刮黄沙，今名沙尘暴[redacted]。雨土的雨作动词用，音yù，意思是从天如雨之洒[redacted]落[redacted]。霾字上面是[redacted]雨[redacted]，[redacted]下面那个字是声符。造霾字时拿它来做声符，可知它自身[redacted]一定是音mái。但[redacted]它被简化成狸字已经很久[redacted]，早就改音lí了。唯剩[redacted]霾字下面不简[redacted]，高抬贵手，留下一点消息，让我们由此而知它就是最早的猫字。原指山猫，又叫豹猫，体长[redacted]一公尺，被视为[redacted]猛兽，非指家猫也（家猫[redacted]汉代以后才从印度传来[redacted]）。

霾

篆文霾

兽名带豸旁者，其体型多瘦长，例如豹、貂、貉、狸、[redacted]猫。它们有的偏旁未被简化的[redacted]如豹等和貂，有已被

貓 貍

猫的繁体 古体

25×20=500

简化为反爪旁即犬旁的如狸和猫等。待遇各不相同，双重标准，读者惑焉。

狸猫[redacted]类多具有掩盖粪便的习性，[redacted]川人叫"猫盖屎"。所以[redacted]刨土掩盖曰埋，音义[redacted]源于古体的狸猫[redacted]字。风沙遮[redacted]天[redacted]蔽日，事近刨土掩盖，所以霾音[redacted]同埋。《说文解字》不见[redacted]埋字。如果[redacted]收进去，就该这样写[redacted]："埋，土[redacted]掩盖也。从土狸省声。"[redacted]常用[redacted]埋伏一词，亦出[redacted]自狸猫[redacted]静之伺猎物[redacted]。

与雨相[redacted]关，[redacted]尚有霡霂一词。《说文解字》霡下云[redacted]："霡霂，小雨也。从雨脈声。"霂下云："霡[redacted]霂也。从雨沐声。"霡霂一词见于《诗经·小雅·信南山》："益之以霡霂，既优既渥，既霑既足，生我百谷。"又见于《尔雅·释天》："小雨谓之霡霂。"皆指"润物细无声"而农夫喜其"贵如油"的春雨，也是诗人的"沾衣欲湿杏花雨"。霡霂与[redacted]溟蒙、迷茫、弥漫同类，皆双声连绵词，不可以拆开讲，只能[redacted]以音求[redacted]义。霡霂细雨飘飞，不成点滴。烟雨一词或可状其景况。今人所谓毛毛雨[redacted]，恐[redacted]即霡霂二音之讹读[redacted]。

下雨和下雪统称为降水。雨字既造，再造雪字，就必须同雨字拉开距离，另找[redacted]思路，免得互相混淆。华北雪大，断路堵门，早起必须执彗扫雪。彗即[redacted]扫帚，字形是右手拿着扫帚，古音suì。好，那就把满天飞扬的

篆文雪

冰晶六出花写成[redacted]彗字[redacted]，再添个雨头字[redacted]。篆文雪就这样造出来。后来[redacted]文简化成今字形[redacted]。其字读[redacted]xuě，尚接近彗的古音[redacted]。所以篆文雪字[redacted]许慎[redacted]说它从雨彗声。由于多数人错读音，把彗读成huì，今之字书从“彗”如流，与时俱进，也跟着改读了。[redacted]前些年有把彗星叫作[redacted]huì星，写成慧星的，似乎也有一些道理了。

蜀中扫帚供家用者两种。一种用高粱秆扎制[redacted]，短且扁[redacted]，室内用。一种用筱竹竿扎制，长而圆，庭院道路用。[redacted]中原[redacted]旧时扫阶除用王彗扎制。王彗见于《尔雅·释草》，郭璞注云：“王帚也。似藜，其树可以为扫彗。江东呼之曰落帚。”今名地肤，俗呼扫帚菜，一年生草本植物，夏天开花黄绿色。嫩苗可食。老了可用来扎制扫帚。太阳系内彗星受热蒸发，从彗核散射出物质微粒，形成明亮的彗尾，长可经天，状似扫雪的大扫帚，民间呼扫帚星。

015·凤风本一字

流沙河
中国作家协会四川分会

池水涟漪，柳枝摇摆，是风留下脚印。风自身是何模样，却画不出来。所以日月云雨有象形字，风不可能象形。要造风字，须乞灵于神话。古人认为天上神鸟振翅飞过，拍搧空气，人间就吹大风。孩时春夜大风，屋瓦有声，家慈低声警告说[redacted]："天上过九头鸟啦。"神话深入人心，承传至今。风虽无形，神鸟名凤，有形。于是[redacted]画一只神鸟凤，[redacted]尊为风神，代理[redacted]风字。甲骨文虽多见凤字，然通读卜辞，绝无某处飞来一凤之类的记载。原来那些凤字全都当作风字使用。例如"其遘大风"绝非遇见一只神鸟，而是卜问"会有大风吗"，[redacted]向神灵探问未来的天气而已。甲骨文凤画神鸟侧身像，正在飞。商朝人最讲究戴漂亮的帽子，[redacted]给凤也戴一顶，以强化其神性。何况此鸟原型或系[redacted]孔雀（孔者大也），宜有羽冠。~~既有神性，在甲骨文和凤一样也戴帽子。~~

甲骨文凤

甲骨文凤是象形字，后来的篆文凤就是形声字了。其字从鸟凡声。凡即帆，古音fèng。这个凤只能作鸟名用，不能像在卜辞里那样代理[redacted]风字了。因为专指空气流动的风字已经造出来，不必有劳神鸟做代理了。可以推断的是这个风字比凤字晚出甲骨文。其繁体字从虫凡声。为何从虫？虫与

凤的繁体　篆文

风有啥关系？《说文解字》答以[redacted]“风动虫生”，所以从虫。这是[redacted]许慎用汉朝[redacted]人的观念勉强牵合说事。那个虫在古代泛指多种动物，不仅限于昆虫。兽类叫毛虫，鸟类叫羽虫，人类叫裸虫，鱼类叫鳞虫，贝类叫介虫。民间至今有蛇叫长虫的，虎叫大虫的。蜀人九头鸟[redacted]叫九头虫。风的繁体从虫，我看正是神话传说[redacted]的九头鸟，因为传说这种令人恐惧的鸟带来大风天气灾害。《淮南子》记载说，帝尧命令后羿射杀[redacted]名[redacted]“大风”的妖鸟，以救风灾，而安百姓。“大风”即大凤，又和凤鸟扯到一起了。屈原《天问》提到的“雄虺九首”却又扯回到九头虫身上来。

风的繁体　篆文

虫的繁体　篆文

九头鸟古书上又名鬼车鸟。鬼言其性恶，车言其身圆。传说其身扁圆[redacted]（想起飞碟），九头环列，各向一方。吾国古代星图，南宫朱鸟七宿中的鬼宿，又名舆鬼五星，我看就对应着传说的鬼车鸟。舆，车也。舆鬼倒读就是鬼车。舆鬼五星在巨蟹座，四星成四角形，中间一星即鬼星团。四星围着一星，可想象成四头共一圆身，亦近似九头鸟。

回头再说风的繁体，其字从虫。虫究竟象[redacted]的是[redacted]啥虫之形？篆文的虫看似[redacted]三条蚯蚓在爬，其实不是。只因为书写时太离[redacted]谱，变了形，把蛇头画成看似蚯蚓了。虫字与它字在甲古文里原[redacted]为一个字，都是画的眼镜蛇的头部。其一变形既久，分化成另一字，这就是虫。请看篆文，虫与它字形上仍有相似之处。字形分歧后，读音亦变异，然所指皆蛇[redacted]。蛇字的出现正表明左虫右它本为一物。蛇字出现以前，它字就[redacted]指那种长虫，不音tā而音shá。《说文解字》："它，虫也。上古草居患它，故相问无它乎。"居住丛莽[redacted]，最怕毒蛇，所以[redacted]问候："没蛇吧？"甲骨文它（蛇）四种写法，都是头呈三角形的毒蛇。有在蛇[redacted]头[redacted]加左脚的，就保存误踩蛇被啮咬的记忆。左脚就是止字，或有警告止步之意。甲骨文卜辞的[redacted]"亡它""不它"[redacted]意为平安无[redacted]事，直译则为"无蛇"。今人说"没啥"[redacted]表示无事故，[redacted]正是古人说的"无它""亡它""不它"。啥就是蛇，蛇就是啥。蛇在吾蜀乡下称蛇老二（龙为老大），而蛇音suō，缓读则成"什么"两[redacted]音。

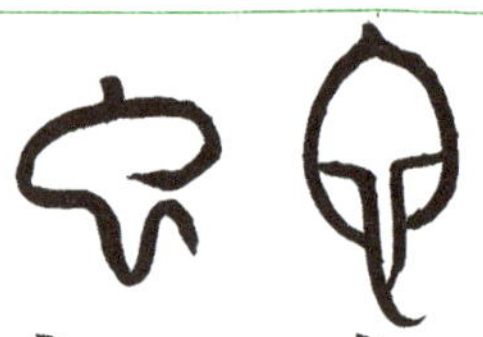

篆文虫　它

甲骨文它四种写法

016.山之[redacted]多[redacted]态

流沙河

中国作家协会四川分会

汉字之古今不变者，一二三除外，该[redacted]是山字了。山画三座，概括千山万山。请看甲骨文山丘岳三个字，都是画山成字。画三座山必指[redacted]大山。画两座山绝非正好两座，而是指的小山。山之大小没法画，不得不用数量的多[redacted]少[redacted]转示体积的大[redacted]小。这是先民的巧思，虽然不"科学"。

山　丘　岳

设若[redacted]在山上[redacted]加置一个丘，就变成岳了。顺便说说许慎怎样区分文与字。凡属单元符号，例如山和丘，都是无法再拆卸开来[redacted]的，它们好比零件[redacted]，这就叫文。两个[redacted]以上的文彼此[redacted]结合用像零件[redacted]组装起来[redacted]，那就叫字了。文，可直接[redacted]说明白[redacted]。字，必须[redacted]分[redacted]解开说。他著的书不叫"说字解文"[redacted]而是《说文解字》，其故在此。

岳由山和丘两个文组装而成[redacted]，岳就应该是[redacted]字。山上加丘，岳当然指[redacted]高山。旧时[redacted]东岳泰山、西岳华山、南岳衡山、北岳恒山、中岳嵩山，谓之五岳。岳的异体字[redacted]上面从[redacted]山，[redacted]下面[redacted]狱声。狱在此纯粹是声符，只起注音作用，并不参与字义。现在单说与高山无关的这个狱字。狱字二犬监押着一罪人，意指[redacted]牢狱。牢狱古名狴犴，或与[redacted]二犬有关。旧时称猫猫监，狱门上画虎头，犹存古意。被监押者乃一言

篆文异体岳

字。言有何罪？原来言字篆[redacted]文，口上是一个辛。辛乃镂刻罪人额上黥印所用刀具，借指罪人[redacted]自身。（古文多见言字作辛字用）非谓其以言获罪也。

峰[redacted]字晚出。峰下面的丰字象植物茎刺形。茎刺之上是一只向下踩的右脚（反止），表示这是刺踩不得。[redacted]脚只起[redacted]配相作用[redacted]，有脚[redacted]是丰字，不要脚[redacted]也是丰字。金文丰字刺尖明显，且[redacted]加四点象血滴以怵目。山峰上小下大，植物茎刺似之，所以字从丰，丰亦声。古代战争，燃烟[redacted]报警，烟台筑在山峰的[redacted]最高处，所以叫烽火台。峰的繁体山置顶上。

篆文峰

岩字繁体有二。一为从山严声，指高峻的山崖。山崖俗呼山边。另一为[redacted]从山，品象石块，指山上的岩石。二字意义各异，前者谓山之体，后者谓山之石。后者的三口，其意为多石块，不是品类的品字。品字也非三张嘴巴，而是三件同类[redacted]容器（杯或碗），自成品类。岩字后一繁体加病旁便是癌。所谓病旁其实是一张床，亦即床字。病字从床[redacted]丙声。用岩字后一繁体取代丙的位置，癌字就造成了。癌字当

岩的繁体　篆文

也是岩的繁体　篆文

篆文病

然晚出，所以篆文不见癌字。癌字既然[redacted]从岩得声，就[redacted]该音yán。现行普通话，却音ái。恶性肿瘤，包块磊然，若山之多石块，故字从岩(嵒)，亦参与字义也。

岸字从山，原指山岸。临山[redacted]壑的高[redacted]崖就是山岸。临水道[redacted]的高地[redacted]就是水岸。岸字中间的厂，今为工厂之厂，原为[redacted]岸的初文，音ān。[redacted]其字左侧陡立，[redacted]上面平坦，象岸之形。岸字下面干声，实属多馀。只是为了字形受看，才让干字尸位素餐。

篆文岸

还有晚出的岚，意为山中云雾。予曾在庐山“纵览云飞”处，[redacted]近观云涛[redacted]奔[redacted]驰[redacted]，此即岚也。字从风者，谓风动岚[redacted]飞也。

还有晚出的炭，从山从灰。旧时厨灶烧柴。柴火馀烬曰灰。虽无明火腾焰，但仍赤炽能[redacted]灼[redacted]物者，谓之活灰。活灰铲入烘笼，寒冬烤手。篆文灰以烤手象事，暗指活灰。火灭烬冷，则为死灰。乃知所谓灰者就是木炭，蜀人木炭又叫灰渣。炭字[redacted]从山，因为伐薪烧炭总在山中。

篆文灰

017.到山坡上去

流沙河

阜是土山。以音求之，阜字就是[redacted]今之坡字。坡如何象形？画山坡的层级[redacted]。篆文、金文、古文、甲骨文的阜都是画山坡[redacted]的层级（古文坡上多画石头）层级而三，言其多。今之阜字尚存两级。阜字和其他字相结合，就写成左包耳。例如陵、陟、降、阴、阳、陷、陈、[redacted]隙。兹另说之。

阜的篆文 金文 古文 甲骨文

陵，丘陵或山陵。看甲骨文陵字，大就是人，正在拾级[redacted]登坡。我们在[redacted]下仰望[redacted]他的背影，见他左脚[redacted]升级（走路先出左脚），右[redacted]腿提起跟上[redacted]。右[redacted]胫下加反止（即右脚），[redacted]强调正在走路。到了金文，大与[redacted]反止变形，已难认出。到了篆文，变得太厉害，只好当作形声字来解说。本义是丘陵或山陵，动词化[redacted]出陵越一[redacted]义而改用凌，如凌空、凌辱[redacted]凭凌、侵凌。

陵的篆文 金文 甲骨文

陟降二字相反。陟是爬上坡去，降是走下坡来。看甲骨文便知古人心细，不论上去下来，都是先出左脚，右脚在后。陟字从阜从步。先跨出左脚（止），后跨出右脚（反止），这样两跨才算一步。降字从阜从倒步。但是篆文降的右旁已经看不出倒步的样子了。幸好百年前发现甲骨文，不然我们到

陟的篆文 甲骨文

降的篆文 甲骨文

死也不明白陵陟降三个字的右旁究竟是在做啥。

阴阳本属地理概念。山北水南曰阴，山南水北曰阳。字从阜[redacted]是因为与山有关系。北半球高纬度地区，先民筑屋，为采光取暖计，多在山南觅址，而且门朝南开，所谓[redacted]向阳。临江[redacted]而居者，亦首选[redacted]北岸，以便[redacted]坐北朝南，门窗向阳。

陰 

阴的繁体 篆文

陽 

阳的繁体 篆文

繁体和篆文的阴，右旁从云今声，不要左旁的阜，也能独立成字。这就是阴天和阴气[redacted]的阴之本字。繁体和篆文的阳，右旁也能独立成字。这就是太阳和阳气的阳之本字[redacted]。此字上面是日，中间一横地平线，下面并非[redacted]勿字，而是象夏日地平面[redacted]上空气受热扰动所见，古人[redacted]谓之"野马""阳焰"之形。

山中偶有溶洞竖穴，形成陷阱。陷字从阜臽声。右旁也能独立成字，从人从臼。臼，石臼，旧时舂粮[redacted]用之。蜀人呼作碓窝。篆文臼内四点便是碎粒。人会落入臼中，岂有此理，这不过是象喻[redacted]陷落之意而已。当然，也可以设想那不是石臼，而是捕兽陷阱，行人有失脚陷身[redacted]其中者。果如此，那四点就该是具有戳刺力的竹尖了。

陷的篆文

陈，俗谓之包东陈。深究之，左旁阜，山坡也，非包耳，右旁按照篆文乃是从木从申，亦非东。若看金文，又非从木从申，很可能是车字。战车摆在坡上[redacted]，[redacted]该是战阵的阵。古代战阵布置，[redacted]车为[redacted]核心力量，所以造字如此。但是陈列[redacted]张王李刘诸大姓后，又是舜的苗裔，世居宛丘（河南陈州），所以许慎只认陈作[redacted]地名，不作别的解释。金文陈加[redacted]土，[redacted]强调是地名。

陈的繁体　篆文　金文　阵的繁体

隙这个字可能也和战阵有关。或指战阵布置不够严密，存在[redacted]缺口，被敌军钻空子，乘隙而入了。不然为啥字从阜呢？甲骨文这个字没有[redacted]阜旁，只剩右旁，乃指[redacted]墙壁隙孔。坐暗[redacted]室[redacted]之中，观壁上隙孔，明亮异常，光辉四射。此种观感印象，留在甲骨文中。察其由繁渐简，便知孔洞上下均非大小之小，只是光辉象形而已。而中间亦非日，自不待言。

篆文隙

甲骨文四个𡭴

018·石之器用

流沙河

山岸之下，[redacted]水岸之下，皆多[redacted]石头。石字从厂（岸）。[redacted]厂下一个方形而似口字[redacted]，乃石头的象形非口。磊字一石置放二石之上，象堆垒意。石重，曾被当作重量单位。一百二十斤为一石。后来又被当作容量单位。十斗为一石，今音dàn。旧时为了与石头区分开，便加一点在石中。

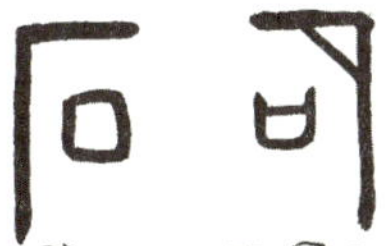

石的篆文　甲骨文

人类曾经石器时代。石器之沿用至今者，有碑、碓、磨、碾。今已不用者，有[redacted]磬[redacted]。兹分说之。

碑，从石卑声。篆文卑字[redacted]甲草二字组成。甲为豆科植物萌芽。甲就是早期的芽字，象形，嫩叶两片尚未舒展开来，[redacted]还顶着豆壳帽。旁边有一茎小草依附着。卑字原义就是依附，所以加女旁就是婢，依附人[redacted]的女仆[redacted]。加石旁而成碑，依附墓葬。古墓四[redacted]隅竖立[redacted]柱状木碑（字或作椑），上端凿孔穿绳。人立四隅缓[redacted]缓放绳，降[redacted]巨棺到墓底。宫庙也竖石碑，当作日晷，视日影以计时。

篆文碑

碓，石臼[redacted]。川人叫作碓窝。旧时[redacted]村庄[redacted]置[redacted]大石臼，供[redacted]舂粟用。各家自[redacted]有[redacted]小石臼，舂杂物用。[redacted]篆文臼字象形，其内四点为粟米和粟壳。[redacted]舂字双手执午[redacted]，正在[redacted]舂粟。午字不作杵讲，用在此处作为杵字[redacted]简[redacted]写，权当作杵而已。碓虽然指石臼，但特指[redacted]用脚踏

篆文臼　舂

的大石臼。这种大石臼可沿用数[redacted]百年[redacted]，多为村庄中的高龄古物。先民口语所以用臼形容某物古老有年，于是有了新旧的旧。看其繁体，下面是臼，上面是鸟戴有毛角。原属鸟名，借作新旧的旧。甚至舅舅一词语源也要追查到[redacted]大石臼[redacted]。远古以母系定血统，子女跟着妈姓，亦即与母亲的弟兄同[redacted]一个姓。母系社会进化成父系社会后，母亲的娘家就不再[redacted]被视为现行的家，只认作旧家了。于是造出舅字专指旧家，进而称呼舅父舅爷，意即旧父旧爷。

旧的繁体 篆文

磨，从石麻声。麻古音[redacted]mo。问我怎知麻的古音，古人没有录音留存下来呀。《诗经·陈风·东门之池》首章：“东门之池，可以沤麻。彼美淑姬，可与晤歌。”麻在这里读古音mo，池也读作沱，才押脚韵。由此而知悉二千五百年前的读音，何必听古人的录音呢。磨音mó，[redacted]磨面磨刀磨时间，作动词用。若作名词磨子磨床，则音mò。磨字不见于《说文解字》，当属晚出。许慎书中此[redacted]字从石靡声，左石右靡，今已废[redacted]隐。

碾字也属晚出[redacted]。西蜀乡村常见水碾。成都地名有水碾河、双水碾、罗家碾。利用落差，水推[redacted]轮转。轮[redacted]轴带动[redacted]楼上石盘滚动于铁槽内，[redacted]日夜运转，碾稻成[redacted]米。[redacted]成

中国作家协会四川分会

本[redacted]低廉，不[redacted]添温室气体，非常绿色环保。凡水碓之所在，树木茂密，鸟雀[redacted]聚[redacted]集，河[redacted]水[redacted]线流，石桥横架，为旧时难忘之乡村景观。碓字也不见于《说文解字》。许慎书中此字作研，解释为动词磨mó。研yán是用石[redacted]研磨他物，例如研药。至于[redacted]研墨，[redacted]被墨研的石就叫砚yàn了。凡物性质不明，往往研碎成末，[redacted]再磨[redacted]考究之。这就[redacted]叫研究[redacted]。

古器乐有弦乐，有管乐，还有石乐。磬属石乐。古磬皆[redacted]石制。那种可以磨成片[redacted]有清音的石，就叫乐石。石磬多作矩尺形状，

磬的篆文 籀文 甲骨文

[redacted]似人折腰。深度鞠躬谓之磬折，可想象出[redacted]磬的形状。磬篆文从石。左象磬形，[redacted]磬上象[redacted]字绳悬系。右象手执小锤敲之。籀文尚未加石。甲骨文更接近看图识字，最富趣味。石质再佳，总[redacted]不如青铜好，所以石磬终被淘汰。

~~[illegible]~~

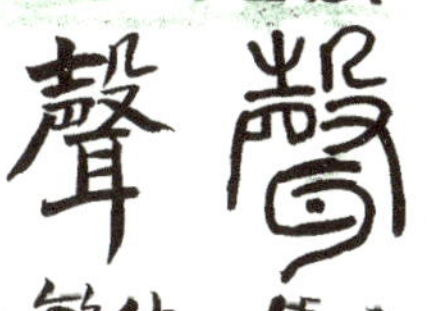

声的繁体 篆文

磬为什么名[redacted]磬？答曰，其声qìng qìng，所以名磬。此亦“其名自呼”。

磬和罄有关系吗？答曰，有。铜磬腹内必空，盛物就敲不响。所以缶（陶钵）[redacted]内无存物谓之[redacted]罄。又，磬下之石若换成耳，那就是声的繁体了。说到这里，忽然想起，简体的这个声，正是[redacted]磬的[redacted]形符。

019·石之兵用

流沙河

中国作家协会四川分会

用于作战首先想到[redacted]"滚木擂石"。何谓擂石？打[redacted]鼓曰擂鼓。擂，[redacted]打也，用[redacted]石打人谓之擂石。交战时投小石以打敌，有《水浒传》张清"飞石打英雄"，人呼"没羽箭"[redacted]。守关隘推巨石击来[redacted]仰攻之敌，多见旧小说中[redacted]。以上两种石战[redacted]，全靠[redacted]手上功夫。设若再[redacted]用一点器[redacted]械之力，就有好戏看了。[redacted]缓说如下。

远古《弹歌》只此四句[redacted]："断竹，续竹。飞土，逐肉。"是二言诗。添字改成三言诗吧："刀断竹，弦续[redacted]竹。飞土丸，逐鸟肉。"这是在说弓弹。前两句说怎样做一张弓。第三句说搓泥土做弹丸。第四句说用来[redacted]打鸟。弹字的甲骨文，一张弓，正拉开，一[redacted]颗弹，已上弦。你会说，明明[redacted]是土丸，这与石之[redacted]猎用无[redacted]关[redacted]。确实无关。那我们就把弹字的弓旁去掉，看看单是何物，就会明白确实有关。

弹的繁体 篆文 甲骨文

文字专家纷纷说，单很是像盾牌。晚年的陈独秀说，单[redacted]是古代的投石器，猎战皆可使用。我很服膺陈氏之说，且愿从中调和[redacted]补充说明。看甲骨文单，下部方形有柄是盾字作声符[redacted]，上部一绳二石是单器[redacted]的[redacted]符形。单盾双声，古音相近，所以盾可[redacted]作为单的声符。单是形声字，

单的繁体 篆文 金文 甲骨文

不是[redacted]整体象形字。一绳[redacted]二石之投石器，未曾目睹[redacted]，不好妄说。然而，一绳中段缀小布兜，内置卵石，紧[redacted]握绳之两端，高举回[redacted]旋加速[redacted]，忽放[redacted]一端，卵石即沿圆周切线飞出，这种投石玩具，我却见过。《圣经·旧约》曾提[redacted]到大卫投石器，想必类此[redacted]。甲骨文掸字，加一只右手，表示正在投石。掸dǎn今有[redacted]速扫[redacted]意，如用[redacted]鸡毛帚掸去[redacted]桌上尘，一挥而过，犹令人想起远古的一挥投石。如果去掉那只右手，换成一条犬，那就是兽字，意思是狩猎。投石器单[redacted]，代表武器，配一条[redacted]狗，象狩猎意。可知兽即动词狩。后来猎物又叫兽，[redacted]更后来一切走兽都叫兽了。正如动词禽字，原为[redacted]擒获，[redacted]后来一切飞禽都叫禽了。如果甲骨文单，[redacted]右旁加[redacted]戈[redacted]，便是两件武器配合使用，一击远，一杀近，于是有了[redacted]战字，终成石之兵用。

甲骨文掸

獸 獸 

兽的繁体 篆文 甲骨文

投石器单后演[redacted]进成[redacted]弓弹，因加弓而变得复杂[redacted]。回头[redacted]来看，单就获得简单、单一、单独诸义。须知今之[redacted]枪弹、炮[redacted]弹、炸弹、导弹皆从石[redacted]来。

戰 戰

战的繁体 金文

石之兵用最威猛者为发石车。大木[redacted]构架，下装四轮，可以[redacted]推动移行。车上两套[redacted]立柱，以柱顶横梁[redacted]中卧[redacted]活动高竿。竿端[redacted]革窠以大盛石。多人急[redacted]牵，高[redacted]竿猛起，大石飞向敌营，所向披靡。射程可达半公里外。《后汉书·袁绍传》记载，曹操用发石車打袁绍营中的[redacted]了望[redacted]楼，真是"彻底砸烂"。[redacted]又呼为霹雳车，[redacted]亦名抛车。抛字用得传神。吾人抛掷石头，必展臂肘划弧线急投出[redacted]，方能致远。发石車之活动高竿正似臂肘。抛字篆文从手从九从力。九字象形，就是肘字，后借作数目字三三得九。抛字[redacted]就是手持物件，伸肘用力投出。取名抛车，准确。

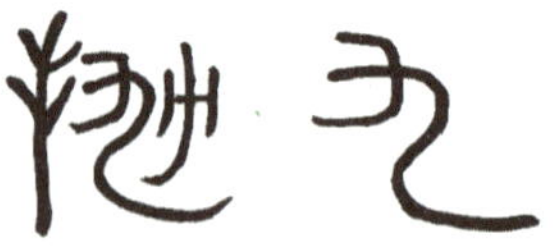

篆文抛　九(肘)

炮从火，指火炮[redacted]。从前此字从石，指发石车。炮者，抛也。因为炮弹是沿抛物线抛出[redacted]的，所以名[redacted]炮。

苏轼诗有"愁看江云起炮车"，谓大雨之将至。夏日天际黑云陡立，俗呼为"炮车云"。事过千年，今不闻此呼矣。

020.土地崇拜

流沙河

[redacted]土字三笔，一横象地表，二横象地下，三直象有物自土中出。待到见了甲骨文土，才明白那是地面上一个土块。掘土成块，已入农耕社会。古人[redacted]说土，不说土地。地字晚出。天地的地最初都用队字代替，后来又在队下加土，亦即墬字。[redacted]西汉《淮南子》内"地形"还作"墬形"。当然，这是个别著书人的守旧。篆文地字从土也声。也声与地字[redacted]发音不相近[redacted]，怎么能会合[redacted]？原来最初也字和它字本属一家人，彼此可以[redacted]通用。不过虽然[redacted]同一字，可以通用，却由于地区不同，发音互异，有读shé的，有读yí的。地字的也声，[redacted]就那时读yí，与地发音近，所以作声符。后来也字和它字分家了，在篆文里各据其形，各读其音，各秉其义，不再互相通用。细看篆文，察其笔划走向，也它二字仍然形似，都象有颗窝的眼镜蛇头。有以异者，也字蛇头吐分岔的舌尖而已。不过许慎认为也字象女阴形，亦有所据。后面还要详说。

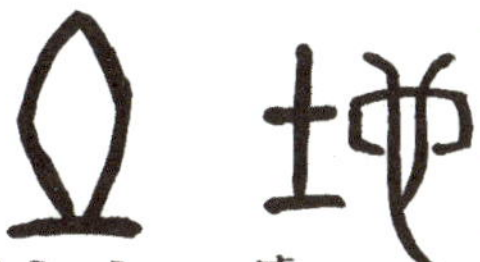
甲骨文土　篆文地

队　坠

篆文也　它

总之，地即土[redacted]，土即地。倒退到三千数百年前，土字发音不但完全同地其音近yí，而且由yí通shé，这样就与土字今音tǔ相去遥远了。土字古音shé，所以甲骨文卜辞内记载某次祭社大典[redacted]用燎（就是后来的焚香燃烛），宰杀三羊二牛，沉河十牛。卜辞内的社[redacted]字就写成[redacted]土字，可知土字曾经音shé。那时左示旁的社字尚未造出

中国作家协会四川分会

，土社二字尚未分家。那时的土，不但是地面上一个土块，[redacted]而且是地方上一[redacted]尊社神。难怪乡间[redacted]社祠土地公公又呼社公，至今如是。社是土地之神，村村有低矮的[redacted]土地庙供奉着。庙内居然夫妻二神，

塊 

块的繁体 篆文

并肩而坐。先民认为禾稼结籽正如夫妻生子，而耕种可比于性交。社公社婆同在现场，可致禾稼丰收。每逢节日，社庙[redacted]演戏娱神，会聚村民，谓之社会。日本[redacted]拿去翻译society一词，致使概念放大。今则愈放愈大，跨出家门校门，便已入社会矣。

甲骨文土，画地面上一个土块。块的繁体从土鬼声，纯形声字，只取鬼声，不取鬼义。块的篆文，土被包裹，表示成块，不是散土，所以有“块然独存”的说法。大地[redacted]，《庄子》书中叫作“大块”，李白也说“大块假我以文章”。块在今日作量词用。香皂以块计，钱也可以若干块。

里，从田从土。里指聚居地。凡是聚居处，其地必有田，所以里从田。古书上说二十五家为里。富贵还乡，所谓荣归故里。乡里风俗谓之里俗，里添人旁作俚俗。城市小巷也叫里，此即古之闾里。里后来借去作计程单位，三百步算一里。古之所谓步，乃左脚一跨，加右脚一跨，共两跨。三百步即六百跨。鄙人一跨0.84[redacted]公尺，六百乘之，已略超今里的五百公尺。现行公制，两里等于一公里。

里字嵌入衣字，又组合成一个字，里声，指夹衣的内层（外层叫面子）。五十年前这个字被宣布是繁体，已经斥退，无脸面拜见亲爱的读者。上面指定，叫里作简体字代为见客。里本是正体字，又兼任简体字，好不尴尬。在何处为正体，在何处为简体，不容易弄清楚，致使写繁体者见里加衣，大闹笑话。

里的繁体　篆文

从土之字还有朝廷的廷。廷的意思是人走着走着就停下来。廷也就是停。朝会仪式严肃，不许随意走动。虽说是停下来，也与行走有关。所以廷字篆文，左旁借用半边行字，且延伸其末笔，绕到下面。廷字右旁，人多误作壬字。其实那是从人从土，人立土上，并非中横长的壬字。人立土上，已具停义，不要左旁半边行字，如甲骨文所书那样，也能独立成字。远望的望，下面本来就是那个字。司掌文字者将其撤职，以王代之，毫无道理。被撤职者四划，王也四划，这叫简吗？望字左上已有亡作声符，又添王再作声符，不嫌繁吗？

篆文行

廷的篆文　金文　甲骨文

021. 土田劳作

流沙河
中国作家协会四川分会

圣的繁体　篆文

简体字圣，土上一只右手。繁体上面从耳从口，表示[redacted]圣人耳通口通，而下面[redacted]是声符。能听取能辨别谓之耳通。能施教[redacted]能弘道谓之口通。简体圣人能做啥？搓泥巴吗？

圣字[redacted]从前是正体字。现在说说正体字圣。圣字[redacted]作为[redacted]怪之[redacted]声符（怪字从心圣声），音Kuài。《说文解字》："汝颍之间谓致力于地曰圣。"这个动词[redacted]至今活在北人之口，用手掘[redacted]土，[redacted]说成[redacted]圣[redacted]土。正体的圣被迫消失，其躯壳被拿去做圣人的圣，汉语又[redacted]损失了一个鲜活的动词，可惜可[redacted]叹。

甲骨文才　金文才　篆文才　篆文在

[redacted]栽苗[redacted]，最初掘土用手。土掘开后，然后栽苗。此为远古农业之始。推想文字初创时，笔划简单的这个才字就是后来的栽[redacted]字。才字象苗初栽之形[redacted]。怕不明白，右旁加土，这就造成[redacted]在字了。才与在本一字，音[redacted]和义都相同，都是后来的栽字。一个人在某地生存，亦如一株苗在某地生长，各有根基，不能随便移动。这样，本义为栽的在就演变为[redacted]存在，取得[redacted]新义，而苗栽某地[redacted]也可以说成苗在某地。顺流而[redacted]下[redacted]，苗在某地生长，茁壮，成熟，收割，一轮就叫一茬chá。以后又栽，再栽，就叫二茬，三茬。

栽字晚出，是从才字变成的。请看篆文，才字戈字组

25×20=500　Ch001 219 86 3　第一页

篆文才　灾　栽

成另一个字，从戈才声，[redacted]其原义为兵器[redacted]伤害，古书借作灾字[redacted]，我们勉强将其视为灾字。后来又加入一个木也就是一棵树，终于造成栽树的栽。栽字应用范围扩大，不但植苗艺圃，便是筑墙立夹树版，乃至移脏陷害他人，皆可谓之栽矣。[redacted]有不少农作物一年只能栽[redacted]一次，所以一年叫作一载。“夏曰载。商曰祀。周曰年。”载本车载，这里借作栽字。某农作物算来已栽十次，那就是十载了。

垡的正体　篆文

《新华字典》今有垡[redacted]字。其正体字被[redacted]废，无法印出。姑且这样说吧，拔字提手换成土旁。此字原指一锄之土，[redacted]量词，今[redacted]指被犁[redacted]铧翻耕起来的土块，川人谓之土巴。秋[redacted]耕[redacted]在华北叫秋垡。秋垡地的土块[redacted]总要曝晒才好，叫作晒垡，川人叫作炕田，即晒土巴（垡）。

《诗经·豳风·七月》说“九月筑场圃”。秋收时节，[redacted]先要[redacted]备好一片空场，用夯筑平。场圃[redacted]就是川人[redacted]说的场坝。圃坝双声对转，圃是借[redacted]音，非用本义。圃本[redacted]来是菜园，[redacted]哪能[redacted]挪用作场，更不能把[redacted]筑土夯死就没望了。圃在此诗中应该读成坝，这样好与下句“十月纳禾稼”押脚韵。从前是稼音gū，与圃韵。

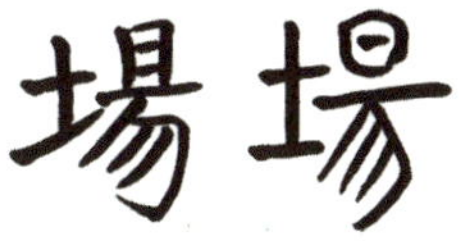

场的繁体　篆文

同场的繁体形近往往致误的是埸字。此字从土易声，义为田地边[redacted]界。古称疆埸，浅人误作疆场（场写繁体）。二十世纪吾国抗日战争八年，报章赞美[redacted]壮[redacted]士战死疆场，从此[redacted]不可改正。[redacted]

秋收既完，北风[redacted]转寒，《诗经·豳风·七月》说应该“塞向堇户[redacted]”了。豳地早寒，农家跪屋向阳以利采光取暖。北墙的通风窗古名[redacted]向，必须砌砖堵塞，才好[redacted]避西北风，度过严冬。先说塞向。看[redacted]篆文便知晓，是在室内双手砌砖。四个工字形符号是砖缝。事属土作（泥[redacted]工），所以其字从土。那时民用未经火的泥[redacted]砖，又名土墼jī。再说堇户。

塞的篆文 甲骨文

堇的篆文 金文 甲骨文

《诗经》堇有土旁，字已废，印不出。好在堇字自[redacted]身下面带[redacted]土，本指[redacted]黄色[redacted]粘土。用粘土抹门扇，填死缝隙，谓之堇户。堇字甲骨文不带土，画人颈脖[redacted]因吼而鼓气胀圆了，大口正在喊[redacted]天[redacted]。想是啼饥叫苦[redacted]，所以加食旁而成饥馑，所以加草头而成苦菜。饥馑严酷，衍[redacted]出紧张一义。又延伸为[redacted]使之[redacted]紧严，不留空隙。[redacted]于是[redacted]堇加土旁，作动词用，谓抹粘土以填缝隙。

022.封土划疆

流沙河
中国作家协会四川分会

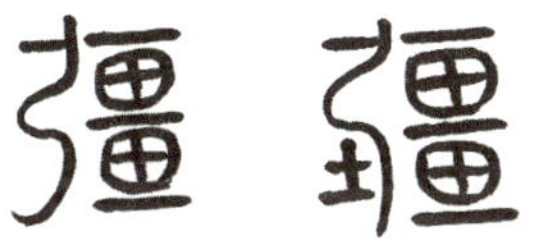

篆文彊(強)　篆文疆

最早的疆字没有弓旁和土旁，只有[redacted]两块田和三道界，意指农田划界。后来加弓旁，指硬弓。此即強字的异体。后来又加土旁，回到原义，仍指农田划界。田界乃私有制的保障[redacted]，不划清楚，易致诉讼。封（土是另一回事）乃周朝天子给下面的公、侯、伯、子、男五等爵位分封领土，允其建旗。封土建旗就是封建[redacted]三字本义。

封的篆文　籀文　甲骨文

秦始皇大一统，废封建制，行郡县制。在秦以前，篆文封[redacted]从之从土从寸。据说，之土就是此土，而寸表示按照制度分封领土。较早[redacted]的籀文封从土丰声，简明多了。更早的甲骨文封是右手（又）在土上栽树（木），用[redacted]树作[redacted]分界线。远古族群各部落都有自己的[redacted]疆界林，以免[redacted]互相误入。这比封土建旗早数千年。甲骨文封[redacted]有时简写成丰[redacted]，既不要土，亦不要手。如此说来丰就是栽树[redacted]。旧时[redacted]农家栽棘成[redacted]篱，以防贼入。甲骨文和金文丰象棘刺形。

地域的域字，金文里已[redacted]有[redacted]。其字从土或声，专指国土。邦国的国字，金文里[redacted]也有，同域字相似。其字左旁画方形领土，四[redacted]边有国界，右旁[redacted]

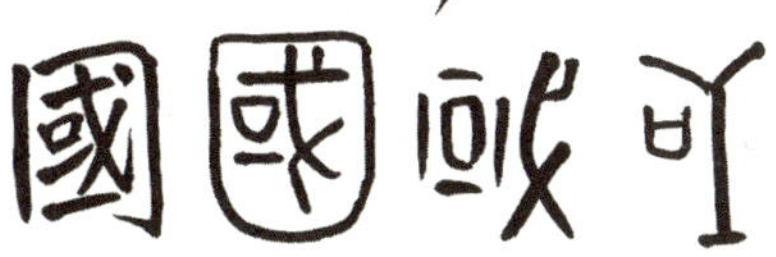

国的繁体　篆文　金文　甲骨文

戈字做声符。更老的甲骨文国字更简单，竟用口字充当方形领土，其右旁竖一枝平头戟（[redacted]就是戈），也做声符。甲骨文国，金文国，既可以被视为国字，也可以被视为域字，一身而二任焉。域字又是或字的异体。或左旁小方形不是口而是领土。已经有土，又加土旁成域，岂不多事。这样说来，或国为古今字。请看金文国，抹掉[redacted]东西两边国界，不就是或字吗。不过在卜辞内出现的这个或并非都当作国字讲，往往仅具“或有”[redacted]的意思。

金文国　金文或

篆文国在或字周边下个大包围做国界，而让其内的小方形做国都，又以戈守卫之。国字繁体到此完善，一用就三千年。其间有[redacted]唐代武则天篡位做皇帝，乃新造国字，以八方二字取代大包围圈内原有之或字。八方向外拓开，可以到无限[redacted]远，而大包围圈无论画多大总是有限的。她老人家也不觉得这很矛盾。此字实在不通，而且面目可厌，八字像夸眼角，所以她一死就被取消了。后来又有清代太平军造反打江山，再造新国字。考[redacted]虑到[redacted]军封王[redacted]多达[redacted]一千六百多人[redacted]，必须强调立国以王为本，所以大包围圈内赫赫然唯一王，便充当新国字[redacted]。到了二十世纪中期，宣布汉字简

圀　囯

武则天造　太平军造

化，在王身边增加一注小点，代表当时六亿群众，一直用到今天。代表十三亿人

中国作家协会四川分会

邦国的邦字与封土的封字其[redacted]古文字[redacted]也很近[redacted]似。请看前面的籀文封字，左丰右土。再看甲骨文邦字，上丰下田。土即田也，田即土也。这两个字不但形似，而且古音也差不远，可能同源于疆[redacted]界林[redacted]。

甲骨文邦

领土封了，疆界划了，就要[redacted]建都城了。甲骨文无城字，有墉字。《说文解字》：“墉，城垣也。从土庸声。”墉就是后来的城，城也就是垣。像四之器盛物[redacted]，城盛人，故曰城。像圆圈，故曰垣。古人以音释义，说如此。

甲骨文墉三种写法　金文墉　篆文墉

甲骨文墉，中方为城。有东南西北四门的是大城，而只有南北二门的是小城。城门上有高楼[redacted]，用于瞭敌。门楼很重要，便[redacted]于防守之外，尤其具[redacted]有观瞻作[redacted]用。若缺[redacted]此物，岂不[redacted]降格为土围子小国了吗？甲骨文亳（商朝都城之一）和京（大城）以及高，还有篆文亭，皆画高楼以壮观瞻。亭字以丁为声符。京字下面似Y之字音guān，也是声符。guān后来转为jīng。

甲骨文亳　京　高　　篆文亭

023.尘土遮天

流沙河

中国作家协会四川分会

城筑好[redacted]，[redacted]还要修[redacted]官署。官署古[redacted]称寺。[redacted]汉明[redacted]帝时，白马驮经来[redacted]洛阳，入住鸿胪寺（相当于礼宾司再加国宾馆）。后改名白马寺。从此[redacted]佛院也名寺了。寺上面是之字做声符，不是土字。下面是寸字。篆文寸画右手，手下一寸处就是中医摸脉的寸口，一横指示寸口所在。寸又用作长度单位。十发为一程。十程为一分。十分为一寸。十寸为一尺。这就叫制度，非遵守不可。官署亦[redacted]各有其制度，所以寺字从寸。篆文演变成隶书，谓之隶变。隶变时篆文寺上面的之字，为书写方便计，被改成土字了。篆文之字象草木[redacted]孳生形。之，[redacted]孳也。之字[redacted]少用本义，常作虚词使用。

篆文寺

早期在[redacted]城内有车道、马道、人行道，而无今之所谓街道。街本里巷之门。守门谓之“当街”，防盗贼入里巷。城内房屋[redacted]连成[redacted]片区称某某坊，例如宋代成都[redacted]有碧鸡坊，有[redacted]金马坊。宋代长卷《清明上河图》画汴京城的清明坊和上河坊这两个片区。相邻两[redacted]坊[redacted]之间留下空处，作为[redacted]通道，跑车马，走行人，不叫街道。近代城市商业发达，通道两旁挤满商店，这才形成今之街道，一一命名，而坊名遂谢幕。雅人念旧，街上他叫[redacted]“坊间”，指两坊之间也。坊字从土方声。

宫殿二字不从土，暂不说。不过殿字和从土的堂有关系，不说还不行。说说吧。殿字左上是尸，尸非死尸，只是人字仰[redacted]躺上身，腿脚着地罢了。尸即人。其下一横，腰

篆文殿

带。腰带之下，[redacted]臀部两块肥肉，蜀[redacted]人叫屁墩子。又在其下置放凳子，使你确信无疑。原来这左旁已经[redacted]是臀字（作声符用）。再看右旁是殳shū。殳字手持一种[redacted]竹制兵器。殿本[redacted]象声字，象[redacted]打击之声。既是打击声，就不能读diàn音，而宜音tún，与臀读音相同。原来殿非宫殿字，乃是[redacted]象声词[redacted]，类似啪哒[redacted]哗啦[redacted]丁咚鼓隆[redacted]而已。宫殿的殿，其下还须加土才是。奈何人嫌麻烦，都用与建筑物无关系[redacted]的缺土之殿字。《说文解字》[redacted]以殿释堂，也未采用加土之殿，承认了此即殿堂字。

堂的篆文　金文

篆文堂从土尚声。金文堂下面是土字变形（变成大一），上面则是从殿字左下拆借来的。腰带一横[redacted]向下移了，臀部两墩各向左右移了，而下置放的凳子又扩大了。金文堂用[redacted]臀的象形字做声符，应该是从土臀省声。

原来宫殿地基比平地高，其下必须垫土，然后建屋于上。土垫厚了高了，好似臀部肥肉堆墩，故以臀名曰殿。堂也必须垫土，所谓“高堂”，而平地称“堂下”，与殿相同。秦以前无论官民皆[redacted]称堂。秦[redacted]以后[redacted]皇帝的堂[redacted]称殿，更[redacted]以后佛堂[redacted]亦称殿了。又，竞技有冠军、亚军、殿军。殿军在后，取义于臀部在身[redacted]体之后也。

建筑[redacted]必须先夯地基，盖自远古而然。基字从土其声。其即箕，川人叫撮箕，象形。甲骨文基土在箕内，当指垃圾。金文和篆文箕放在[redacted]几案上。竹[redacted]箕原非宝器，随地置之可也。奈何箕形入字之后，为了结构美观，便塞一具几案跟着入字，也就不管是否讲得通了。

基的篆文 金文 甲骨文

墙，繁体不从土，而是爿声。《新华字典》爿音pán，意思是柴片。而[redacted]这里的爿音同床，是床的象形字，用作声符。右旁从[redacted]来省从[redacted]廪省。来是来麦（小麦）象形，廪是仓廪象形。粮仓非有围墙不可。请看篆文，右下似回者，两堵围墙也。

墙的繁体 篆文 金文

自入农耕文明[redacted]，垦荒未已。自然[redacted]沙尘之外，遂[redacted]添人为尘埃。城市出现以后，更加[redacted]尘土滚滚。踵以工业尘埃，竟至遮天蔽日。古[redacted]人目睹鹿群奔跑，蹄下扬尘，而造尘字，如此直观。终以笔划太繁，简为一鹿。今人仍嫌麻烦，一减再减，竟成小土为尘。鄙人临池习字，始觉鹿土之尘字形美观，而小土终觉得不受看。设想仓颉夫子今日醒来，定当另造尘字，而以汽车取代[redacted]那三只鹿。

尘的繁体两种

024·江河海澥洋

流沙河

中国作家协会四川分会

尧舜在位时，中原突发[redacted]大洪水，那是距今四千三百年前的事了。吾国之有历史记载，实[redacted]始于此。此时水字应该造出来[redacted]了。先民造此水字，见于甲骨文者，非常智慧非常美[redacted]。不是画一碗水一盆水一池水，而是观察[redacted]动态的河流以[redacted]把握水之意象，所以造型活泼，灵气盎然。河心主流水急，一笔拉通。左右[redacted]侧流水缓，断为三[redacted]笔。到篆文而简化，断三变成断二，[redacted]形态更[redacted]美，尽显[redacted]阴柔。

水的篆文 甲骨文

三点水做偏旁，一大批[redacted]形声字首举[redacted]江河[redacted]。江，工（杠）声。河，可（柯）声。江河都是“其名自呼”。长江[redacted]冲击川峡，水[redacted]声gāng然，所以名江。黄河跌[redacted]落壶口，水[redacted]声kē然，所以名河。江的声符工[redacted]象独木桥形[redacted]（古名[redacted]杠）。《孟子》说“十月徒杠成”，意思是天寒水冷了，政府要搭好独木桥，使百姓免受[redacted]涉水之苦。河的声符可，象斧柄形（古名柯）。《诗经·豳风·伐柯》说“伐柯如何？匪斧不克。”毛传云[redacted]：“柯，斧柄也。”甲骨文河，其可尚未加[redacted]口，正是[redacted]斧柄[redacted]，[redacted]上端为斧头之侧视[redacted]。斧柄向内[redacted]微弯[redacted]，利砍斫也。人多记得[redacted]柯为[redacted]枝柯之义[redacted]，而[redacted]忘记其斧柄初义。甲骨文河更古老的写法是水旁移到右边，而且

河的篆文 金文 甲骨文

笔划简为一线[redacted]两弯，左边的斧柄和斧头更[redacted]为神似。

海是[redacted]从水每声吗？[redacted]江工声，河可声，音尚[redacted]近，能[redacted]接受。海hǎi[redacted]每měi各以今音读之，相去甚远，就难以接受了。要能接受，[redacted]还须搭船过渡[redacted]：每——悔——海。悔既然从每得声，而悔海双声又可以对转。如此渡向彼岸[redacted]，就可以说海每声了。[redacted]历来[redacted]说法就是这样[redacted]。不过我想补充几句。每的篆文金文甲骨文都以[redacted]女性[redacted]坐炕[redacted]姿势[redacted]出现（[redacted]两点在胸者[redacted]母），而皆显示头发茂[redacted]盛。从前说每字上面是植物[redacted]，[redacted]植物茂盛就叫每，因为《诗经》有"周原每每"句。其实不是植物，而是头发，每字原[redacted]指女性头发[redacted]茂[redacted]盛。植物茂盛已是借义。如果借[redacted]指水盛，加个三点水[redacted]旁，就是海字了。所以应[redacted]该说，海从水，从每，每亦声。这样说才完善。

海的篆文　金文

每的篆文　金文　甲骨文

与大海相连属，而又有所隔离，自成一片水域者，古名勃澥，今称海湾。勃谓彼此对立，澥谓水被划分。勃，[redacted]取义于孛（二小子[redacted]打架）。澥，取义于解（一条牛[redacted]割开）。如此说来，凡海湾皆勃澥，不仅[redacted]渤海湾也。渤海之名，取自勃澥无疑。

澥的篆文

洋，最初只是两条水名。一条在山东，一条在陕西，都叫洋河。洋洋则[redacted]属于形容词。伯牙[redacted]弹琴，志在流水。知音钟子期[redacted]赞美说："洋洋乎若江河。"《诗经》[redacted]有"河水洋洋"[redacted]形容黄河，更有"牧野洋洋"形容陆地。《论语》欣赏音乐都可以说"洋洋盈耳"。到宋代称外海为洋，如黑水洋、白水洋、零丁洋。明代有了"西洋"，清代又有"东洋"，[redacted]近代更有太平洋、印度洋、大西洋，洋越来越大了，终与海组成复词海洋。

洋的篆文　甲骨文

成语"望洋兴叹"易生误解，以为"望洋"就是望着海洋，叹其浩渺无际。不知"望洋"为连绵形容词，义寓声[redacted]内，不可扣着字讲，所以也[redacted]允许作"望羊"或[redacted]"望阳"。望也不是望视。以音求之，当即惘也。望洋[redacted]者，迷惘之貌也，既非非用目视不可，亦与海洋无涉。

025·川与水灾

流沙河

黄河古称河水。长江古称江水。[redacted]其他江河，[redacted]亦以水名，例如洛水、汉水、汝水、淇水、泗水[redacted]。水体也叫水。古人[redacted]嫌不便，又造川字概称一切水道，而不包括水体在内。造川字者绝顶聪明，只在甲骨文水字的左右各添一笔，[redacted]画成两岸，表示此乃水道，而非实指某江某河某水，亦非水体。到了篆文，中间四点也省掉了。精打细算如此！

川的篆文 甲骨文

水中可居者曰洲，本指江河湖池中的小岛，非今之世界五大洲。洲原作州，没有水旁。川本身已是水，用不着加水旁[redacted]。只因借用了古代的九州，所以水中小岛的洲[redacted]加上三点水旁，以便区别。这也就是不得已而为之。《说文解字》紧扣字形笔划，说篆文州"从重川"即[redacted]两个川。若扣着[redacted]字义讲，从两个川[redacted]反而不通。明明是川中三小岛，何来两个川呢。

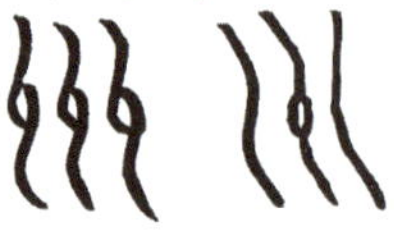

州的篆文 甲骨文

省名四川，非谓此省有四条[redacted]川。长江三峡，古称川峡。元代分为川峡东路、川峡西路、川峡南路、川峡北路，共四个行政区，合称川峡四路，简称四川，而建行省。

孔子在川上说："逝者如斯夫，不舍昼夜。"俗语"川流不息"出此。水道不能堵塞，只可疏通。一堵塞，水位必抬高。抬得太高，蓄积势能，应力超过临界，堤岸必

繁体灾

古体灾

崩，导致水灾。今行简体灾，看字形便知是房屋失火[redacted]。繁体灾兼水火。古体灾则专指川被堵塞必致水灾。那一横杠断川，象堵塞意。古体灾显然是篆文灾的翻版。

篆文灾

甲骨文三个灾

古人眼里，火烧不过数家，[redacted]洪水却能漂没整个[redacted]村镇，厉害百倍。[redacted]灾字首指水灾，而字从川，便可以理解了。甲骨文第一[redacted]灾，两横断川，是象意字，篆文所出。第二灾，中为才，做声符，是形声字，显系[redacted]晚出。第三灾象洪水之横流，左冲右撞，是象形字，见于早期卜辞，最为古老。

水淹之淹，原属水名。淹水[redacted]在今四川[redacted]青衣江之上游。借作水淹，遂成动词，原义乃隐。《说文解字》："湮，没也。"[redacted]可知当初湮是正字，淹是别字。后来别字扶正，正字投闲，莫可奈何。投闲之后，与水无关[redacted]，亦称"湮没"，但是义同"埋没"，傍上土旁[redacted]。其实土旁自有堙字，[redacted]义为[redacted]用土填塞。"鲧堙洪水"，治水失败，败在堙字上面。子禹继任，[redacted]"干父之蛊"，改用疏导，终致成功。回头再说[redacted]湮字，右边西土正是堙的古写。

篆文湮

篆文衍

中国作家协会四川分会资格的

可知湮字应该是从水堙省声[redacted]。[redacted]愚以为真[redacted]正字应[redacted]是衍字。看篆文衍，水漫十字街头，象意，比属于形声字的湮字更能[redacted]表[redacted]意[redacted]。

先民[redacted]傍水而居。[redacted]最早的城市[redacted]总是[redacted]建筑在江河[redacted]岸边，一则利汲水[redacted]，二则利航运[redacted]。何况城市设防，高墙之外，还需深池，做护城河，没有水怎么行。古代所谓国就是城，又曰邑。邑上非口[redacted]，那是方形的城。邑下非巴，那是人俯身跪坐着，也是另一种写法的人字。有城有人，就是邑了。邑字在楷书中有时候变形为右包耳，例如邦郡都郭郊部诸字，皆从邑得义也[redacted]。邑上加川为邕。东南西北四城门外都有河流来水灌池，这就叫邕。江南水网地区，堪称为邕之城甚多。固然利于防守，但是[redacted]洪[redacted]灾亦随之矣。邕通壅，有以异者，壅是[redacted]土堵塞了水道，邕是水堵塞了城市。其为堵塞则一，故可[redacted]互通。行人堵塞叫拥挤，脂肪堵塞叫臃肿，化脓堵塞叫痈疮，以音求之，都能溯及这个邕字。

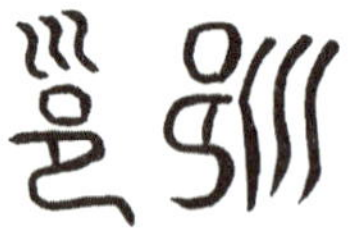

邕的篆文　金文

026·源泉流演成派

流沙河
中国作家协会四川分会

江河溯源，终有一泉，广不盈尺，深或数寸，仅可"滥觞"（[redacted]浮起一只酒杯）。泉字不是白水二字组成。只有不通文字学常识的某些古人，才把泉货叫作"白水真人"。汉代称货币为泉货，取其自中央出，流布四方[redacted]之意，纯[redacted]属比喻。泉字篆文和甲骨文，你要腾空俯瞰，方知这是一眼泉水，流出成川。如果坐着平视，就可能误认为热气球正在升空。《说文解字》："泉，水原也。象水流出成川形。"许慎以原释泉。原又是啥？他说："原，水本也。从泉出厂下。"厂即岸，指山岸。山岸下之泉就叫原。泉原本无别，不过一在平陆一在山岸而已。后来原字借作平原[redacted]，泉原字[redacted]不得不加[redacted]水旁成[redacted]源字。其实原字厂下一泉已经有水，又加三点，反而不通。《孟子》书中[redacted]"原泉混混"那时尚未加水旁作源字。泉原之原字，今广泛使用。原因、原来、原始、原理、原则、原型、原装、原配、原告、原籍、原子等等[redacted]皆从江河源头那一眼泉水引[redacted]出意义，组成新词汇，应用于无穷。噫，亦神矣！

泉的篆文　甲骨文

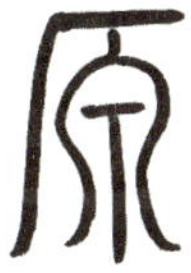

原的篆文

泉水流出成川。川非预先挖好，等着水来。只缘泉水本着就下之性，顺着地势向[redacted]低处流[redacted]，而川自[redacted]然就流成[redacted]了。川之所以被叫作川，正因为它是顺从的。顺字从页是头是脸，从川是说脸上表情顺从。不然为何要从川，川亦声呢。明白顺之所以从川，就能明白篆文流[redacted]字[redacted]为何也从川了。流[redacted]从倒子[redacted]水上[redacted]游泳，从川表示顺水而下。前人[redacted]不知小子头上乃是[redacted]川字，[redacted]误认作三毛了。水总是顺流的，所以流字从川示顺。金文流字小子头上的川变形成个，只是为了书写方便，别无他意。

流的篆文　金文

篆文游字同样是小子水上游泳，只是字不从川，他可以顺水而下，也可以逆水而上，还可以横游向彼岸去。无川，他是自由的。今之游字原本[redacted]是旗帜[redacted]的飘带，意思同旒一样，读音稍异而已。字被借作游泳，[redacted]日久扶[redacted]正[redacted]。其实从前游字[redacted]正字是三点水旁一个子，见《石鼓文》。甲骨文游字有水，而用[redacted]左右河岸[redacted]代替之。

游的篆文　甲骨文

江河源远流长，特造一个演字表之。《说文解字》："演，长流也。一曰水名。从水寅声。"许慎解说寅字，太牵拘于意识形态，使人糊涂，我就不介绍了。看甲骨文演字，水旁一矢，原来并非从水寅声，与篆文演字[redacted]几乎不相干。水旁的那

演的篆文和三个甲骨文

一矢是画的箭杆符号，表示由此前进。学童野营，追踪游戏，至今仍画箭头符号。甲骨文的水旁一矢，是说河流[redacted]由此前进，流程甚长。不视矢为自有其形音义的一个字，而把它当作箭杆符号用，日久终觉欠妥，所以历数百年，硬把此矢改造成为寅字。在古[redacted]籍中，寅有进义，就是从箭杆符号继承而来的。这样，演就有了“长流”之义。一点意思拉长来讲，就叫演说。一段情节拉长来做，就叫演戏。一些内容拉长来写，就叫演义（义即内容，非义气也）。任何“长流”终有变异之日，斯为演变。

派的篆文　金文　甲骨文

一水长流，分汊为派。派字水旁乃后添之蛇脚。篆文派字画水道之分派，与金文和甲骨文同[redacted]。派字[redacted]右旁[redacted]笔划，可与篆文一一对应。正派、左派、右派、中间派、反动派、新派、党派诸词，莫不源出水流分汊。这些[redacted]说来无趣。有趣的是先民拟血脉于[redacted]江河流派，真可誉为奇思妙想。脉的繁体从肉从派（身体器官诸字从肉者多）。派为啥变成永？原来在甲骨文，派永本是一字，所以简体写成肉旁一永，[redacted]亦有根据。

脉的繁体　篆文

027·渊回沱淮温洹

流沙河

孔门大弟子姓颜名回字子渊，所以颜回又叫颜渊。问回与渊的关系[redacted]吗？《说文解字》："渊，回水也。"取名和字如此，似有"智者乐水"之[redacted]意[redacted]。江河傍岸，每有深处，出现回水，蜀人谓之回水沱沱，此即渊也。深渊聚鱼，垂钓佳处。上游溺水死者浮尸，遇[redacted]回水而回旋不去。故知屈原赴渊，恋故土而不忍去也。汨罗江畔，地名屈潭，潭亦渊也。渊字象形，左右两岸，中为水流回旋之状。篆文金文，去图画已很远，所以看来看去，已不太像[redacted]。我们只要晓得曾经很像，那就行了。甲骨文渊，反而简单，从川圆声，是形声字。回水就[redacted]是转圆圈嘛。

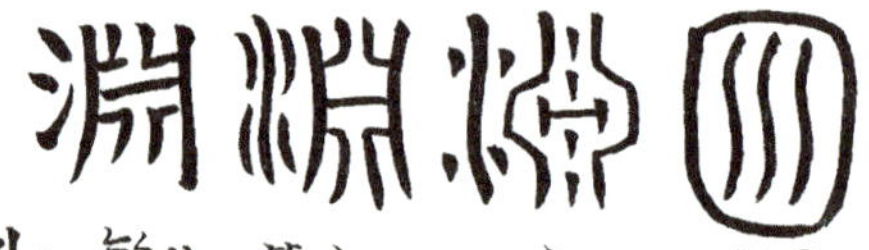

渊的繁体 篆文 金文 甲骨文

潭的篆文

潭，从水覃声。请看篆文，右上[redacted]盐罐，表示味厚，右下[redacted]非早[redacted]，而是厚字。水厚当然[redacted]就深[redacted]，所以字从覃，覃亦声。潭也[redacted]是水名，在湖南。

江河傍岸的渊潭有回水，水流到此，回旋不去。看这回字，正象回水之形。造这回字，正是用来指回水的。游子离乡去国，在外流浪一圈，终于归[redacted]来[redacted]。他的[redacted]行踪[redacted]轨迹，好比[redacted]回水一般，所以归来说成[redacted]回来，回就变成归的姊妹词

回的篆文 古文 金文 甲骨文

而回水本义遂被人遗忘。

古代认岷江为长江上游，所以岷江曾经也单名江。《诗经》说"江有沱"。《尔雅·释水》："水自江出为沱。"《尚书·禹贡》："岷山道江，东别为沱。"都是说的岷江分汊，派出[redacted]沱江。本来是一条江，流到都江堰，被离堆分汊，从此两水[redacted]互相隔开，我是我来它是它了。所以，[redacted]在我（岷江）看来，它[redacted]应该命名为它江，亦即沱江。沱江南流[redacted]数百里后[redacted]，终[redacted]入长江。

沱的篆文

古代与长江黄河齐名[redacted]，且[redacted]从中原流入海的，有淮河。淮河源出桐柏山，向东横贯河南、安徽、江苏三省，[redacted]沿途汇聚众多支流，在古代是直接入海。[redacted]河以淮名，谓其汇聚众水。请看汇的繁体，筐中一淮。这个汇原本是盛杂物的筐子，而取音义于淮，可知淮有杂汇众水之义。淮以隹为声符。隹乃短尾鸟，音zhuī（锥）也可音wéi（唯）。若取后[redacted]音，便近于淮huái[redacted]。甲骨文淮，水旁移到右边，而且从简，只画一条折线。

淮的篆文　甲骨文

匯

汇的繁体

同淮一样，温[redacted]亦水名。淮为入海大水，温则小得可怜[redacted]。《说文解字段注》以为温水即赤水河，可能弄错了。查地图见贵州北部有地名温水者，乃一小水。有趣的是这条小水又名暖水。温水暖水之名，恐与温泉有关系吧。温是简体字。繁体溫字右上为囚，人多忽略。右下为皿，容器，小可为碗，大可为盆。甲骨文皿，人可入内洗澡，其大可知。以沐浴表示温暖，当然是洗热水澡。可知不要水旁的甲骨文，正是温热的温。加水旁的温便是水名了。

温的繁体 篆文 甲骨文

还有一条在河南安阳北郊，绕小屯村而过的小河[redacted]名洹水者，也值得介绍。小屯村为殷墟出土甲骨之地，甲骨文卜辞多次提到洹，就是这条小河。篆文洹字从水（因为是水名）从回（回水），两横象左右岸。甲骨文无[redacted]两横[redacted]，其字从水回声，更简单些。回huí转huán，非难事。洹水今称安阳河。《史记·项羽本纪》提到“洹水上之殷虚”是项羽和刘邦谈判的地方。如果那时有人在此[redacted]发掘考古，甲骨文就会提前两千年被我们发现。

洹的篆文 甲骨文

028·大小水凼凼

流沙河

[redacted]蜀中抬轿子，前路见水坑，大声警告[redacted]道："天上亮晃晃。"后面[redacted]看不见，也会回[redacted]答道："地下水凼凼。"免得失脚落水。凼是蜀人造字，音dàng，专指水坑。水坑大者，炎夏供水牛浴，曰牛滚凼。更大者仍音dàng而字作荡，如黄天荡、芦花荡，则指浅水湖泊。荡之原本[redacted]义为倾荡动荡，以音近塘而[redacted]被借用[redacted]。凼不过是塘之微型罢了。不过[redacted]若写成塘易致误会，何况又太小了，所以特造[redacted]凼字供用。凼字若要自我作古，摆老资格，写成篆文，便该如此。还可以学许慎的口气，释曰："水坑也。从凵，水潴[redacted]其中。"凵是坎字[redacted]古写，依凹象形。从凵之字有凶，交叉符号即毋，表示制止，切勿陷身坎[redacted]内。凼则表示坎坑[redacted]潴水，而其读音实自塘来。塘本堤塘，抵挡也。抵挡[redacted]积水，不使流失，[redacted]谓之堤塘，又称陂塘。陂bēi亦塘也。大陂曰湖，小陂曰池。湖是形声字，一看就明白。池则较麻烦，要多说几句。

生造凼的篆文

池与沱在甲骨文里乃是同[redacted]一个字。不过[redacted]《说[redacted]文解字》二字已经分开，各立条目，形音义皆互异，绝不是一个字。一个字分化成两个字，该[redacted]是文字演变趋势，理应接受。甲骨文里多有不识待认之字，如左所列，姑订[redacted]为池字。

池的篆文 甲骨文

的甲骨文。篆文池字从也。也是啥？许慎说，是女阴之象形。人多迟疑，未敢遽信。若将篆文也（池字的左旁）同甲骨文池的左旁作比较，彼此确实近似，都有些像女阴。池具[redacted]有蓄水功能，古人认为女阴亦[redacted]有[redacted]。池字从也，或以此故。俗呼女阴曰私。私[redacted]是借音，字当作也。也古音shī，[redacted]可知池字以也作声符。池为水坑之凹即塘，所以又叫池塘。

深池为洼。洼污双声，洼亦污也。《孟子》："数罟不入污池，则鱼鳖不可[redacted]胜食也。"污池即洼池。池浅不能

洼的繁体 篆文 甲骨文

养鱼，所以洼池水深。篆文洼字，从水圭声。不要质疑圭guī怎么会转成洼wā。[redacted]你看蛙

亚的繁体 金文 甲骨文

字也是从虫圭声，娃字也是从女圭声，便知古音因时而异，因地而异，一音多转之例，每每有之。甲骨文洼，折线为水道之两岸，其间为亚字。亚的繁体继承金文和甲骨文，表示四通之路已被堵死[redacted]。此为象意，就是遏止的遏。亚恶古时同音è，与遏同。洼池[redacted]水被堤遏[redacted]，不得[redacted]溢出，故字从亚（遏）。

《水浒》梁山水泊有蓼儿洼，水草丰茂，阮家三弟兄居于此，渔于此。阮小七唱："老爷生在蓼儿洼，不种桑来不种麻。"后两句还有[redacted]说造反报国[redacted]，就不引了。偶读[redacted]宋

人笔记，知悉山东确实曾有过梁山泊，而字作梁山泺，泺音pō，与泊同。泺，从水乐声，读来音luò。此泺luò为古水名，在济南。请看泺的[redacted]金文和甲骨文，不要水旁和两岸，作[redacted]乐器讲，音yuè。[redacted]乐字丝在木上，是弦乐器。听乐器弹[redacted]一曲，[redacted]人众快乐，乐yuè就转音成lè，与[redacted]古泺水的泺luò音相近了。再看泺的繁体，不要水旁，快乐的乐。此字丝在木上，白声。既是白声，怎么又[redacted]读成luò，[redacted]这就怪了。原来泊pō[redacted]缓读之分[redacted]化为pōlō。lō[redacted]独立出来，又转成[redacted]乐lè和泺luò。回头一看，便能想通[redacted]乐lè的繁体为何要以白作声符了，而梁山泺即梁山泊也就不奇怪了。

泺的繁体　篆文　金文　甲骨文

大水凼除湖泊还有沼zhǎo。古称池沼，沼亦池也。今内蒙古称湖曰淖lǎo。与泊缓读为pōlō一样，沼亦缓读为zhǎolǎo。lǎo独立出来，就夺取淖字（淖本指烂泥），赋以湖泊新义。湖泊浅者今称曰淀diàn，明显是从凼dàng变[redacted]音而成的。淀凼双声，自可转也。

写到这里，见报载国家环保总局周局长宣布，由于盲目围垦，过度用水，我国这五十年来，已有上千湖泊涸竭消失，心甚忧之[redacted]。来日茫茫，愿我中华水脉不枯，愿大小水凼凼康复有望。

029·水边妙喻

流沙河

《说文解字》："沙，水散石也。从水少。水少沙见。楚东有沙水。"岩石被水冲散成沙，是许慎说沙的成因。水少则沙现，是许慎说从水少的理由。最后才说沙也是水名，在湖南。陈说秩序井然，许君不愧[redacted]为文字[redacted]科学家。

沙的篆文　金文

水少沙现，知沙非指沙粒，乃沙滩也。冬季水落，岸下便有沙滩出现。不过看金文沙，那是四粒沙组合成沙滩，象形，而不是篆文的少字。沙滩向[redacted]陆地去，是涯。崖是山岸，涯是水岸。《庄子》："送君者皆至厓（涯）而反（返），君自此远矣。"涯是水陆交界之处，[redacted]到此正似人生[redacted]面临变异阶段，所以"送君南浦，伤如之何"。

浦就是涯。其字从水甫声。甫即圃，古今字。甫在这里是纯声符，[redacted]不象形而以声参[redacted]与意文。甫fǔ声含有从旁辅佐之[redacted]义。颜面[redacted]左右双颊曰辅，[redacted]河流左右两涯也可以谓之浦。[redacted]以比较法解释字义，偶一用之可也，滥用必失。

浒也是涯。水浒一词，首见《诗经·大雅·绵》："率西水浒，至于岐下。"后代绝少用此词者。盗贼小说利用陌生效应，[redacted]窃此雅词，做了书名，耸动士[redacted]人[redacted]视听，以扩展其影响，策划[redacted]非常成功。《说文解字》不收浒

浒的繁体　古写　篆文

字，以从水午声字代替之。浒本国名，浒[redacted]会被人误为水名，故不收录。何况一个言字夹在中间，不好解说。从水午声之字，简明易解。午在这里也是纯声符，不以形而以声参与意义。午wǔ声含有交互之义。字[redacted]加水旁，可[redacted]指水陆交互之处，就是浒了。浒本音hǔ，但也音xǔ，专用地名。

顺便说午。其[redacted]字象形，就是杵臼的杵，蜀人叫作碓窝锤锤。鲁迅写阿Q舂米，若是手舂，当持此杵。蜀中旧时筑地亦用杵锤，其形状与金文午很相似，木制，上为横柄，双手执握，下为半球形之铁锤。日午概念起源于古人用[redacted]子丑寅卯辰巳午未申酉戌亥十二支计时辰，[redacted]午恰好在[redacted]昼间[redacted]12:00，实与杵无关系。当然，杵也与浒无关系，仅借午声而已。

午的篆文　金文二　甲骨文二

漘也是涯。其字从水脣声。脣是嘴脣，从肉辰声。你会好奇，水陆交界之处的漘与嘴脣有何关系呢。原来先民长于形象比喻，上下脣在口边，就好像左右岸在河边，彼此具相似性，故可借喻，将水岸叫作漘。漘字《诗经》两见，请求不要废除。

漘的篆文

顺便说脣。脣下不是日月的月，而是肉字。凡属[redacted]身体[redacted]器官，字多从肉。脣上的

辰的篆文　甲骨文

海中大蜃，车螯、车渠之类。三角形是其壳，伸出者是其体[redacted]。

辰，看甲骨文，象大蜃[redacted]形。[redacted]辰乃蜃的古写，辰就是蜃。嘴脣开合与蜃[redacted]壳启闭具相似性，故可借喻，将嘴皮子两片叫作脣。这种命名方法非常艺术，非常有趣。

遗憾脣之被废，简化成唇。司其职者查过字书没有？知不知道唇是何物？唇字很早以前就存在了，是阴道口！上下颠倒一至于斯，还说什么！

临河[redacted]岸上或有蒹葭蒲蔺丛丛而生，这就叫湄。《诗经·秦风·蒹葭》："蒹葭凄凄，白露未晞。所谓伊人，在水之湄。"许慎说："水草交为湄。"[redacted]《释名·释水》："水草交为湄。湄，眉也，临水如眉临目也。"

湄的篆文 甲骨文

眼睛比作秋波[redacted]，岸上丛丛芳草正似眉毛，湄之诗意内涵如此。造字之妙，流韵至今。

030·浮沉千古事

流沙河
中国作家协会四川分会

最早的渡水方法是徒涉。篆文涉，步行在水中间。字从二水，不是说走过两条河，而是说在水中间走。也是多虑，造字者怕若仅一水[redacted]会读者误认为是在水边步行，所以字从二水。金文同样[redacted]如此。甲骨文只一水，而将步字分[redacted]成三[redacted]止（脚），右脚前，左脚后，正在[redacted]涉河——不。严格[redacted]看图识字[redacted]，这是跨河，不是涉河。金文和篆文从二水，正是为了补救甲骨文之欠准确[redacted]。现代有桥有船，早就不涉水了，但是涉字仍然通用，例如“远涉重洋”。甚至无水亦用，例如“涉世[redacted]”“涉外[redacted]”“牵涉”“交涉”。反思[redacted]古代，屈原《涉江》又何曾脱鞋下水去，船渡也可以说成是涉[redacted]。读者须知[redacted]，文字只讲形式结构，涉只能[redacted]是步行水域；语词却讲内涵演变，涉也可以无关水域。

涉的篆文　金文　甲骨文

《诗经·邶风·匏有苦叶》：“匏有苦叶，济有深涉。深则厉，浅则揭。”古人涉深水用腰舟。何物名腰舟？[redacted]就是匏páo[redacted]，俗名[redacted]瓢葫芦，系在腰间，可以助浮。深秋[redacted]匏叶枯了，首句暗示[redacted]瓢葫芦已[redacted]坚固，可摘[redacted]用了。“深则厉”，厉通“日月丽于天”的丽，意为附着。厉在这里[redacted]是附着[redacted]水[redacted]上，亦即今人说的[redacted]泅水。“浅则揭”，如果水浅，揭裳踩水而过，就不必泅水了。古代

浮的篆文　金文

字书无泭有浮。漂行水上曰浮，就是泭水。浮水系匏，"旱鸭子"也不沉，而且省力。浮古音páo，[redacted]可知语源于匏。蜀人呼钓具之浮子为páo筒，古音犹存。追溯下去，孚[redacted]有时也音páo[redacted]。例[redacted]一，膀胱俗呼尿脬，脬音páo。例二，捕鸟的翻车网，见于《诗经》，[redacted]名罦fú，字又作䍖，从网包声。例三，鼓槌曰桴，字又作枹。例四，孵[redacted]蛋，蜀人[redacted]谓之抱蛋。[redacted]此外，《诗经·大雅·江汉》首章："江汉滔滔，武夫浮浮。"浮与滔韵，[redacted]亦可助证浮古音páo，[redacted]从匏而来。

从前嘲人有勇无谋，曰暴虎冯河。空拳打虎，暴虎。无舟渡河，冯河。所谓无舟，包括不系腰舟。冯原是马奔跑之状，从马冰声，音píng。后作姓用，音féng。冯河[redacted]应作淜河。淜，从水朋声，音pēng。打架冲上去，蜀人说淜上去。淜河是何模样，可想而知。从前某个时代，"淜河"之事天天在做，蠢极。[redacted]胡撞数十年后，方才晓得"摸着石头过河"。

冯的繁体　异体　异体的篆文

泭水曰浮曰游，皆可。游之本义为旗帜的飘带，借作浮游[redacted]，至少也有两千载了。要返本已不可能了，将就用下去吧。不过游的本字仍[redacted]应[redacted]了[redacted]然于胸。篆文小子下河游泳，古今皆然。

游的本字　篆文　甲骨文

甲骨文用四点表示水小子游在其中，简极。

与浮相反是沉。字本作沈。后来拿去做姓，不得不另造沉。经籍不喜[redacted]无根据的俗字，所以仍用沈[redacted]作沉没的沉[redacted]。许慎未见过古老的甲骨文，他认为沈是指丘陵地带[redacted]蓄雨水的潦池，而不知甲骨文早就有沉牛以祭[redacted]河伯的沉字了。两岸之间一牛[redacted]字，象沉没之意。这个沉最古老。甲骨文后来改用从水冘声的沈。篆文沈亦如此，是形声字。篆文又有湛字，是沈的异体[redacted]，而意思全同。

沈的篆文　甲骨文二

沉入水下，看不见了，就叫沉没。再引申之，没变成[redacted]没有了。这些都是后起之义。[redacted]初义乃是潜水。《庄子·达生》篇[redacted]提到的"没人"就是[redacted]潜水夫。潜水的[redacted]没音méi。蜀人潜[redacted]泳叫"钻[redacted]没头"。[redacted]没的正体，右旁回水之下一只右手，这最初的是摸字。沉物汇[redacted]聚回水之下，打捞者用手摸。没[redacted]字从水，摸声。

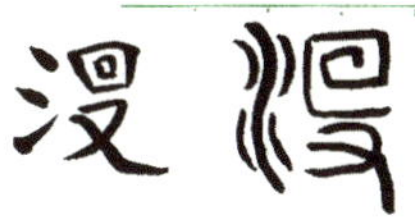

没的正体　篆文

古书上说"沉湎于酒"。湎没双声对转，湎即没也，没即湎也。

031·津渡与荠菜

流沙河

《说文解字》："渡，济也。"《方言》："过度（渡）谓之涉济。"凡[redacted]过水域，涉也好，泅也好，船也好，桥[redacted]也好，皆可曰渡。[redacted]济亦[redacted]过水[redacted]。不借他人之助，自渡亦即自济。受助而渡，斯为被济。由此衍出救济、济世、经济诸词。水浅好办，设置石磴，踏脚而渡。成都东郊有[redacted]跳磴河，想必曾经设置一串[redacted]石磴，以济过客。跳磴俗语，雅称曰砅，[redacted]音厉。许慎解释说："履石渡水也。从水石。"这个砅字今已被废，不知何故。抹杀古代[redacted]一种渡水方式，恐欠妥吧。

砅的篆文

渡口曰津。津字右旁聿字，音yù，与津音不相干。既不相干，放在右旁做啥？此事稍繁，请绕说之。先说聿是何物。聿加竹头便是笔字[redacted]繁体，可以猜到聿是刷子，正被右手拿着。[redacted]看看甲骨文尽字，那是化学实验刷试管的长柄刷子，正在洗刷大碗（皿）。这叫象意，象大碗内[redacted]食物已经吃光之意。吃光了，就是尽。这样造字，太有趣了。可[redacted]恼的是变成篆文妄添一个火字挤在中间，毫无道理可讲。火入繁体变成四点，害得简体不得不打对折保留两点。错到底，没改了。现在回头说津[redacted]，其字从水尽省声（省掉[redacted]大碗和[redacted]火）。原来津也是

尽的繁体　篆文　甲骨文

常见的[redacted]形声字。

但是《说文解字》有古文津（另是一番模样）。先秦文字概称古文，而与篆文又有区别。古文津解开看，从舟在水上，渡口有船嘛。右旁一隹（短尾鸟类）是啥意思？是水津有鸟吗？不是。[redacted]处[redacted]有鸟，何必水津。原来是繁体进字省掉走之，作声符用。古文津同样是形声字。字从舟在水上，须顺时针旋转90°方能看明白。古文津字[redacted]笔划不好安排，动辄[redacted]横向添肥，终被淘汰。顺便说说繁体进字为啥从隹。原来鱼能退游，兽能退走，而鸟不能退飞，只能前进（《左传》记载"六鹢退飞过宋都"作为[redacted]不祥的妖异），所以造进字要请鸟帮忙。繁体鸟字笔划嫌多。隹字笔划较少，入选。隹简成井，前去跳井？

古文津

進

进的繁体

古代[redacted]重要津渡设有[redacted]木船，例由津卒[redacted]驾济行人。南北朝时，朝鲜津卒霍里子高早晨正在清洁渡船，"有一狂夫，披发提壶（助浮的瓢葫芦），涉河而渡。其妻追止之，不及。堕河而死。乃号天嘘唏，鼓箜篌而歌"。霍里子高记住歌词："公无渡河，公竟渡河。堕河而死，当奈公何。"唱的曲调悲伤难忘。他用古琴凭着记忆复弹记谱，作《箜篌引》。事载《琴操》一书。另一版本"涉河而渡"乃作"乱流而渡"。[redacted]不顺流向，横绝河面，谓之"乱流"。事已近"溯河"了，焉得不死。

渡训济。但在《说文解字》，济乃[redacted]水名。济水发源[redacted]河北赞皇县，东入滏阳河。渡济应该是济字的第二义。济字从水齐声。齐是何物？一说是箭置[redacted]筒中，箭镞平齐。二说是麦[redacted]生田里，抽穗平齐。三说齐[redacted]是荠菜象形。荠菜开小白花，花谢后结小荚果，三角形，还真像。今人食饱，忘记荠菜曾是祖先度春荒的恩赐[redacted]，更想不到有啥必要专门为它造个齐字。金文齐字从土，绝非[redacted]箭镞。何况[redacted]筒中箭杆应该羽尾朝[redacted]上，方[redacted]便抽射，不应[redacted]箭镞朝[redacted]上。荠菜可度[redacted]春荒，[redacted]衍出[redacted]济[redacted]度一义。救济一词，语源[redacted]自[redacted]齐（荠）。至于齐国，乃以天齐(脐)渊名，与荠菜无关系。

济的繁体 篆文

齐的繁体 篆文 金文 甲骨文

最后还得回到渡字。渡，济也。从水度声。度，法制也。从又庶省声。最初度字的意思是量度，动词。量度先民[redacted]用手，展开虎口，大指食指所跨距离[redacted]为古代[redacted]一尺长，所以度字从手。船自此岸到达彼岸，[redacted]就像在量河的宽[redacted]度，所以叫渡。船行水程，[redacted]渡字从水。《木兰辞》云“关山度若飞”，俗语云“度过难关”，以及今人[redacted]“度假”，皆非[redacted]涉及[redacted]水程之事，所以[redacted]度字都不能妄[redacted]加三点水[redacted]。

032·洪洚深浅溺

流沙河

史前时代留下大洪水传说，世界各民族皆然。似乎应该有专为大洪水造的象形字，然而没有。今日所见之洪是形声字，从水共声。共字之形，一瞥便知，是左右两手在打拱。古文共字四手，两次打拱而已，仍是打拱，固无别也。共字笔划就是由古文隶变而成的。

共的篆文　古文　甲骨文

共与拱，共与供，皆为古今字。可见在洪字内，共字未参与意义，只参与声音。洪水来时，涛声honghong，故名曰洪。

洪水又叫洚水。洚字从水，右旁是由[redacted]高处向下走，左脚在前，右脚在后。洚字可能是指山洪暴发，那正是由高处冲下来的，就像从天而降，够要命的。还有，降今音jiàng，古代[redacted]有时音[redacted]hóng。《离骚》[redacted]"惟庚寅吾以降"与前句的"朕皇考曰伯庸"押韵，故知降以及洚[redacted]古音hóng，与洪音同。《孟子》[redacted]："洚水者，洪水也。"《说文解字》："洪，洚水也。"这叫同音互训。还有个泓，虽同音而不具[redacted]洪水义，仅指水深[redacted]。

洚的篆文　甲骨文

深在《说文解字》乃是水名，在湖南。不过也指水深。深字从水，其右旁为[redacted]声符，音shēn，[redacted]指洞穴之[redacted]深[redacted]邃[redacted]

中国作家协会四川分会

深的正体 篆文

本来是个独立的[redacted]字，无端被废[redacted]。此字解开，上穴中又下火。揣摸其意，是火把入洞穴，方知深邃[redacted]。加水旁，洞深就变成水深了。

由洞深而水深，延至时间之[redacted]长[redacted]，曰深秋，曰年深日久。延至程度之高，曰深信，曰深谋远虑。延至色调之重，曰深蓝，曰颜色太深。延至研读之难，曰深奥，曰内容[redacted]深沉。象喻之妙，无远弗届。

浅的繁体 篆文

与深相反是浅。浅字从水。繁体浅的右旁是二戈[redacted]叠加，简体则看不出二戈叠加，但见戈上加一。戈是平头戟，可戳可劈[redacted]可钩。一戈杀去，已够残损。二戈又杀，岂不弄成碎块。所以二戈叠加的戋《说文解字》训贼。贼，残贼也，就是残损[redacted]川人说的“弄烂”“斩碎”。盗物者谓之[redacted]贼，那是后来的事，非其本义[redacted]。东西残损成块，就变小了。[redacted]水[redacted]小曰浅，不但用了戋音，还用戋义。

戋的繁体 甲骨文

沉[redacted]没于水，造有专字，见之于甲骨文。虽然后来[redacted]已不用了，淘汰出局，仍有必要在此介绍，以便读者[redacted]明了文字古今兴废。其字左人右水，表示人已沉没水下，读音同

氼的篆文 甲骨文

25×20＝500 Ch001 219 86 3 第 二 页

溺nì。文字到了小篆，形态基本稳定，很少再[redacted]作大变。可能那时已有不成文的规矩，视水右为水上。正因为如[redacted]此，游流二字子在水右表示浮，而人在水左则表示沉。此[redacted]字左人右水，[redacted]释为人已沉没水下。古人认为右比左好，所以从右之字有佑，从左之字有差。人在水之左，当然大不妙。

此字不知何故终被溺字取代。溺本水名，在甘肃，即弱水。溺字借去作沉[redacted]没讲，早在《孟子》《庄子》书中已是如此。令人困惑的是，排小便又[redacted]借去代替尿字，音niǎo。借来借去，[redacted]成了听用。溺既[redacted]展转被借，原有水名之溺，只好以弱代之，是为弱水。

篆文強　篆文弱

強弱二字，指弓而言。双弓并列[redacted]的弜，表示此乃[redacted]硬弓，旧时所谓的“双料货”，音qiāng。早在甲骨文[redacted]就有[redacted]弜字了。后来借用強字，双弓并列的弜便隐没了。[redacted]弓再[redacted]強，如果你有太多“美的追求”，又在弓上雕龙绘[redacted]虎，就会变成弱弓，射程大减。[redacted]篆文弱的彡，俗呼为三撇，[redacted]音shān，义为装饰彩绘。

033·家常用水

流沙河

古人用水清洁身体，各个部分都有专用[redacted]动词。[redacted]沐发，浴身，沬面，澡手，洗脚，漱口，不得混用。身体之外，[redacted]浣衣，汰米，涤器，也不混用。今人厌其[redacted]繁琐，一个洗字包揽完了。这是脚的胜利。从前只有脚才说洗。洗字从水先声。先，上止下儿。止是左脚。儿即人。人走先出左脚，所以先[redacted]具有[redacted]先前[redacted]义。[redacted]不过这不是先字的本义。先字[redacted]本义[redacted]是小儿光着脚。有了先前一义之后，本义遂隐。于是又造一个跣字，专指赤脚。洗音xiǎn，[redacted]不音xǐ。音xǐ的动词是洒。在古书上，[redacted]沐发，浴身，沬面，澡手，洗脚，皆可[redacted]洒。洒是通用动词[redacted]后来洗字顶替[redacted]洒字，洒字失业，改音sǎ，去洒水。洗字也[redacted]赓即抢占了xǐ音。只是手脚做得不干净，[redacted]有时露出原有[redacted]xiǎn音，例如姓冼在古书上本来是洗，后减一[redacted]点，作[redacted]冼。后人正是由此便知洗古音xiǎn。

洗的篆文

沐、浴、沬、澡和洗一样，皆形声字。浴的甲骨文，人在皿中洗，四点[redacted]代表水。皿碗古今字。碗有[redacted]极大者[redacted]曰监，《说文解字》释为“大盆”。这碗显然是大盆了。商王成汤有[redacted]浴盆名[redacted]曰盘。别以为碗和盘皆餐具，事有例外。沬的甲骨文更有趣，人跪[redacted]皿前低头[redacted]一手掬水洗面。我曾目睹北

浴的篆文　甲骨文

沫的篆文 金文 甲骨文

人有这样洗脸的。与甲骨文稍有不同，他是俯身[redacted]站着双手捧水沃面，上下拭[redacted]搓，同时喷着响鼻，愉快呻吟。洗毕方用干毛巾吸擦[redacted]脸上的水。不像我们，只用毛巾就水[redacted]绞干洗脸，他继承了三千年前祖宗家法。[redacted]沫面的沫[redacted]音huì或wèi。[redacted]《新华字典》[redacted]不收此字，不知何故。沫的金文仍是人跪皿前，掬水的那只手变成爪，而且与人脱离，移到皿上去了。到了篆文，干脆放弃象意，变成从水未声，[redacted]大大简化。

盥的篆文 甲骨文

古人既说澡手，也说盥手。这盥字也有趣。双手之间，冲水入皿，这样洗手就像今人放水冲手。这是盥的篆文。甲骨文则伸手入皿，虽不见水而知有人[redacted]在洗。盥guàn与浣huàn音相近，同语源[redacted]。

稻米作饭，无论蒸煮，先[redacted]要用[redacted]水淘[redacted]汰泥沙。淘汰一词[redacted]是从汰[redacted]来的。汰字从水大声，右旁本来是大。大古音tài，所以后人又造个太，[redacted]汰就写成汰了。汰在上海口语发[redacted]音近打。理发师问“汰[redacted]不汰[redacted]”，[redacted]意思是[redacted]洗不洗。外省客误[redacted]听成“挞不挞”，[redacted]急答不。事见侯宝林的相声。

今人所云太好、太坏、太热、太咸、太平、太古、太子、太空、太阳、太学，本来应该用大字而音tài。例如成都古寺，本名大慈，建于唐代，[redacted]老成都皆呼为[redacted]tai慈寺，读的正是[redacted]大的古音。幼时国文老师讲解四书，“大学之道”读作“太学之导”，亦古音也。今人说话，不必满口古音，但须知有古音存在，以利训诂。

汏的篆文 甲骨文

大字派生太字，[redacted]汏米写成汰米，遂有淘汰一词诞生。这个太字又与泰[redacted]字纠缠不清，清以泰山[redacted]取名说之。泰山应作太山，就是大山。齐鲁平原，此山为大，故名。

泰的篆文 古文

泰太同音而不同义。《说文解字》以滑训泰。滑溜是泰本义。泰无大义，[redacted]太山不能写成泰山。篆文泰字，大是声符，象水从左右两手间滑溜下去。这是象意。拱手[redacted]不[redacted]能留住水，终久会溜掉，所以又有通泰一义。古文泰[redacted]是大下面两点，比太多一点，样子相似，被人[redacted]混淆为一字。殊不知一点是主字，两点是冰字，哪能混淆[redacted]。两点冰暗示地面[redacted]滑溜，步行要[redacted]防滑。这与本义为大为甚的太毫无关系。[redacted]泰太纠缠至今，奈何不得。

034.一碗汤说起

流沙河

法国人进餐先喝汤，中国人用膳后喝汤。就拿鄙人来说，午吃面条完了，必喝一碗醋汤，晚吃米饭既毕，定喝一碗菜汤。那碗汤是高潮，是膳食之外的添益。无此添益，我也饱了，但不幸福。须得有此添益，方称羲皇上人。

请看这个益字，正是那一碗汤。皿min象碗形，高脚，侈口。皿[redacted]盛水，一碗汤。水横置碗之上，这样书写方便，而且美观。那碗汤既然是膳食外的添益，所以益有增添之义。凡物增添则丰饶，所以《说文解字》以饶训益。学问长进，也叫进益。好处增多，就是有益。饭后一碗汤能孳生出这么多意思来，当初造益字时，恐怕想不到吧。

益的篆文 金文 甲骨文

[redacted]益字又加水旁成溢，水就漫出来了，好事变成坏事。江河横溢，要淹死人，[redacted]溢成为[redacted]害。不过也有例外。旧时商家一批[redacted]货物卖完后要[redacted]盘点，除去利润，还多卖出[redacted]钱来，例如食盐百[redacted]斤[redacted]零卖出一百一十斤来，谓之[redacted]升溢。食盐不会繁殖。所谓十斤升溢，[redacted]短斤少两造成。升溢多卖[redacted]钱款，供店员打牙祭，皆大欢喜。与溢同音有镒。古代动称“黄金百镒”，可知镒为重量单位。从前十六两算一斤，二十两算一镒。为什么叫镒呢？较之一斤，多出四两，有所添益，所

以叫镒。

与益同义有滋。《说文解字》："滋，益也。从水兹声。"兹字从草，义为[redacted]草木生长繁殖，体积变大，数量增多。变大增多也就是益。这个

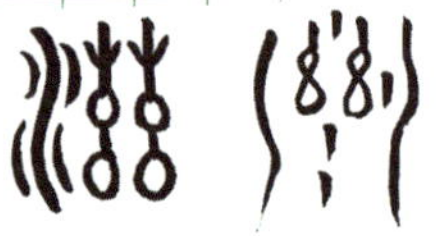

滋的篆文 甲骨文

兹字上面是草（艸），下面是画两个细胞各自分裂，一分为二。古人没有显微镜，怎能目睹[redacted]细胞一分为二？是的，不能目睹。何必目睹？他可以猜想嘛。这个细胞分裂是一幅想象[redacted]图，但也是一个字，就是幺字。兹字下面二幺，二幺[redacted]一幺相同。写成二幺，好配上面[redacted]草头，正如幽字，写成二幺好配山之二谷。还有一个几字繁体，上面也是二幺。不论一幺二幺，意思都是微小。《庄子·至乐》说最早的生命起源于几——一种能分裂繁殖的单细胞生物。几即幺的另一名称。语词几乎，口语差一点点儿，来自微小一义。

兹的篆文 金文 甲骨文

几的繁体 篆文

湿字[redacted]繁体，上面也有二丝。这是篆文隶变[redacted]致误所造成的混淆。隶变之前，湿的篆文从水从土丝[redacted]声。

简体丝字看不明白。繁体一看即知是两束丝，每一束丝都已[redacted]绞扎，丝头在

丝的繁体 篆文

湿的繁体 篆文 金文 甲骨文

下。可见[redacted]繁体溼的二幺实乃绞扎了的丝束，非训微小之二幺也。繁体溼字以水加土表示潮湿，而以丝为声符。金文溼字[redacted]还有两个横置的工，那是晾丝的架子（在甲骨文则是三根横竿）。

物溼则滑。滑，从水骨声。骨[redacted]读huá，古音[redacted]。今人所写"水流汩汩"就是水流哗哗。汩今音gǔ，同骨[redacted]，古音huá。王安石妄解字，说[redacted]："波者水之皮也。"苏轼问："然则滑乃水之骨欤？"皮骨皆声符，不参与字义。王安石著《字说》，可惜找不着了。

与溼义近有淫。久雨曰淫，初无恶义。[redacted]淫字篆文从水，右旁是声符。推测起来，这个右旁可能是淫字的古写。上面那个爪，非爪也，应是甲骨文雨省掉三点。下面人立土上，就是停的古字，作声符用。字义只是久雨。[redacted]旧说雨三日以上为霖，与此义同音近。凡雨，霑[redacted]足[redacted]正好，久了有害[redacted]禾稼[redacted]。所以加水旁而作淫，表示所作过度。男女过度而且胡来，谓之淫乱，遂具恶义。

淫的篆文

雨的甲骨文

霖的甲骨文

035．水梁与水法

流沙河

许慎说："桥，水梁也。"又说："梁，水桥也。"这叫桥梁二字互训。他是东汉人，可以这样训。向前推五百年，春秋时代，桥就不是水梁。有时桥是山行乘坐的轿子，有时又是井上汲水的桔槔，还有时是乔木的乔。那时架设在河流上的通道不叫桥，只叫梁。《诗经》的"造舟为梁"是浮梁，后世叫浮桥。《国语》的"十月成梁"是便梁，后世叫便桥。固然，屋梁也是梁，堤堰也是梁，渔梁也是梁，但都不是梁的初义。请看梁的篆文，有水，不能是屋梁，有木，不能是堤堰或渔梁，非是桥梁不可。梁字从水从木，就是水上架木。

梁的篆文

右上被错认成刃字了。刃字一点，而那个字是两点，别混淆为一字了。按照许慎的解说，刃字加一点[redacted]为刃，是刀口钢火好，刃字加[redacted]两点[redacted]乃是创伤的创字。刃[redacted]字一点为刃，是[redacted]指示说刀口在此。刃字两点，不是创伤的创字。创伤同桥梁不沾边。窃以为刃上的那两点是[redacted]锃亮的[redacted]光[redacted]斑。被错认成刃字，[redacted]刃上有两个[redacted]光[redacted]斑的，应该[redacted]是亮字的古写，作为梁字的声符。金文亮字两种写法，第二种更像是锃亮的光斑。总之，梁字以此作为声符，从水从木，是形声字。与梁字同义而音近的，还有朗粮二字。

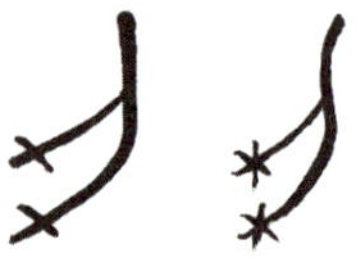

金文亮字两种写法

大约到了汉代，桥才有了[redacted]水梁之训[redacted]。桥，从木乔声。

乔[redacted]有高义，高出水面，所以名桥。果如此，乔在此便是声兼义了。与桥同义[redacted]有榷。《说文解字》置此字于桥前，解曰："榷，水上横木，所以渡者。从木隺声。"这[redacted]就是农村里简易的[redacted]板板桥。声符[redacted]隺也[redacted]有高义。榷què音也近桥qiáo。汉武帝要打仗[redacted]，横征暴敛，无物不税。公家修桥，收买路钱。此后榷字[redacted]丧失桥梁旧[redacted]义，取得一项新义——政府专利曰榷。

橋 橋

桥的繁体　篆文

榷

榷的篆文

桥[redacted]榷亦[redacted]形声字。更早的象形字有没有[redacted]？有。工字就是[redacted]古老的独木桥，象[redacted]一木搭[redacted]两岸之[redacted]形。孟子谈仁政，曰："十月徒杠成。"便是天寒了不利涉，须给百姓搭独木桥。杠的古写是工，木旁是后加的。架[redacted]桥为大规模营造活动[redacted]，工作、工匠、工[redacted]程、工业诸词由此而生。

水给人类带来仅次于空气的巨大利益。有趣的是先民[redacted]所造制度律令都与水有关系。法制，法度，法律，法令，这个法字为何水旁，而不金旁木旁火旁土旁人旁言旁？原来古人观于流水，观于止水，发现水有趋平之德[redacted]。世间最平者，非水莫属也。一切制度律令，必须体现水德。[redacted]法字从水，所以昭示百代，立法应该公平。欺宗灭祖者说："文字只是符号而已。"止于符号吗？祖宗造字，没有思想观念传递者我们吗？

今之法字，在[redacted]古代是[redacted]简体。古代正体法字，右上要加一廌zhì。这[redacted]是传说的神羊，独[redacted]角，专触[redacted]坏人[redacted]。神羊为[redacted]物[redacted]鹿头豸身，故字作廌。单名廌，复名解廌。解xiè，懂也。廌音同治，谓治狱也。懂得[redacted]判案，触恶[redacted]故名[redacted]解廌，或作獬豸。成都青羊宫有铜羊二头。其右[redacted]一头独角而[redacted]站立者，便是此物。春秋以后，文明臻进，神羊[redacted]退休[redacted]，字简作法。法字从去，[redacted]谓神羊能去恶。去是及物动词[redacted]，不是人来人去的去。神羊被简掉后，法字从去就不好讲解了。

法的篆文

古文

法的正体

神羊传说甚古。甲骨文有廌字，有鹿字。两字[redacted]相似，差别[redacted]在鹿双角，[redacted]廌独角。所谓专触坏人，仅属善良愿望，不必深究。到底是何动物，实难稽考。古代司法官员戴解廌冠，作方筒形，下小上大，不似鹿头，亦无独角。

鹿　廌

036·彝族火把[redacted]节

流沙河

中国作家协会四川分会

火无一定之形，难画。甲骨文火易被误认作山。这里三个火字，由繁而简，画的可能是柴堆火。三股火焰上冲，表示正在燃烧。画火焰而三之，可见三的神圣观念早已有了。加以三焰并列[redacted]又有平衡之美，受看。不但火画三焰，甲骨文山也画三峰[redacted]，原因在此。越三千[redacted]数百年以迄今日，楷书火字三头犹存，虽然整体字形，较之甲骨文，已经大变了。

甲骨文三个火

火，光能照夜，热能熟食。先民拜火，良有以也。旧时晋蜀凉山彝族家有火塘，视为神[redacted]所凭依。年年阴历六月下旬[redacted]闹火把节（[redacted]应该叫星回节），万人执火，庆贺“大火”回归[redacted]正南方的夜空。“大火”就是《诗经》“七月流火”之火，星名，[redacted]乃指东宫苍龙七宿的[redacted]心宿二，为一红亮恒星（[redacted]不是太阳系八大行星的火星）。[redacted]心宿二每年夏末秋初天黑后[redacted]亮相在正南天，先民[redacted]视为暑往寒来之[redacted]候。此星火红明亮惹眼，疑似天上之火，故名大火。凉山彝胞执火把[redacted]以游行，正是以人间之火向天上之火致敬。[redacted]火把[redacted]之外，还有火树。[redacted]稻草层层围[redacted]束树干，直[redacted]达树梢，从下点燃便成火树，十分壮观。树梢火焰直冲天庭，想那大火星定当嘉[redacted]赏吧。

甲骨文卜辞[redacted]已有“大火”一词，赫然怵目。大是尊称，亦单名火。常被引用的一条卜辞云：“七日己巳夕有新大星并火。”便是记载[redacted]阴历某月初七天黑

甲骨卜辞所见大火

25×20=500　　Ch001 219 86 3　　第 一

以后看见一颗特亮的超新星出现于[redacted]火旁边。[redacted]火在这里乃是星名，即心宿二。人间[redacted]之火是从天上来的，[redacted]先民相信如此，不论东方西方。

火把节的火树，何止凉山彝族有之，黄河流域先民早就有过。《尔雅》："祭天用尞。"尞的甲骨文，前人皆说象木柴之交加堆积。[redacted]罗振玉说："实从木在火上。木旁诸点象火焰上腾之状。"甚确。甲骨文字从木，木就是一株树。火在[redacted]树下，是说从下点燃，不正是火树吗？所不同者，黄河流域文化先进，已有统一天神上帝，[redacted]不必专祭[redacted]火神——大火星了。火树祭天曰尞，在《周礼》字作燎。燎祭又叫槱祭。槱qiu，四川话说"烟子槱眼睛"，又说"柏枝槱腊肉"，至今仍常用。《广韵》："槱，积木燎以祭天也。"其字从木从火，酉声。槱祭虽已死亡，槱眼睛槱腊肉还活着，而《新华字典》竟不收。槱被拒之典外，蜀人行文改用[redacted]非口语的熏字，总觉得不自然。若写入小说对话里，更觉得不真实。

燎的本字 篆文 甲骨文

这里说熏字，须先说黑字。篆文黑字下炎上窗，是说火烟上出，槱黑窗户。篆文熏[redacted]更厉害，槱黑

黑的篆文 金文 熏的篆文 金文

窗[redacted]户不说，而且火烟逸出，污染室外，呛咳他人。[redacted]椭圆[redacted]形窗[redacted]子外[redacted]三股叉表示火烟正在扩散上冲。[redacted]物[redacted]熏则黑，所以日落天暗谓之曛。醉酒头脑昏暗，事理不明，亦谓之醺。

回头说燎。尞燎古今字。燎的意义[redacted]广些，尞则限于祭天。古人夜晚宫庭大会[redacted]，广设庭燎。《诗经》毛传曰："庭燎，大烛也。"庭燎[redacted]制作，将[redacted]已扒[redacted]皮的麻杆捆扎成巨[redacted]柱，[redacted]麻布和桦皮包裹[redacted]，灌入[redacted]油脂，做成大烛，插[redacted]架[redacted]点燃，放置[redacted]庭中、两阶、堂上、门[redacted]前，用以照明。这是改良[redacted]火树。[redacted]小[redacted]烛[redacted]制作相同，不插架而手执，也是改良火把。大烛小烛都是燎的改良[redacted]。烛字繁体从火蜀声。蜀古音zhú。

燭 

烛的繁体　篆文

庭燎即大烛，要[redacted]专人守着[redacted]。小燎即小烛，[redacted]要专人举着。宫中[redacted]多人专职[redacted]燎事[redacted]，这些[redacted]人就叫僚。僚[redacted]字显然是从燎字孳生出来的。官僚一词，官指首长，僚指下属[redacted]。最初的僚就是役仆，地位[redacted]低贱。后来的僚紧跟[redacted]首长，连称官僚，还要主义，就渐渐神气起来，浑忘当初[redacted]守燎举烛火烤烟熏之苦了。

037·香火与灯火

流沙河

中国作家协会四川分会

叟的篆文　甲骨文

梁惠王当面称孟子为[redacted]叟，相当于[redacted]我们[redacted]称某[redacted]老，表示尊敬。叟就是老人家，长者。叟的篆文[redacted]解开来看，上是屋顶，下是右手（又）执火。在甲骨文，上也是屋顶，中也是火，下则不同，是父。造字者想起小时候挨打，所以父字是右手拿鞭子。换一个温柔的说法，不是鞭子，而是权杖，也行。族有族长，家有家长，[redacted]叟也。叟[redacted]们辈份高，必定是长者，各自享有[redacted]本族[redacted]本家[redacted]香火[redacted]管理之权。[redacted]叟字[redacted]从父执火[redacted]屋下[redacted]，火在这里是早晚拜神的香火。蜀人口语说某人在某处“掌火”意即担任[redacted]党委书记，实自叟之执火屋下而来。

许慎未见甲骨文叟，不知叟字从父，只见篆文叟下[redacted]是又，其上[redacted]是灾。字从又灾，不好解释，他便承认[redacted]不懂，阙而无解。后代[redacted]有强作解人者，说又灾即手灾，老[redacted]人手肘[redacted]寸口脉衰[redacted]，衰了也就灾了。此说生拉活扯，难以服人。

周朝设有中央[redacted]爟官，专[redacted]职用青铜凹面镜[redacted]聚焦取火于日，供朝廷典礼用。日光点燃之火，具神圣性，古人认为可以辟邪驱鬼，除病免灾，带来好运。成汤得伊尹，桓公迎管仲，都要用取自太阳的圣火熛他们身上，给他们开光。官名司[redacted]爟[redacted]，[redacted]取义手权。权即杠杆，类似井上汲水桔槔。将太阳

权的繁体 篆文 爟的篆文

圣火用杠杆举高，使其祥光[redacted]远照，以便神明知道，就叫权火。[redacted]字亦作[redacted]爟[redacted]quán，音与权同。爟是形声字，声符在右边。其异体古[redacted]作烜，[illegible]音xuǎn，义亦转为火盛。[redacted]古今之变[redacted]如此。

族长家长管理本族本家享堂上的香火，礼拜神祇以及祖宗，这样的传统一直延续到半个世纪前，才被革除。所谓香火，一是烧香，源于槱祭；二是燃烛，源于燎祭；三是长明灯，源于爟火。香槱烛燎就不再说，说灯。

灯的繁体 古写 篆文

灯字晚出。繁体火旁一登。登与豆都是古代[redacted]盛[redacted]食陶器。豆字上为[redacted]盖子，[redacted]下为容器，又[redacted]下为器足，最[redacted]下为底座。豆盛肉肴用。登比豆高，底座更宽。登盛肉汤用。古人注油登中[redacted]，植入[redacted]芯草，点燃[redacted]照明，便是油灯。后以金属制作，所以古写[redacted]金旁一登。[redacted]少[redacted]时我家[redacted]点锡[redacted]灯盏照明。灯而又盏，何也？原来灯檠顶上添加油[redacted]盏[redacted]，[redacted]芯草横置盏内，[redacted]燃火于盏缘外，故名灯盏。油盏与灯檠可以分离，便于持盏入厨添油。那时灯用菜油，油罐放在厨房。

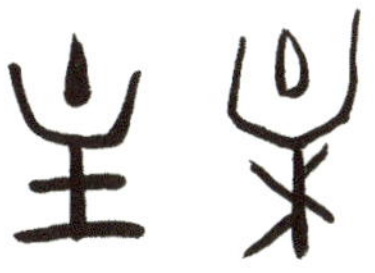

主的篆文 甲骨文

灯盏已成文物，今人鲜见。看篆文主，犹能依稀仿佛灯盏之形。顶上是火炷，写美文的说"这是一朵光明而又美丽的火焰"。火炷在油盏中，油盏下是灯檠。灯檠底座宽大厚重。檠腰并无一横，只是略粗，有一握柄而已。甲骨文油盏下是木制的灯檠，故字从木，这是木灯陶盏。篆文主可能是锡灯盏。时代先后不同如此。主就是灯。灯名取自食器的登。主名取自庭燎的烛，主烛音近。

主虽然就是灯，古书上却找不到一例可证，因为都用烛代主了。主的狭义为灯中之火炷，主炷为古今字。灯之用处全在照明，灯以[redacted]炷为核心。怕你金灯银灯宝石灯，无炷便[redacted]不成灯，只算一件[redacted]器物而已。譬之于人，炷才是主，其他人都是客。主人，主席，主要，主动，主张，主义，主力，主宰，国主，[redacted]民[redacted]主，房主，地主，真主，主啊我的主，皆从灯中火炷[redacted]来。

忆予弟妹众多，寒冬争着灶下烧火。木柴有局部饱[redacted]含树脂者，烈火炎焚[redacted]，喷火[redacted]嚯嚯有声。慈母说这是[redacted]"火在啸"。今思之而憬悟。原来氧气助燃，发热发光，形成[redacted]焰朵，原始人叫作huǒ，[redacted]后代[redacted]人写成火，火名也是《尔雅》说的"其名自呼"。

伙伴《木兰辞》作"火伴"。古代野战，士兵十人一[redacted]锅，同火共炊，故称火伴。伙食一词由此而来。陆游笔记，[redacted]雷击庙宇，梁断坠地，上书"谢仙火"字，佥以为怪。实则木[redacted]匠[redacted]姓谢名仙率其同伙签名屋梁，以便[redacted]质检罢了，不涉怪也。

038·从烤人到烤肉

流沙河

从前北京什刹海[redacted]东边有一家餐厅名叫"烤肉季"，招牌[redacted]齐白石[redacted]写。三个大字旁边[redacted]写有一段考证，可供欣赏。白石老人考证说烤是个俗字，字书上没有。[redacted]他以为应该作《易经》上"家人熇熇"的熇，又察觉词性与烤不对口（烤是动词而熇是形容词），迫不得已，勉强[redacted]写了这个烤字。老人较真，如孩天性可爱。一段考证，竟成佳话。

烤真是俗字吗？窃以为烤这个[redacted]动词古已有之。其字原作火旁一交，就是烤的古写。《说文解字》说是"交木然也"，但是篆文和甲骨文却不见木柴堆（交木即木柴堆）。看甲骨文明明是[redacted]在烤人，怵目惊心，疑[redacted]似逼供。之所以被烤者交叠着二郎腿，顺便取交声做声符罢了。火刑在欧洲中世纪流行过，是烧死，那叫焚。商朝的甲骨文卜辞里烤人总是与求雨有关系，是[redacted]烤，非焚[redacted]。卜辞[redacted]三条译文，先卜问[redacted]："烤人有雨吗？不烤人无雨吗？"又卜问[redacted]："[redacted]烤人无雨吗？"又卜问[redacted]："今日烤人有雨吗？"用烤人的仪式胁迫[redacted]老天下雨，[redacted]人国精通此道。少时曾见邑民曝晒木制的城隍爷[redacted]为了求雨，以救枯濒死的禾稼。亡师西戎曾告知[redacted]其家乡山西省昔年大旱，村民以量米斗满盛火药，燃香其上，然后[redacted]环跪周围，呼号哀求，显示赴死[redacted]决心，迫天降[redacted]。不降，香火燃到尽头，引爆火药，大家炸死[redacted]算了。

烤的古写 篆文 甲骨文

读者放心，香[redacted]若燃近火药[redacted]村民，换插一炷就是，不会爆炸死人。

三千七百年前持续大旱，商王成汤不但曝晒自身[redacted]事近火烤，还剃须剪爪投入燎火[redacted]，代替[redacted]自[redacted]焚。卜辞里的烤人仪式，事近残酷，终属表演。

从烤人到烤肉（明代[redacted]以后[redacted]方才流行今之[redacted]烤字），烤的对象[redacted]变了[redacted]，烤的字形[redacted]变了[redacted]（火旁一交被人遗忘），烤的词义仍旧未变。与烤[redacted]义邻近者[redacted]有烘、焙、炀[redacted]、燔、熹、燂、[redacted]炕。

炙的篆文

烤肉曰炙。炙，上肉下火，一看就懂是在烤肉。篆文肉[redacted]象猪后腿肉之形。以此概括一切动物之肉，这就[redacted]是“从一粒沙[redacted]看世界”。不用这种“以偏概全”之法，字就造不出来。

炙肉又叫炕肉。以火烘熟烧饼，蜀人说炕锅魁。炕[redacted]非俗字，见于《说文解字》，义为以火[redacted]干之，亦即[redacted]烤干，或者烘熟。炕，抗也。抗，举也。肉用叉子举在火上就叫炕肉，如新疆之烤羊肉[redacted]串。

炮的篆文

与炙肉同类[redacted]的有炮肉。《说文解字》：“炮，毛炙肉也。”禽兽[redacted]宰杀，剖除内脏，置入调料，燎净[redacted]毛羽，湿[redacted]泥包裹，投[redacted]火[redacted]烧熟，斯为炮肉。炮字从火从包，包亦声。从包谓泥包之。《周礼》[redacted]说的“毛炮之豚"就是火烧泥包的[redacted]猪[redacted]。泥包入火，古称"裹烧""涂烧"，[redacted]高档[redacted]宴聚才有这道美食。饕餮之徒津津乐道叫花子鸡怎样好吃，那就叫[redacted]炮鸡吧。据说乞丐偷鸡，湿泥包裹烧熟，剥泥便啃，既快速且鲜美，又不借[redacted]用锅灶，故名叫花子鸡。今之[redacted]穷奢极欲者借此以标榜"回归自然"，夫复何言！

炮在这里音bāo，字从包裹得声。小心，不要读成[redacted]枪炮的炮pào或炮制的炮páo。

炮肉之外，还有燔肉，那才是真[redacted]高档。《说文解字》说是社稷宗庙[redacted]的"火熟肉"，周朝天子以此馈赠[redacted]同姓大夫[redacted]。其字音fán，[redacted]从火番声。字亦作膰。毕竟也是炙肉一类，故繁体字从炙。燔肉赏脸，受馈赠者觉得这是高规格的政治待遇，倒不期望它如何的鲜美。讲政治嘛，哪在乎好吃不好吃。孔子在齐，"燔肉不至"，愤而走人。礼不到位，问题就上升到原则的高度了。我读小学参加县文庙的祭孔[redacted]典礼，在[redacted]歌生班里唱颂词[redacted]，分得四两[redacted]祭孔牛肉，全家欣喜。礼之用大矣哉！

燔的繁体　篆文

039·火种不能熄灭

流沙河

中国作家协会四川分会

今谓粉尘曰灰，如炭灰、柴灰、石灰、粉笔灰、香烟灰，去本义已很远。灰字从又（右手）从火，原指柴灶内所蓄养的[redacted]火种。寻常人家炊爨事毕，灶内必[redacted]留炭火，[redacted]妥善掩盖，以便下次[redacted]取用。火种要蓄养[redacted]好。灰字的那只[redacted]手在火种上护着，表示妥善保存。所以[redacted]灰指[redacted]活灰[redacted]。内[redacted]蓄火种，尚可复燃，谓之活灰。火种又叫烬，指[redacted]热烬，非指冷烬，正如灰[redacted]指活灰，非指[redacted]死灰。

灰的篆文

看了烬的繁体，再看篆文，便能发现篆文反比[redacted]繁体[redacted]省略。繁体[redacted]盡字，简体作尽，意即终止。腾[redacted]焰烧锅的柴火终止了，暗[redacted]红的炽[redacted]炭还未灭，此时妥善掩盖，便成[redacted]活灰，就是[redacted]火种。烬的甲骨文向我们演示怎样引火[redacted]。拿来一根涂[redacted]硫磺的木片，名曰火寸，插入灰中，触及炭火，引燃抽[redacted]出，就可生火煮饭，点灯照明。火寸燃烧，荧荧小焰[redacted]，古称燋火，或称爝火。燋爝双声，可以互转。焦爵二声皆有小义。僬人为矮小人种，鹪鹩为一种小鸟。爵古通雀，雀亦鸟之小者[redacted]。《庄子》云：“日月出矣，而爝火不息，其于光也，不亦劳乎？”谓小火之光太弱也。

烬的繁体　篆文　甲骨文

说到炭字，许慎解曰：“烧木未灰也。从火岸省声。”心中有疑，[redacted]踯躅久之。近查得甲骨文上山下火，忽悟此即炭字

炭的篆文　甲骨文

。篆文炭亦上山下火，中间多一厂an做声符而已。为什么山与火叠起来就是炭，容详说之。

明代王士性《广志绎》有[redacted]记载：“（山西西北部）河曲之地，取义于黄河一曲也。宋时为火山军，以其地有火山，岩石隙缝处烟气迸出，投之竹皮木屑则焦，架之以鬲釜水米则熟。其下似一团纯火，而山仍有草木根株不灼，事理之奇甚者。”此即山[redacted]间煤层自燃现象，非今火山爆发。山西[redacted]盛产煤炭[redacted]，先民岂有不知[redacted]不识不用之理？商彝周鼎，那些青铜巨[redacted]器，仅用[redacted]木炭[redacted]，不用煤炭，能铸成吗？窃以为甲骨文上山下火乃煤炭之象意，正是炭字。篆文炭[redacted]与甲骨文同，不过加个声符。如此，炭字应是从山从火厂声，专指煤炭。烧木成烬，[redacted]本来叫灰。灰借炭名，改称木炭。久借不还，煤炭之炭义隐没。许慎[redacted]失察，遂以木炭解说[redacted]。炭既已专指木炭了，煤炭只好叫作石炭。化学元素字作碳，循矿物名皆加石旁之例。

煤最初指引火需用的易燃物，[redacted]火绒木烬纸屑之类，谓其作用[redacted]如婚媒也。旧时持纸捻到邻家去引火，纸捻又名纸媒。锅底烟[redacted]炱亦可称[redacted]煤。今则专指石炭[redacted]，可单名煤。

燃的古写 篆文 金文

燃然古今字。然下四点已有火了，又加火旁，实属多事。皆因然字借去作虚词用，不得已而加个火旁。然字从火，意为燃烧。

中国作家协会四川分会

火上面是犬肉二字。先民畜犬，猎用警用，甚至[redacted]圈养专供[redacted]肉用[redacted]且以肉用犬为极可口，所以特造左肉右犬之字，音yàn。这个左肉右犬之字作为[redacted]然字[redacted]声符，并不参与意义。燃烧与狗肉无关系，不必[redacted]牵合解[redacted]字。这个左肉右犬之字还作猒（厌的繁体）字[redacted]声符，但从未单独[redacted]被人使用过。不过，此字变形为献，就成常用字了。

猒

厌的繁体

獻 

献的繁体　甲骨文

献字本义就是犬肉，古音yàn。宗庙祭祖，忌[redacted]说犬肉[redacted]，而说这叫[redacted]献。狗肉汤不能说，要说这叫羹献，以[redacted]掩盖“吃助手”的事实[redacted]和缓解良心的谴责，正如卖狗肉的招牌上写地羊或香肉[redacted]一样。

火燃久，必熄灭。熄，从火从息，息亦声。息[redacted]有[redacted]蓄养之意，所以[redacted]腾焰终止[redacted]，炽炭[redacted]未灭，[redacted]蓄养火种，曰熄。[redacted]《说文解字》[redacted]：“熄，蓄火也。亦曰灭火。”今人除了烧[redacted]煤灶外，都不必蓄养火种了。于是[redacted]熄的原义隐没，只留[redacted]灭火一义。灭字简体，火上一横压住，不让通气，火就灭了。这还简得颇有道理。繁体从水，水能熄火。又从火上一横闭气，象意。戌[redacted]是此字[redacted]声符。戌wù音转mù再转miè，古今音变容有如此。

滅 

灭的繁体　篆文

040. 火星和灸疗

流沙河
中国作家协会四川分会

古谣谚[redacted]云："两叶不拔，将用斧柯。荧荧不救，炎炎奈何。"荧荧为小火，炎炎为大火，不劳注释。看了荧[redacted]的繁体，[redacted]居然有三个火。怪哉，二火的炎是大火，三火的熒反倒[redacted]成了小火。也不怪，古人造字，原有此法。三鱼为鱻，即鲜字，小鱼也。三日为晶，即星字之古写，天星也。所以三火为焱 yan，《说文解字》[redacted]解为火花。拨动柴火，便有星星点点腾起，谓之火花。油灯火炷炸裂，星星点点迸溅，谓之灯花，亦火花也。星星点点不是很小吗？熒字从焱，必是星星点点小火，从冂（坰的古写），表示距离我们[redacted]遥远。两个意思合拢，熒就是遥[redacted]远的小火光。当初造这个字，盖出于天文学之需要，用来专指太阳系八大行星之一的火星（不是"七月流火"的大[redacted]火星）。作为行星，火星体积比地球小，绕日运行轨道[redacted]在地球轨道的外圈。古人称火[redacted]星曰熒惑。熒者谓其星光赤红，似遥远的一盏小火。惑者谓其运行的视轨迹时进时停时退，使人迷惑不解。

荧的繁体　篆文

熒既然是[redacted]小火微光，虫名螢火，玉有瑩光，滎为小水，鎣是金属制造的抛光器，就都好理解了。螢鶯瑩滎鎣[illegible][redacted]六字皆熒省声，并且各自取得熒的部分意义[redacted]，殆无疑义。与四字形[redacted]似者还有劳字[redacted]繁体的勞，但与熒字毫无关系。勞字中间应该是宀mián，[redacted]象屋盖形，家室宅宇诸字从之。勞字应该是从炎从宀从力，意为大火照明，屋下夜作

中国作家协会四川分会

，象劳苦[redacted]意。炎字横列二火，本该放在屋盖[redacted]下面，为书写美观[redacted]考虑放到上面去了。举脊莹营劳省声，而与荧字毫无关系。

花朵春荣秋谢。荣的繁体作榮，与熒字也毫无关系。如果只看篆文，绝对弄不明白[redacted]榮是何物。待到一瞥更早些的金文，立刻看出这是花枝交错的象形字。难怪荣蓉同音róng，都是花嘛。造篆文者想必是把花朵看成了[redacted]古文[redacted]火字[redacted]，以此致误。

荣的篆文　金文

用艾炷燃小火触灼人体穴位，说是可以疗疾，这就叫灸。灸字上久下火，久声。其实，久字就是在人腿的后部烧艾炷的象事。[redacted]看篆文，人是画的侧面，头低着，背伛着，臂抬着。人腿后部有艾炷正灼着。三划画出灸疗，何其简明。后来久字被借去形容时间的长程，所以又在久下添火成灸，实属不得已。你或许有疑问："烧艾火[redacted]一爝就完事，为时很短暂，怎么会孳生出长久一义？"你说得对。灸疗过程与长久无关系。这是只借[redacted]音不借义。时间长久一义，古今皆无专字表达。推想古代农耕社会，村[redacted]中最古老的生活用器[redacted]恐怕要数公用的大石臼。此器一旦凿成，重数百斤，置诸公共场圃，打不破[redacted]，烧不燃，匪搬[redacted]不动[redacted]，贼偷不走，起码能用数百年之久吧。所以先民用

灸的篆文

臼去形容时间的长程，说某物古[redacted]“很臼”[redacted]。后来觉得不妥，于是借[redacted]久代臼，“很臼”就变成“很久”了。“很久”用久了，就不觉得与腿部[redacted]烧艾火有关系了。

先民嫌[redacted]某物不新鲜，也说“很臼”。后来觉得不妥，于是又借旧代臼，变成“很旧”。其实旧乃鸟名，学名[redacted]鸱鸺，又叫[redacted]鸺鹠，头戴毛角，猫头鹰属。旧的繁体作舊。篆文是短尾鸟有毛角，臼声。今人说新旧，不会联想到猫头鹰。旧和久一样，都是被借调来顶替那个大石臼的。顶替既久，自己从前是做哪一门[redacted]工作的，他俩都回忆[redacted]不起来了。

舊 

旧的繁体　篆文

先民[redacted]曾经从母系认证自身的血统，子女皆属于母亲的氏族（跟着妈姓），所以母亲出嫁之前的[redacted]家[redacted]子女认作旧家，母亲的弟和哥哥[redacted]叫旧父，写成舅父。你看这个舅字，男子头上顶个舂[redacted]米脱糠[redacted]的石臼，莫名其妙。如果悟到臼以旧义参与舅字，并作舅字声符，就算真识字了。篆文舅字石臼放在左旁，顶累了。

舅的篆文

人类进入父系社会以后，认为异姓不可称父，舅父改称舅舅。《诗经》称为舅氏。“我送舅氏，曰至渭阳”见于《秦风·渭阳》，感情深厚，不可掩也。后来称呼变化，儿媳称公公曰舅，女婿称岳父曰外舅，其义已从故旧移到年老去了。村中大石臼确实年老了。

041·人体内也有火

流沙河

《诗经》[redacted]两处提到"褧衣"[redacted]，就是礼服外面的罩衫。褧又作絅jiǒng，见于《礼记》。由[redacted]此推测[redacted]褧的耿古音jiǒng。《说文解字》耿，古杏切[redacted]，已是后来汉代以迄今的[redacted]读音[redacted]。予从古，耿音jiǒng。

耿的篆文

[redacted]耿字[redacted]左一[redacted]耳右一火，是何意思？猛想起少年时畏羞受窘，耳朵发烧。耳朵发烧亦即"耳赤"。[redacted]篆文赤字上大下火，大火为赤。金文和甲骨文亦由大火组合而成。耳赤不就是耳火吗？耳朵发烧的耿字不就是窘字吗？准确说，耿窘为古今字。

赤的篆文 金文 甲骨文

《诗经·邶风·柏舟》："耿耿不寐，如有隐忧。"意思是耳朵烧睡不着，内心不安[redacted]。吾蜀谚云："耳朵烧，有人叨。"蜀人谓骂曰叨。有人正在僻处[redacted]骂你[redacted]，所以由羞窘[redacted]而[redacted]忧虑，更[redacted]睡不着[redacted]。人之羞窘状态，表现在面部为耳朵发烧。所以造字者用耳火组合成耿[redacted]（窘），以象羞窘之[redacted]态。耿[redacted]后来被借去顶替炅和炯jiǒng，意为光明，例如"忠心耿耿"，又如"耿耿星河欲曙天"。又被借去顶替鲠和梗gěng，例如"骨耿[redacted]之臣"和"为人耿直"。久借不归，耿的本义遂隐，不得不又造[redacted]一个窘字[redacted]。窘字从穴君声。穴指窑洞。人住在窑洞里，不但困窘，而且羞窘。

与耿相近者有烦字。烦右旁的页是头字，篆文画鼻和[redacted]腮。耿是耳朵发烧，

烦的繁体　篆文

亦即"耳赤"，烦就应该是脸发烧，亦即"面红"吧？不是。脸发烧有赧字。烦是病了头痛，前额[redacted]发烧。古人说烦说忧，往往是指感风寒发低烧。萱草即金针菜，四川人叫黄花，[redacted]之所以雅名曰忘忧草，就是因其入药，有退烧之疗效罢了。不信请查李时珍的《本草纲目》。前额发烧的病人，心情烦躁。[redacted]耿烦二字之火，乃是生理和病理的发烧[redacted]，有真火非燃烧[redacted]。后来不病又[redacted]不发烧，只是心情烦躁，动辄迁怒于人，也叫冒火[redacted]。

头痛发烧加剧，烧成热病曰疢chèn。忆予曾罹肺炎，高烧四[redacted]日三夜濒危，大概就叫疢了。请看篆文疢，病床上不躺人而卧[redacted]火，病人[redacted]高烧可想而知[redacted]。篆文疢[redacted]要逆时针旋转90°，使床[redacted]平置，方见其妙。现代医院病床与此篆文所见相同，能使枕部一端[redacted]升高，方[redacted]便倚背而坐。若无此功能，便是家用床。试将疢与床的篆文作一比较，就能看出病床和普通床的差别。

疢的篆文

床的繁体　篆文

病床上卧一火已[redacted]是高烧，若卧二火，岂不超高烧而呜[redacted]呼吗？那又[redacted]未见得。痰字病床上的[redacted]二火是炎字。痰字从炎，炎亦声，不能说从二火。《说文解字》："炎，火光上也。从重火。"二火重叠，表示光[redacted]焰上冲。火愈大，[redacted]光焰上冲愈高。炎炎固然是形容[redacted]火之大。但是古代中医[redacted]

理论认为眼睛干涩、嘴角生疮、舌尖起疱原因都是"实火上冲"，头昏脑胀原因也是"风热上冲"，牙痛原因也是"上火"，早就将炎啦火啦都挪入病理学的概念范畴，也不管那些器官内是否在燃烧。所以西医传来后，sore eye（眼睛[redacted]肿痛）我们译成眼炎，[redacted] sore throat（喉咙肿痛）我们译成喉炎。总之，都是因为"火在上冲"，我们才把肿痛[redacted]（sore）译成[redacted]发炎。明白这点，痰字就好解了。从炎表示正在发炎，"有火上冲"。汉代张机《金匮要略》："膈上病痰满，喘，咳，吐。"这是痰字首次出现[redacted]，《说文解字》尚未收录。古人使用篆文时，痰字尚未造出来，所以篆文无痰。痰属[redacted]后起字。《新华字典》："痰，气管或支气管黏膜分泌的黏液。"此为确解。

新造篆文痰

痰字可能是从瘅字演化[redacted]来的。《说文解字》："瘅，劳病也。"劳病即痨病。肺结核病从前叫肺痨或痨病。乡愚[redacted]以为病缘于咳，咳又因为"燥火"，亦"有火上冲"的思路。肺痨患者《诗经》里叫[redacted]瘅人，其表现为气喘咳嗽吐痰，故又称痰喘病。瘅人吐的黏稠液体也可以叫作瘅，[redacted]后来造字作痰。瘅有二音dàn和tán。后一读音与痰全同，由此逆推痰[redacted]从瘅[redacted]演化来。

瘅的繁体　篆文

042. 猎火与灶火

流沙河
中国作家协会四川分会

农耕社会的人，一看田字，[redacted]自以为懂，不须解说。所以《说文解字》：“焚，火田也。”猜[redacted]想是刀耕火种事。哪知事有不然，他猜错了。错在[redacted]不[redacted]识[redacted]田字。田象猎阵之形，四面包围，纵横搜索。火[redacted]田放火烧山，逼迫野兽[redacted]现身逃出，[redacted]才好猎杀。“单于猎火一山红”见唐诗。“叔在薮，火烈具举，袒裼暴虎”见《诗经·大叔于田》。火田又叫燎猎，燎即放火。两个甲骨文焚都是上林下火。有以异者，后一个焚有双手举火炬，表明这是放火，非自燃之山火。现今看来，放火烧山这种猎法[redacted]十分野蛮[redacted]。须知远古时候地广人稀，“禽兽逼人”，[redacted]要想活下去，非[redacted]野蛮不可。那时[redacted]尚无种庄稼的农田，只有杀[redacted]禽兽的猎田。[redacted]摆猎阵的[redacted]山林，就叫猎田。到猎田去围杀，就叫田猎。田字[redacted]原非[redacted]为农[redacted]夫创造的，是农夫[redacted]向猎人[redacted]借[redacted]用的。

焚的篆文　两个甲骨文

卜辞中所见焚，多属商王田猎活动。例如辞云：“其焚禽？癸卯焚，获兕十一、豕十五、兔二十。”火田的记载到秦汉以后，由于农[redacted]耕普及而少见了。

灶火与猎火同样古老。灶字的繁体从穴是灶孔，从土是泥[redacted]塑，从黾min是[redacted]土灶伏地状[redacted]似蟾蜍。看金文屋盖下画蟾蜍（黾字），殊觉有趣。

灶的繁体　金文

灶之功用全在炊爨（cuàn）。《说文解字》炊爨互训，炊就是爨，爨就是炊。炊从火，吹省声。爨字笔划之多，暴露出造字者的技穷。顶上左右二爪就是抓举的举，举[redacted]起一甑[redacted]。[redacted]甑下如球门者象灶孔形。二木是柴，架置在灶孔内。[redacted]灶孔外有[redacted]左右双[redacted]手拱（拱，就是打拱的拱）持二火[redacted]，正要[redacted]燃柴。这个字是齐国造的。中原人都说炊，齐国方言说爨。猜想会不会是李逵的祖先造的这个字，一笑。不过读者若细心些，将此字下半部拿去比照前揭[redacted]甲骨文第二个焚[redacted]字，当会悟到二木双手持火恰好凑成焚字。原来爨字从焚，山东人粗中也有细[redacted]，会设埋伏。

爨的篆文

煮字篆文两个，一简一繁。简煮[redacted]从火者声。繁煮从鬲（三足[redacted]锅），左右热气腾腾，也是者声。者是纯声符，不参与意义。者古音zhǔ与煮同音，正是煮粥沸腾之声。甲骨文无煮字，但有庶字。下面五个庶字，从左到右，一个比一个[redacted]古老。最老的[redacted]庶从火从石省，就是火烧石头。请[redacted]看甲骨文石[redacted]怎样省[redacted]口，便知庶从石省[redacted]是怎[redacted]样省口的。原始人无锅灶，挖凼煮肉。[redacted]怎样煮？石头烧红，投入凼内，使其持续沸

煮的两个篆文

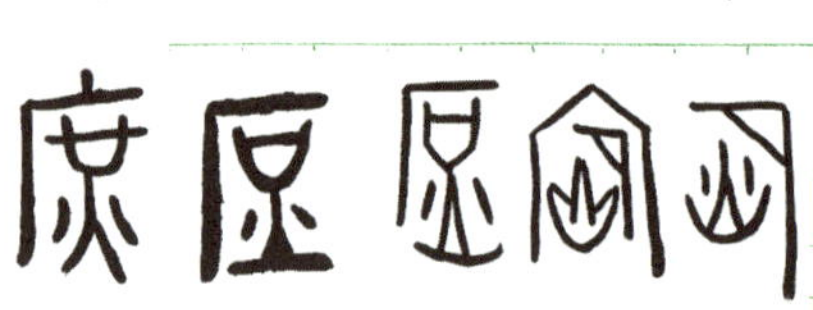

庶的篆文 金文 三个甲骨文

甲骨文石

滚，便可熟肉。如此说来，庶煮为古[redacted]今字。后来火烧石头移入棚内去煮。又后来石头不见了，变成锅煮。再后来金文[redacted]继承之。最后篆文在锅上加抬[redacted]杠[redacted]，暗示鼎食。由野蛮而文明，历历可睹。煮字造出来[redacted]后，庶字改领炊事厨务杂役一义，乃有庶人之称。旧时政府机构总务处都称为庶务处，因其所管包括炊厨在内，皆杂事也。多妻家庭子女有“庶出”者被视为低一等，其语源亦可追溯到煮饭。

饭是煮，菜是烹。古无烹字，亦无亨字。你若在篆文中发现了烹和亨，那肯定是后人想当然臆[redacted]造的。篆文只有享字，意思是给鬼神献祭食物。怎样献祭？下面五个享字，从左到右，也是一个比一个古老。

享的三个篆文　金文　甲骨文

甲骨文享是一只羊，[redacted]古称牺牲[redacted]，供在庙前。金文继承之。后来篆文小变，庙堂台基加一层级。又后来羊省[redacted]掉，台基层级被视[redacted]为献祭的食盒，代替牺牲。最后食盒变成近似子字。再隶变就真的写成子[redacted]，成为今之[redacted]享字[redacted]。享祭鬼神[redacted]用牺牲改[redacted]为用熟食之后，以火熟食就叫烹了。烹下的[redacted]四点是火字，其上[redacted]减一笔成亨字。烹[redacted]pēng是[redacted]享[redacted]xiǎng的音转[redacted]。

熟和烹一样，也是晚出字。字初作孰，四点火是后[redacted]加的。孰字从享。享祭鬼神，[redacted]自己享受，现今都用[redacted]这个享。享旁加[redacted]执省，就是孰[redacted]字。

043·有火隐藏字中

流沙河
中国作家协会四川分会

有[redacted]些字的[redacted]篆文[redacted]明明有火，隶变后火[redacted]变形[redacted]，常被我们忽略，竟不知有火隐藏在字[redacted]中。举例[redacted]一一说之。

光的篆文 金文 甲骨文

光。光上一火是灯。灯下，篆文是人，金文是女，甲骨文是[redacted]跪坐。总之，既[redacted]有人在灯下，[redacted]光义自然就显出[redacted]来。

朕。朕字右旁是舟，左旁双手拱持一火，[redacted]义为舟有裂缝。所谓朕兆，兆亦[redacted]龟卜烧灼[redacted]显现[redacted]裂纹。舟是否有裂缝，持灯一[redacted]照，便知[redacted]，透光处即裂缝所在[redacted]。朕兆今曰征兆。朕的本义止于[redacted]船缝，音zhèn亦音zhà。木板晒[redacted]裂，今人说[redacted]炸了缝，也就是朕裂了。朕有zhà音，所以古人借朕[redacted]称呼自我，今[redacted]字作咱。暴君秦始皇称自我为朕，zhà音回转为zhèn。张献忠自称“咱老子姓张”就是朕老子姓张。都是借用，非朕本义。李斯当面谀秦始皇说，皇帝神圣，岂[redacted]可抛头露面。人臣只能闻其一点声音，见其一丝朕兆，所以皇帝应该称朕。其实暴秦之前，普通百姓皆可称朕，也就是咱，与朕兆不相干。李斯巧言诈伪，于斯可睹。朕字作为声符，还用[redacted]于胜腾二字的[redacted]繁体。只是隶变之后，笔划对不上号，若不把隶变前的篆文列出[redacted]，读者恐怕[redacted]看不出来[redacted]其中有朕。

胜的繁体 篆文 腾的繁体 篆文

探。篆文探字，右手伸入洞穴，手下备[redacted]火[redacted]，可燃以照明。手伸入穴已具有探索义。这只手就是探字的提手。入洞走远，便孳生出深远一义。先民穴居，他们从自己的居处环境找出造字所需[redacted]零件，又用自己的观念加以组装，再以具象的方法造出文字来，留给数千年后的我们，能不爱惜？[redacted]每对着古文字，我仿佛看见先民的灵魂活在文字里，瞪大双眼，盯着我们[redacted]这些乱简化的后代。

探的古写 篆文

尉。尉的本义不是武官，而是用熨斗熨平[redacted]布帛。篆文尉字左上的尸和二组合成古写的夷。夷有平义。右上是右手，其下从火。旧时熨斗铁制，内盛燃炭，右手持之以[redacted]烫压[redacted]纺织品，使其平展。隶变后，火变形为小，右手加一点变成寸，这就是今[redacted]尉字。同时又另造出一个熨字。他人心中[redacted]不平，我们去安慰他使之平。可见尉虽变形，仍含熨平之意。变形[redacted]后，尉去当武官，改音[redacted]wèi，不愿人知自己是熨斗。不过熨斗本性难改，动辄烫压百姓。

尉的篆文

票。曾少[redacted]时县城隍庙失火，夜天燃得通红。风趁火势，燃木[redacted]腾空[redacted]飞起，邑人呼"火老鸦"，《说文解字谓之"火飞"，飘落民居[redacted]屋上，往往引燃房宅。今之[redacted]票字[redacted]本义就是"火飞"。准确表述，宜称飞火，名词。票的篆文先说上部，[redacted]左右二爪就是抓举的举，

票的篆文

举起亦即升高[redacted]，中间囟Xin做声符，其下一横乃是左右[redacted]双手[redacted]拱抬[redacted]省略成一。又举升[redacted]又拱抬，便具腾空飞[redacted]起之义[redacted]。[redacted]上部独立成字，同下部[redacted]火结合，组成篆文，[redacted]隶变成今票字下面。火不见了，变[redacted]为小字。上面莫名其妙，混成西字。[redacted]后人不得不又加火造个熛字，以[redacted]指称“火老鸦”。票曾经是“火飞”，所以[redacted]孳生出轻飘一义。[redacted]今之轻薄小纸称票，轻薄行为称嫖，轻骑称骠，轻浮水上称漂，持刀轻夺人财称剽，皆由轻飘一义而来。

磷。磷字专指化学元素P，例如P_2O_5为五氧化二磷。泰西化学传入中国之前，只有燐字。篆文[redacted]无火旁，因为字从炎已有二火了。二火隶变成米，其实[redacted]磷火和米毫无关系。《说文解字》说磷火是“鬼火”，是“兵死及牛马之血”

磷的古写　篆文

转[redacted]化成的。少时闻说鬼火冷光幽绿，跟着人追，今[redacted]以为皆妄说。人畜骨之所含者含磷的化合物，并非红磷白磷，怎会燃烧成火。空[redacted]中的气态磷纵然有也不至烧起来，[redacted]可以缓缓氧化嘛。所谓“鬼火”予曾目睹，乃草木上的细菌发光[redacted]。说是追人，使我悟及其字炎下为何左右要有二止。二止即二脚，会移行。造字如此，[redacted]正附和了[redacted]鬼火传说[redacted]。由此可以逆推，表示鬼火追人传说已迷信数千年之久了。

044·从木与非从木

流沙河

中国作家协会四川分会

今曰树，古曰木。木字象形。看篆文和甲骨文，木字上为树枝，左右分杈，中为树干，直达树顶，下为树根，藏在地下。在树根划一横是本。本就是树根，语词有根本。在树梢划一横是末。末就是树梢，语词有本末。树根和树梢的那一横并非象形，而是指给我们看："就是此处。"

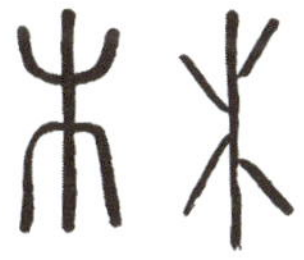

木的篆文　甲骨文

篆文本与末

未字顶上一横短，末字顶上一横长，以便互相区别。未是木上新发嫩枝。篆文未字在[redacted]树梢上[redacted]添画嫩枝[redacted]。[redacted]未，微也。微，小也。难怪幼女叫[redacted]妹。嫩枝[redacted]有待将来茁壮[redacted]，所以孳生[redacted]未来义。甲骨文未字有两种写法：一种与篆文[redacted]同；[redacted]一种近似木字，[redacted]但[redacted]夸大了[redacted]树枝部分，暗示其为新发嫩枝。先民重视树梢上的新发嫩枝，特[redacted]造这个未字，因为这是他们每年春季最美味的菜品[redacted]。华北乡村至今仍以椿芽、榆芽、槐芽等为菜品。你看菜这个字，拿掉草头，下面是采。采是什么？

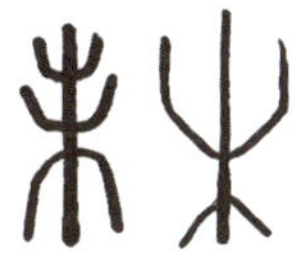

未的篆文　甲骨文

就是采撷[redacted]树芽作菜。菜者采也，采树芽也，撷木未也。采字上爪下木。爪是指爪，即手，象形。蜀语"脱不了爪爪"也就是脱不了手。爪置木末[redacted]，正是采撷树梢上的嫩芽，就是未。嫩芽可口，造出味字。木类菜品之外，

采的篆文

25×20=500　第 一 页

复多草类菜品，所以采加个草头造成菜[redacted]字。

某些树上长刺，不利攀爬。特造刺字引起注意。刺字从刀，义为刀刺。刺字左旁才是树[redacted]上的刺，篆文[redacted]象木刺形。树干上长刺的有皂荚树，有棘。棘[redacted]是两[redacted]丛木刺并立。策是竹头下面一朿刺作声符。

束的篆文

束字笔划稍异。我原以为其义为用绳子捆束木柴，正是《诗经》上的"绸缪束薪"。后查[redacted]甲骨文，方知其不然。若仅[redacted]看篆文[redacted]束，其字从木从圆（圈圈就是圆字），可以解为束薪。看到金文和甲骨文，才悟到其实是用绳子束紧两头开口的[redacted]橐袋，而篆文搞错了。原来束字与木无关。捆柴的捆原作[redacted]困[redacted]，木被围，字象形。旧时厨下烧柴，成捆买回。困难，困阵，围困，[redacted]春困，诸义皆自柴捆生发出来。捆柴是今人的说法，束薪是古人的说法。语词相异，意思相同。捆即束也，柴即薪也。只是束字本义是束橐袋，原与柴薪无关。橐袋[redacted]长条形状，两头开口，满盛[redacted]后[redacted]横置在[redacted]骡马背上，俗呼驮子。还有搭在人肩上的，俗呼褡裢，亦属[redacted]橐类[redacted]。橐袋两头[redacted]绳子捆扎，故有绳头，如金文和甲骨文所见。

束的篆文 金文 甲骨文

束字误从木，古代已如此[redacted]。而现代误从木的又[redacted]有朮字和来字。[redacted]分说如下。

术。木字右上角加一点，原无此字。这是汉字被简化后新造的字。看了繁体和篆文，便知其字绝非从木。原来术是从繁体的術字中抠出来变形后[redacted]新造的。術的本义是道路，所以字从行。道路引申出方法一义，正如英文way既是道路又是方法。夹在行字中间的那个字是声符，读shú，是秫的象形字，不含方法一义。看术字的正写，明明不是木加一点。看篆文是黏高粱（秫）肥大的穗子，下面是高粱秆和高粱叶。硬给变形为木，新造一个术字，实在无理。后人解[redacted]说这个术字，执木以求，不知会闹出怎样的笑话。

术的繁体　篆文

术的正写　篆文

杀。这也是汉字被简化后新造的字。杀的繁体右旁是殳，一种兵器。杀人要用兵器嘛。左旁上面是刈，省略立刀。刈是割，割也是杀嘛。下面也是秫的象形字，也作声符。一番简化后，声符没有了，黏高粱变成木，那一点也省了。后人将以刈木解说杀字，以为就是砍树。甲骨文杀不要声符，而是豕[redacted]字象形，头上一横穿过，表示用刀杀猪。其实简体字杀下面的木可以视为豕身，这样就和甲骨文接轨了。

杀的繁体　篆文

杀的甲骨文

045·人与木的互动

流沙河

《诗经》有"杲杲出日"句。历来都说杲杲形容太阳明亮。鄙意以为杲即高也。杲字日在木上，太阳升上树梢，就是俗话说的"太阳都好高了"。所不同者，从字形看，高是[redacted]形容楼层之高，杲则是目测[redacted]太阳的高度，古人以此计时。到了傍晚，太阳降到[redacted]树根之下，俗话说的"太阳落土了"，天色[redacted]暗下来。日在木下，这就是杳，用来形容昏暗不明。太阳爬上树有杲字，人爬上树也有字吗？

有。乘字就是人爬上树。看甲骨文，木上一大。大，人也。人升上树梢[redacted]爬树。金文一变，添画双脚（近似[redacted]两个止字）。篆文[redacted]又变，双脚更明显，两腿却省掉[redacted]。隶变成乘，已失原形，认不出了。字形最后虽是爬树，字义却可扩大。例如《诗经》有"亟其乘屋"句，意即[redacted]快些上房子去（补葺漏罅）。凡是[redacted]自低[redacted]升高，皆可曰乘，乘车乘船乘飞机[redacted]是也。加减乘除的乘，也是数目成倍升高。

乘的篆文　金文　甲骨文

篆文与乘相似有桀。夏朝亡国暴君名桀，所以后人不喜这个桀字，桀[redacted]骜不驯具有贬义。其实当初名桀，取[redacted]豪桀义。出人头地，好比鹤立鸡群，曰桀。若就字形考察，上面[redacted]两止是双脚，下面木非树，而[redacted]是木棍两根竖立着，桀乃[redacted]踩高跷。踩高跷才真[redacted]

桀的篆文

叫出人头地啊。古代中原农家养鸡，鸡栖树上，或栈架上。栈架是[redacted]墙上钉木[redacted]桩，鸡飞上去栖息。这种栈架高，所以也叫桀。桀践双声对转，今曰高践，古曰高桀。井上[redacted]提水的高桀杠杆叫桔槔，桔槔也与桀践[redacted]语源上有牵连。自从《谥法》规定“贼人多杀曰桀”，后人便[redacted]给桀字加人旁另作傑，美称豪傑（简体作杰），免得涉嫌桀[redacted]鸷。

傑

[redacted]大树在前，你去察看，这就是相[redacted]。相字从木从目。目表示用[redacted]眼看。伯乐相马，堪舆相宅，术士相面，男女相亲，都须目察，才好判断。内阁首揆，[redacted]官拜宰相，人呼相爷，就是因为国王叫他拿眼睛在那里[redacted]看管着江山社稷。电视主持有多误读相xiàng为xiāng者。你相树，树也在相你，一如男相女，女也在相男。由此生出互相一义，只有在这里才读xiāng。相完了，你去树下歇凉，这就是休。休[redacted]字从人依木。

商代甲骨文有木字而无树字。到周代籀文方才有树字。籀文树字，右旁寸是右手但多一点，权且当作右手看吧，左上是木，左下豆做[redacted]声符[redacted]（豆古音shù）。

樹　樹　尌

树的繁体　篆文　籀文

可知树是动词，义为植树。篆文左旁错成鼓字[redacted]古写[redacted]，遂不可解。繁体[redacted]樹字只好跟着错了。动词之树，见《孟子》的“五亩之宅[redacted]树之以桑”。古有“种树之书”即[redacted]种植与栽培的

[redacted]专科著作，属于农书，并非[redacted]专讲植树造林之书。后来作名词用，被栽插的[redacted]客体也叫树了。

两株树之间，或两根木桩之间，用细枝编成网横拦住，不让外人以及鸡犬入内，[redacted]是为篱[redacted]，雅称樊[redacted]。若设置于庭院之东，便是陶渊明的东篱。看篆文二木间的叉叉，那[redacted]是网字抽掉纲绳。吾蜀不用细枝而用竹编，谓之竹篱。不就是竹网吗？樊篱的樊，看篆文下面有两只手[redacted]在攀爬，上面是纯声符，原来是动词，本义为攀爬，被借用[redacted]作樊篱字。[redacted]其本字没有那两只手，久不用而[redacted]自动消亡。

楙 樊

木[redacted]上[redacted]架[redacted]弦，[redacted]是为琴的[redacted]异体字琹。此异体字木上不是二王，而是两组弦，每一组三条，共六弦，都架在桥上。正体字琴，今声。篆文今省声。别被曲线骗了，以为是在象形。古文也还是今省声，下面画[redacted]蛇添足，文加[redacted]金作声符。篆文拿掉金字，自有道理。七弦琴到周代才出现。甲骨文无琴字，有乐字。乐的甲骨文是丝在木上，丝弦架在木制的共鸣箱之上。篆文又在丝中加白。白是大指象形，代表手指弹拨丝弦。弦乐器弹奏的谓之乐yuè，正如磬敲的谓之声，人唱的谓之音。乐一奏响，听众就乐lè。

琹

琴的异体 篆文 古文

乐的繁体 篆文 甲骨文

046.劈柴与锓板

流沙河

中国作家协会四川分会

髫年习楷书字，[redacted]喜写鼎这个字，觉得[redacted]字形庄严威武，代表江山社稷。成年后[redacted]知[redacted]鼎[redacted]上[redacted]非目，[redacted]原是一口锅，内煮物，上扣盖，如斯而已。后攻《说文解字》，[redacted]又知鼎下[redacted]不是搁架，原是木字纵劈为二，亦即烧火用的[redacted]劈柴。试将左右合拢，便还原为[redacted]篆文木字。对了，左右正是两个片字。就像劈蔗游戏，一刀从顶上劈至根下，一段[redacted]木柴就这样纵劈成两片[redacted]。鼎字神光，到此褪尽。篆文片只是劈柴的右片。左片也[redacted]该是片，[redacted]其形同床[redacted]字[redacted]古写[redacted]一样，所以不取。顺便[redacted]说这柴字，人或以为"此木"即柴。[redacted]这样下去那还了得，见木就烧，良材都要入灶去了。柴字应是从木此声。此作声符，并非"这个"。不过，此不是纯声符，也参与字义。此字从匕（妣）从止（趾），义为女脚。女脚比男脚小，所以小木曰柴，《说文解字》释柴为"小木散材"。材则专指木[redacted]工用料，与柴音同义异。

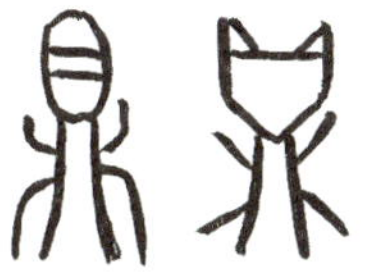

鼎的篆文　甲骨文

片的篆文

此的篆文

前面说[redacted]劈柴，古人叫[redacted]析木，意思相同。分析一词，初义只是把树[redacted]段[redacted]直立在砧[redacted]礩上，双手高举起[redacted]长柄斧劈下去，一分为二。看篆文[redacted]析[redacted]，右旁斤象长柄斧形。甲骨文更明显。这种斧头青铜[redacted]当作[redacted]重量[redacted]单位，迄今[redacted]已有

析的篆文　甲骨文

两[redacted]千馀年之久，[redacted]现在又以公斤之名与国际接轨。由此一例，亦可窥见古文字确有"又日新"[redacted]能力。

说了析[redacted]接着说新[redacted]。新析双声，可以对转。用长柄斧劈柴，甲地说这叫XI写成析，乙地说这叫XIN写成新。新即析，析即新，一码事。新字从析辛声，是在析字的左上[redacted]方加个辛做声符，[redacted]意义与析全同。别以为新不能作动词[redacted]，至今我们还说"一新耳目"。劈[redacted]柴的[redacted]动词新怎么会变成了新旧的新？原来一段旧木头劈开后，[redacted]内里[redacted]居然不旧，不但色泽犹鲜，而且另显面貌。于是[redacted]说这是"新[redacted]"，[redacted]词性就改[redacted]变了。新旧二字都[redacted]属借用：旧是石臼演变，新是析木演变。

新的篆文　金文　两个甲骨文

木头劈开可以做柴，所以新[redacted]又成为柴新。考虑到烧秸秆更普遍，加草头成为薪。今日吾人[redacted]领了工薪，不再买[redacted]柴[redacted]，但也[redacted]交煤气费。

下面这个亲字，不是父亲母亲繁体親字简化。早在两千馀年前，金文已有这个亲字，与父母无关。[redacted]这个亲，我认为就是用刀具雕刻木板的锓qin。锓，侵也，用刀侵入木也。亲字从辛从木，辛在木上。辛是何物？我看就是[redacted]儿时刻字匠[redacted]所见

锓的古写　篆文　金文

中国作家协会四川分会

治印用的木柄雕刀。其形状与甲骨文辛互相对照，使我吃惊，竟历三千年而不改。甲骨文辛[redacted]，上粗大是木柄，下箭头喻锋

辛的篆文　两个金文　两个甲骨文

利（不是说雕刀作箭头形）。甲骨文辛还有第三种写法是箭头的尖[redacted]或锋偏左或偏右，暗示锋刃[redacted]不正，与雕刀倾斜的锋刃完全相同。辛在上，木在下，这个亲字当然是锓刻的锓[redacted]。《说文解字》认为这个亲字是榛子的榛字，与我[redacted]所说不同。

不是两千余年前的那个亲（今作锓），下面的这个[redacted]親（简作亲[redacted]）是[redacted]五十[redacted]年的[redacted]繁体字。親字从见亲声，其本义为人到现场。人到现场就目睹了，所以字从见。今人所说

亲的繁体　篆文　三个金文

亲临现场啦亲眼看见啦亲自动手啦用的是[redacted]親字的本义。三个金文親字，只有第一个用的是本义，是亲自的亲。第二第三，字从家省，才是父亲母亲血亲的亲。这个加了屋盖的親，人嫌麻烦，不肯使用，终归息影。大家图个方便，借用親字指称父母和血族。屋盖下面一作親一作新，都是取其音作声符而已。

25×20=500　Ch001 219 86 3　第三页

047.树名丛说

流沙河

树名绝大多[redacted]数是形声字[redacted]如李杏查和栗、某桑以及橘、橙、柚、[redacted]梅、[redacted]榛、棣、杜、桂、栀、杞、楸、柞、檀、枳、榆、樟、槲[redacted]、枌棓[redacted]、桐、桤（榿）、枞（樅）、枫（楓）、桦（樺）、桧（檜）等等。这些树名，我[redacted]能解释[redacted]得清楚的[redacted]，可怜，仅几十[redacted]字[redacted]。分说如下。

杨（楊）。枝条上扬（[redacted]揚），故名。

柳。右旁不音mǎo而音liǔ。枝条下溜，故名。

杉。右旁音shān，象毛纹形，义为修饰。以此为声符者还有衫和钐（釤）。杉木供建筑和制器用。因其木质[redacted]散碎易锯，容解，[redacted]故杉又音shā，谓其似沙也。

松。右旁公gōng[redacted]也[redacted]读sōng。试看颂、讼、忪的读音便明白。松木亦供建筑和制器用。因其木质疏[redacted]鬆（简作松），故名。

柏。右旁白就是[redacted]伯，大哥也。柏与常用木材[redacted]松、杉、桧、桦、枞、枌、榆、柞诸木比较[redacted]质材优良，位居长兄[redacted]，故名。

梓。右旁辛乃宰省，所以梓不读xīn而音zǐ。梓木亦供建筑和制器用。古代[redacted]梓木村村有之，遂称家乡为桑梓，称木匠为梓人，称棺材为梓宫。

椅。椅木是其[redacted]古名，今名山桐，俗又呼[redacted]水冬瓜。今[redacted]椅子字[redacted]本作倚子。唐宋以[redacted]后，借木名[redacted]椅用于[redacted]生具[redacted]，本义遂亡，没有人再申说椅是木名，除了《诗经》。

样（樣）。右旁羕yàng乃漾字的古写。样（樣）木是其古名，今名橡树（非橡胶树）。

樱（櫻）。据《吕氏春秋·月令》说，有小鸟其鸣声为嘤嘤，早春啄食这种树的果实，故名樱桃。此亦备一说耳。实则婴乃女子颈饰珠链，樱桃似之，故名。

桃。古人迷信[redacted]桃枝[redacted]打鬼，桃符[redacted]辟邪。鬼邪畏惧此树而逃[redacted]，故名。实则桃叶含氰氢酸，用来铺床，可驱蚤虱臭虫[redacted]蜈蚣、蝎子罢了。

李。子是声符，怎会读lǐ？答：子zǐ声试缓读之，而成zǐ lǐ两音。所以子[redacted]能分出lǐ音，做[redacted]李字的声符。

[redacted]柰[redacted]。示是声符，缓读而成shì nì两音。所以示能分出nì音，做柰字的声符。柰果比苹果小，蜀中称花红果。柰字后来被写成奈，借作奈何字用。

杏。口乃向之省，作声符。

查。山楂字原作查。查已从木，又加木旁，画蛇添足。查字从木且声，且被误书作旦，遂不可解。

栗。许慎未见过甲骨文，又把篆文卤误认作西，所以在《说文解字》里说栗从西[redacted]因为“木至西方而战栗”。甲骨文栗从木，上象多刺[redacted]栗房之形，一看便知这是[redacted]栗树。栗房演变

栗的篆文　两个金文　两个甲骨文

成卣you，盛酒器也。[redacted]此器有提梁，所以卣又读[redacted]diāo，谓悬吊也。蜀人稻穗叫作谷卣diāo。栗房[redacted]悬吊枝头，有以似之，所以金文[redacted]木上三卣diāo，篆文简成一卣diāo。[redacted]卣在此处不是酒器，而是栗房。栗房成熟，刺壳炸裂惊人，孳生战栗一词。

某。某méi即梅，从木从甘。甘篆文是口[redacted]含食物，象可口意。就像西餐用柠檬汁代醋，古用酸梅汁于烹调，与盐同等重要，合称盐梅。梅是借来的，原义为楠木。某才是其本字，异体作楳和槑。古代男女相悦，抛掷某果传情，见《诗经·召南·摽有梅》。合二姓之好的中[redacted]介者，其作用似某果，呼作媒人。今之传媒一词亦由此孳生焉。

某的篆文　金文

桑。甲骨文桑象桑树形。到了篆文，树冠误作若字。若是草下一又（右手），义为择菜。若桑二字本来毫无关系，是篆文桑字笔划错了，导致二字互相夹缠。远古[redacted]传说东海[redacted]旸谷[redacted]有大树名若木，太阳从树上升起来。若木二字联缀[redacted]成了桑字，就错成扶桑了。其实若木据我猜想应是桉树，旧译音为尤加利树（Eucalyptus）。若木的若应是Eu的译音。桉树所属约六百种，原产澳大利亚。[redacted]有一种桉[redacted]，树身高达几十公尺，可作海船桅杆，此即传说之若木也。

若的篆文　金文　甲骨文

桑的篆文　两个甲骨文

048·桑树构树漆树

流沙河

十年大乱，蜗缩故乡[redacted]，劳作[redacted]贫病。老家（在小巷内）垣墙垮塌，[redacted]居室[redacted]破损。所幸门前桑荫，屋后构丛[redacted]，时有鸟来。后有长辈[redacted]提醒说："门前不栽桑，屋后不栽构。你这里不吉祥[redacted]！"

门前桑树为什么不吉祥，多年之后，我才明白。原来死了人办丧事的丧[redacted]字，三千年前在甲骨文[redacted]是用桑字作声符的。甲骨文丧[redacted]从四口就是噩，桑声。看画的那株树就是桑。四口的噩就是死了人全家哭。到了金文，桑根变成亡字，而树身和四口稍为简化，传承下来。

丧的繁体　篆文　金文　甲骨文

桑在这里仍然作了声符。从甲骨文到金文上千年，桑一直同四口组成丧字，总难免沾濡着死亡气息，所以晋代干宝《搜神记》说："桑，丧也。"何况远古还有传说，说是一张马皮卷走一个美女，挂上[redacted]桑枝死了变蚕，吐丝织茧。虽则贡献人群，衣之裳之，毕竟事涉死亡，[redacted]伤哉悲哉。到了篆文，桑才不再作丧字的声符，算是结束同居关系。篆文丧[redacted]重新造出，由哭亡二字组成。哭是犬哭，借指人哭。旧时[redacted]犬用大棒击头部，犬畏死亡，号[redacted]哭惊心，故造哭字如此。甲骨文和金文的丧字已被遗忘，但是门前栽桑不吉祥的观念却在国人脑海沉积[redacted]下来，

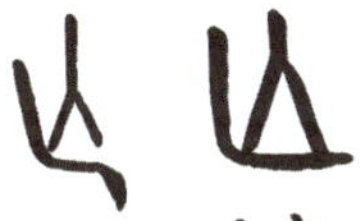

亡的篆文　金文

穀

不时浮上心头，使人惶惑。

《新华字典》构榖二字均收，而作为树名皆用构。构树，落叶乔木，花淡绿色，果实红色。树皮纤维造构皮纸。树名在推行简化字以前，皆用榖。此字笔划嫌烦，人多用构（繁[redacted]作構）代之。代理久了，榖就生疏，人多不识，误认成稻穀的穀（简[redacted]作谷）。榖穀二字，稍为大意，便会误认为同一字。武大郎矮小丑陋，街坊诨呼“三寸丁穀树皮”。《水浒传》与《金瓶梅》皆作此六字。吾蜀唱词《武松杀嫂》有“丁穀树皮三寸长”句。全都错了。究其实应该是“三寸丁”状其矮小，丁即钉，“榖树皮”状其[redacted]面皮如榖树身[redacted]上全是[redacted]疤痕。旧时佛像要粘贴金箔，须用榖树浆，所以树身砍满伤疤。先是错把树名的[redacted]榖[redacted]认成稻穀[redacted]的穀[redacted]，[redacted]后又错把丁榖连缀起来当作树名，[redacted]后又再简化穀字作[redacted]谷字，遂错上加错而不可解矣。

构树的构的本字 两个篆文

穀榖

请比较二字之差别

榖穀二字，前者从木，后者从禾，相[redacted]异在此。除相异的木与禾外，剩下的部分是声符。二字虽然有相同的声符，但是读音仍有小异：榖音gòu[redacted]与构同，穀音gǔ与谷同。与榖穀二字声符相同者，尚有轂、彀、縠、觳、㝅、彀[redacted]（简[redacted]作壳）。彀简作构，总觉欠妥。[redacted]构的繁体早就有了，其字作構。现在又来个彀，也要充当构的繁体。一身而二任焉，这构字也太辛苦了。说说構吧。

繁体構字最早没有木旁，只有右旁，[redacted]象屋構形。屋構即屋[redacted]顶的[redacted]構架。構架上钉椽条，椽条上布盖瓦，屋顶就完工了。设想从[redacted]空中俯瞰，構架之形正与篆文構的右旁相像[redacted]。構造，结構，構成，诸词由此[redacted]生成。構架[redacted]两排互相交合成棚，孳[redacted]出交媾一义。我付钱，你供货，互相交易，又孳出[redacted]購买一义。購的简体作购。

構 

构的繁体　篆文

漆树的漆[redacted]最早没有[redacted]水旁。请看篆文，如果去掉水旁，右旁[redacted]剩一木，木左右各三点是漆汁，[redacted]正象割树取汁之形。是漆树漆汁熬[redacted]后[redacted]变黑[redacted]，用于漆房屋，漆兵器，漆木器。[redacted]美观[redacted]防蛀，[redacted]不怕日晒雨淋。古[redacted]无化学漆，皆用树脂漆[redacted]土漆，所以漆在古代需求孔亟。战国时[redacted]庄周做[redacted]宋国漆园小吏，相当于国营漆树林场[redacted]管理员。

漆的篆文

我曾与漆匠们共事十年。他们不说把家具漆一遍，而说“烧”一遍。多年后才悟到字作髹xiū，音讹成烧。

049·从根部到枝端

流沙河

中国作家协会四川分会

树根，古人分为两类。横向广延的一类，叫曼根。纵向深入的一类，叫直根。直根曰柢。根和柢都是形声字。根字艮声。艮gěn字从目从匕。匕是古人进餐用的饭匙，曲柄尖瓢，似今调羹。目光似瓢尖之刺人，可知艮就是用眼睛恨人。艮是根的纯声符，不参与意义。柢字氐声。氐[redacted]dǐ字先看最老的甲骨文，人提重物，象意，就是今之提字。提重物，臂下垂，位置矮，所以氐加人旁就是低字。底字又[redacted]由低来。直根居树之底，所以氐也参与柢的字[redacted]义。古书[redacted]常见以氐作柢[redacted]，木旁省了。甲骨文氐与氏字不相干，到金文和篆文就写错了。隶变后错成氏字加一点，人遂误以为氐由氏变来，从而妄加说解，以讹传讹。

篆文根　篆文柢

氐的篆文　金文　甲骨文

树根又叫柄。柄也是形声字。丙字象鱼尾形。鱼数量以尾计，如三条鱼称三尾鱼，雅言也。蜀人称三根鱼，俗言也。将鱼直立，尾就是鱼的根。根即本。本字下部一横，指示本的位置，那就是根。本[redacted]柄古音同，义类似。[redacted]一为树之根，一为鱼之"根"；或一为树之"尾"，一为鱼之尾。先民形象思维，瓢柄剑柄皆可视之为尾巴呢。请看本字古文，形近甲骨文柄。所不同者，本的三个三角形象根尖[redacted]往深处钻下去，而非尾巴。

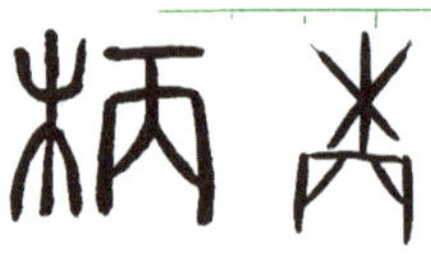

柄的篆文　甲骨文

本的古文

25×20=500　Ch001 219 86 3　第 一 页

大树被伐，树桩留下，生机[redacted]未尽[redacted]。不久，残树桩上又长出枝条来，名曰蘖。蘖[redacted]字从木薛声。蘖生现象引起古人联想，比拟于人。于是国亡君死留下来的叫“孤臣孽子”。孽字是从蘖字受启发而创造出来的。树有馀[redacted]蘖，人也有馀孽嘛。馀孽由于大势已去，被主流视为恶，乃有罪孽一词生焉。馀孽只一小撮，本不足畏。但又怕它传染扩散，后果堪虞，好比酿春醪的酒曲，虽仅一丸，也能变米为酒。酒曲又叫蘖，乃从孽字来。树桩死后何尝想[redacted]得到，它能惹[redacted]出这么多事情来。

蘖的繁体　篆文

标，繁体作標，从木票声。旧时木屋失火，燃烧的碎片满天飞，俗呼火鸦，此即票也。篆文票字从火从兴（繁体作興）[redacted]。興是扬起，扣合着“满天飞”的意思。篆文隶变[redacted]，错成上西下示，遂不可解。標字专指[redacted]树颠，也就是最高枝的尖[redacted]端。这是標之初义，早已退隐，不为人知。尖端[redacted]锐角形，所以叫標枪[redacted]，又叫梭標。治標治本之说由此生焉。植株从根部到枝端完整无缺，方得谓之標本。標杆、標准、標识、路標、商標、投標，曼衍或将无穷。

标的繁体　篆文

树颠又曰杪miǎo。树杪位置最高，又尖小，人在树下看不清楚。难怪瞎一目谓之眇，看不清楚嘛。[redacted]前途[redacted]看不清楚，以渺茫形容之，也就好理解了。芒是麦芒，也是又尖又小。標[redacted]杪二字[redacted]联缀起来，biǎomiǎo，不就是叠韵联绵词缥缈吗？“山在虚无缥缈间”见白居易《长恨歌》。缥缈义同渺茫，词源于高树的標和杪。

先民求生匪易，不但吃树上的嫩芽，也吃树葉[redacted]。繁体的这个葉[redacted]在甲骨文只是[redacted]木上三片葉子[redacted]。金文[redacted]三片葉子[redacted]错成三个十字。古体因此写成木上一个世字。古人以三十年为一世。那时人多早殇，平均享年三十。古体枼字后加草头成繁体葉，从草从木世声，这样也还说得过去。原本象形，后变形声，趋势如此。

叶的繁体　古体　篆文　金文　甲骨文

甲骨文采

甲骨文采（繁体作採），原先还以为是摘果，今日宜以捋葉视之[redacted]。葉简作叶，象枝叶形，也讲得通。

古体枼被借作牒的初文，义为薄木片而音dié。古代文书和证件都写在薄木片上。间谍（称谍）要窃取的正[redacted]是文件薄木片嘛。其实薄木片正因为像树葉[redacted]而称为牒。蝶之叠合双翅好比叠葉[redacted]，故名。

050·树上多热闹

流沙河

楚人说的芙蓉指荷花，绝非蜀人说的芙蓉。后蜀主孟昶城上植芙蓉，成都遂名蓉城。芙蓉秋季满树开花。花朵大，所以叫芙蓉。蓉乃花的别称。我看蓉和荣（繁体作榮）本一字。这个繁体榮字笔划错得离谱。幸有金文存在，帮助我们纠正错误。金文两个[redacted]花团，篆文错[redacted]成二火[redacted]。双枝交叉，文错[redacted]作冖盖[redacted]。前人错了。害得后人瞎说一阵。荣的本义是花，荣华、繁荣、荣誉、光荣皆引申义，殆无疑义。

荣的繁体　篆文　金文

繁花密聚成团，状若妇乳，曰朵。繁体作朶，上面是乃。乃字象妇乳形。蜀人妇乳叫奶奶nāinai而祖母叫奶奶nǎinái，决不混淆。《说文解字》不认为乃是[redacted]象形，说[redacted]篆文乃画曲线[redacted]三倒拐是表现[redacted]“曳词之难”。何谓“曳词”？就是说话拖长语调来个“然而”[redacted]转弯。立论[redacted]转弯要转得很自然，确实也“难”。照许慎的意思，三倒拐的乃字用曲线表现话语转弯之难。窃恐[redacted]此说绝出[redacted]臆度，因为一条曲线三倒拐可以有多种解释。先民习惯形象思维，造字者[redacted]显然是画的妇乳（[redacted]篆文乃字顺时针自转90°便能看个明白）。用妇乳喻花团，造此朵字，绝妙。不过，在古籍中，乃字确实被借作语词[redacted]转弯之用，而造字之本义遂被忘却。

朵的繁体　篆文

乃的篆文　金文　甲骨文

树上的热闹，除了花，还有果。果字上面非田，象果之形。金文果内非米，表示内容丰富罢了。甲骨文果头上[redacted]有辫，暗示果种能够抽芽，具[redacted]蕃殖力。同时也便于与甲骨文

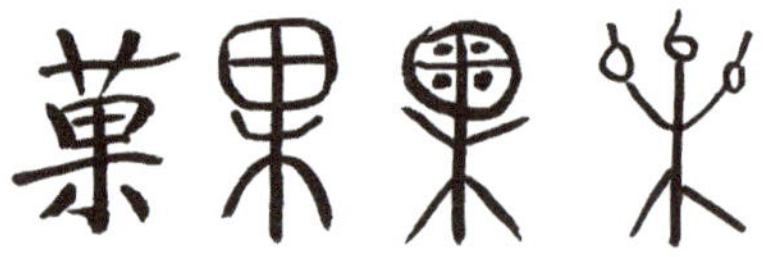

果的繁体　篆文　金文　甲骨文

叶（葉）互相区别开来。树木开花结果，所以事情结局也叫结果。又孳生出果然、果断、效果、因果诸词。诸词流行后，又给果字加草头作菓，以示区分。繁体菓废除，我赞成。果形近圆，所以[redacted]腹饱凸胀谓之果腹，正如食物[redacted]合口鼓起腮帮谓之朵颐。成都有餐厅名朵颐，取自《易经》。

花果之外，又有鸟[redacted]集，更热闹了。观此集字写法，世界各族人士都[redacted]懂，虽然语言文字互[redacted]不相同。隹zhuī就字形而言，为短尾鸟类。三隹即群鸟。甲骨文集以一隹代群鸟。集合、集会、集中、集体诸词源自鸟类。鸟以类集，所以文类合编成册叫文集，诗类合编成册叫诗集。又，群鸟聚集，种类往往[redacted]繁多，所以集[redacted]的概念用于衣着便造出雜（简[redacted]作杂）。雜字左上是衣，左下木与右隹组合成集，可知从衣[redacted]从集，义为[redacted]集[redacted]诸色之[redacted]花衣。雜志、雜粮、雜种、雜文诸词生焉。简作杂字，字从九木，义为杂树，亦通。

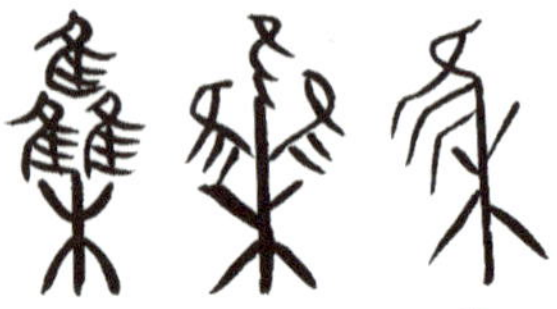

集的篆文　金文　甲骨文

杂的繁体　篆文

树上还有鸟巢。巢字象形，三雏鸟在巢中望母归。若不从象形说，巢字就说不通。木上明明是个甾字，音zāi，古义是陶缶，今义是有机化合物的一类，哪有什么雏巢之象。随着文明臻进，文字越造越多，象形之法有时而穷，巢字是其一例。

巢的篆文　金文　甲骨文

设想退回到古代去，树上群鸟争鸣，喧闹烦人，那个字怎样造？画三隹张大嘴，那笔划该多繁？放心，仓颉夫子不笨，那个字很好造。他省掉隹，一只鸟也不画，只画三口挂在树上，[redacted]喧闹之意便完满而[redacted]幽默[redacted]显示出来。这就是今日的噪字。我们比仓颉笨，三口嫌少[redacted]再加一口。树上三口不是象形，而是象意。

金文噪

枭（xiāo）[redacted]夜鸣，闻者[redacted]惧，误以[redacted]为恶鸟。其实枭[redacted]捕鼠，[redacted]益鸟也[redacted]。古俗以[redacted]夏至日捕枭砸死，悬首[redacted]树梢。人犯死罪[redacted]，斩[redacted]头示众，谓之枭首。《说文解字》说枭食母不孝，被人砸死悬首[redacted]，所以篆文鸟头挂在木上。看篆文却是头、颈、胸、翅皆完整[redacted]，仅鸟[redacted]脚不见了。就字形论，木上一鸟，绝非悬首[redacted]，亦非倒悬鸟[redacted]尸。鸟[redacted]脚不见，造字者是在暗示此鸟[redacted]息栖在树洞中。本来很有趣味的一[redacted]个枭字，给迂夫子拿去宣传主义。又不注重观察鸟类生存方式，妄说一通。

枭的繁体　篆文

051·木之器用

流沙河

狩猎必定早于农耕，可知枪比犁老。原始猎人砍来一段硬木树枝，扒皮，磨尖，火烤表层，使之碳化，便是一枝[redacted]枪了。枪的繁体作槍，从木倉声。木槍用于刺戳，狩猎和作战都要用。有用于投射者，是为标槍。金属制成的火药槍问世后，木旁改作金旁，字乃作鎗。今则不论槍和鎗，都简作枪了。繁体槍以倉为纯声符。倉字下面的正方形象粮倉形，上部[redacted]是食之省。试将篆文倉与篆文食作比较，便知食字省去匕，并延长其上左垂直线，就成倉字上部。倉储粮食，所以字从食省。

枪的繁体　篆文

篆文倉　篆文食

耒lěi是犁之前身。犁由犁辕、犁铧、犁柄三部件组装成。牛在前[redacted]拉犁，人在后[redacted]握柄，这叫牛耕。耒则极其原始，[redacted]无辕无铧，仅有一段弯曲的硬木棍，前端磨尖，斜插入土，后端作柄，双手握紧，撬起土块。许慎以"手耕曲木"释之，简洁准确。耒的篆文[redacted]上部[redacted]不是丰收的丰[redacted]，切莫混同。此字音gài，字可作解[redacted]。鄙人推测，此字古音jù，是锯的象形字。原始人的骨制片锯长[redacted]不及尺，左右两排锯齿[redacted]。此字象正骨锯[redacted]形[redacted]。至今以锯锯木曰解[redacted]而音读gài，就是此字。用耒耕田[redacted]也[redacted]可以说是在解地，故耒[redacted]从木又从此字。后来铸造青铜铧尖，套

耒的篆文

在耒的前端，合称耒耜sì。耜即铧尖。

柶是古代的礼器，为木瓢儿。上古用膳，从饭碗内取食入口，不用筷子，而用小木瓢儿。这种小木瓢儿[redacted]名[redacted]匕。《诗经·小雅·大东》上的"有捄棘匕"就是曲柄枣木瓢儿，亦属柶类。柶是形声字。

柶的篆文

梳亦木制，故字[redacted]从木。梳头[redacted]发，使之顺，所以梳字[redacted]从川。川皆顺流，川有顺义。

梳的篆文

杼是织布用的梭子。杼字从木从予。予[redacted]是什么？看篆文才明白是一只尾巴上拖纬线的梭子，象形。织妇[redacted]投梭，左右来去反复不停。旁观[redacted]凝视，目眩生幻，所以篆文予倒过来就成了篆文幻。

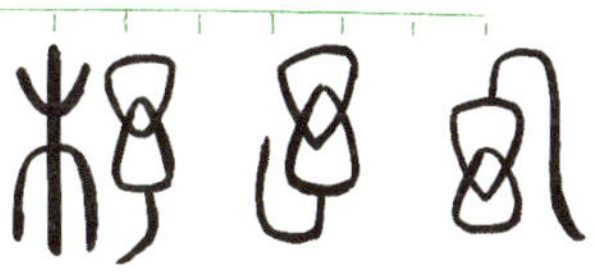

杼的篆文　篆文予　篆文幻

极是屋梁最高的那一根[redacted]。瓦盖平房，坐大厅中，仰面可见。屋上横梁有好几根，最高也最粗[redacted]且最中间[redacted]那一根才名极，或称栋。极字繁体作極，从木亟声。因为極在最高处，所以帝王即位谓之登極。俗作登基，误。房屋基脚在最低处，登上去做啥呀？

极的繁体　篆文

棺是[redacted]殡葬遗[redacted]体用的木制容器，古称凶器。棺字从木官声。

棺的篆文

官[redacted]者馆也，人所居也。所以人死了，旧时叫"捐馆"。捐弃生居之屋馆，[redacted]卧入死葬之[redacted]木[redacted]馆——也就是棺了。或[redacted]谓官[redacted]乃官吏，怎会是馆。须知官字上面[redacted]是屋字，下面是堆字。屋内人多，分类[redacted]而聚，各自成堆，[redacted]此亦办公[redacted]之馆[redacted]。所谓官吏，本[redacted]指馆中之吏而已。

栅的篆文　甲骨文

栅，《说文解字》以"编竖木"释之。竖立木桩[redacted]排，横编成栏，谓之栅栏。甲骨文栅三木一横，最为明白。篆文栅字从木册声，和甲骨文断绝关系。册[redacted]象简册之形。竹简长尺，写成书册，以二绳横编之。甲骨文册正是[redacted]简册，非[redacted]"编竖木"之栅栏也。

甲骨文册

木制刑[redacted]具有杻chǒu，指械也；有桎zhì，脚镣也；有梏gù，手铐也。杻字从木[redacted]丑声。篆文丑象手指戴械[redacted]形。丑[redacted]加木旁便是指械。指械演变成装饰品，便是[redacted]戒指。金戒指俗呼作金镏子，字应作金杻指。杻[redacted]在这里音niǔ。桎字从木至声。桎之为言止也，脚镣使人[redacted]难行而止步也。梏字从木告声。《易经》有云"僮牛之告"，说[redacted]是牛者撞人，主人便在[redacted]双角之上横[redacted]戴三尺木杠，就[redacted]可以无虞了。解《易经》者不知僮即[redacted]撞字，[redacted]误以牛犊说之。给人[redacted]腕[redacted]戴木梏，相似于给牛角戴木杠，所以造字如此。梏[redacted]音变作铐，不从木从金，谓以金属[redacted]造。

篆文丑

052·小草一二三四株

流沙河

草木的草，两千年前，其字本来作艸。此字[redacted]才是艸木的艸。那时候的草字是[redacted]今天的皂字，乃[redacted]指青枫树上结的橡子。试将皂字尾巴拉直，就与早字很相像了，正象橡子在枝之形。后来草字用来代替艸字，橡子之义遂隐。经[redacted]历两千年[redacted]之久，这，我们也[redacted]习惯了。现今艸被视[redacted]为草的古写，常亮相于书法作品之中。古老的甲骨文欠规范，一株小草是草，两株也是，四株也是。奇怪的是三株[redacted]小草却非草字，而是卉字，出现于篆文里。卉huì者汇也，各种不同草类汇聚起来之总名也。今称花卉，百花百草都包括在内了。

草的古写　篆文　三个甲骨文都是草

卉的篆文

四株小草也是草字，有甲骨文作[redacted]证[redacted]。请看甲骨文的蒿萑芀萌四字，便可明白。这四个字在甲骨文都是四株小草，后来才打对折简化的。也有不打对折，四株小草保存到今天的，例如莫字。此字篆文和甲骨文，日在四株小草之中[redacted]亦即日落草间，快要莫了。莫字下部原非大字，而是[redacted]两株小草。后来又在下面加个日字，成暮。夕阳落地，茂草连天，这个莫字富有诗意，造

蒿　萑　芀　萌

莫的篆文　甲骨文

得真好。又例如葬字和莽字，在篆文里也是四株小草放在四隅，保存至今。葬字是草间一死，莽字是草间一犬，隶变之后，下部两株小草都变形而认不出了。草间一死，所谓藁葬，草席裹埋。注意篆文死下多出一横，或许是葬坑下垫一块木板吧。草间一犬，非家狗也，乃野狗也。吾蜀[redacted]狗有名莽子者，谓其勇猛也。《诗经·召南·野有死麕》男女幽会，男解女悦，女警告“无使尨也吠”。尨máng就是可怕的莽子狗，尨莽音义皆同。到了《说文解字》，许慎不再认为四株小草也是草字，让其音máng，[redacted]领[redacted]“从草”义[redacted]文说它是莽[redacted]的声符。奈何后人不买[redacted]账，拒用他的新发明，仍以莽字用于草莽一词。

葬　莽

回头说一株小草也是草字，也有[redacted]具证。请看[redacted]篆文[redacted]和甲骨文的每字，便可明白。每，上面一株小草，下面母声，义为草[redacted]很茂盛，是形容词。《诗经》的“周原每每”也形容禾稼[redacted]茂盛。每[redacted]茂音[redacted]近[redacted]义[redacted]同。物茂则数量多，所以次数多了也用每每形容[redacted]，如牌战每每输也就是多次输。甲骨文下面不是母而是女，当然不能再以母声解之[redacted]。所以有说者谓上面非草而是头发，本指女子发盛。此说也有道理。

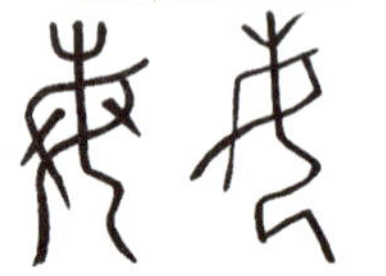

每的篆文　甲骨文

与每形义相近，而很难解说清楚的，有个毒字。毒字甲骨文里尚未出[redacted]现，且说其篆文吧。毒这个字，前人异说纷纭，兹不复述。窃以为此字上面既可识为生字，又可识为丰字。篆文生，上草下土，表示草从土中生出[redacted]。篆文丰，整体象草丰盛之形。《诗经·郑风·丰》："子之丰兮，俟我乎巷兮。"[redacted]丰，[redacted]今谓[redacted]丰满，[redacted]此以草之丰盛比喻女子体态[redacted]胖美。然而这些都与毒字无关。《说文解字》认定此字与生与丰有关，[redacted]亦即与草有关，所以解为"害人之草，往往（旺旺）而生，毐声"。毒毐ài声相距甚远，恐不能作毒字的声符。何况毋毌并非一字，哪能混同。毒字当另求解。前面提到，每字或[redacted]象女子发盛之形，给我启示。我看毒字[redacted]象女子当妈后，不但肤革充盈，而且毛发更盛之形。毋头上顶着的不是一株小草，而是头发。头发又厚又密，所以横插二簪。《说文解字》[redacted]以厚[redacted]释毒，这却不错。不过非草厚也，乃发厚也。凡物厚则甚，甚则猛。古人说"毒药苦口利于病"，谓猛药也。太猛也要死人，就叫中毒。传说神农尝百草，一日而遇七十毒。毒草一词出此。但毒字本训厚，所以《易经》说"圣人毒天下"，谓厚待天下百姓也。

篆文毒

篆文生

篆文丰

053·各种蔬菜取名

流沙河

中国作家协会四川分会

篆文菜

初无园蔬，只有野菜，要人到野外去采回来。采回来的品种甚多，故总名采，加草头成[redacted]菜。可能最早多采摘嫩树芽，例如椿芽、榆芽、柳芽、槐芽，所以采字爪在木上。当然也采草本植物，所以名菜。[redacted]

篆文蒋　蔣 繁体蒋

茭蒲嫩茎，可作菜蔬[redacted]。蒋是古名，今呼茭白。蒋茭双声对转。繁体作蔣，从草将声。将字左旁爿（床）是[redacted]声符，右旁寸即右手，正端着一块肉，似在上菜[redacted]。

篆文芋

西蜀岷山出产大芋，雅称蹲鸱，其大可知。原始人挖[redacted]出大芋来，惊喜叫一声吁（哟），所以名芋。芋母周围附生芋儿，若奶孩然，所以又叫芋艿。乃的古文象妇乳形。

篆文薇

伯夷叔齐兄弟俩义不食周粟，作《采薇歌》[redacted]而饿死。薇，一种蔓生野菜，茎叶似小豆而更加微小，故名。古称山菜，后[redacted]呼野豌豆，蜀人叫[redacted]巢菜。今人[redacted]不识，误为花类，拿来命名女儿。

篆文蕺

[redacted]此字或作草头下面一租，又[redacted]或[redacted]一组[redacted]，准确应作草头下面一戢。今名鱼腥草，陕西人叫蕺子，川人叫蕺儿根[redacted]。蕺儿根似白茅根而戢聚[redacted]丛生，故名。《诗经·周颂·[redacted]时迈》有“载戢干戈”句，毛传以[redacted]聚释戢，乃知野菜取名亦讲章法。

薑 篆文姜　薑 繁体姜

姜本姓氏，[redacted]拉来做薑的简体。薑字从草疆省声。疆字右旁二田三一，正象疆域画界之意。干薑入药，似有振作精神之[redacted]效。古人认[redacted]为薑能强身，[redacted]薑者强也，故名。

蒜 篆文蒜

张骞通西域，带回大蒜来。[redacted]此前中国只有小蒜[redacted]。小蒜茎秆古人截[redacted]作[redacted]码筹，随身携带，用于计[redacted]数。蒜字草头下面正[redacted]象[redacted]蒜秆[redacted]纵横[redacted]摆布之形，并非[redacted]三示[redacted]。用蒜秆来计数，谓之计算。

韭 篆文韭　韮 繁体韭

韭字象韭菜在地面上生长之形。一横为地面。[redacted]繁体加草头，画蛇添脚了。韭[redacted]菜一栽之后，可以久久剪收，属多年生草本，[redacted]故名。古人以葱蒜韭薤为荤菜，有忌。

尗 金文菽　尗 篆文菽　豆 篆文豆

菽字从草叔声，古音dòu 而今音shū。豆科植物的豆字，古代本来[redacted]作菽字，并不作豆字。古代[redacted]豆指一种高足食器。豆字象形，请[redacted]由上[redacted]看到下，为盖，为容[redacted]器，为器[redacted]足，为[redacted]座。后来豆字[redacted]借去顶替幂[redacted]菽器[redacted]字，原有高足食器一义遂隐。幸好菽字[redacted]金文象形，上为萌芽，中一横为地面，下为根与根瘤。若无[redacted]金文图像作[redacted]证[redacted]，谁会相信菽字才是豆科植物的真代表，而豆字竟然是冒名顶替者呢。

蓼(liǎo)生水边，草本，茎高，[redacted]花白色或浅红色。蓼字草头下面是纯声符[redacted]。这个声符既可读胶音，也可读醪音，暗示“叫闹”。蓼在古代用作[redacted]辛菜。其茎叶有辣味，怕辣的人吃了又叫又闹，故名。辣椒传[redacted]入中国[redacted]后，取代蓼草的地位，唯诗人吟“红蓼花开水国秋”。椒在古代专指花椒。麻得人叫，故谓之椒。

荷分两类：花荷花好，藕荷藕好。篆文从水，表[redacted]水生也。隶变[redacted]作藕，谓藕窜行泥中，如耦耕也。耦本二人耕地，一在前拉耒，一在后扶耒。耒是犁的[redacted]雏型。藕还有另一解：藕之为言沤也，谓沤在水中也。

笔划繁，挺吓人。其实是萝卜二字的篆文和古写罢了。萝卜繁体蘿蔔二字写音而已，不必拆开来一字一字地解释。先民种萝卜[redacted]时，绝想不到此菜笔划繁难如此。他们只知发音luóbo，味道适[redacted]口，可生吃，可烹煮，可菹可醃，真嘉蔬也。后来文人要把它写上书，循音找字，就[redacted]成篆文。隶变后又有了古写。循音找字，各找不同，乃有[redacted]繁体蘿蔔二字出现，已与古写大不相同[redacted]。简体萝卜又一折腾，天啊。

054·荼菸蔗蓝麻

流沙河

一种遍生全国各地的野菜名荼tú。准确命名，应叫苦荼。《诗经·邶风·谷风》："谁谓荼苦，其甘如荠。"所指即此苦荼。又名苦荬或苦苣，俗称苦菜。苦荼为一年生草本，高30—100厘米，田野、路旁、农舍附近常见。茎秆直立，中空而脆，折断冒出白浆。开黄花如野菊，花谢结实。到了汉代，长江流域茗饮成风。茗味因为清苦，也被混叫作荼。苦菜与茗，一为草本，一为木本，形态大异，不该混用一名。混用[redacted]之后，害得后人聚讼至今。南北朝时，陶弘景就认为古书上说的荼[redacted]皆指[redacted]南人饮用的茗。[redacted]南人饮用的茗传播国外，英语叫tea，就是荼的译音。长沙出产佳茗，当[redacted]地土语叫chá，楚人就把荼字念[redacted]作chá音。后来觉得不妥，乃[redacted]减荼字[redacted]一笔成茶。长沙茗茶广销各地，[redacted]跟着叫茶[redacted]。茶字晚出，所以古代篆文没有茶字，只有[redacted]荼字。既然若用篆文给茶馆写招牌，只能写成"荼馆"。[redacted]茗者何？萌也，茶之嫩叶即我蜀人说的芽茶也。芽者何？树芽初萌，似婴孩之乳[redacted]牙也。

篆文荼

[redacted]《说文解字》有蔫字和菸字，互相比邻，[redacted]音同义近。植物[redacted]缺[redacted]水[redacted]干[redacted]枯[redacted]曰蔫。蔫是形声字，焉乃纯声符。[redacted]不管焉为何物，都不影响蔫字[redacted]本义。人劳倦，乏精神，说是蔫嗒嗒的。这就是以植株喻人

於的篆文 金文

体。字亦[redacted]作恹。不同者蔫常用于草木，而恹用于人[redacted]罢了。菸则特[redacted]指植物叶子干枯[redacted]。菸也是形声字。草头下面的於也是纯声符。於古音wū，是乌字的另一种写法。请看於字的篆文和金文，就是乌的象形，有头有身有翼有足[redacted]。乌鸦种类繁多。[redacted]有一支体型最小[redacted]，颈毛白色，相传能反哺其衰母，名慈鸦又名[redacted]孝乌者，单称为乌，也就是於wū。[redacted]音转为[redacted]yān，作菸字的纯声符用。烟草明代传入中国，因其大叶[redacted]采摘下来必须晒菸，所以叫作菸叶。菸叶裹成指粗棍状，[redacted]俗呼叶[redacted]菸。[redacted]其字今作叶烟，而菸[redacted]被视为繁体了。

甘蔗初名竿蔗，以[redacted]其形状似竹竿也。传入中国[redacted]已[redacted]在汉代以后，所以篆文无蔗字。蔗从庶，庶亦声。庶就是后来的煮字。甲骨文最明白，棚[redacted]下左火右石。先民无锅[redacted]，石头烧红投水[redacted]使沸[redacted]，煮肉煮菜。后来文明日臻，反映在金文[redacted]里已是鼎锅横杠，下面烧火。[redacted]等级观念[redacted]成型之后，司煮的厨[redacted]役们[redacted]被视为非主家的旁支。于是出现庶民一词，指普通老百姓。宗法制度实行一夫多妻，正妻所产谓之嫡出，侧室所产谓之庶出。甘蔗横埋土中，每节萌芽，出土成茎，亦旁支庶出也，所以蔗字从庶。

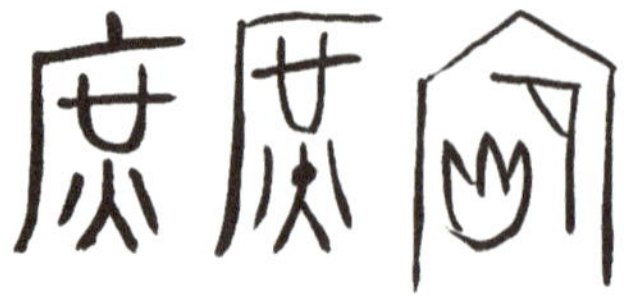

庶的篆文 金文 甲骨文

茶叶，菸草，甘蔗，皆属所谓经济作物。[redacted]蓝（简体作[redacted]蓝），其字从草監声，亦曾属于经济作物。監声[redacted]有二複辅音lan，可作藍字[redacted]声符[redacted]。監字拆开，是人睁大眼[redacted]（臣）以碗（皿）水为镜子，照其面容。此事当然[redacted]不关藍义，从監仅表读音而已。藍本植物，春末育秧，盛夏拔栽，初秋刈割，浸沤水中，[redacted]滤取藍[redacted]淀，作染料用。百年前[redacted]舶来的化学染料[redacted]逐渐取代藍淀，藍乃式微，其义仅存于七色[redacted]中，少年[redacted]不知其为植物矣。

篆文藍

麻（繁体作蔴）亦经济作物。甲骨文有丝无麻，[redacted]或许是由于商代贵族衣丝[redacted]，百姓衣麻。麻字不是廊下一株，人多误书。金文和篆文麻是廊下剥麻皮。麻植在田，春种秋收。麻秆斫倒，运回[redacted]晾干，然后剥皮。皮浸沤后，加工成麻纤维，[redacted]纺成麻线，[redacted]织成麻布。造麻字者头脑灵活，不从植株形态而从剥皮[redacted]过程取象，不但利于认读，且[redacted]有“技术含量”留给后代。

麻的篆文　金文

055·药(藥)字的解释

流沙河
中国作家协会四川分会

大众文化流行，音乐一科走红。当今凡有声处，莫不奏器唱歌，乐之用大矣哉！闻人语云：“药的正体藥字，草头下面原是乐的繁体樂字，说明音樂能治心病，草藥能治身病。”这样解释[redacted]藥字，新奇可喜，似见古人以及前辈文字学[redacted]家之所未见，予甚佩服。

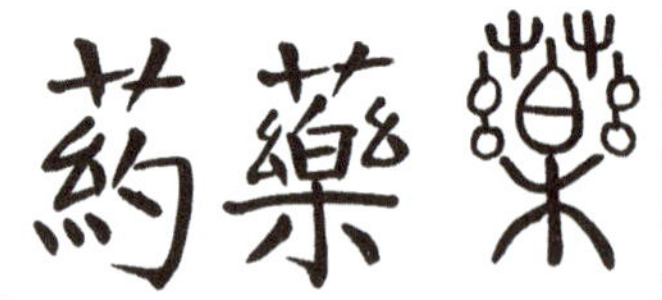

药的繁体　正体　篆文

思索多日，疑窦启焉。须知藥这个字最早出现在《诗经》里，其本义并不是草藥，更不是今之所谓藥物。许慎《说文解字》释藥为“治病草”已是东汉时的说法。《玉篇》释藥为“治疾病之草总名”时代就更晚了。吾人当求藥字本义，不当以今日之情形妄测古代之观念。详说如下。

若谓音樂治心，我无异议。《礼记·樂记》就是这样说的。其言曰：“先王之为樂也，以法制也。”又曰：“樂行而伦清，耳目聪明，气血和平。”又曰：“樂可以善民心。”又曰：“致樂以治心者也。”这是一部先秦儒家典籍，不免也有杞人忧天式的警告。如说“樂盈而不返则放”。又如指责地方音[redacted]樂“郑淫”“宋溺”“卫烦”“齐骄”，“此四者皆淫于色好，害于德”。还特别反对新音樂，指责“今夫新樂奸声以滥，溺而不止”。可知在古人观念里[redacted]不认为凡音樂都能[redacted]治心病，毕竟有异于今之[redacted]藥物也。

藥字最早[redacted]见于《诗经·郑风·溱洧》："维士与女，伊其相谑，赠之以勺藥。"是说暮春[redacted]郊游，男[redacted]献勺藥[redacted]给女，表达爱[redacted]情。勺藥在这里显然是花名，[redacted]绝非藥名。花朵光彩鲜艳，以连绵词灼爍形容之，见《古文苑·蔡邕〈弹碁赋〉之"荣华灼爍"，正如[redacted]珠有光泽，以连绵词玓瓅形容之，见《史记·司马相如传〈上林赋〉之"明月珠子，玓瓅江靡"。可知花名勺藥，美[redacted]同于灼爍和玓瓅，亦[redacted]连绵[redacted]形容词[redacted]。连绵词不可以拆开讲，须以音求其义。后人[redacted]勺上加草头[redacted]作芍藥，遂成植物名称，而人忘其初为形容词矣。在《诗经》[redacted]另一处还有"不可救藥"句，藥作动词[redacted]，[redacted]释为治疗，已[redacted]是衍义，非本义了。由于芍藥[redacted]块根具有治疗疾病功效，[redacted]藥才[redacted]动词化为治疗。要到战国时代成书的《周礼·天官·疾医》里出现草藥、木藥、虫藥、石藥、谷藥统称五藥的说法后，藥才取得藥物一义。芍藥之名在先，藥物之义在后，自不用说。

芍藥[redacted]为芍藥科多年生草本，初夏开花。花有红白紫三种色。产于中[redacted]国北方，远及西伯利亚。久经栽培，为著名观赏植物。估计早在史前为野生植物时，其块根已用于治疗疾病。赤芍性寒味苦，主治瘀血凝滞、经闭、胁痛、赤痢、痈肿、吐血等症，即取自野生芍藥的块根。另有白芍，性微寒，味苦酸，主治血虚腹痛、胁痛、痢疾、月经不调等症，即取自栽培芍藥的块根。芍藥花有复瓣者俗呼小牡丹，姿色特美。男献女示爱者应该是这种花。

牡丹亦在芍藥科内，但非草本，为小灌木。牡谓花大，丹谓花红。牡丹亦分黄红白紫等色，丹皮亦具治病功效。唐代以前尚无牡丹之名，统称芍藥。唐时名木芍藥曰牡丹，李白《清平调》所谓"名花"者即此。此花盛于洛阳，美称花王。

古之所谓芍藥（包括牡丹在内）由于具有治病功效，而又最[redacted]为常用，所以其他种种植物，凡具有治病功效者，亦同芍藥一起被叫作藥草。不但《周礼·天官·疾医》有"五藥"的说法，唐代颜师古注《汉书》也说："勺藥，藥草名。其根主和五脏，又辟毒气，故合于兰桂以助诸食，因呼五味之和为勺藥耳。"清代王念孙说，勺藥读若酌略，意即均调。其实这就是我们所说的"佐料"。

藥虽然取得了藥物一义，但[redacted]亦作芍藥的简称。南宋姜夔词《扬州慢》："念桥边红藥，年年知为谁生。"红藥显然不是今之红[redacted]汞，而指红芍藥花。冀北有[redacted]文友丛藥汀先生，估计亦取芍藥（芳草）为名。

056.猎获与稼获

流沙河

苗字不简单，别以为一看就懂。上面不是你熟悉的草，而是禾苗。禾在古代指小米之尚未抽穗者，今则泛指禾稼（包括稻麦等许多农作物）之幼苗。当然，从广义说，皆可归入草类。苗字下面亦非你熟悉的农田，而是猎田。到野外去打猎曰田猎，打猎的围场叫猎田。这个田里不出庄稼而出野兽。田这个字就是四面包围，纵横搜索。田就是摆开阵势。阵的繁体陣，陈的繁体陳，原本是一字，都从猎田的田字演变来。大片荒无人烟的灌木丛林，内有沼泽，禽兽蕃息其间，古谓之薮sǒu。古代中国九州有九大薮，各有名称。在中原豫州（今河南省）的名叫甫田，正是猎田。

篆文苗

时代从狩猎过渡到农耕后，猎田被开垦为农田，田字取得新[redacted]义[redacted]，[redacted]字形亦可[redacted]用田径的包围和纵横说之了。田既是农田了，田间的草也就可以[redacted]视之为[redacted]苗了。

艺字古义既非文艺，亦非工艺，只[redacted]是农艺。看篆文，左旁是陸（陆）之省，右旁是手持苗。[redacted]陆是土地，苗将栽入。隶变后加草头是古写，此为农艺的艺。繁体下面加云，乃孔子传授六艺的艺。更早的金文和甲骨文简直是看图识字，农夫蹲着，手持苗，正在栽。

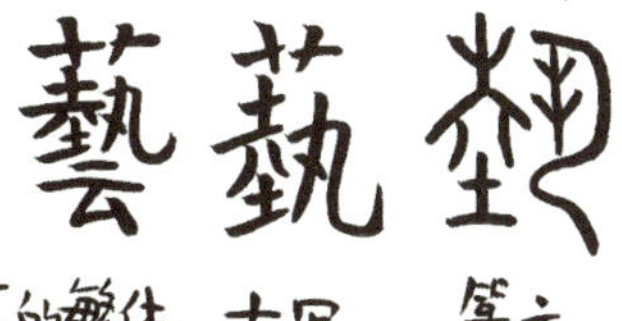

艺的繁体　古写　篆文

艺的金文　甲骨文

中国作家协会四川分会

种庄稼不分南方北方，夏季都有中耕除草这一道工序。田间杂草春耕已除[redacted]，夏日复生。若不及时诛除[redacted]，禾稼很难[redacted]茂盛。中耕除草，或用锄或用耙，古谓之蓐NOU。字今作耨，耒旁代表农具，[redacted]辱则是手持辰。辰即蜃shèn，海中大蛤有名车螯和车渠者，长二三尺，宽一尺左右，厚二三寸。蜃壳被先民磨制成锄片，附以木柄，用来[redacted]除草。甲骨文蓐由下而上，正是[redacted]手持蜃锄除草。甲骨文辰[redacted]象蜃[redacted]足[redacted]出壳[redacted]形。农繁体農，字从辰者，以蜃锄代表农具也。

蓐的篆文　甲骨文

夏季除草，齐鲁[redacted]叫蓐NOU，有《孟子》[redacted]的"深耕易蓐"为证。关[redacted]中[redacted]叫薅hāo，有[redacted]《诗经·周颂·良耜》的"既薅荼蓼"为证。薅蓐义同音异，[redacted]怪哉。说穿了就不怪。同是一个[redacted]意思，[redacted]读音[redacted]演变，形成两字。薅缓读成hāoNāo二音，Nāo又独立[redacted]变成NOU，写出来就是蓐[redacted]。薅字女旁原来是好之省，放在蓐旁做声符的，用来提醒读者这个蓐字[redacted]读hāo（好）[redacted]。同一意思写成两字，是为方言。吾蜀受周秦文化影响，夏季[redacted]稻田用耙除草[redacted]叫薅[redacted]，不叫蓐。

薅的篆文

我们已经习惯获字从草，其繁体獲与穫同样习惯[redacted]从草，因为从草在这里讲得通。[redacted]殊不知在古代獲与穫上面根本没有草头。请看篆文[redacted]，隹zhuī的头上是毛角。隹是短尾之鸟，头戴毛角，此鸟名huò，就是角鸱。获的篆文有二：

获的繁体　篆文　获的又一繁体　又一篆文

左旁从犬者为打猎的收获，[redacted]左旁从禾者为农稼的收获。两个篆文获各有其用途，不允许混用。原来此二字右旁的又字表示动手，动手必然有所收获，其上[redacted]头戴毛角的短尾鸟放在那里作声符用，表示此二字都读huò。隶变后毛角错成草头了，使我们误认为获字从草。老实说，获这个简体字左右两旁皆犬，就像二狗比美似的，根本不通。

更早些，获的金文和甲骨文没有[redacted]声符，而是动[redacted]手捉鸟，以象猎获[redacted]。[redacted]初造[redacted]获字如此简单明白，为啥后来放弃了，另造篆文形声字？后[redacted]来造字日多，你在那里造，我在这里造，各人造各人的。有人造篆文又持一隹，[redacted]就是手中一鸟，繁体作隻，今简作只，一只鸟两只鸟的只。这就与先前的金文和甲骨文获雷同了。不得[redacted]已，只好隹上添戴毛角，[redacted]使之变作声[redacted]符[redacted]。又嫌意思含混，乃分别加犬旁与禾旁，一个字变成两个字，各有用途。

获的金文　甲骨文

只的繁体　篆文

057·草之为用大矣

流沙河

中国作家协会四川分会

予曾饲猪满圈，终日忙碌。青饲料或用红薯藤或用胡豆苗，随季节而[redacted]轮换。无论用藤用苗，皆须[redacted]铡刀铡[redacted]碎，大锅煮熟，猪才肯吃。铡藤苗时想起偷读《说文解字》，记得许慎解释[redacted]莝字，[redacted]仅用“斩刍”二字，何等简洁。铡草曰莝，从草坐声。亲手莝过，予何幸也。

凡青饲料[redacted]皆谓之刍，繁体作芻。篆文是两捆草。哈，我到田里割胡豆苗，就是束成两捆挑回来的！造字者若不是像我一样[redacted]肩挑过青饲料，怎会这样造此芻字！忽然觉得我[redacted]通古人[redacted]，肩[redacted]添气力[redacted]。同时感受汉字奇妙，心[redacted]生[redacted]敬[redacted]畏。

刍的繁体　篆文

铡刀的铡《说文解字》没有。字龄太嫩，未能赶上。古有折字，或许就是铡的前身。折字从斤。斤是长柄斧的象形，所以古书上面连称斧斤。斤在这里代表刀具，包括铡刀在内。看甲骨文，斤之所及，草断为二，便不妨理解为用铡“斩芻”。折zhé铡zhá双声对转，折即铡也。再看金文，断草处有两横象铡槽。铡刀握柄摁下，刀片半入铡槽[redacted]，草断为二，两旁纷[redacted]纷落下。折字左旁，明明是草，隶变后误作手，写成所谓提手。一错至今，永无改[redacted]日。奈何不得，只好随俗。

折的篆文　金文　甲骨文

[redacted]有割野草喂猪的，[redacted]也应该叫[redacted]刍。若是秋草枯黄，割作炊用，就要改个说法，曰荛。繁体作蕘[redacted]，《说文解字》释为“草薪”。薪[redacted]字从木，专指木柴。而言荛则是草柴，同样[redacted]作炊用。

草之为用大矣。食用，[redacted]药用，饲用，炊用，还有卧用坐用。旧时寻常人家[redacted]，草席铺床垫座，统名曰茵。茵字从草从因，因亦声。其实茵最初无草头，因字象人卧在席上，一看就懂。甲骨文因告知我们，是长方形，正好铺在床上。古文席告知我们，先民栖息崖下，卧在[redacted]因上。因席[redacted]本是一物。[redacted]后铺[redacted]居室[redacted]，地板上面设因[redacted]，[redacted]供坐[redacted]供卧，凭[redacted]之藉[redacted]之。由此孳生出事物[redacted]必有其凭藉的原因这个概念。今之所谓因为、因袭、因循、因缘、因素、因子诸词皆由此来。因既移作他用，只好加个草头作茵，专指茵席。“芳草如茵”谓其如铺席也。报刊上常见的“绿草茵茵”就不通了。

因的篆文

甲骨文

古文席

茵既供人凭靠藉垫，所以女嫁男家，旧时视为[redacted]有了靠垫，其称夫家为姻[redacted]。婚姻一词就是这样来的（[redacted]黄昏举行嫁娶仪式曰婚）。

草还有一大用，[redacted]那就是盖房子。[redacted]尧舜时代，国王宫殿都是草房，平民不用说了。用草盖房子，最初不叫盖，而叫茨。茨字从草次声。先说次字，从二从欠。欠就是打呵欠。篆文次的右下与今儿字相同，右上与今气字相同（方向相反而已）。小孩欲眠，打个呵欠，这就[redacted]是[redacted]欠。欠是象形字。呵欠一个接着一个，所以欠加[redacted]二做左旁，[redacted]就是次字。二的意思就是"再来一个"。这和用草盖房子有[redacted]关系[redacted]吗？

篆文次

[redacted]有关系。房子是从屋檐[redacted]向上盖[redacted]起，后一铺草必须搭着前一铺草。大约七铺草搭盖到屋脊。杜甫的草堂被风刮走三铺草，此即"卷我屋上三重茅"也。一铺草搭着一铺草，有其[redacted]次序，所以茨字[redacted]从次，次亦声。

后来兴用盖字代替茨字。盖的繁体作蓋，字从草，还是用草蓋房子看[redacted]金文蓋，草下一皿（碗），盛有食物，上面加双层蓋以保温。其初[redacted]义或许是专指容器之蓋。此蓋[redacted]不要草头，其字[redacted]作盍而音同蓋。后加草头，与茨同义。到了篆文，双层蓋讹作大。隶变后，大与皿内食物[redacted]粘连错成去字，[redacted]弄得难以解说。

盖的繁体　篆文　金文

苫shān与蓋同义。予曾踩泥做手工砖[redacted]，遇雨用"茅扇"蓋[redacted]砖坯。当时不知其字应作"茅苫"。砖工口语[redacted]传承，保留古字，使我欣慰。多见报刊文字有"云山雾罩"的说法，虽作家亦难免，而不知应该是"云苫雾罩"。苫[redacted]同蓋也，蓋[redacted]同罩也。

篆文苫

058·请细察一朵花

流沙河

今之住宅小区，动辄取名花园，无论有花无花，洵可哂也。考此花字，实为晚出，字龄不超出魏晋南北朝。花字出来以前，通用華字（简体作华）概指植物的性器官。

华的繁体 篆文 金文

篆文華无草头，上象花穗下垂之形，下为于字做了声符。于字古音huá，所以能用来标识華字的读音。華今简作华，用化作声符。花字也用化作声符。

篆文華上面象花穗形，就是今之穗字。花穗有上举者如菜花和桐花，也有下垂者如稻花和柳花。下垂一串花穗，下面加土，便是垂字。有些花穗，如稻和粟，花谢了结籽实，所以穗不但象[redacted]花穗，也象实穗。

《诗经·小雅·常棣》："常棣之华，萼不韡韡。"是说棠棣开花，映衬着花萼和花托都光彩了。请细察一朵花，当有发现。花瓣下面垫有一圈绿色的小叶片，就[redacted]叫花萼，或曰萼片。萼是形声字，草头下面是声符。花萼下面还有一个更小的杯状体，承托着花瓣和花萼，就叫花托，古名曰不。你别惊奇，古人造出这个不[redacted]字，正象杯状花托之形。不字的本义正是花托呀！上面是杯状体，怕你看不出

萼 

不的篆文 甲骨文

是花托，造字者在下面添画植物根须，[redacted]给你暗示。《诗经》在此独用[redacted]不字本义，直是善莫大焉。不然我们瞎猜到死，也猜不准不字的本义啊。

不字借去表示否定意义，至少也有三千五百年之久了。原来古人亦同[redacted]今人，对事物持有否定态度时，总是紧闭嘴唇，一言不发。后来忍不住了，爆发出来，嘴唇自然迸出一声bù，写出来就借用不字了。久借不归还，本义遂迷失，所以我们一见不字而联想到英文NO，绝不会联想到一朵花。

写到这里我才想起杯字为什么右边是一个不字。饮器状似花托，所以杯右从不。还有，双手合捧盛物，[redacted]如杯盛水，谓之一抔，亦间接与花托有关系。更进一步，花托内藏种子，所以胚[redacted]也从不（丕不一字）。《说文解字》释不字云：“鸟飞上翔不下来也。从一，一犹天也，象形。”许慎[redacted]没有猜对。他把篆文不字看成一只没头没翼没足的长尾鸟一飞冲天（顶上一横他说是天），真属瞎猜之列。

知晓不即花托，不字正象杯状花托之形，我们就可以由此探讨帝王的帝字。这个威严慑人的帝，考其字形，[redacted]与花托[redacted]是一回事。请将甲骨文的三个帝字与甲骨文的这[redacted]个不字作[redacted]比较，当能看出[redacted]帝与不颇相似。所不

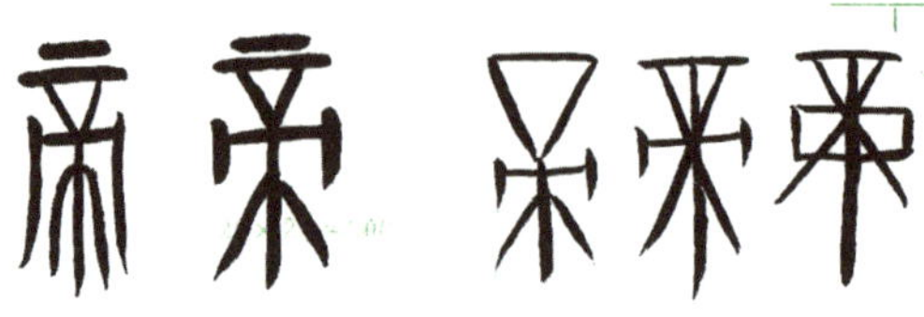

帝的篆文　金文　三个甲骨文

甲骨文不

同者，帝字多出了中间的部分。这中间的部分，或作横置的工字，或作横置的矩形，是个啥东西？愚以为那是篆文带字的省略。带字上面象腰带形，左右弧线是[redacted]腰部，一横是[redacted]腰带，带钩在中间。带字省略成横置的工字，或干脆画个横置的矩形象腰带围一圈，作为甲骨文帝的声符。

帶　帶

带的繁体　篆文

dài

帝古音[redacted]同带。所以帝字从不（花托）带省声。帝[redacted]就是蒂，本义[redacted]指花之蒂（字又作蔕）。花蒂花托一物[redacted]两称，是一回事，正如帝即不也，不即帝也，有二名焉。花蒂内藏子房，日后熟而成果结实。果实又[redacted]多种子，一生百，百生万，[redacted]蕃衍无穷，何等神奇。似乎上帝就住在花蒂内，所以先民称呼万物之神曰帝。何况那时帝音dài，同大，正好用于尊称。帝最初指上帝，《诗经》例不胜举。后来人王雄起，自认为有长养百姓之功，也僭称帝。暴君祖龙[redacted]犹帝不足，[redacted]妄称皇帝。皇，大也。

予曾种南瓜、丝瓜、苦瓜、[redacted]黄瓜，知瓜花分雌雄。雌花花托就是一丸小瓜。花谢后，[redacted]一丸小瓜逐渐成熟，[redacted]慢慢长大。农民嘲讽性急不能久等者说："急啥呀！黄瓜才在起蒂蒂呢！"帝字[redacted]似乎本义农民都懂。

059.误从草头的字

流沙河
中国作家协会四川分会

黄字拆开，俗谓"二十一田八"，固谬。[redacted]字典[redacted]把黄字编入[redacted]草头内，亦谬。黄与草不相关。《说文解字》解黄字为从田，古文光声。篆文黄确实由田字和古文光组合而成。但在金文和甲骨文，田和[redacted]光就都不见了。看其主体显[redacted]然[redacted]是个大字（大人），腹部有个矩形或圆形。许慎以"地之色也"释黄，其根据是田地火烧后土色就变黄。而在金文和甲骨文，既不见田，又不见火，何来土色变黄？所以黄字本义究竟是啥，还得探索。前辈专家多认为黄是璜的古字，象古代流行的玉佩形。愚则另有管见，认为在甲骨文黄象大腹便便之形，黄的[redacted]本义是指身体[redacted]壮伟肥大。广的繁体作廣。廣，大也，[redacted]从黄得义。晚到春秋战国五行学说兴起之后，以五方配五色，中央戊己土，其色黄，黄才取得"地之色也"一义，而其[redacted]本义遂隐。

黄的篆文　两个金文　两个甲骨文

篆文黄虽然由田字和古文光组合成，但是光不等于火，所以许慎田被烧后土色变黄之说[redacted]可能错了。古文光从火，火上[redacted]是声符[redacted]。光有大义。篆文黄从古文光，所以取得壮伟肥大之义，亦不足怪。

古文光

误从草头，还有灌、罐、鹳三个字。请看鹳的繁体，左旁绝非草头，那是禽兽头上的角，音guǎi。被误写成草头的这个字，其[redacted]状似丫，正是双角之形。看金文和甲骨文，乃知鹳字右旁的鸟纯属[redacted]多余，因为左下一隹就是鸟[redacted]，已有一[redacted]鸟了。鹳属大型涉禽，样子像鹤，嘴直而长，[redacted]群集水际，[redacted]，觅啄[redacted]鱼虾。但要提醒的是金文和甲骨文的鹳并非整体象形。鹳头上无毛角，二口一左一右亦非双目。二口并排音guān，义为喧闹，在此作鹳字[redacted]的声符用。古蜀杜宇王朝之前，曾有柏灌称王。柏灌[redacted]者，伯鹳也。三星堆青铜器有鹳头的图像，岂偶然哉。伯鹳王朝或以鹳鸟为图腾吧？古代蜀人迷信鹳能致雨解旱。北宋蜀人孙光宪《北梦琐言》说鹳能禹步作法，[redacted]发功撇[redacted]开大石，啄食石下之蛇。[redacted]这和鹳崇拜或许有关系。

鹳的繁体　金文　甲骨文

鹳目圆睁视水，静候鱼虾，给人[redacted]印象深刻。观的繁体作觀，意思是像鹳鸟视水那样[redacted]专心盯看，[redacted]把静观和观察[redacted]都包括进去了。还有欢的繁体作歡，亦取义于鹳鸟[redacted]群飞，[redacted]旋[redacted]绕圈，[redacted]形成所谓鹳阵，而且大声叫噪[redacted]，在我们看来，它们似乎很畅快。

观的繁体　篆文

繁体欢

中国作家协会四川分会

还有几人能写出梦字的繁体呢？简体向我们暗示：做梦与[redacted]林有关系。这是误会，与林毫无关系。繁体夢字和瞢字本来是一字，后来分工，一个做夢，一个瞢懂。这里不妨把瞢视为夢的异体，以便解说。

梦的繁体　异体　两个篆文　两个甲骨文

夢字头上当然不是草头，更非毛角，那是何物？必须看夢的两个甲骨文，方能回答。那一只大眼睛上面有二钩或三点（作为符号），暗示[redacted]正在瞬动不停。人做夢时，双目[redacted]半闭半睁，眸子真的瞬动不停。此之谓“快眼动睡眠”，总是发生[redacted]在熟睡向半醒[redacted]过渡的阶段[redacted]。甲骨文大眼睛下面是人，仰卧[redacted]床上，表示正在睡眠[redacted]。先民早知“快眼动睡眠”与夢的同步，故造字如此，何等的聪明！《说文解字》释瞢字云：“目不明也。从苜从旬。旬，目数摇也。”旬，后作眴，今作瞤shùn，俗谓眼睛跳[redacted]，亦即“快眼动”。至于苜（不是首），这根本不是字，只是符号暗示“快眼动睡眠”而已。到了篆文，添画屋盖，床加靠背，下面增夕（入夜）。隶变作夢，最后定型。夢字[redacted]含有[redacted]先民对[redacted]夢[redacted]中人的观察经验，亦文化遗产也，不宜随便简[redacted]成没意义可传承的梦字。

25×20= Ch001 219 86 3 第 三 页

060·茍苟之辨

流沙河

中国作家协会四川分会

篆文苟

《说文解字》告诉我们，有一种草名苟。翻书查找，毫无着落，怀疑世间是否真的有草名苟。看篆文苟，甚至觉得这是凭空臆造的字。先就字论字吧。苟字从草句声。句勾本一字，皆音gōu。后来因[redacted]句借作章句字用，才另造勾。所以篆文、金文、甲骨文没有勾，只有句gōu。句字[redacted]口作声符，画二钩相钩搭，象腰带钩扣形。如果有草名苟，定取钩义。想必是这种草有钩刺，能钩住行人衣，如蔷薇之类吧。但是有钩刺的植物[redacted]不少，也不便作一种草名。我怀疑世间是否真的有草名苟，以此故也。

句的篆文　金文　甲骨文

与苟字组合的语词，其指义皆和草不相干。得过且过，苟且。偷生忍辱，苟[redacted]活。逢迎顺[redacted]从，苟同。随便[redacted]结交，或随便[redacted]性交，苟合。只顾眼前，苟安。[redacted]贪贿不义，苟得。临危[redacted]滑脱[redacted]，苟免。钻营爬[redacted]位，苟进。以上诸词，尝试以狗换苟，改作狗且、狗活、狗同、狗合、狗安、狗得、[redacted]狗免、狗进，我看倒很合适。

会不会是草头下面一个句字的篆文苟写错了？

确实，还有一个茍字上面既非草头，下面又非句字，其字作茍。这个茍字比草头苟更古老（草头苟在金文和甲

25×20=500　Ch001 219 86 3　第一页

骨文内找不到)。在甲骨文和金文内，这个苟很像一条狗跪坐在地上，一双大耳俨然可识。到了篆文，大耳被规范成禽兽的角，又添口作声符。这个[redacted]苟可能是最早的狗字。篆文狗应该是晚出的形声字。狗字出来，苟字[redacted]退隐[redacted]。后[redacted]人当然也就不了解苟字的真相了。

苟的篆文　金文　两个甲骨文

篆文狗

请在这个苟字的右旁增添一只右手拿着一根棒，哈，这不就是敬字了吗。怪哉，拿着一根棒向狗走去，是要向它致敬吗？请看敬的三个金文，正是拿着棒走向狗。简直有悖常理，哪有这样去表示敬意的？细思之方明白，原来初造此敬字时，本义并非尊敬，乃是警戒。拿着棒走向狗，提高警觉，有所戒备。它敢咬，你就打。所谓敬者，乃自儆也。后来敬字用于[redacted]仰事尊长，[redacted]必须谨慎，进而恭恪，意思就从自儆变成敬他了。《诗经》中的"敬慎威仪""夙夜敬止""敬天之怒"皆敬他也。[redacted]也有例外，如《大雅·常武》的"[redacted]既[redacted]敬既戒，惠此南国"就是以周宣王的口气，命令南征淮夷的将士们，警惕敌军，严加戒备，解放南方。

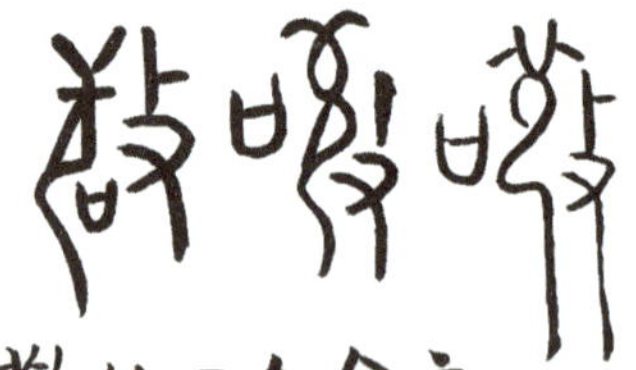

敬的三个金文

许慎著《说文解字》时，敬字自儆[redacted]本义[redacted]隐没，世上流行[redacted]敬他新义。许君心知解说文字须求本源[redacted]，所以干脆不收敬字入书，而用后出的儆字充当之，以维护本义，使其勿亡失。释儆字云："戒也。从人敬声。"段注："与警字音义同。"敬——儆——警之承续关系，于此犁然自见。近代建立警察厅局，警谓警之于前，察谓察之于后。警之于前正是敬字本义。

篆文
儆

篆文儆字人旁立在左边，回[redacted]其拿棒右手分离，已违[redacted]象形之旨。立在中间的狗大耳俨然，前腿悬空，后腿直立。苟字在此，非狗莫属。

犬科动物[redacted]的狼、狐、犬，皆有"悬蹄"，俗呼飞爪，是其特征，以及无"悬蹄"的狗，都包括在内。[redacted]犬是大概念，狗是其中小概念，所以狗虽无"悬蹄"也可以叫犬。孔子说"视犬之字，如画狗也。"篆文犬[redacted]横视之，正张口吠，尾巴翘起，简明传神。

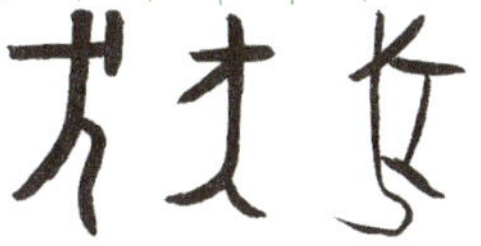
犬的篆文　金文　甲骨文

《新华字典》无苟有苟，其字草头，义训[redacted]姑且、暂且、马虎，而另立苟，专作[redacted]姓用。远古有[redacted]传说，槃瓠（盘古）祀[redacted]狗为图腾。广西[redacted]瑶族有分支称狗瑶，节庆供饭祀狗。今之苟姓或由此而来欤？

061·禾黍稷秫稻穀谷

流沙河

中国作家协会四川分会

禾，北方叫小米，蜀中叫粟米。如今混叫，稻秧也跟着叫禾苗。古代分得清楚，小米初生而弱曰苗，长成而壮曰禾。看篆文禾，已茁壮，将成熟，下根上叶，顶上弯垂为穗。金文禾粗其穗，俗呼"狗尾巴"，形似狗尾草穗而大数倍。禾熟垂头向根，孔子赞美它不忘本。

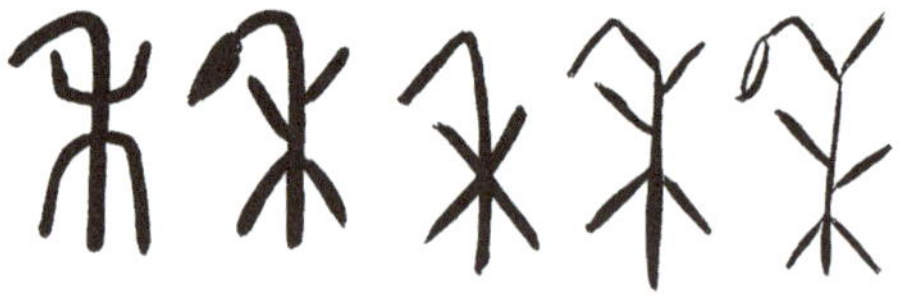

禾的篆文　金文　三个甲骨文

古代华北农田，禾乃最常见之粮食作物，而小米为[redacted]百姓[redacted]主食，所以黍、稷、秫、稻、穀（简作谷）[redacted]这些字，其义与禾或同或近或异，而其字皆从禾，盖以小米[redacted]为[redacted]粮食作物[redacted]之首[redacted]也。[redacted]一一说之。

黍，北方叫黍子，又叫糜子，去皮叫大黄米。据《说文解字》说，性粘[redacted]。不粘[redacted]的叫穄子。篆文黍[redacted]从禾，禾下左右两撇向下，象植株根很深，再其下是水字，作声符用。金文和甲骨文也用水作声符。结小米的禾为聚穗，[redacted]黍[redacted]则散穗，而且多发。从[redacted]甲骨文的字形能看出禾与黍[redacted]大不同。

黍的篆文　金文　甲骨文

古人说起"江山社稷"，脸上表情严肃，似乎就要发生什么大事。社是土地庙，供社公。稷是农神庙，供后稷。华夏自古以农立国，[redacted]社稷万分神圣，绝对不可侵犯。后稷为周民族的始祖，是历史上第一位农学家，以艺稷而知名，故用稷作名字，称后稷，即稷王。那么稷是哪种[redacted]粮食作物？古代认为就是小米，清代有农学家程瑶田认为应是高粱。《说文解字》称赞[redacted]稷为"五穀之长"，也就是说小米为粮食作物之首。甲骨文稷[redacted]从禾从兄，意谓[redacted]在百穀里稷为长兄。且慢，如果稷乃高粱，你如何说？好说。高粱苗稼最高，仍然是大哥哥。稷从甲骨文演变成篆文，添了些笔划。口添十为田，表示农作物。下面添个作声符的字，篆文添得太多，甲骨文稷就难认了。

稷的篆文　甲骨文

秫，北方叫秫米，又叫黏高粱，可以酿烧酒。据清代文字学家王筠说，又叫蜀秫。果如此，这便是酿造高粱酒的原料，也就是川中丘陵地区常见的高粱了。高粱穗子特大，曲颈低头。篆文秫右旁上正象高粱大穗低头之形。右旁下是高粱秆，左右两撇是八。八即扒，扒皮也。高粱秆皮可以用[redacted]来编席，所以秫字右旁下从八。由此可窥古人造字，一笔一划有其用意。简化成木加点，作艺术字用，而高粱之原义

秫的繁体　篆文　甲骨文

尽失，好比张三被人换魂成了李四。

稻，既可分籼稻与粳稻，亦可[redacted]分水稻与陆稻，又可[redacted]分粘稻与糯稻。无论怎样分，仍可[redacted]通称[redacted]大米，盖相对于禾之小米而言[redacted]之也。

稻的篆文　金文　甲骨文

篆文稻[redacted]从禾舀声。舀从爪（抓）从臼（碓窝）。石[redacted]臼太重，不必倒出，可以掏出。舀掏古今字，音皆tāo。金文米旁，篆文禾旁，皆形声字。

甲骨文稻[redacted]，上米下覃，是说米装在覃子内。覃是罈字[redacted]古写。罈被简化成坛，论坛成了[redacted]讨论罈子。从前城市居民，家家都用米罈。甲骨文的稻字如[redacted]今写[redacted]出来应该是米旁一个覃，读[redacted]音同稻[redacted]。猜想距今[redacted]六千九百年前，先民始艺稻时，（罈）命名曰dào，是因为稻穗成熟后莫不低头向下[redacted]悬吊着[redacted]，稻者吊也。[redacted]diào转dào很容易。

穀，简[redacted]作山谷的谷[redacted]，因嫌[redacted]笔划太多[redacted]。[redacted]

稻在[redacted]加工成米之前，都叫穀子。古称"百穀"，粮食作物包括完了。篆文穀从禾从[redacted]殼省[redacted]。殼[redacted]，简化作壳。

谷的繁体　篆文

壳的繁体

[redacted]一切穀类莫不有[redacted]其外[redacted]殼保护，所以名之曰穀。穀类繁多，形态各异，唯其皆有一层外殼，可以说[redacted]是它们的最大公约数，拿来命名[redacted]正好。

062·禾穗落花之美

流沙河

禾本科植物长大后都要抽穗。穗成熟了就去采。穗的第二个篆文上爪下禾，不是拔禾，[redacted]正是采穗。这里是用采摘禾穗这件事情，表示这是穗字。用象事而不用象形的办法造字，自有其方便处。象事[redacted]止于间接[redacted]暗示，象形则是直接[redacted]明示。甲骨文穗便是[redacted]象形，[redacted]直接画明植株抽穗。用艺术眼光看，[redacted]颇有趣味，它不但画[redacted]禾穗，穗上的[redacted]禾芒都画了。但是文字总要符号化了才好书写，所以篆文象事的[redacted]穗后来取代了甲骨文的画穗，这是莫可奈何的事。

穗的两个篆文　甲骨文

试将甲骨文穗与下面三个金文穆[redacted]对照比较，便能看出彼此相似，不过穆字多了三撇而已。由此可以推测穆[redacted]的本义为何。穆在《诗经》作为形容词多次出现过。《大雅·烝民》："吉甫作诵，穆如清风。"穆的意思是和。《大雅·文王》："穆穆文王，於缉熙敬止。"穆穆的意思是庄重。《周颂·清庙》："於穆清庙，肃雝显相。"穆的意思是美。《周颂·维天之命》："维天之命，於穆不已。"穆的意思也是美。《商颂·那》："於赫汤孙，穆穆[redacted]厥声。"穆穆的意思仍然是美。

穆的篆文　三个金文

[redacted]综合考虑，穆的意思应是和谐庄重之美。窃以为这只[redacted]是引申义，不是穆的[redacted]本义。穆的[redacted]本义一定要和禾穗挂钩，并兼及穗下的那几撇。我想起曾见过盛夏水稻抽[redacted]出嫩穗，夜间开花（农夫皆曰扬花），花极细微，乍见疑[redacted]似穗上[redacted]粘着密密麻麻的[redacted]小白点。翌晨田边一望，满田嫩绿色的稻穗，迎风飘飒[redacted]撒着小白[redacted]点。[redacted]这[redacted]也是[redacted]落花啊，真好看。回头细[redacted]察穆的[redacted]金文，禾穗下的三撇或二撇正同[redacted]水稻落花。而第三个金文，禾头[redacted]飘撒三点之下又出一[redacted]穗，又飘三点，实为[redacted]重复强调落花[redacted]好看罢了。想来山[redacted]林[redacted]树木之落花者甚多，都比禾穗落花好看，何必造字如此？我想先民求生匪易，赏美恐更注重与吃饭相关者。他们忽睹[redacted]禾穗落[redacted]花，收获有望，心生欢喜，视之为美，不亦宜乎。穆美双声可以对转，穆即美。[redacted]造字取象于禾穗之落花，乃知穆的本义原是好看，所谓美也。

一分钟60秒。365日一年。秒和年两个字今人[redacted]用于计时，[redacted]似乎专为我们[redacted]计时而造。其实这两个字当初造时与[redacted]小米有关系，所以字皆从禾。请先说秒。树梢为[redacted]杪，禾梢为[redacted]秒。从木的[redacted]指树木，从禾的[redacted]指小米。小米[redacted]稃皮无[redacted]芒。芒生长在穗上，所以禾穗呼“狗尾巴”。《说文解字》：“秒，禾芒也。”北方艺禾季节到了秋分，[redacted]“狗尾巴”上的芒[redacted]就长齐了。

秒的篆文

这便是古人说的“秋分而秒定”。芒本来指五穀粒壳上的毛刺，借指禾芒，也就是秒。秒从少，少即小。芒也小。渺茫从秒芒来。小到[redacted]视阈之外，看不见了，就渺茫了。物小则短，所以用秒度量时间，60秒一分钟。

现在说年。年由[redacted]上禾[redacted]下千组合而成。书法落款，好古者喜用古写的禾千年。年字[redacted]从禾，必与小米相关。禾下的千[redacted]作声符用[redacted]。千qiān声缓读之，分离[redacted]出nian声，转作[redacted]年nián的声符。篆文年下的千，绝不参与意义，是纯声符。全文第一个年，上面是禾，下面是人站在土上。全文第二个年，上面仍是禾而粗大其穗，下面是人而无土，与甲骨文[redacted]结构一样。这便是最早的年字了。

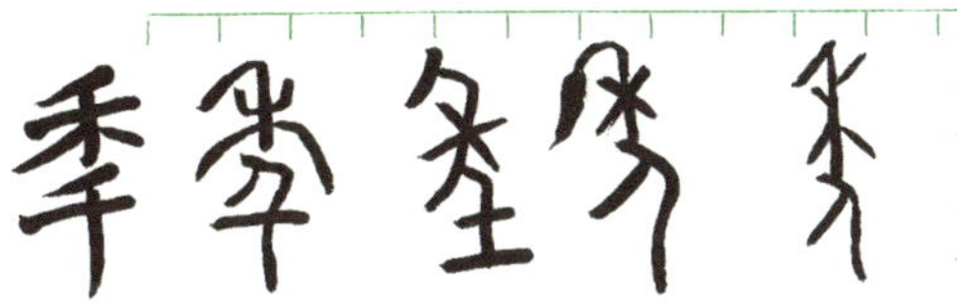

年的古写　篆文　两个全文　甲骨文

年字为何从人？人[redacted]伏禾根之下做啥？你要换个思路，想到“人”指植物[redacted]粒壳内的子实，那就通了。苡仁、杏仁、花生仁、胡桃仁等原本[redacted]是这个“人”。禾熟结子实，一次为一年。小米[redacted]丰收了，古人叫“有年”。五穀都丰收，就叫“大有年”。探讨下去，最早的年，指的乃是黍类之粘性[redacted]者，大黄米之一种，即黏nián。年黏[redacted]音同，本是一物，专指[redacted]性粘[redacted]的大黄米。古人珍贵此物，做[redacted]食饵叫年糕。年，后来移指小米；又后来概念扩大，遍指五穀；再后来才用于纪岁时。

063·公私香臭辨

流沙河

私有制早就存在了，私字却晚出。甲骨文和金文未见私字。《说文解字》认为私是禾之一种（有一种也结小米的禾名叫私），而公私的私字没有禾旁。自古相传仓颉造字，"自营为厶，背厶为公"。战国时韩非子就是这样说的。许慎沿承其说，所以分别厶与私为二字，不使混同。怎奈甲骨文和金文不但未见私字，也找不到厶字，教人为难。照韩非子说来，自古公[redacted]厶对立，公是公众，厶是厶家，他说背离厶（八即背）就是公。为了[redacted]深入探讨，请先对照认识[redacted]公字。

私的古写　两个篆文

甲骨文公字在卜辞有"三公""多公""公王"诸[redacted]称谓[redacted]，盖指商王的先公与先王而言，绝无公众公有公开诸[redacted]义。卜辞里找不到一个"背厶为公"的公。[redacted]公字本[redacted]义乃[redacted]是[redacted]瓮缸。公乃瓮字古写。甲骨文公两种写法，一从口字，一从方形，皆象瓮口之形。[redacted]耳朵[redacted]凑近瓮口，便能听见[redacted]嗡嗡[redacted]之声。[redacted]公古音翁。[redacted]瓮名来自嗡嗡之声，古人所谓"其名自呼"是也。[redacted]瓮口上面[redacted]两撇表示发声。可知"背厶为公"解释公字[redacted]，不合文字学的要求。后来公字借指男性长辈，遂成尊称。又后来借

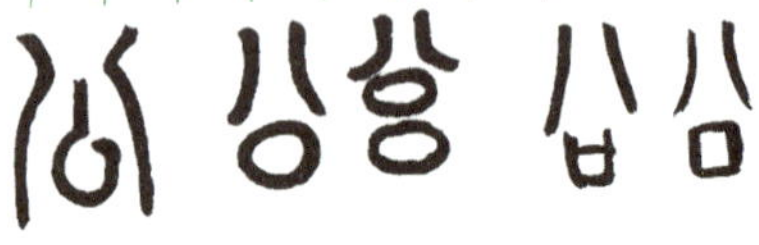

公的篆文　两个金文　两个甲骨文

用于公、侯、伯、子、男五等爵位。再后来才[redacted]演变出公众等意思。公字下面既是谷[redacted]口，便与“自营为厶”不沾边了。

想起少时见农夫“号箩筐”。农家新买箩筐回家，[redacted]都要墨笔上画书其姓[redacted]，以利识别。文盲不能书，便画瓜子圈。各家[redacted]箩筐的瓜子圈互异，自家的[redacted]一瞥[redacted]能认出。正如签名各不相同，[redacted]文盲[redacted]随手画的瓜子圈亦各不相同。由此连想[redacted]古代，[redacted]怕与邻家农具互混，农夫们也会这样画圈吧？[redacted]果真如此，“自营为厶”一句便[redacted]找到着落了。营者环也，[redacted]就是画圈[redacted]。看那厶的篆文，[redacted]真像瓜子圈呢。私有制的私字可能[redacted]来自瓜子圈[redacted]吧？私字从禾，或许是与农业生产有关系吧？以上只是我的一点连想罢了，觉得好玩。

[redacted]尚跪蹲者，厶字[redacted]又像农具用手破土的耜。对照厶[redacted]的篆文，[redacted]便知耜的篆文与[redacted]之相似。所不同者，厶[redacted]落笔直，而后者[redacted]落笔皆偏左[redacted]。徐中舒据此说私是耜的异体字。又说[redacted]耜为农夫个人所[redacted]有，由此引申出公私的私来。窃以为厶耜二字下笔互异，并非一字。徐说不妨存疑。我看厶

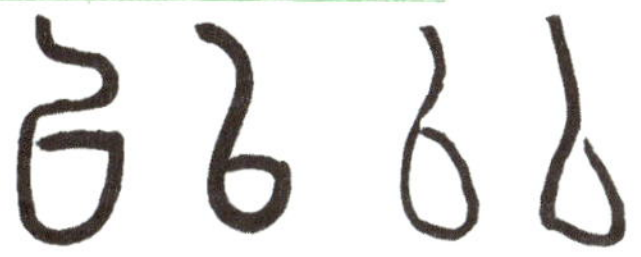

耜的篆文　金文　两个甲骨文

香字看来[redacted]上禾[redacted]下日。若溯其源，篆文却是从黍从甘，[redacted]甲骨文则是或从黍或从来（来的本义是麦），而其下皆从口。从口是说黍饭麦饭吃着[redacted]都香。香谓回甜。篆文香从甘，甘即甜。

香的篆文　两个甲骨文

可知香最初是说[redacted]口感，非嗅觉[redacted]。若是闻着香，字就不该从口而该从自（自是鼻的象形字）。先民苦饥，唾液含酶特多，淀粉入口迅速分解出葡萄糖，吃着白饭都甜，这就叫香。他们这样造香字，可见吃比闻[redacted]要紧。当然，[redacted]鼻闻着也快感，那是嗅觉，是馨。香与馨之不同在此。不然何必又造馨字。

转说嗅吧。少时上化学课，臭氧O_3的臭老师念xiù，指[redacted]有气味的氧，不念香臭的臭chòu。老师正确，[redacted]念的是古音。臭的意思只是气味，不涉美恶。《易经》："同心之言，其臭若兰。"可证。不过气味并非臭的本义。本义恐怕是动词嗅。

臭字篆文上自下犬。自是人鼻的象形字。今人所谓鼻子，考证起来，应作鼻自才对。鼻自[redacted]复称，正如眼目。不过臭却不是指的犬[redacted]鼻，而是人鼻像[redacted]犬那样动作。犬一路走一路嗅，嗅为犬类最频繁的动作[redacted]，所以人鼻下面借一犬字就是[redacted]我们去嗅。

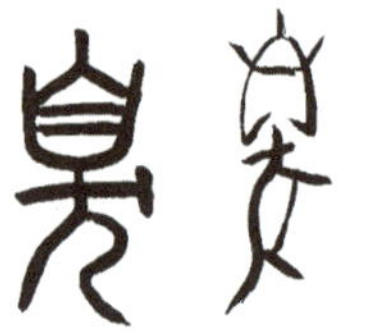

臭的篆文　甲骨文

拿甲骨文去比篆文[redacted]，自更像鼻，犬更像犬。现今通用口旁的嗅出世[redacted]也早，《论语》已有"三嗅而作"。动词的臭借去作了名词气味使用，只好另造嗅字。殊不知嗅用鼻，不用口，加口旁乃画蛇添[redacted]脚。

064·从[redacted]季弟到余镰[redacted]

流沙河

中国作家协会四川分会

家中最小的[redacted]弟弟称季。刘邦[redacted]无弟而有两个哥哥，所以称刘季，就是刘老幺。明清两朝末年称明季和清季。季最小，也最末。《说文解字》[redacted]季字从子，稚省声。意谓季字[redacted]本来上[redacted]面是[redacted]稚字作声符，嫌笔划繁，省作存禾，[redacted]字[redacted]遂作季。此说[redacted]迂绕，令人生疑。愚以为季[redacted]从禾，禾谓[redacted]小米。百穀以小米颗粒为最小。季字从禾，[redacted]盖取小米最小之义。这样释季比较直截了当。

季的篆文　金文　两个甲骨文

春夏秋冬为啥称为四季？春末叫季春，夏末叫季夏，秋末叫季秋，冬末叫季冬。[redacted]一年之内有四个季，[redacted]指其终了而言。于是有春季夏季秋季冬季的说法，合称四季。

稚，幼禾。禾类苗稼，一块田内，长势不可能都齐崭[redacted]，总有少数弱苗迟稼，滞于后进之列。[redacted]幼禾指滞后者[redacted]，正如家中最幼[redacted]弟弟。稚字从禾，雉省声。稚为[redacted]形声字，雉不参与字义。繁体、古写、篆文亦如此，从禾而右旁为纯声符。今幼儿园，旧时称幼稚园。因为列宁著《左派幼稚病》，怕犯忌，改称幼儿园。

稚的繁体　古写　篆文

秀，禾稼抽穗。禾类[redacted]嫩的穗上结出[redacted]子实[redacted]，有待成熟，这就叫秀。秀的篆文[redacted]上禾下人。“人”指子实粒壳内的小米[redacted]。篆文秀隶变

秀的篆文

[redacted]后，为了[redacted]字形美观，“人”字改作乃字。乃即奶的象形。用[redacted]女性乳房比喻禾穗，以其皆饱满而下垂，亦通。禾稼抽穗，不但体现上天好生之德，而且显示自然成熟之美，宜乎女子[redacted]多以秀为嘉名[redacted]。今之[redacted]流俗译SHOW（表演）为[redacted]秀，于是各种拙劣献艺[redacted]皆以秀名，可恼可叹。

秕的篆文

秕，禾穗子[redacted]粒空壳无米。禾苗长势不齐，总有少数滞后。季节一到，通通停止生长。那些滞后的不再长，穗上子粒结不成米，只剩空壳，蜀人叫[redacted]秕壳子，俗讹作瘪壳子。所以吹牛不实，蜀人叫冲壳子。[redacted]秕bǐ瘪biě音近，容易致误。又，上海人说瘪三，指旧时[redacted]街坊的不良无业游民，实与穗粒不实的秕[redacted]无关。据说瘪三乃洋泾浜英语empty-cent的译音。

委的篆文　甲骨文

委，就是萎。篆文[redacted]禾下[redacted]一女，甲骨文[redacted]禾旁一女。女坐炕上[redacted]，做手工活，正是旧时北方妇女写照。委[redacted]指禾苗病萎。篆文看不出害病的样子。甲骨文禾苗穗头塌下，卷屈向上，病态严重，一望便知。委字从女，只因旧时重男轻女，妇女劳瘁，体弱多病。也有可能女作声符。其间多转从女声到委声，，涉音韵学，很麻烦的。禾苗病萎，孳生[redacted]萎靡、萎颓、萎屈、萎顿诸词。用于人情则委婉，用于人际则委托，用于人员则委任，病萎原[redacted]义随之[redacted]隐[redacted]没而不彰焉。

稀，禾苗间距不密。禾类需要通风采光，不宜密植。立苗总以稀疏为好。稀字从禾从希，希亦声。棉花传入中国之前，平民衣葛。希[redacted]是[redacted]葛布。希字从巾，[redacted]示其为纺织品。巾上[redacted]两个交叉，象经纬之交织。[redacted]交织际隙有[redacted]孔，正是稀疏，穿着凉爽。吾人眼前如果像[redacted]那样希有孔，便可望见前景[redacted]。希望一词由此生焉。

稀的篆文

稠，禾苗间距不稀。稠字从禾从周，周亦声。周有密义，所谓周密。丝织品之经纬密者名绸，正如禾苗间距密了[redacted]谓之稠。粥，蜀人叫稀饭。稀饭浓了，北人说稠。稠人广众，广是说人群的范围，稠是说人群的密度。

稠的篆文

就是

利，[redacted]从禾从刀[redacted]割禾的刀。金文和甲骨文多两点，表示此[redacted]刀铦[redacted]利。第二个甲骨文多一手，[redacted]多一土，表示是在田间动手。远古割禾使用蚌壳锯刀[redacted]。蚌属蠡[redacted]类，所以蚌壳锯刀取名蠡，而字作利。利的本义[redacted]就是蚌壳锯刀。后用[redacted]铁器，割禾的锯刀可以打造得很薄，所以改名镰刀。廉，薄也。刀薄名镰，亦如小腿肉薄名臁，竹[redacted]帷薄名簾，蟑螂体薄名蠊。镰既[redacted]侵夺了利的位置，利就转业，用于利好、利益、铦利、顺利，而其本义遂亡。

利的篆文　金文　两个甲骨文

065·糠中有疑问

流沙河

中国作家协会四川分会

米，原[redacted]指粟米，俗名小米。小米为物，没法象形。另打主意，遂造米字。中间[redacted]十字架象筛子的经纬相交，四点象小米从筛孔漏下，造得真妙。不过甲骨文米中间不是十字架之而是一横杠。这是[redacted]筛之侧视，其上三点为粒壳，其下三点才是筛孔漏下的小米。过筛之前，先要入臼舂过。汉代民谣：“一斗粟，尚可舂，兄弟二人不相容。”篆文舂[redacted]左右双手举[redacted]午（杵）其下为[redacted]臼。两个甲骨文一简一繁，同样双手举午（杵）舂[redacted]，而臼内的粟更有趣。黄河流域[redacted]先民万年前就这样舂出小米[redacted]来。后来技术进步，脚踏杠杆舂之，而舂字已定形，不可能改造了。商朝国王例[redacted]以秋季新舂出的小米祭祀祖宗，有卜辞“王其登米自且（鼻祖二字）”可作证。登米就是把米放在登（高脚祭杯[redacted]）内，献[redacted]祭神灵。

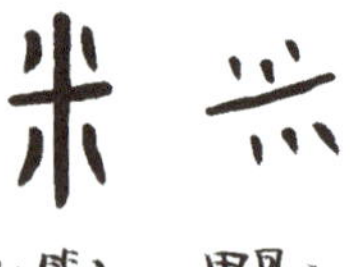

米的篆文　甲骨文

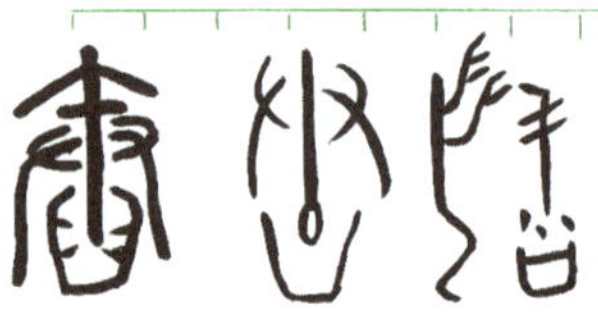

舂的篆文　两个甲骨文

粟，舂破粒壳，筛出小米，所以其字从米。米上，看篆文是卣yǒu，隶变作西。其实粟与东南西北毫不相干。篆文[redacted]粟上的卣，字又作卤而音diāo，为[禾勺]的同音借用字。[禾勺]見《说文解字》，义为悬垂的[redacted]穗，蜀人叫穀吊diāo。粟穗称“狗尾巴”状其形，称[禾勺]表其悬吊吊之态姿。甲骨文粟

粟的篆文　甲骨文

画禾株上结粟穗五，生趣盎然。

糠，禾穀子实粒壳。《说文解字》释糠为"穀之皮"很准确。今人皆以粒壳碎屑亦即糠屑为糠，与古不同。糠字米旁多馀，康下四点已经象米与糠。康糠为古今字。篆文糠（康）左右双手举干，其下四点是米与糠。篆文错得离谱。看金文已不像双手了。看甲骨文只见柜形，哪有双手。糠古作康。康字写法本该是庚下左右各两点。康字从庚，庚亦声。

糠的篆文　金文　甲骨文

《诗经·豳风·七月》："春日载阳，有鸣仓庚。"庚阳押韵，庚古音gāng，与康kāng音近转。请对比古文字，便知康只多出四点，馀与庚同。要说清楚康字，须先明白庚是何物。庚是何物？有两派不同的解答。

庚的篆文　两个金文　两个甲骨文

一派说，庚是一种鼓风分离米和糠的柜形扇车（蜀人名风簸箕）。禾穀舂破的，倒入箕内，逆风播扬，糠屑吹走，留下米粒。这是手工活，不用扇车。所谓扇车或风簸箕为木制箱柜形，四足，内设横轴，轴周围扇片，箱柜顶有漏斗。一人摇转轴头手柄鼓风，一人装漏斗注入已舂破的禾穀。糠和米在箱柜中受风吹而分离，各行其道，箱柜从不同的两个出口分别泻下[redacted]。看前[redacted]列古文字，[redacted]但仅真像箱柜[redacted]三足，上有漏斗似的。庚既然是扇车，庚下四点便是康也就是糠字[redacted]。这一派有道理。弱点是古籍中无扇车记载，战国成书的《考工记》亦不见。

另一派说，康字本义乃是和乐，糠字不过从米康声罢了。康可能是乐器之一种。和乐二字，和[redacted]是小笙，乐是弦乐。可以[redacted]猜想康亦如是。我想，古代奏乐，先要敲椌[redacted]（椌又名柷），然后诸器[redacted]开始演奏。椌为正方箱形，木制，中空，木槌敲之。这一派也有道理。弱点是椌全[redacted]上敞口，而前列古文字未[redacted]有向上敞口者，木槌亦未见。椌qiāng康kāng音近，或为一物，终属猜想。

予曾做木活[redacted]以糊口凡十二年，知扇车即风簸箕之制作须高手艺，近代木工十九不会，何况三千五百年前甲骨文时代耶？《诗经》之“维南有箕，不可以簸扬”和《庄[redacted]子》之“播糠眯目，则天地四方易位矣”显然都是双手端箕[redacted]手工播扬。前两说比较之，予更倾向后者。如果康就是乐器椌，那个似漏斗者就可以是干字。干即杆，或可指放在椌中的木[redacted]槌吧。

066·米怎样变粮

流沙河

中国作家协会四川分会

古人说米，本指粟米，通称小米。后来米的概念扩大，五榖皆可称米，例如黍米、稻米、稷米。为了区分，小米特殊[redacted]名梁。其粒色黄，又叫黄梁。唐人小说，穷[redacted]书生憩客[redacted]店，倚[redacted]仙枕而梦荣华富贵，醒来主人炊黄梁尚未熟。黄梁极易熟，可见梦之短，是谓黄梁梦。梁字从米，梁省声。省去木，换上米。金文梁简明些，五[redacted]点象名梁的小米，亮声。为啥刀上两点就是亮？阳光下视钢刀，视线角度适当，能见光点映射。刀上两点便是映射之光点。这是最早的亮字。不过这里只作声符，刀亮[redacted]与小米[redacted]不相关。

梁的篆文　金文

氣是气的繁体字吗？对，是。但在古代却不是。氣最初并非是指气体，而是馈赠他人以粮秣或肉食。氣字从米，用米概括粮秣及肉食，气声。气声就有"给"的意思。所以官方"给"的膳食费[redacted]叫廩氣。后来氣拿去指气体，只好又造一个餼字，顶替氣的初义，而音xì。餼又简化作饩。明清两朝府、州、县设官学，学生成绩优异，月给餼银四两。[redacted]的学生叫[redacted]廩生。廩，官[redacted]仓。享受这种待遇

氣的篆文

气在现今是简化字，在古代却是正体字。气体无[redacted]形，

怎样象形？先民见[redacted]激流涌[redacted]波浪，想象气流亦适如是，所以这样造气的象形字。金文和甲骨文，气[redacted]容易[redacted]认作[redacted]三[redacted]。古人又把篆文气减[redacted]一笔，定为[redacted]乞字。乞古音gěi同给。[redacted]我在前面说过"气声就有给的意思"，根据在此。请回头再说饟，简而言之，就是膳食，今曰伙食（其实并不准确）。与膳食相比较，粮食则指可供[redacted]膳食的谷类农产品，概念不同。俗[redacted]以糧为繁体，粮为简体。其实[redacted]粮糧[redacted]自古并行，皆[redacted]正体字。[redacted]

气的篆文 金文 甲骨文

糧，从米，量声。《说文解字》不收粮字，所以粮无篆文。粮，[redacted]从米，良声。糧粮皆形声字。尤可异者，量与良字形虽不同，其本义所指竟是一回事。先说量。甲骨文量，上[redacted]是木制[redacted]量米[redacted]的方斗，下是两端[redacted]扎口的[redacted]米袋，古名曰橐tuó。橐一变成東（东的繁体），二变成重。東就是橐（日文東读tuó）。橐装[redacted]米也很重。所谓度[redacted]量[redacted]衡，度其[redacted]长短，量其[redacted]大小，[redacted]衡其轻重，[redacted]人皆知之。量米堆的[redacted]大小要用斗，所以量字上面是斗。[redacted]斗内一点[redacted]象征米已注入，非日字也。米[redacted]从[redacted]

糧的篆文

量的篆文 两个金文 两个甲骨文

何来？是从下面橐袋来的。量字[redacted]用斗[redacted]橐之形象量米之事，是为象事，其义明明白白。

然后说良。良的本义不是善良，《说文解字》全弄错了。甲骨文良，中间也是木制米斗。斗上象[redacted]米注入[redacted]，斗下象米[redacted]倾出。旧时米市例有专业[redacted]斗户，特为买卖双方[redacted]量米，保证斗容大小合乎规格，入斗出斗不耍手脚，以求交易公平。米从箩筐倒进撮箕，然后高高端起，泻米成流，[redacted]转注入斗，簌簌有声，其情形正如甲骨文所示。注满斗[redacted]后，斗户执概[redacted]平推，刮[redacted]掉斗上米堆，使平面。概，原本是[redacted]刮斗器。由此孳生"概率"[redacted]一词。此后[redacted]概字因其引申[redacted]义[redacted]而[redacted]他用，乃移木旁于下，另造[redacted]槩字，以存初义。

良的篆文　两个金文　两个甲骨文

金文良，方斗变圆，上下逐渐错得离谱，竟变成了畐字。篆文又变，离谱更远。隶变成良，与其最初面貌迥异，其本义遂埋没。今[redacted]说量良音义皆同，人都不肯信了。

量与良的本义既然都是用斗量米，糧粮二字就不仅[redacted]是用量良作声符，同时也各用其义了。量米属于市场行为，所以[redacted]穀类加工成米，要经过市场变成商品[redacted]后，方才[redacted]取得糧食与粮食的名称。又，用斗量米，买卖公平，大家满意，认为很好，于是孳生"良好"一词，又转则成"善良"。

067·米酒的酿造

流沙河

一顿未吃完的米饭，若在暑天，要放在通风处，万勿严密遮盖捂住，以免馊坏。如果是在冬天，饭起锅了等待家人下班回来，那就必须严密遮盖捂住，以便保温。这个奥字正是双手持[redacted]盖子严密盖米饭，免得凉了难以下咽。米饭[redacted]深[redacted]藏[redacted]才能保温。“深奥”一词由此产生[redacted]。学问做深沉了，别人说你“已窥堂奥”，意思是[redacted]学术的[redacted]殿堂上你已走[redacted]到深处[redacted]，能看清楚[redacted]其中的秘密了。黄河流域[redacted]古人把“室之西南隅”取名叫奥，是因为那里能避西北风，冬天最温暖，宜尊者居之。[redacted]《诗经·小雅·小明》：“昔我往矣，日月方奥。”奥在这里[redacted]义为温暖，字本作燠yù。老翁畏寒，夜卧叫孙儿来燠脚。四川人燠读wō，意为[redacted]温之暖之。天[redacted]暖犹着[redacted]棉[redacted]袍，蜀人笑问：“你在燠豆豉吗？”奥字双手所持的盖子也是一个字，作宀，用在家室宅宫寝诸字上，音mián，义为屋盖。奥[redacted]取义于米饭严密[redacted]捂住，所以[redacted]从米从宀，双手盖之。港湾深曲之处曰澳，也是取深藏义。

奥的篆文

鬯chàng字也从米在大容器内，下面是匕bǐ，饭匙。不过鬯的意思绝非用膳，而是古代祭祀用的一种米酒。这种酒酿造时用黑黍米

鬯的篆文　两个金文　甲骨文

添加已舂煮的[redacted]香草，[redacted]酒气[redacted]芬芳[redacted]，闻着[redacted]舒畅，所以鬯字可以[redacted]通[redacted]畅。

细究金文和甲骨文，[redacted]知鬯下[redacted]非[redacted]匕字。黑黍米煮熟后置[redacted]酿缸内，加入香草[redacted]，盖严保温[redacted]燠之。缸底漏孔徐徐出酒，泌入盛酒容器[redacted]。盛酒容器到篆文中误作匕了。[redacted]鬯字之形简述了酿造法。尤其是甲骨文，酿缸双耳，以便[redacted]杠抬，其重其巨可知。缸底所置容器较小，适宜盛酒。不过也可能不是盛酒器，而是盛暖水的保温器。予酿[redacted]米酒，曾用棉絮裹捂酿罈[redacted]保温。

鬯是香草米酒，祭祀用于降神[redacted]。卜辞有"鬯六卣""鬯□卣""鬯三十"的记载。卣是酒罐，象形。又有"鬯于祖乙[redacted]"的记载，就是以[redacted]鬯酒祭祖乙，作动词用。在鬯酒酿造过程[redacted]中，盖严密闭，保温[redacted]，缓缓燠之，这[redacted]道工序[redacted]十分关键。概括说来，读yù的一个持恒[redacted]奥字便可以道尽。古人嫌奥字太一般，为此特别另造一个yù字如下。此字[redacted]既然专讲鬯酒酿造，

音yù　篆文

所以下左从鬯。下右三撇乃为修饰美观，用在这里是说酿具必须精洁（最怕[redacted]沾染有有害的杂菌）。上为双手操作，用幂把陶缶亦即[redacted]酿缸盖严密闭，以达到[redacted]缓缓燠之的目的。这个专用字终于被淘汰。古[redacted]人以此字为基础，造另[redacted]鬱字，[redacted]仍音yù而[redacted]改指

[redacted]林[redacted]木[redacted]稠密荫蔽，不透光，不通风。古人用[redacted]鬱鬱、鬱结、鬱陶、鬱悒[redacted]形容心中的[redacted]烦忧压抑。[redacted]现今说的抑郁症，从前叫忧鬱病。[redacted]今人爱说郁闷，从前写出来是鬱闷，皆以郁[redacted]当作鬱的简体字。其实，郁和鬱意思不相同。郁绝无[redacted]心中烦忧压抑的意思。若究嫌笔划太繁，说简化就简化了，顾不上那么多了。孔子赞美周朝[redacted]的礼制好，说："郁郁乎文哉！"[redacted]郁字就不能换成鬱，说这[redacted]是繁体字[redacted]，因为郁在这里是形容文采之盛美的，与鬱沾不上边。鬱字取义于林木之稠密荫蔽，偏重在消极面。

郁的繁体　篆文　金文

与鬯这种香草米酒有关系的还有[redacted]爵字。看这爵字结构，其间并无鬯字，有何牵连？在篆文有牵连。据《说文解字》说篆文爵下左是鬯酒，右是右手，上象雀鸟飞[redacted]形。爵杯就[redacted]像雀鸟飞[redacted]状，所以名爵。许慎解释错了。爵最初是牛角做的酒杯。爵角同音jué，与雀无关。角杯为了直立，装置三[redacted]足。[redacted]金文和甲骨文惟妙惟肖，不[redacted]待说明已知爵形。造篆文时或许未能详察金文，当然更没有[redacted]见过甲骨文，所以[redacted]错得离谱。

爵的篆文　两个金文　两个甲骨文

068·米之异化

流沙河

中国作家协会四川分会

肚腹内，胃囊悬吊着。要让人明白这是胃，只须在囊中添一个米字，并在其下注明这是肉体的一部分，而不是一袋米。这样，胃字就造成了。这是金文胃。到了篆文，为求造型规范美观，只好写成方胃。方块字嘛，不得不这样写。胃囊之下从肉。肉的篆文[redacted]猪腿一只，代表各种动物（包括人类）的肉体。若要较真到底，这个胃字造得实在不通。拿米来说，煮成饭，嚼成渣，[redacted]送到胃里还能叫作米吗？早已异化，米非米了。

胃的篆文　金文

《说文解字》篆文胃下从肉，上象胃囊之形。可是在另一处，那个胃囊加个草头，却又变成屎字[redacted]。这样就有些说不过去吧。古书上用矢字指排泄物，不用屎字。

屎的篆文　甲骨文

原以为屎是晚近的俗字，见到甲骨文有尸下四点者，才忽然悟到应释为屎字。那四点可视作米之省，不就是屎字吗！

溺（尿）

《庄子》说"道在屎[redacted]"，屎字早就有，非晚近俗字。试看甲骨文尿怎样写的，便能断定尸下四点必是屎字无疑。造屎尿二字的思路完全一样。

甲骨文尿

糞（简作粪），今义与屎相同，古则有异有同。造字之初，泛指垃圾以及各种脏秽弃物，包括人类和牲畜的排泄物在内。甲骨文糞一简一繁。简者一只撮箕，一竖由下引上表示倒掉垃圾。繁者左手拿撮箕，两点是垃圾，右手用[redacted]扫帚，扫垃圾入箕。这样看来糞是动词，就是扫除一切弃物。到了篆文一变而为厕用的推糞器。旧时公厕常有蹲[redacted]不到位，排[redacted]秽[redacted]于坑外[redacted]者，清洁工用长柄木耙推[redacted]下坑去，此即推糞器也。察其字形，尚能依样仿制此器。篆文糞被推者似米非米，米之异化，其为厕秽无疑。若是室内庭前扫除垃圾，何必使用推器。可知篆文糞已移义于屎，与今相同。[redacted]篆文隶变今之糞字，似米非米之屎变成米了，推糞器的前部变成田了，左右双手握着推器之柄变成共了，变[redacted]走样了。又来简化，成了米共。按，日文米共乃美国共产党之简称。

糞的篆文　两个甲骨文

古代农书说到"区田"和"糞田"[redacted]就是利用垃圾草皮以及秸灰等等[redacted]可降解的有机弃物沤田，和利用人畜糞便肥田。今则[redacted]只顾眼前，广施化肥，而土壤日瘦[redacted]矣。予见糞字而生亲切之感，以此。

以上三字胃屎糞皆米之异化，而鹽则与米不相关，为何字中也有米呢？说鹽还得先说卤字。卤lǔ的繁体作鹵。鹵中[redacted]为何有米？鹵汁是制鹽[redacted]（氯化钠）的附带产品，含氯化镁、硫酸镁、溴化镁，色黑，味苦，有毒。又名鹽鹵。由于[redacted]鹵汁中仍残[redacted]留[redacted]氯化钠，所以古人鹽也可以叫鹵，鹵也有时指鹽。

鹵（简作卤）篆文象鹽罐形。山居食用岩鹽，鹽粒形似小米，故字从米。古之鹽罐或许挂在壁上，[redacted]罐上有钩，见于篆文和金文。

卤的篆文　金文

盐的繁体　篆文

鹽（简作盐）字篆文从鹵監声。監（简作监）[redacted]字是[redacted]一个人瞪大眼睛（臣）俯照[redacted]盛水之皿，也就是照水镜，古人说的"以水为鉴"。監是纯声符，不参与字义。

远古文明[redacted]一般都靠近[redacted]可取水的河流，同时也靠近产岩鹽的山区，水[redacted]与鹽不可一日或缺也。河南西部河洛地区南毗黄河，北邻鹽池，为我华夏文明发祥之地，岂偶然哉。

竊

回到米上面来，说[redacted]（简作窃）。小偷在屋墙上打个洞，故字从穴。钻洞入室偷米，故字从米。[redacted]禼xiè又音qì，作声符用。篆文穴下多出一个抬杠的杠（廿），是说也偷重物，有时需[redacted]要二[redacted]贼用杠子抬。今之窃贼[redacted]曰："仓颉这老头儿太小看咱们了。[redacted]笑不偷存款，倒去偷米。还[redacted]用杠子抬，有那样笨吗！"

窃的繁体　篆文

069.近似米而非米

流沙河

社会[redacted]

中国作家[redacted]四川分会

俄罗斯有谚语[redacted]：“[redacted]爪迹认出狮子。”远古狩猎[redacted]第一[redacted]要紧，人人能识野兽脚迹，岂止狮子。兽脚称蹯，熊掌称熊蹯，人脚亦称脚蹯。作脚板或脚片皆误，脚掌有凹，非平板更非薄片也。严格说来，番pān是正字。篆文番，[redacted]上非采，象[redacted]爪形；下非田，象掌形。番[redacted]是兽类[redacted]爪掌，印在地面就是脚迹。加足旁作蹯者已嫌画蛇添足。只因番字[redacted]有了其他用途，不得已[redacted]添足旁，保存脚蹯本义。

番的三个篆文　　金文　　甲骨文

蹯fán亦[redacted]音pān。《左传》[redacted]竟然两次说到熊蹯，[redacted]牵涉人命。一是楚王要废太子，太子先动手，率兵围楚王。楚王请求说：“让我吃了熊蹯，再死不迟。”熊蹯[redacted]很难炖熟，需待数日。楚王想拖[redacted]时间，困待援兵。太子名叫商臣，是个“蜂目豺声”凶狠之人，[redacted]岂肯[redacted]久待，打进宫去[redacted]弑了楚王。二是晋灵公吃熊蹯，[redacted]嫌司厨[redacted]的炖得不[redacted]烂，[redacted]分付立刻杀了[redacted]块，[redacted]叫宫女用箩筐[redacted]抬着示众，以此立威。《孟子》大解八书中说的熊掌，其味美可比黄河鲤鱼的，就是熊蹯。今之[redacted]暴发户四只脚的除了桌椅无所不吃，吾见蹯字而怵目惊心，有不忍言者。

[redacted]兽类有个[redacted]习性，就是用番（爪掌）抓刨地皮，[redacted]狮、

虎、豹、狼、狗、猫皆有这个动作[redacted]。泉名虎跑páo，[redacted]原是虎爪刨出来的。方其猛抓迅刨，但见土渣草屑向后飞抛[redacted]如射[redacted]。农夫双手[redacted]抛投种子之时，亦甚迅速，也像兽类用番（爪掌）[redacted]抛出渣屑，所以播种的播是在番左旁加添人手。播的篆文正是这样。许慎见到的古文手却在右旁，其上为抛物线，表示抛投种子。播种孳出传播，演为广播，已忘[redacted]其农[redacted]社会耕背景与兽类习性源头了。

播的篆文　古文

悉，篆文上兽爪，下人心。人心象形，左右心室以及向下心尖皆可指认。古以心为司思考[redacted]器官。人之认识能力自心中出，所以篆文心上敞开。兽爪各种印跡放在心上，一一识别，心中清清楚楚。悉字就是这样造的，义为知晓，今曰熟悉。远古神话，伏羲“俯察鸟兽之跡而为文字”，[redacted]可见脚跡予人类的启示多么大。爪跡变成文字，符号化了，不可能说这是哪种野兽留下来的。

篆文悉

審（简作审），当然不会是野兽[redacted]入室了，[redacted]应是坐在[redacted]家中[redacted]细察兽跡，判断是哪种兽，是大是小是雄是雌，是在缓步走[redacted]还是在飞奔。这些都是远古猎户[redacted]最重要的知识，他们赖此活命。審在今日多属政府工作，[redacted]报告有人審阅，报刊有人審读，

篆文審

演出有人审查，计划有人审定，案件有人审理，账目有人审核。[redacted]什么叫审？就是弄个清楚明白，距离“俯察鸟兽之跡”已很远了。

篆文释

釋（简作释），也与兽跡有关系。猎户发现[redacted]兽跡，都能[redacted]解[redacted]釋有个说法。相反，外行见了，说不出个明堂，既不解，[redacted]当然无[redacted]釋。釋字从釆（番），右边是纯声符。釆（番）在这里代表兽类爪掌印跡。这个声符字是什么意思，以后再说。

与釆（番）字形音义皆相近者有[redacted]个平字。平的金文可能也[redacted]象兽跡之形。《尚书·[redacted]尧典》说到“平章百姓”。平，[redacted]辨别也。所以《今文[redacted]尚书》字作“辨章百姓”。

平的篆文　两个金文

章，彰显也。平章就是[redacted]辨别各姓[redacted]血[redacted]统，彰[redacted]明各[redacted]姓谱系，避免近亲婚[redacted]媾，以利优生[redacted]蕃[redacted]殖。今人“平反”，平是辨[redacted]别，反是翻案。平[redacted]釆（番）皆辨别，[redacted]音[redacted]近，金文形亦相似，在古代可能是一个字[redacted]的两种写法。平的古义是辨别，即是[redacted]区分开来。区分开来才有[redacted]公正可言。有公正才有真平等。今之平面平均平衡诸义皆后起者。

070.麦(麥)从天上來

流沙河

此事[redacted]令人惊异，古人[redacted]造这个來（简作来）[redacted]，[redacted]指小麦（简作麦）。小麦是数千年前从中亚传入我国的，所以來字又变成[redacted]來來去去的來。周民族发祥地在甘陕的南部。小麦最先传到那里，后来由西而东，传遍黄河中下游所谓中原地区。周民族的神话，说小麦是从天上來的。这好解释，龙卷风送来的。“天雨麦”历史上有记载。麦和來本一物而二名。來被借去做了來來去去的來，只好在來下添一个倒写向下的止（趾），表示这种穀物是从天降落[redacted]的。这个倒写向下的止（趾），在麦的甲骨文里看得很清楚，到繁体里就错作夂了。请看甲骨文降，正是左旁两个倒写向下的止（趾），右旁象[redacted]阶梯形。

来的繁体　篆文　金文　三个甲骨文

麦的繁体　篆文　金文　甲骨文

麦字下面倒止（趾）就是降省，表示从天而降。麦从天降，事出远古，[redacted]应该在周民族早期后稷时代。得此麦种，[redacted]后稷加以培育改良，获大丰收，谓之瑞麦，编成神话。

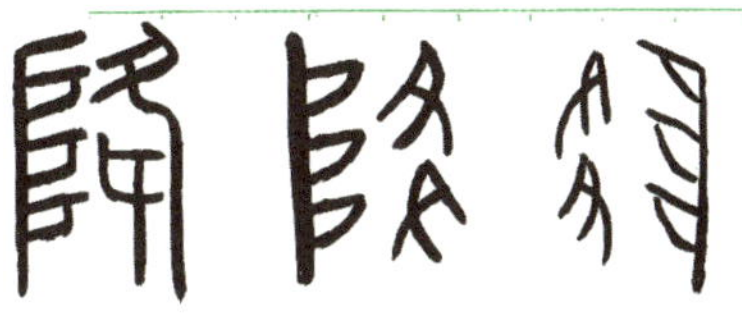

降的篆文　金文　甲骨文

麦來本是一物[redacted]，语音学[redacted]可证明。麦mài[redacted]，分解缓读为màilái[redacted]，独立成來lái[redacted]。

其理正如[redacted]迷[redacted]可分解为[redacted]迷离[redacted]（《木兰辞》[redacted]有"雌兔眼迷离[redacted]"句），朦[redacted]可分解为朦胧，命可分解为命令，莽可分解为莽浪。后人麦来分用，麦指大麦，来指小麦。今人通称麦，大小分别之而已。

小麦粉曰麪（简作面），[redacted]正体字作麵。篆文麪同正体。字从麦，丏声。丏mian易误作丐。丏音是由"没见"二音拼合成的

面的繁体　正体　篆文

篆文丏

。丏义在《说文解字》书中是"不见"，亦即看不见了。丏形似乎是一手举盾牌。盾牌遮着，所以"不见"。不过丏在麪字是纯声符，不必多作联想。五四新文学前辈有夏丏尊先生者，予曾问叶兆言："老人家为啥用怪字考人？"答曰："他说就是要取怪字，让人写错选票无效。"相与一笑。

繁体麪字提醒我们，小麦粉古代的[redacted]年青女性[redacted]用来扑[redacted]面增白，所以[redacted]麪字从面，叫作面粉。这样说来，麪粉二字真该写成面粉才对。《说文解字》："粉，所以傅面者也。"后因胡粉传入[redacted]，改用胡粉。胡粉又名铅粉[redacted]或金粉，亦即碱式碳酸铅。

酿酒必用酒曲，起发酵的作用。曲又作麹，亦[redacted]简体也。繁体作麯，正体作麴。酒麴是用大麦、大豆、[redacted]麸皮、糠屑和草药以及某种霉菌混合制成。功效神奇，又名神麴。麴饼

25×20=500　　Ch001 219 86 3

表层生菌，点点斑斑若尘，色淡黄，称麹尘。字又作鞠尘。淡黄色古人叫鞠尘色。花色淡黄，汉代《月令》："鞠有黄花。"鞠花后作菊花，其花多淡黄色。麹的篆文从麦，穀省声。穀qiào可转音qū，所以用作声符。隶变时[redacted]求字形的美观，变成麹了。三千年前周公赞美士人，说："我若酿酒，你们就是我的[redacted]酒麹。"意思是[redacted]治天下必须依靠知识阶层。

曲和麹的繁体　正体　篆文

麦粒加工成面粉，古代用舂的办法。《说文解字》："臿，舂去麦皮也。"看篆文好像是用木杆在臼内舂。臿chā字造来专指舂去麦皮。既然这样，臿与义为铁锹的锸就绝非古今字，其间不存在字义上的继承关系，根本是两个不相干的字。臿为动词舂麦，以木杆频频地插舂臼内，使麦粒摔掉皮。若是这样，臿与插或为古今字吧。

锸的繁体　古写　篆文

071.此豆非彼豆

流沙河

中国作家协会四川分会

敬请注意：麻

细心人注意到繁体麻（简作麻）屋下不是林字。麻在古代属于五穀，种在田里，与树林没关系。简体麻字岂止不通，还添困惑。人问：“屋下与麻又有啥关系呢？”原来麻株从田里拔起来，必须运回屋下[redacted]治理，所以字从屋下。看篆文屋下的两株麻[redacted]已扒皮，两个八字正是扒下的皮。麻之用[redacted]首在皮。麻皮要在池中沤泡，以后还要劈麻成缕，纺缕成线，或制麻绳，或织麻布，都在棚屋之下完成。[redacted]麻属五穀，是因为大麻（火麻）雌株结子，可作饲料，或榨麻油食用。脂麻（胡麻）传入中国，遂有香油，所以亦属穀类作物。金文麻字从厂（岸）错了，岸下非屋下。

麻的繁体　篆文　金文

散字看不出与麻有关系，所以要先看散的甲骨文。其字左林右攴。攴字右手执鞭（也可以是杈杖）。不过用在这里只表示正在做手工活，所执[redacted]物件可视为[redacted]小刀[redacted]具，用以剥麻。林字亦可视为[redacted]麻株[redacted]，其一株[redacted]皮已经扒下。可知散的初义乃是剥麻成皮，以后还要劈[redacted]皮成缕，正是愈分愈散。金文攴变成所谓“反文”亦即扑，并非[redacted]真要扑打，亦只表示做手工活而已。到[redacted]篆文两株皮都扒了。这个篆文[redacted]已经完满体现[redacted]

散的两个篆文　金文　甲骨文

分散之义[redacted]。后来又拿去做声符，从肉，表示杂肉。最终变形为散。杂肉是说品类不纯，仍含分散之意。

豆亦穀类。古人最初说菽，不说豆。菽的篆文象形，一横是地面，上为两个芽瓣，下为根和根瘤。[redacted]金文叔字，根下三点就像根瘤[redacted]。在[redacted]篆文则不像，误作八了。

篆文菽

我们今天说的这个豆字，原来是一种有盖的高足食器，与豆科植物不相干。看了篆文豆便知悉，这种食器自从古人发明桌椅以来[redacted]，就被淘汰出[redacted]局，仅仅用于祭祀典礼。

豆的篆文　金文　甲骨文

桌椅发明以前，人皆席地跪坐进食，不能俯就盘飧状同[redacted]猪狗，所以食器非有高足不可。豆[redacted]盛食物部分[redacted]碗形，加盖防尘。豆本[redacted]木制，也有陶制的[redacted]，即《尔雅》说的"瓦豆谓之登"。登亦食器。[redacted]若用登来照明，就变成[redacted]燈（简作灯）。

古音豆菽相同，食器之豆借用来指植物之菽。久借不还，原义[redacted]隐匿，人遂以为当初造此豆字，是拿来概括[redacted]黄豆、蚕豆、黑豆、红豆、雪豆的。同时，菽字[redacted]排挤[redacted]出局，唯文言偶一用，例如"不辨菽麦"，又如豆豉叫作"配盐幽菽"，雅得吓人。

今音豆菽相去已远。其间演变情形，我也说不清楚。

中國作家協會四川分會

但看樹（简作树）豎（简作竖）二字都用豆做声符，你便明白确有其事[redacted]。至于音韵学[redacted]的常识，还得另找书读。

登也是一种有盖的高足食器，比豆高些大些。看篆文上面两个止（趾），左脚踩到右边去了，右脚踩到左边去了，正是登山的登。金文和甲骨文下面双手捧着，才是食器的登。两个登本来是不同的，合并为登山的登了。

登的篆文　金文　甲骨文

孔子幼年喜爱陈列俎豆，扮演祭祀活动。俎与豆皆[redacted]食器，亦皆禮器。所谓讲禮（简作礼）原来就是虔诚祭祀活动。为啥叫禮？禮字从示，与神灵有关系。右边[redacted]声符lǐ，是一种专用于祭祀的[redacted]禮器，盛享神的食物，比豆与登更大更[redacted]美。看[redacted]象形字，器内所盛或玉或[redacted]菜都宜活看，理解为档次高很珍贵就行了。

正体　篆文　金文　甲骨文

豐（简作丰）亦禮器，比豆矮而豐满。[redacted]字从豆，可知亦[redacted]食器，而容量甚大。整体象形，不必一一拆开来讲。以器拟人，豐即胖也。豐古音pāng。今之胖字笔划有误，本该作胖。

篆文豐

072·围绕酒[redacted]器造字

流沙河

中国作家协会四川分会

縠（简作谷）类作物俱含淀粉，皆可酿酒。酒无一定之形，造字[redacted]乃画酒罈，酒贮其中。罈口添画[redacted]漏斗，滤掉[redacted]糟滓。罈底尖形，埋入土内，以保低温。酉就是酒字的古写。后来酉字编入十二地支纪时，才另造三点水的酒字。酉时正[redacted]当[redacted]傍晚，（最宜此时）[redacted]饮酒[redacted]，醉了天[redacted]黑[redacted]就[redacted]睡，不误正事。殷人特别嗜酒，定[redacted]傍晚为酉时，非偶然也。

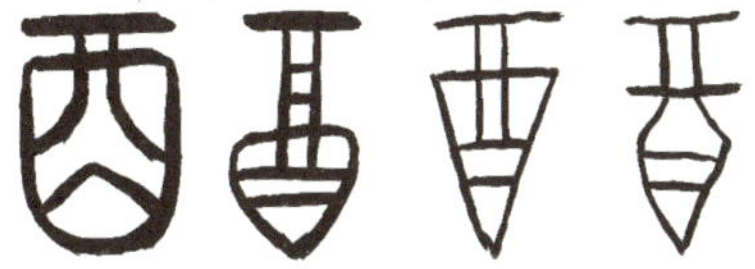

酉的篆文　金文　两个甲骨文

晚近[redacted]名牌白酒皆蒸馏酒，酿造方法元代才由阿拉伯传来的。元代以前，酒皆醴酒，度数低，味道甜，且有糟滓，必须过滤，所以酉字上有[redacted]漏斗。[redacted]醪糟酒便属于醴酒类。醴酒[redacted]滤过才[redacted]饮。滤酒[redacted]曰釃（简作酾）[redacted]Shāi，《水浒》说的筛酒便是。釃的声符是麗（简作丽），推测古音读lí，[redacted]今音读Shāi。至于醴，右旁也是声符，读音与禮（简作礼）相同，古人[redacted]所谓“酒以成[redacted]禮”是也。醴酒[redacted]祭祀必用。怎样用醴，盛在什么杯里，由谁斟酌[redacted]，由谁敬献[redacted]，都有严格规定，[redacted]就叫“讲禮”。无醴便是“无禮”。儒家最讲究这一套禮仪。

篆文釃

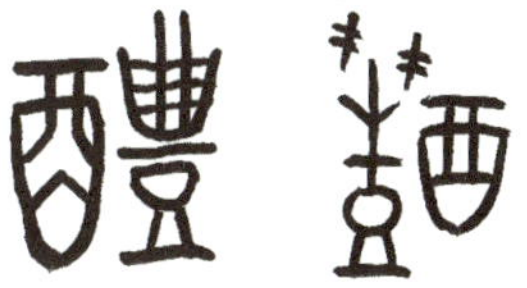

醴的篆文　金文

[illegible]

《禮记·明堂月令》说到掌管醴酒之官，称为大酋。酋长掌酒，领导祭祀活动，在古代这地位很重要。国王常常兼领祭师之职，所以酋长就是领袖。其实酋字本[redacted]义只是老酒。酒是老的好，韵味更淳美。[redacted]是为老酒，而非为人，造此酋字。篆文酋上面不是八，只是表示酒香气，正如篆文公（瓮）上面不是八，只是表示共鸣音罢了。

篆文酋

酒罇尖底埋[redacted]在土内，土堆成半球形（似头[redacted]颅）谓之垆（繁作壚）。坐守[redacted]酒罇卖酒，[redacted]“文君当垆”。如果一罇酒运到殿堂上祭祀神灵，尖底怕倾倒，就得置搁架，以求安稳。看这奠字下面原来并非大字，而是几架之形，你就明白，古之奠者，今之垫也。奠的金文从酉而不从酋，意思差不多。甲骨文更简洁，画一横当搁架。不管怎样，总得垫平[redacted]，难怪至今还说什么奠定和奠基呢。奠也可以音鄭，所以加个邑（[redacted]俗称右包耳）成[redacted]鄭字。卜辞有鄭字，是地名，就是春秋时代鄭国，在今鄭州市。奠[redacted]可音鄭，亦如滇、填、颠以真为声符。古音曾经如此。

奠的篆文　金文　甲骨文

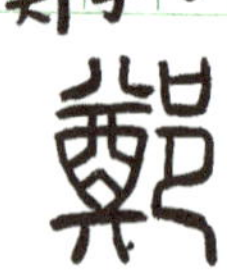
篆文鄭

今人所说尊敬、尊严、尊重之尊，[redacted]古代[redacted]另有意思，

25×20=500　Ch001 219 86 3　第二页

乃[redacted]指酒尊[redacted]而言。尊（后加木旁作樽）亦属[redacted]酒器，但是形状与尖底罈（器底[redacted]宽平）大不同。为了造字方便，借用尖底罈的酉字，其下添加双手端着，字便[redacted]造出来[redacted]。[redacted]酒自罈内挹出，盛[redacted]入尊内，端到宴席上去[redacted]享用，这叫“置酒”。尊为置酒之器，乃[redacted]宾主尽欢之源泉（快乐），大受酒徒[redacted]青睐，遂孳生出尊敬一义。

尊的篆文　金文　甲骨文

篆文后来省去左手，又在右手下添[redacted]点成寸。寸表示有法度。这就是为什么[redacted]尊异于篆文。今则以樽为置酒之器，尊为尊敬，一分为二了。

壺（简作壶，字笔划）为行觞之器。主人执壶上前，[redacted]向[redacted]客[redacted]注酒入觞（[redacted]角杯）。壶字象形，大是[redacted]壶盖。壶[redacted]是葫芦[redacted]加工成的，有柄有座。甲骨文壶口有漏斗。

壶的篆文　金文　甲骨文

福字右边也是葫芦加工成[redacted]的行觞之器。甲骨文为[redacted]方便刻字，下面改成方形[redacted]。壶福二[redacted]字，前者hú而后者fú，缘于方音[redacted]不同而已，实乃[redacted]一物，皆酒壶也。家有壶酒供饮，便有福了。

畐的篆文　金文　甲骨文

觞[redacted]为饮酒之器。夏朝用玉盏，商朝用铜斝，周朝用角爵，各有讲究[redacted]。斝jiǎ的篆文与器形反差殊甚，缘于此器形状传说各异。查得金文和甲骨文，乃知其形状为二柱三足一耳柄，而腹容量很大（殷人嗜酒）。这是禮器，国宴才用。家中自饮恐怕还是用大碗从简吧。

斝的篆文　金文　两个甲骨文

073·飲酒讲规矩[redacted]

流沙河

中国作家协会四川分会

商朝灭亡，人说“殷人以酒亡国”。周朝夺得天下，周公作《酒诰》，严惩聚众轰飲(简作饮)[redacted]。看甲骨文[redacted]飲，知古写更繁，其字从酉从欠就是守着酒罈大张口，今声。此字篆文与古写同。其实欠本来是打呵欠，用在这里只取[redacted]其大张口，因为酒徒此时精神振奋，绝不可能想睡。最令人惊异的是甲骨文，右边人字正是酒徒，颈项伸那样长，大张其口（口下有个大字），似乎要吞掉罈上的漏斗，其馋可知矣。这位酒徒当然是殷人了。商朝亡后，周朝的飲[redacted]酒者讲规矩，嫌长颈大口太[redacted]失禮，乃改成今字作声符，以掩丑态。周代的金文[redacted]颈已缩回去[redacted]，[redacted]衬大口仍张，今声，就是改正后[redacted]的飲[redacted]字。隶变以后飲才从食。

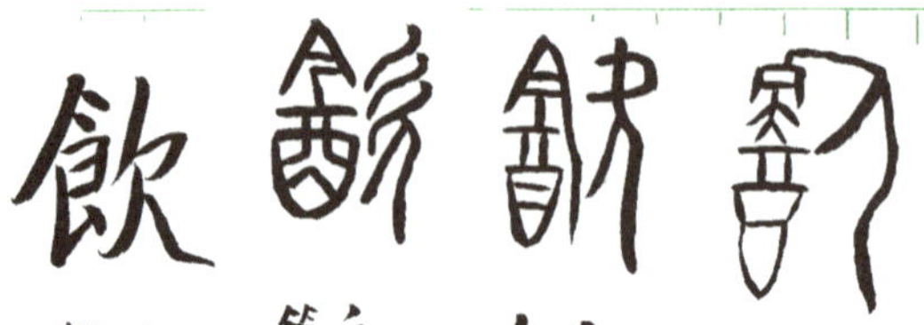

飲的繁体　篆文　金文　甲骨文

周朝礼仪，[redacted]宴聚飲[redacted]酒，[redacted]座中[redacted]指定一人当[redacted]（简作瓯），[redacted]此人必须滴酒不沾。这样醧可以避免[redacted]醉后闹事，到时候总有清醒人在座上维持秩序。

醧的篆文　金文

~~醧字从酉，区声。广东有醧[redacted]ou灶，古音。~~旧时成都[redacted]慈惠堂街一家包席馆子取名醉醧。当醧的都醉了，足见宴聚之欢。请看

25×20=500　Ch001 219 86 3　第[redacted]页

金文醧左旁[redacted]一罈酒，右边那人足下是止(趾)，肘部三撇表示文采，扭头向后[redacted]表明他是滴[redacted]酒不沾。醧字历经三千年了，至今仍在口头[redacted]活着。例如，大家都赞成私分小金库，独有一同志不点头，众[redacted]人背后[redacted]怨他"醧起正确"[redacted]。又如，某同志在那里吹[redacted]自己革命多年，别人背后笑[redacted]他"醧老资格"。总之，凡作"众人皆醉唯我独醒"状者，皆可谓之曰醧。只是今人已不知此字的来历了。醧字从酉，區声。區(简作区)古音ōu。嘔、漚、歐、鷗、毆、甌都用區作声符。广东有區姓者亦读ōu而不读qū。用區作声符而音qū的有軀、驅、嶇。

篆文酬

金文酢

今人说的应酬、报酬、酬金都与饮[redacted]酒相关。周朝防止滥酒酗酒，订了许多规矩。宴聚开始，主人[redacted]给众宾斟酒[redacted]，谓之献。众宾喝[redacted]了，又给主人敬酒[redacted]，谓之酢。主人喝[redacted]了，再给众宾斟酒[redacted]，谓之酬。主酬宾，宾酢主，一酬一酢，交替进行，使之有序，避免放肆轰饮[redacted]，醉后闹事。这套规矩至今管用。[redacted]予读《仪礼·乡饮[redacted]酒礼》，见规矩之繁琐[redacted]，不免[redacted]困惑。说穿了其实很明白[redacted]，预防滥酒，不得不订些扫兴的规矩。

酬酢皆形声字。酬酢的酢[redacted]读zuò。若读cù音，便是醋的异体字了。

与酢形近有醡。醡zhà字分解，即[redacted]是酒[redacted]榨，一种榨酒的[redacted]器具，古名糟床。榨字退到三千年前，笔划甚简，便是乍字。《说文解字》

中国作家协会四川分会

乍被分[redacted]为入亡二字，见于篆文。不知篆文错了，便从入亡二字硬作解释，使人糊涂。许慎未见过甲骨文，不知甲骨文乍原是榨油。请看此字两个V字套叠，大V为容[redacted]器，小V为木楔，从上打入挤压，油就滴流而下。不是象形，这是象意。金文小V[redacted]变成[redacted]卜，[redacted]篆文又变成[redacted]入，遂不可解。

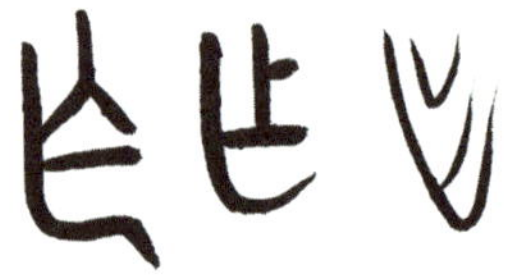
乍的篆文　金文　甲骨文

予少[redacted]时见榨油，木楔重锤打入，听见咋咋有声。所以名榨者，[redacted]“其名自呼”也。酒混糟[redacted]中，也要榨[redacted]出，乃有酒榨之设。古[redacted]代酒店现榨现卖[redacted]，李白诗有[redacted]“胡姬压酒劝客尝”句是也。

《说文解字》：“配，酒色也。”注家误以为[redacted]说酒的颜色，不知色谓成色（成份）。酒之成色，勾兑而出，由酿师[redacted]掌控之。今之所谓配合，源于酒之勾兑。勾，相当于百分比。兑，此液注[redacted]入彼液。今俗以拉关系为[redacted]勾兑，就是你中有我，我中有你，结成利益的[redacted]共用体。配字从酉，妃省声。妃也是配偶嘛。[redacted]

配的篆文　金文　甲骨文

醫（简作医）字简化得好。工具箱中放一[redacted]柄斧（[redacted]斤）是匠人，放一枝箭（矢）是医生。作动词用是殹。箭镞用来[redacted]放血，见甲骨文。酉（酒）是药酒。殳是手拿[redacted]手术[redacted]刀啦针啦各种器械。殳本来是武器，用在这里[redacted]的醫字下面不是酉（酒）而是巫，那时连称巫医，因为[redacted]医病要诵咒语。

医的篆文　金文　甲骨文

074.吃飯问题多

流沙河

一只满盛熟食[redacted]的高足[redacted]豆，看甲骨文芳香[redacted]四溢，其上的三角形是张开的大嘴[redacted]，这是食字。到了金文，高足[redacted]变圈足。到了篆文，又错成匕字。食字由上下两部分构成。拿掉上部大嘴，下部单独读bī，其字为皀[redacted]就是晚造的飶（簡作𫗦）。皀飶为古今字，两字之义皆为熟食的芳香，完全相同。有以异者，皀有芳香义，又被人误认作香，以为皀香是古今音，遂至争讼不已，实在烦我读者。

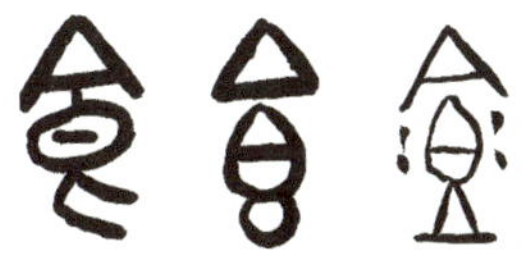

食的篆文 金文 甲骨文

皀的篆文 甲骨文

黄河流域柴薪难找，所以古人每天吃两顿飯。商代卜辞记载[redacted]“大食”“小食”，[redacted]指的正是早餐[redacted]晚餐，不设[redacted]午餐。早餐叫饔yōng，晚餐叫飧sūn。饔是正餐，炊饭烹菜。飧是夕食，热汤浇饭。1950年我到川西日报社工作，社内多属晋绥地区南下干部，日食两餐古风犹存。

飯（簡作饭）字从食，反声。一日之内，吃了早餐，又吃晚餐，事属反复，所以叫飯。可知反也参与字义。反字从又（右手），表示[redacted]事与[redacted]手有关系。左旁象[redacted]手翻手背给人看。所谓“易若反掌”正是翻手背以示人。反就是翻一面，掌面翻成背面，而翻覆与反复之义生焉。

篆文 飯

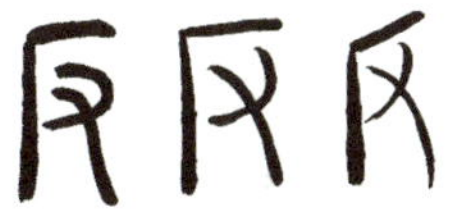

反的篆文 金文 甲骨文

Ch001 219 86 3　第 一 页

为啥早晨正餐叫饔，傍晚夕食叫飧，还须探其语源。河道泥沙太多则壅塞，身上脂肪太多则臃肿，街区车辆太多则擁（[redacted]简作拥）挤。以雍作声符，字便有盛多之义。雍字本身也有正大堂皇之义。早晨正餐内容丰富，所以叫饔。傍晚夕食[redacted]汤泡剩[redacted]飯，所以叫飧sūn，音近剩shèng也。

下面是一个被《新华字[redacted]典》毙了的字。《说文解字》对此字的解释是"以羹浇飯也"。羹gēng字从羔从美。古人做鱼羹做肉羹，讲究五味调和，米粉勾芡，加酝相宜[redacted]蔬菜，强调原汁，以葆[redacted]鲜味。用这种羹浇淋米[redacted]飯之上[redacted]，叫羹浇飯。今皆作"盖浇飯"，错了。出错的原因是甲骨文有奇字上羊下皿，罗振玉认为这是羹字的古写。[redacted]这个字的[redacted]字形近似盖的简体盖字，在书写时误断羊尾，就错成盖浇飯。

繁体　篆文

蜀人好吃零食。零食在蜀地叫零碎或零嘴。以予考之，当作零⿰食兑，或作零餟。碎字和嘴字是错字，因音同⿰食兑和餟而致误。可惜，⿰食兑餟二字义为零食也被《新华字典》毙了。我为它们争地位，也是白费力。

繁体　篆文　繁体　篆文

[redacted]主人端一盘点心出来，招待来访的客人。何谓点心？

有说者谓慈禧太后叫大臣尝尝糖果云："尔可先点点心。"金口玉牙一言为定，遂名糖果为点心了。其实点心二音应是飣的缓读分解。试将点心急读，就拼成飣。[redacted]古称零敲碎打做点学问装潢门面者曰"餖飣之学"。餖飣（简作饾饤）便是[redacted]摆在盘中给人看的点心。餖是高足杯盘，食旁多余。

贪求美食，就难免有口腹之累。有客以館（简作馆）字作例证，责国人之好吃，说："文化館，科学館，殡仪館，博物館，纪念館，与飲食不相干，也用食旁的館，真是民以食为天啊！"其实館的本义只是"客舍"，亦即宾館，官办的接待出差的[redacted]吏员，私营的接待投宿的旅客。館内例皆设备锅灶柴米，供客炊爨，所以館字[redacted]食旁。后世館字被挪用到非館之所，实与国人好吃无关。

篆文館

现在回头说[redacted]早就该说的餐字。《说文解字》定[redacted]餐字为形声[redacted]，说是从食，其上乃是[redacted]残字[redacted]古写，做声符用。近读康殷先生《文字源流浅说》，方知另有解释。

原来周代吕鼎金文有"王餐于太室"一句。那个金文餐字[redacted]上面多出一个[redacted]屋盖[redacted]，表示[redacted]是在屋内吃飯[redacted]。那个所谓"残的古写"原来是一个[redacted]人张大嘴巴的象形。这个金文餐字只须稍加[redacted]改写如下，便[redacted]很容易看出这确实是餐字。由此可知《说文解字》[redacted]定餐字为形声，可能错了。

餐的篆文

金文

稍加改写之后

075·进餐的慢镜头

流沙河

前篇说一个人张大嘴巴在食字的上面那是餐字。如果[redacted]此人尚未[redacted]张嘴，只是来到食字旁边，那就该是就餐的就字了。就字的意思就是来就餐。后来用处渐广，就位就业就职就范都用就了。《说文解字》的就从京从尤，意思是高。这是一[redacted]个错字。就字《诗经》多见，绝无一处训高。看就的甲骨文，与篆文和金文都一致，皆是左食右人。唯在甲骨文，食或混同于京，人或混同为尤，错成从京从尤之就。左食右人错成左京右尤，遂不可改。与此同时，金文和篆文仍然保留左食右人之字，而后人竟不识[redacted]这是什么字了。

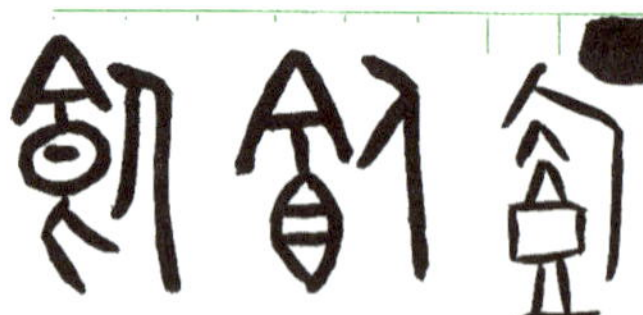

就的篆文　金文　甲骨文

人来到食[redacted]字[redacted]旁[redacted]站立着，这是就餐的就。如果此人坐下，这就该是即字[redacted]。试将篆文就[redacted]与篆文即[redacted]作对照，由站而坐，一目了然。食字上部三角形原是，亦可视为食物上的幂盖。在篆文即，幂盖已经[redacted]省掉。就和即，文[redacted]通[redacted]音[redacted]近，而即更进一层，[redacted]似乎已经吃起来了。

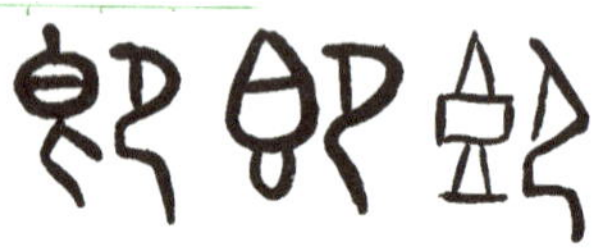

即的篆文　金文　甲骨文

人如果[redacted]打呵欠，背向着省掉幂盖的食字[redacted]或不打呵欠，而是掉头向着背后[redacted]打嗝[redacted]，都足以表明他已经吃完这顿[redacted]饭了。这就该

既的篆文　金文　甲骨文

是既字[redacted]。既字的意思是一个阶段的终了，初指[redacted]用膳，后乃泛指其他事情的运作。凡[redacted]事已成，谓之既然。

既字篆文右旁是个欠字。欠字从人从气，气在人上，所以欠就是打呵欠。呵欠表明精神不足，有所亏损，于是孳生出亏欠一义来。既字金文和甲骨文右旁是个旡字。旡[redacted]字象打嗝形，其实就是嗝字的古写。旡，今音jì而古音gé，因为[redacted]人类打嗝至今仍然发出gé声，破jì声。

篆文欠　金[redacted]文旡

鄉（简作乡）的篆文二人对坐，中间是食之省，可知这是朋友[redacted]聚餐。下面食字多馀，因为中间已有食之省了。如果不嫌食字多馀，写出来便是饗（简作飨），意思是以酒食款待人。同音义近有饟（简作饷），用于薪饷[redacted]、领饷、关饷，但也可以用于以酒食款待人。而本义是朋友聚餐的鄉字被借用于鄉村，意思全变了。

鄉的篆文　金文

周代[redacted]有[redacted]鄉人饮酒[redacted]礼，由朝廷官员作主，宴请地方士绅贤达。[redacted]《说文解字》按照古礼解释："饗，鄉人饮酒也。从鄉从食，鄉亦声。"其实早在周公制礼之前，甲骨文便已有鄉字了。其义只是聚[redacted]餐，谁管他礼不礼。由于二人对坐[redacted]而食，又孳生出嚮背的嚮（简作向）。

筹备召集[redacted]大[redacted]會(简作会),安排食宿非常麻烦。特别是食,[redacted]专设[redacted]班子[redacted]负责。当初造此會字颇费心思,好不容易想到[redacted]供应与会者一日三餐的大锅大蒸笼。只有开大会才用得上这二大,寻常百姓小锅小[redacted]笼够之足矣。于是會字造出,顶上三角形大张嘴。

會的篆文　三个金文　甲骨文

那么多与会者,一嘴一寸,十嘴一尺,百嘴一丈。中间大蒸笼,笼上还有笼,笼内蒸馒头。看金文第一會,馒头六个表示很多[redacted],下面一口大锅。金文第二會,蒸笼[redacted]层叠,蒸笼有双耳,笼内纵隔,馒头很多。金文第三會,左旁双人[redacted]是行之省。行象道路之形,与会者远道而来。下面是止(趾),走路来的。顶上屋盖,其下[redacted]笼内[redacted]横隔,馒头很多。笼下[redacted]窗[redacted]之象形,盖谓大锅上有蒸汽孔也。甲骨文會,[redacted]三角形大嘴下蒸笼层叠,下面大锅引一线蒸汽冲上去。这一线[redacted]若[redacted]忽略,便辜负[redacted]造字者的用心[redacted]了。

會的意思只是开会,本不[redacted]属于饮食范畴。但须借厨具与食物构造會字,所以附在食后说之。

076·碗上造出字来

流沙河

皿mǐn是一只饭碗。甲骨文象形，碗口侈张，碗底高足。篆文左右两撇本来位于碗口，表示向外侈张。日久移位到高足旁，遂难理解。mǐn音通wǎn，乃另造盌，今作碗。[redacted]皿则泛指碗形器皿，互相划清界限。

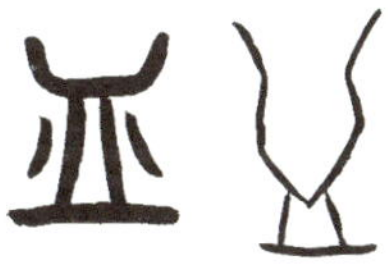

皿的篆文　甲骨文

盍字今为虚词，“何不”二音拼成。例句“盍往观之”就是“何不去看看呢”。当初造字[redacted]乃指一种木制[redacted]盛熟食的[redacted]器皿，今字作榼kē。盍的篆文上面的大，在金文是盖子，而皿中有食物。

盍的篆文　金文

合盒古今字。甲骨文合象盒盖与盒体互扣相合之形。磨合、嵌合、结合、配合、联合诸词皆取双方如盒盖与盒体相合之义。容器之有盖者方得称盒，无盖便是盘了。贺婚词曰“百年好合”，源于古称“媒妁合二姓之好”，意识深处乃以[redacted]男方为器体，[redacted]以女方为[redacted]器盖。女嫁到男家来，正如盖扣到器上去。

合的篆文　甲骨文

如果器皿很大，便可[redacted]贮水[redacted]照影，取名[redacted]曰監（简作监）。篆文監，[redacted]皿中有水，皿上一人瞪目。臣字象瞪目[redacted]，就是今之瞋chēn。君臣乃后起的引申义，臣替[redacted]国王瞋大眼睛照看政事。金文皿中省水。两个

監的篆文　金文　两个甲骨文

Ch001 219 86 3　　第 一 页

甲骨文，一男照，一女照。男照的臣与目相同[redacted]。女照水中显现[redacted]面影，脖子伸长，展示造字者的[redacted]诙谐。镜子就是从監演变来的。

先民信神，动辄向神宣誓，或表决心，或证[redacted]自身清白，或原[redacted]双方联合，明即宣誓，[redacted]先要祭神。祭品用[redacted]牲畜的鲜血，盛在皿内。所以篆文盟字从血，明声。金文同。甲骨文从皿省（省掉皿内表示血的一横），明省声。所谓同盟就是双方乃至多方在神面前宣誓，共喝血酒。

盟的篆文　金文　甲骨文

旧时民间不说宣誓，而说"赌咒发誓"或"赌血咒"。男女结合也[redacted]要"海誓山盟"，拉神作证。

盧（简作卢）是旧时北方农家用的柳条[redacted]饭篮[redacted]，有孔透气。盧[redacted]南方人说成[redacted]籮（简作箩），一回事。蜀人说[redacted]luōluō。总之，盧[redacted]皆有孔。爐（简作炉）下面有爐桥也算孔，所以从火从盧盧亦声。籮有孔也源于羅有孔，网羅（简作罗）哪能无孔。有孔的丝织品也叫羅。盧字从皿，属器皿类，上面虎省只是声符，中间象饭篮[redacted]形，不是田。

卢的繁体　篆文

盧既有孔，透气兼可透水，所以具有[redacted]滤水[redacted]功能。思慮（简作虑）就像用盧[redacted]滤水那样，让思维从[redacted]心窍滤出来，所以慮字从心从盧省[redacted]，盧亦[redacted]声。滤水即濾水。濾（简作滤）与盧有[redacted]間接关系。

慮

慮的繁体

盝[redacted]lu音同漉，意思相同也是过滤。盝[redacted]的皿是后来添加的，录的[redacted]意思已是过滤。[redacted]篆文录据说是剥兽皮，似乎像一只兽悬挂着在滴血。看金文才晓得篆文错了，原来是横梁上悬挂着胀鼓鼓的布袋，正在过滤。点滴而下者是水，是酒，是醋，布袋[redacted]内容相应地[redacted]是[redacted]粉浆，[redacted]是酒糟，[redacted]是醋糟。蜀人过年[redacted]磨推[redacted]汤圆粉[redacted]浆，盛入布袋，悬吊滴水，正像[redacted]金文所[redacted]画那样。造篆文者以为金文画的是已剥皮的兽体正在滴血，所以篆文跟着错了。

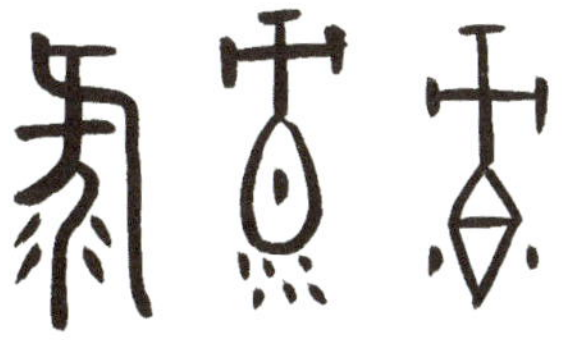

录的篆文　金文　甲骨文

录即[redacted]滤。开会我作记录，便是用笔“过滤”你的发言。考生而曰录取，亦是用分数“过滤”也。考公务员而曰录用，亦复如此。语录也是“过滤”出精采嘛。

繁体盗

请看明白繁体盗字是三点水，上面是㳄而不是次。㳄xián涎古今字，流清口水。因馋而偷嘴，盗也。羡慕的羡便是对着羊肉流清口水。盗的金文碗内似火而非火者，美食也。

盗的篆文　金文

欠本来是呵欠，加三点水便是张大嘴巴流清口水，缘于食欲引起唾液大量分泌。[redacted]甲骨文[redacted]㳄在卜辞里有时通衍，指河水的泛滥，亦以唾液大量分泌作比喻也。

㳄的两个金文　两个甲骨文

077·餐具和炊具

流沙河

中国作家协会四川分会

一种大腹小口陶器名缶fǒu。篆文缶象容器形，午声。午乃[redacted]夯地基的杵柱，象形。不过只是声符，午在这里并不参与意义。匋yáo是烧制缶类容器的窑，看篆文便晓得是封闭的洞穴。匋窑音同义同，一字两写[redacted]而已。还有䍃字，从缶肉声，音yáo，专指炊具和[redacted]陶器。陶器中一部分在古代是[redacted]具，[redacted]

缶的篆文　金文　甲骨文

篆文匋

下面一件陶器是蒸饭的甑子。甑字从瓦，陶器又称瓦器。曾即甑。篆文曾，上非八，象冒气，中是[redacted]窗的象形，取通气义，用在这里代表底部有[redacted]七孔的陶甑，下为[redacted]水沸[redacted]的锅，蒸汽一线引上。籀文左右蒸汽引上，曾下是鬲lì，古代叫釜，[redacted]形似三足鼎而足部是空的。鬲烧水沸，提供[redacted]蒸汽，作用与锅相同。鬲字下部象其空足而三[redacted]，同上部本来是[redacted]连在一起[redacted]的，是为鬲腹。[redacted]籀文甑太繁琐，屋上架屋[redacted]，终被淘汰。

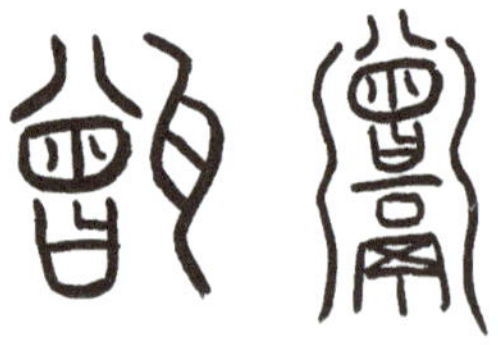

甑的篆文　籀文

鬲最初亦陶器。篆文上下脱离，易生误会，以为三足之上为锅为盖。其实上下相连[redacted]，看金文和甲骨文便明白无误了。甲骨文最明白，下有[redacted]三只空足的锅便是鬲。后世有三足釜，旧时彝胞三石支起一锅，皆鬲之遗迹也。

鬲的篆文　金文　甲骨文

25×20=500　Ch001 219 86 3　第 一 页

镬的繁体 篆[redacted]文 甲骨文

江浙人说的镬huò其实就是锅。锅字晚出，[redacted]初[redacted]非煮锅，而是车毂上的盛[redacted]滑油器。镬字古老，从金，铜制，右旁乃是今之获字，作声符用。甲骨文也不是煮鸟，注意鸟下那个又字。又，右手也。表示鸟之被捉，此乃获字，也是作声符用。原来最早的镬即三足釜，也空足。空足的好处是速沸省柴。美食家说，[redacted]肉骨[redacted]落入空足[redacted]，亦好处也。

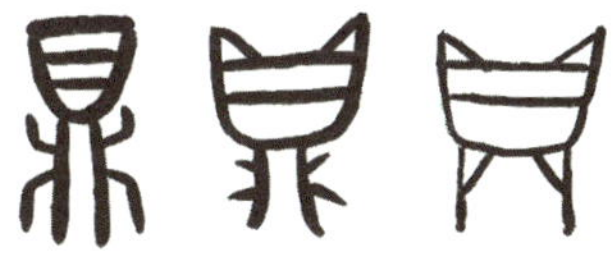

鼎的篆文 金文 甲骨文

鼎最初亦陶器。鼎字形成[redacted]时已是青铜器。看甲骨文，有双耳，可杠抬，四足侧视而成两足[redacted]。这时已是礼器，用于祭祀，平时宴享用镬方便。[redacted]鼎的金文和篆文，其下非[redacted]足，而是木字[redacted]自上而下劈[redacted]为二，锅下要烧柴嘛。蜀人至今呼灶上[redacted]半球形的深锅曰鼎锅，[redacted]最得鼎之本义。

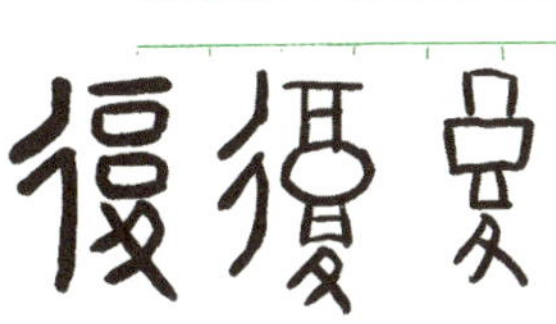

復的篆文 金文 甲骨文

復（简作复）的意思是来了又回去。回去就是复。军人解甲归田，今曰复员。国家回到过去的强盛[redacted]叫复兴。你先打我，我再打你，谓之报复。你看我连用了四个简体复字，是吗？非也。在甲骨文复字就是这样写的。复，既是简体，又是古体。甲骨文复，[redacted]从止（趾）[redacted]表示回去。上面方块三叠单独读fú，做声符用。这个方块三叠经金文到篆文，成了圆饼[redacted]二叠上加一横。不论方块圆饼或三或二，都是蒸屉重叠之形。此即古之[redacted]鍑[redacted]字，见《汉书·匈奴传》[redacted]"多赍鬴鍑薪炭"之鍑。实物未曾目睹，想必形似白铁皮捶制的蒸笼吧。既是蒸屉重叠，所以复又有重复义。其理正如曾（甑）置锅上，衍[redacted]出"增加"，叠曾（甑）相[redacted]重[redacted]，衍出"層叠"。層的简体作层。

𣪘的篆文　金文　甲骨文

𣪘jiù的初义为就餐，可能是就字的古写。看甲骨文，右手持匕[redacted]正在[redacted]提取碗中[redacted]食物，象就餐事。先民吃饭用匕，不用筷子。饭匕[redacted]曲[redacted]柄锐[redacted]瓢，柄端有小挂钩。甲骨文匕象形，上端挂钩，下端锐瓢。因系侧视，锐瓢看不出来。饭匕俗呼[redacted]饭抄[redacted]，亦称饭勺sháo，古用棘木削制而成。

甲骨文匕

匙与匕形相似，大小不同，用处各异。古有是而无匙，是就是匙。匙即羹匙，今之汤瓢。羹匙直柄圆瓢，柄端亦有钩，可挂鼎沿上。金文柄上一[redacted]只[redacted]手或一横，表示手持此[redacted]处。柄端一止（趾）者挂钩也。圆瓢为头[redacted]，柄端挂钩当然该是脚了。《说文解字》以直释是[redacted]，因为匙柄既然[redacted]本来是直[redacted]的嘛。

是的篆文　两个金文

078.玉和玉璧

流沙河

中国作家协会四川分会

玉无一定之形，取其玎玎悦耳，象形为难。先民治璞玉为佩件，往往成串。有鉴于此，所以篆文玉象玉片[redacted]成串[redacted]形。甲骨文玉亦成串，且有绳头。《说文解字》收[redacted]古文玉，金文和甲骨文皆未见，不知从何而来。我看这古文玉，如果俯视，便是手工车床治玉之形。中间一横是玉璧侧视。一竖是轴杆，玉璧套在轴杆上[redacted]。上下两横是轴[redacted]架。这种手工车床我曾见过。玉匠坐着，双脚轮流踩动踏板，皮带带动[redacted]轴杆来回车旋[redacted]。此时玉匠双手握[redacted]金刚砂以磨治之[redacted]。左右曲线便是双手。古文玉象磨治玉璧之形。玉璧在古代先是货币，后为礼器，祭祀用之。

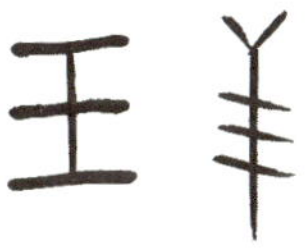

玉的篆文　甲骨文

古文玉

你会问篆文玉为何写成王字。其实玉[redacted]与王[redacted]有分[redacted]别，试将篆文比较，便能看出王的写法不同于玉。王在金文和甲骨文象斧头形，是威权的象征。武王伐纣王，攻破朝歌城，纣王自焚[redacted]死。武王找到遗骸，挥[redacted]斧斫下纣王的头，表[redacted]示威权建立，以震慑商朝的抵抗分子。

王的篆文　金文　甲骨文

篆文玉隶变后，左右[redacted]多出两点，那两点是从古文玉的两条曲线继承来的。两点至今只剩[redacted]右边一点了。

古代玉器留存至今不少，璧最使我吃惊。前面说了璧为礼器，用于祭祀。例如祭水神河伯，要沉璧于河。礼器之前，璧又作为货币，用于贸易。货币之前，璧是武器，用于砍头。原来玉的硬度很高，磨出利口，可以砍劈。一块玉版[redacted]圆形，周边磨薄[redacted]磨利，圆心[redacted]插入木柄，便可挥劈。乃知璧者劈也，谓可用于劈物也。璧[redacted]字从玉从辟。

璧的篆文　金文

金文辟字从辛从人。辛是镂刻，象镂刀形。[redacted]犯人额上刻字，《水浒》有[redacted]刻金印即黥刑[redacted]的记载。[redacted]从辛表示刑罚治罪，从人当然[redacted]是指犯人。圆[redacted]非口字，砍下之头也。辟即劈，古之[redacted]“大辟”即砍头也。其后有了金属，砍头用刀更[redacted]轻便些，璧才由刑具变成象征物[redacted]又变成礼器[redacted]。回头看甲骨文辟，辛字更简炼，更象尖锋向下的镂刀。第一个甲骨文辟，俨然身首异处，焉得不教人吃惊。

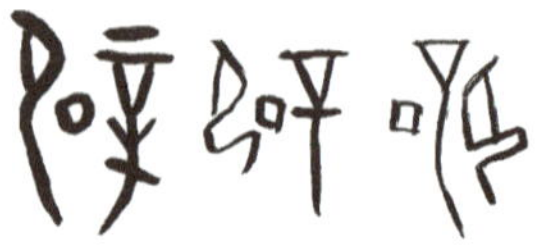

辟的金文　两个甲骨文

璧变成礼器[redacted]，讲究就多了[redacted]。并非[redacted]圆形中间有孔皆可称璧。于是璧之外又有瑗又有[redacted]环，分说之。

篆文瑗

圆形中心有孔的璧，有其专业术语。璧中心的圆孔曰好，好指璧的虚空部分。除好之外，璧的实质部分曰肉，肉也指孔周到璧周之长。什么叫璧？《尔雅》说“肉倍好谓之璧”，就是说实质部分要宽，宽到孔周到璧周之长为孔径的两倍。可见璧的圆孔相对地小，小孔[redacted]璧叫作璧。相反，"好倍肉谓之瑗"，就是说，[redacted]圆孔虚空部分要大，大到孔径为孔周到璧周之长的两倍。可见瑗的圆孔相对地大，大孔璧叫作瑗。篆文瑗从玉爰声。爰在这里是纯声符，不参与意义。

不过爰字有趣，[redacted]不妨说说。请看甲骨文爰，上下各有一[redacted]手，中间一棍，似乎是上面的人递一根棍子下来，叫下面的人握紧，好拉他上来。这不就是援助的援吗！对。援乃后起字。已经两手[redacted]，又加[redacted]手旁，三[redacted]只手没意思。爰援古今字。由于爰字拿去做了句首虚词，不得不[redacted]造援字来递补。

爰的篆文 金文 两个甲骨文

如果璧的圆孔既不小也不大，孔径正好等于孔周到璧周之长，这就是"肉好若一谓之環"。環（简作环）字玉旁，右下[redacted]是衣。[redacted]篆文衣象形，有[redacted]袖有交领。金文衣上佩[redacted]環（[redacted]圆圈）衣[redacted]上横目乃觀（简作观）之省，放[redacted]在这里作声符用。另一个金文画连環[redacted]表示此乃[redacted]環字，最为省事。惜乎不合汉字笔划规范，终被淘汰。

篆文衣

环的繁体 篆文 两个金文

据说古代大臣流放在外，国王若要赦免，叫他[redacted]返還（简作还）就赐他環。環者[redacted]還[redacted]也。

079·璞与僕不相干

流沙河

楚国山民卞和抱着璞块敬献国王。官方一看，断言这[redacted]是石头，为此砍断他的双足。美玉蕴藏[redacted]璞[redacted]内，剖开方能看见。至今还有“赌石”之说，指璞块的买卖，买去剖开，方知输赢。璞字《说文解字》没有，甲骨文有。

璞的两个甲骨文

这两个甲骨文一简一繁，先说简。山崖之下，双手拱握[redacted]工具，掘出“小”字，指璞[redacted]内的小玉。繁体变成深山矿洞之内，那件无名工具变成辛字，盖以镂刻用的小刀代表挖掘工具，仍是双手拱握[redacted]。已经采到玉了。玉下是[redacted]缶，用来盛玉。[redacted]甲骨文璞是怎样演变为今之璞字的，恐难厘个一清二楚。[redacted]前贤推测演变过程如右所示。

先是简掉深山矿洞，简掉[redacted]缶。后又妄添四点成业（繁体[redacted]業[redacted]的头部）。最后[redacted]隶变成璞。璞pú者卜也，谓其内藏是否有玉[redacted]须预卜也。

璞与僕（简作仆），一从玉，一从人，而其右边看来[redacted]相同，容易诱人误解。其实右边[redacted]在金文和甲骨文彼此[redacted]不相同，璞与僕之间根本不相干。僕（简作仆）在古代乃指奴僕，即《说文解字》说的“给事者”。后世人群交谊，也谦称自身曰僕。僕pú者附也（僕附古音相同），谓其依附[redacted]于主人也。将古文字对比，便明白璞与僕的右边迥不相同。甲骨文僕形象生动，那个"给事者"端着箕，尘坌腾起。

头上有辛，盖以锓刻额上黥印的锓刀作为有罪的象征，并非他头上真的顶着锓[redacted]刀。童妾二字头上同样[redacted]有辛，表示地位低贱[redacted]。最可惊者有尾！当然不是真的长着尾巴，而是指的[redacted]看不见的那条尾巴。以尾巴侮辱[redacted]人的[redacted]观念从甲骨文传到现代。人一旦被打成所谓阶级敌人，稍有不驯，即被骂曰："又在翘尾巴啦！"纵然是自己人，思想稍有不妙，也要开会叫他"脱裤子斩尾巴"。反省一下，便觉得甲骨文[redacted]以尾巴侮辱人不足惊，正见古今相去不远罢了。

到了金文，侮辱人[redacted]的真象周朝的人接受不了，乃另造僕。这回[redacted]尾巴取掉[redacted]，僕奴也改成子，子侄辈视之了。不过头上[redacted]辛还[redacted]在，地位[redacted]仍低贱。[redacted]端箕[redacted]改成[redacted]顶缶，[redacted]"给事"[redacted]依旧。左边添[redacted]人旁，也算[redacted]当作人看待了。陶渊明派[redacted]僕人去城里服侍上学的儿子，去信提醒[redacted]说："彼亦人子也，可善待[redacted]之。"可作第三个金文僕的注解。此后字形又变，但是辛在，到繁体才隐没。

“石蕴玉而含辉”，[redacted]就是内涵美好的璞。璞[redacted]块未经雕琢，衍生出樸（简作朴），指称未经加工的木料。又引申出[redacted]樸实、[redacted]樸素、质[redacted]樸诸词，由指木而指人。

僕字前头加上公字，时来运转，就神气了。不过依附之义犹存，看撲（简作扑）字就明白。脸上撲粉古称敷粉，就是让粉[redacted]附在脸上。相撲也是两人[redacted]身体互相附着推揉。又看蹼字，不也是皮膜附着在趾间吗。

[redacted]可知璞僕互不相干，各走各的路，只是彼此形似而已。

与璞相反是全。全字从玉不从王，本义是纯玉。纯玉的意思是并非蕴藏[redacted]于石，不出自璞，[redacted]无须加工的天然玉。天然玉名曰全。由于稀罕，《考工记》说“天子用全”。全字上面是入，意思是天然玉要献上去，民间不得私藏。入，入内府也。古文全下从拱，正是双手捧着献上。

全的篆文　古文

全的引申义是“百分之百”，亦即完全。《说文解字》全下云“完也”，完下云“全也”。[redacted]这叫互相转注。

080·从玉的一些字

流沙河

四川作家協會四川分會

玉环留个缺口谓之玦。据说国王决[redacted]遣走大臣，就赐玉玦给他，表示永诀[redacted]。又据说君子戒优柔寡断，[redacted]胸前佩带玉玦，以加强自己的断决[redacted]能力。其实最早的玦原是猎人右手母指[redacted]戴的扳指，用来钩弦射箭。那时的玦[redacted]系骨制品，其字[redacted]尚无玉旁。篆文玦去掉玉[redacted]字，从又（右手），其上象母指戴玦形。[redacted]一竖为母指[redacted]，似口而缺左边者为套在母指上的玦。

篆文玦

球字从玉求声，本指一种美玉。古人用来做磬，故称"鸣球"。美玉的球与足球篮球乒乓球绝无关系。体育运动用球，字本[redacted]作毬[redacted]。从毛[redacted]，[redacted]毬内填[redacted]毛。从求，[redacted]裘皮制作。求裘古今字。你看篆文球的右旁，正像挂着一领裘皮，兽毛纷披而下[redacted]，头颈和左右前肢以及尾皆可指认。因用裘皮制作，所以名毬。[redacted]近世[redacted]以球代[redacted]毬。美玉的球本冷门字，时来运转，今[redacted]热火朝天[redacted]，亦误会而已。

篆文球

距今五千年前，据说"蚩尤以金（铜）为兵，黄帝以玉为兵，黄帝战胜蚩尤"（语出《太白阴经》）。玉兵器时代确实曾有过。这三个从玉的形声字，看样子很典雅，想不到[redacted]是杀人武器。它们都曾经是有尖锋的刺刀，后来文明日臻，才变成礼器的。

篆文璋

篆文琰

篆文珍

Ch001 219 86.3　第 一 页

珽，从玉廷声。试将珽[redacted]梃二物作对照。梃乃棍杖，削尖便是原始人的武器，或远投或近戳，都足致命。珽比木棍削尖更加锋利，轻易刺穿躯[redacted]体。珽原是玉制的大型[redacted]刺刀，长三尺，宽三寸。以周尺合今五寸计，仍有50厘米之长，很厉害的。后来演变成天子专用的大型玉笏（俗呼朝版），尖锋改成齐头，以示宽博，而成礼器。

篆文珽

琢与琱（今作雕）都是形声字，义皆治玉。琢，谓用凿子加工，如鸟雀之啄物。雕，谓用錾子加工，如鹰鹞之叼物。理也是形声字，义亦治玉。但着重于解剖璞块，分割玉块，[redacted]全凭眼光和经验。良工理玉得法，[redacted]主人[redacted]赞他懂“[redacted]理”。进而形成物有物理，事有事理，天有天理，肌有肌理，文有文理的观念和说法。

篆文琢　篆文琱　篆文理

玩，弄也。弄，玩也。玩弄互相转注。造字之法，玩为形声，弄为象[redacted]事。二字[redacted]从玉，可见古人迷玉之深。弄下左右双手就是拱字。[redacted]拿玉在手上玩[redacted]是弄字的初义。

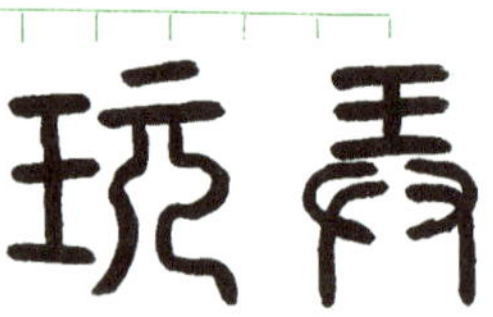

篆文玩　篆文弄

寶（简作宝）字[redacted]四部分组[redacted]成。一是所谓寶盖[redacted]，

读mián，象屋形。二是玉。三是贝。四是缶做声符。缶古音bǎo，就是砂煲瓦煲电饭煲的煲。哪些东西是寶？玉为

寶的篆文　金文　甲骨文

珍寶，贝为财寶，都要妥藏家中。比较起来，篆文和[redacted]金文不过是在甲骨文的原样上添加一个声符而已。简体的宝字又在甲骨文的原样上减掉象征财富的贝，可见古今观念传承，脉络清晰。

两块玉放在一起就是玨jué。为啥放在一起？俗话说："不怕不识货，就怕货比货。"放在一起，为了比较优劣，定出等级。玨之为言角也。角斗的角，角[redacted]逐的角，[redacted]读jué，义为较量。

篆文玨

吾乡旧时公办小学之外，尚存私塾。塾师在门外贴"秋爽来学"四字，便有一些[redacted]家长送儿童来读《百家姓》

班的篆文　金文

《三[redacted]字经》《孟子》《论语》。私塾[redacted]课堂不分班[redacted]，小孩大孩[redacted]混一堂，塾师分别教之。班是啥？原来是解剖玉。字从刀，中分玉为两块。[redacted]学校分班上课，军队连排下[redacted]面分班，工厂三班[redacted]轮转，皆取义于玉之分[redacted]割。字从刀仅表示分割而已，[redacted]不是真的用刀。古人割玉[redacted]用皮绳裹[redacted]砂粒来回锯之，以柔克刚。

081.金与铜的冶炼

流沙河

（铜（簡作钔）字金旁。）

甲骨文有没有金这个字，难说。断言[redacted]没有，也[redacted]难，难道三千[redacted]多年前，造出大批青铜器[redacted]的人仍未能造出金字？要说有，又[redacted]无[redacted]把握。叶玉森先生在[redacted]卜辞内找到金字[redacted]雏型的三种形态，认为就是甲骨文金。叶先生认为这些字象有界格的箱匮形，内盛金粒。反对方说这些都是周字，在卜辞为方国[redacted]，就是后来灭了商朝的周。反对方从卜辞内还引用証明材料，力证其非金字。金乎周乎，尚须探讨[redacted]。请姑置不论吧。

疑是甲骨文金

金的化学性能稳定，不怕氧化，且拒酸碱腐蚀，所以远古人类不难拾得天然金块，捶扁成投掷器，打鸟兽作肉食。金的比重高，投掷力更猛也更准。天然金捶成的薄金饼，敲之有声jinjin。"其名自呼"，就叫作金。当然，那时尚无文字，更不用说这个金字[redacted]。[redacted]到了青铜时代[redacted]，掌握金属冶炼技术，由铜而铅，而银，而金，而铁，次第炼出。于是铜叫黄金，铅叫青金，银叫白金，金叫赤金，铁叫黑金，所谓金有五色是也。此时造出金字，所指者乃"五金"而非单指赤金。上面四个金文金，从左到右，一个比一个更早。最早的那个金

金的篆文　四个金文

[redacted]出世在西周初年，距今亦有三千年了。此字左旁两块铜饼，即原料铜，右旁上为镞（箭头）下为钺（斧头），皆铜制品。镞和钺未见有赤金制作者，故可推知左旁乃铜饼，非赤金饼。[redacted]这个金字不是专为赤金而造，明矣。后来一变右旁成全，再变两饼[redacted]走样成条，三变成棚下土生金。到[redacted]篆文变成[redacted]形声字，象金在土中形，今声。古籍金字多指黄金，也就是铜。

钧的篆文　两个金文

鈞（简作钧）是铜的重量单位。汉代以三十斤为一钧。看钧的金文是象意字。手携铜饼二，其重三十斤，一钧。也有以金字代替[redacted]铜饼的，亦钧字。成语“千钧一发”[redacted]是说一[redacted]茎头发吊起三万斤之重量，其危险可知矣。铜饼千千万万，彼此重量相同，所以黄金单独取名叫铜。銅（简作铜）字从金同声。且慢，你从何而知同的本义是相同呢？

篆文铜

甲骨文同

同字本义为相同。同字口上是何物，须俯视之。这是一具修房子捶平地基的夯，二人面对面同时抬起来，同时投下去。这种手工夯具非常简易，两根木棒夹一石柱捆紧便成。二人动作必须一致，方可省力奏功。为此[redacted]而喊号子以求同，所以其字从口。予曾劳役，熟悉此道，敢献管窥如上。

金属冶炼，高温作业。冶字为啥不从火，而从两点的冰？篆文冶左旁是[redacted]河冰[redacted]挤压堆积的象形字冰，右旁[redacted]是声符[redacted]台，音同怡。[redacted]。看了金文，方才明白，冶字从火，火上应是两条铜锭（铜饼走样成条状了），其旁乃刀和容[redacted]器皆铜制。篆文铜锭错成冰了，刀和容器又错成台了，[redacted]错得难以解说了。

冶的篆文　两个金文

金属鑄造的鑄（简作铸）甲骨文里[redacted]有，比冶炼的[redacted]冶出世更早[redacted]。造此鑄字，古人做到了形象思维的极限。看甲骨文，两个皿中间一个火。上面的皿双手扣放火上。扣放[redacted]表示不要了，拿去熔化，另造器皿，从而表达出鑄造的意思。又怕读不懂，金文造得更繁些。添加一个金（[redacted]铜）还嫌不够，又添加一个[redacted]疇作声符。疇（简作畴）篆文从田[redacted]，有象犁沟之形。犁沟曲折来回不已，很长，生出长壽（简作寿）一文。鑄的篆文干脆用壽做声符，变成了形声字。

铸的繁体　篆文　两个金文　甲骨文

畴的繁体　篆文　金文　甲骨文

082.鐘与鍾不同

流沙河

钟字诉苦说："[redacted]不幸身兼二职，姓鍾的叫我去做他的姓，敲鐘的叫我去挨他的打，活得[redacted]好累。"

钟的繁体　篆文　金文

姓鍾与敲鐘，风马牛不相及，都写成简化的钟。钱钟书学问大，不好[redacted]天天挨打，出书署名钱鍾书。其馀姓鍾的[redacted]还得天天挨，包括打鬼的鍾馗在内。

鍾（简作钟）的本义是金属贮酒器。古代喝酒过场多。酒藏瓮中，放置窖内。转注[redacted]鍾里，准备宴用。鍾倾入尊，捧上宴席。尊中挹取，倒进杯里。鍾器大腹细颈，容量可观，生出鍾聚一义。如说"灵气所鍾"，又如迷爱谓之"鍾情"。

钟的繁体　篆文　金文

鐘（也简作钟）的本义则是[redacted]金属乐器之悬于架上而敲击发声[redacted]且其口向下者。鐘[redacted]鍾[redacted]字形[redacted]相似，[redacted]意义相去甚远[redacted]。同简作钟，[redacted]难免诸多不便。

鍾的容量可观，所以较重。[redacted]篆文鍾的右旁是重字。篆文重，[redacted]人立土上，東象[redacted]橐形。[redacted]意思是[redacted]太重了，拿不起，停下来。再看金文鐘，可知其字从童，鐘省声。撞人的牛，《易经》[redacted]谓之童牛，童即撞也。金文鐘从撞省，鐘是拿来撞的嘛。

《说文解字》有篆文鐘的或体字，写出来就是金旁一个甬。[redacted]这个甬的篆文给[redacted]人留下[redacted]想象空间，你不觉得[redacted]它像一口有挂钩的钟吗？钟口向下，钟顶[redacted]上有小口，[redacted]上下可通，难怪通字从甬，难怪过道又叫甬道，难怪陶偶中空谓之俑，难怪泉眼冒水叫涌，难怪竹管叫筩（筒）。再发挥一点想象力，甬字去掉挂钩，只剩一个用字，又像什么？何必像什么，用就是钟嘛。用[redacted]亦钟，就是镛。《尔雅》说"大钟谓之镛"。镛大，其声低沉。钟小，其声高亢。钟发出zhōng声，"其名自呼"，这是高亢的阴平声。镛发出yóng声，也是"其名自呼"，这是低沉的阳平声。四川人镛和庸都读yóng，不同于标准音yōng。[redacted]川音更古老些。

篆文镛的或体

篆文镛

鈴（简作铃）比钟小。《说文解字》："铃，令丁也。从金令声。"蜀人叫铃丁儿。[redacted]旧时学校[redacted]，由[redacted]杂役摇上课铃和下课铃。

铃的篆文　金文　令的甲骨文

铃亦[redacted]铜制，木柄铜舌。古代摇铃召集村民开会，宣[redacted]讲政策[redacted]法令，所以铃字从令。看令的甲骨文，上面口字倒置，表示由上向下宣讲，下面是人坐着聆听（古代跪就是坐）。令的复词是命令。令[redacted]再添个口便成命字了。

錢（简作钱）这个字，看在眼里，悦在心头。其实[redacted]一场空欢喜，纯系误会。当初造此錢字，乃指一种起土[redacted]农具，就是今之[redacted]铁锹。錢qián锹qiāo双声可转，錢即锹也。货币周代称泉，取义于水泉之流遍天下，无处不通。我们至今还说货币“流通”，正是用的泉水意象。后来[redacted]以錢字代泉字。王莽复古又用泉字，终归失败。鲁迅日记复用泉字，买书都写用泉若干，以存古雅，亦文人癖好[redacted]之可笑耳。

钱的繁体　篆文

針（简作针）本俗字。正字用鍼（简作鍼），从金咸声，义为缝鍼。咸xián怎样转成鍼zhēn声，其间[redacted]几番倒拐，就不说了。俗字針无篆文，妄造一个，仿照《说文解字》拟曰：“針，从金，象线头穿针孔形。”[redacted]

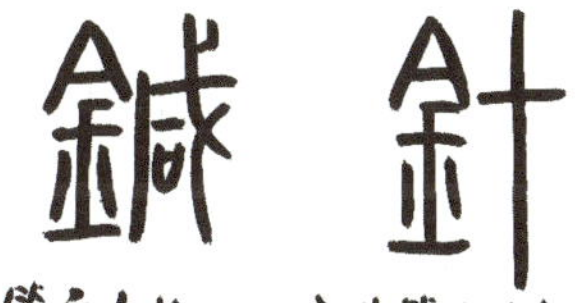

篆文鍼　妄造篆文針

釣（简作钓）字据《说文解字》说“从金勺声”。勺是挹取液体的勺[redacted]sháo，读音与釣diào[redacted]相去太远，作声符不妥。窃以为右旁不应该是勺字，而是象[redacted]鉤（简作钩）饵形。甲骨文句象鈎鉤形，口声。句鉤古今字。勺釣亦古今字。勺diào与瓢勺的勺不同。勺字[redacted]从一，象挹取的液体。勺则一点，象饵[redacted]。《新华字典》[redacted]把勺与勺混而为一了。

篆文釣

甲骨文句

083·捕兽鉗与牛刀

流沙河
中国作家协会四川分会

《说文解字》："鉗，以铁有所劫束也。从金甘声。"鉗（简作钳）据许慎说是用铁强迫束缚之。不是今之工具手鉗台鉗，鉗在古代是刑械，束缚刑徒用。许慎[redacted]说的是动词鉗。我说的是名词鉗，分两种。胫鉗束缚在两胫髁骨之上，重二斤，长一尺五寸，见《晋律》。趾鉗束缚在两脚母趾之上，轻[redacted]多了。戴鉗者称鉗徒。胫鉗即今脚镣，死囚著之。

篆文鉗

鉗今音qián而古[redacted]音jiǎn。鉗徒行走困难，所以跛脚行走困难曰謇jiǎn。至于口吃曰謇jiǎn，[redacted]已是进一步的引申了。

[redacted]用来束缚刑徒的械具之胫鉗，以我推测，最早应是用来捕兽的机缄。缄亦音jiǎn。机缄一词见于《庄子·天运》。成玄英疏："机，关也。缄，闭也。"[redacted]此即捕兽[redacted]用的夹鉗。在野兽[redacted]常走的草丛内，暗置夹鉗，明放诱饵。野兽[redacted]踩觸机关，[redacted]夹鉗咬合[redacted]蹄爪，死不得出。这种捕兽夹鉗，电视屏幕见过，俗[redacted]呼曰剪，[redacted]写出来应该是鉗字。

鉗字晚出，金文和甲骨文没有。象形字比形声字更古老。我[redacted]认为捕兽鉗应该有古老的象形字，就是甲骨文今。表达时态的现今的今非本义，本义是捕兽鉗。甲骨文今字很常见，皆为时态之今。我看甲骨文今四种形态皆象

甲骨文今的四种形态

捕[redacted]兽钳形，其外一[redacted]短横为诱饵。夹钳[redacted]形似英文[redacted]A字，短柱横撑其中。兽触机而短柱滑脱[redacted]，夹钳快速咬合，似刑徒之戴上胫钳，[redacted]逃[redacted]不走了。(因为[redacted]夹钳链系于一棵树)。[redacted]广东客家话说，这就叫"装到了"。

今象捕兽钳形，所以擒获的擒由今字演变成。甲骨文以鸟网表示禽(擒)。到了金文，鸟网之上又置兽钳，意思就周到了。后又加右手，更周到。到了篆文，稍变其形，遂难解矣。

禽的篆文　两个金文　三个甲骨文

原始人以狩猎喻时日。昨天已经逃跑[redacted]，明天尚未捕到[redacted]，被我们钳[redacted]住的只有此日，所以叫作今天[redacted]。意即被我们钳[redacted]住的这一天[redacted]。

今本义为夹钳，所以绕颈成夹钳形的交领曰衿，所以缄[redacted]口不语曰吟(通噤)，所以围[redacted]合[redacted]的衣带曰紟，所以江西分宜县有二山被二水夹持[redacted]曰钤山，所以锁闭曰钤。

[redacted]劉(简作刘)乃中国大姓之一。汉代歌谣拆开劉字为卯金刀。卯在劉为声符。劉字从金从刀，卯声。卯今音mǎo而古音liǔ。请看形声字柳和留就明白卯[redacted]音liǔ。

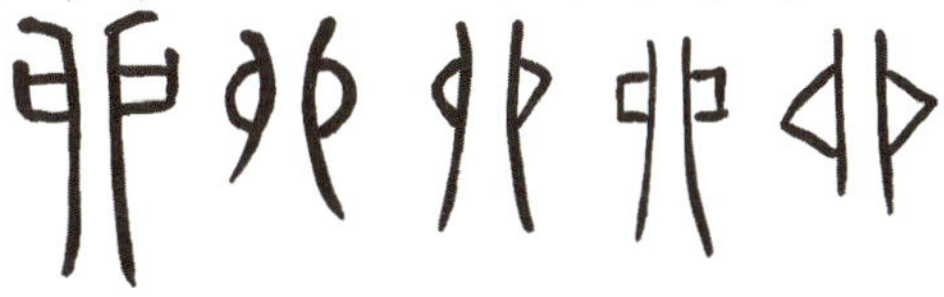

卯的篆文　金文　三个甲骨文

[redacted]前[redacted]人有说卯字顶上封了口才读liu，非也。卯象漏斗形，所以古音liu与[redacted]漏同[redacted]。篆文留字上为漏斗，下为容器。经漏斗入容器，精华[redacted]要留下来。漏斗内滤出的渣滓就不留了。留字造字之意灼然可睹，卯字非象[redacted]漏斗不可。顺便说柳字。液体经由漏斗而下，所以柳从卯liu得义兼得声，谓其枝条向下垂也。

留的篆文　两个金文

令人困惑的是卜辞多有“卯牛”“卯羊”记载，通读之皆指杀牛杀羊以祭祀。漏斗作动词用也生不出杀义来呀，怪哉。于是想起《诗经·周颂·武》云：“胜殷遏劉，耆定尔功。”毛传以杀释劉。郑笺：“举兵伐殷而胜之，以止天下之暴虐而杀人者。”又想起《尚书·武成》云：“粤五日甲子咸劉商王纣。”应劭注：“劉，杀也。”方知商周时代劉的本义为杀，乃当时之习语。原来卜辞借卯作劉，卯牛羊即杀牛羊也。

劉字既然从金刀，义为杀亦不足怪。劉应该是牛刀。孔子说：“割鸡焉用牛刀。”似乎牛刀很大。予童年见回民宰牛，其刀窄，长一尺。杀鸡用这种刀[redacted]不便操作，只须一柄削铅笔的小刀[redacted]就行了。

刘的繁体　篆文

084·尖锐的金属物

流沙河

中国作家协会四川分会

丁的篆文　三个金文　三个甲骨文

釘（简作钉）还需要解释？不就是釘子吗？在《说文解字》里，釘非今之釘子，而是古之"炼饼黄金"，的确使人感到意外。古称铜为黄金（真金称为赤金）。所谓炼饼黄金乃是铜饼，即原料铜。三个甲骨文丁，第一个象铜饼之形。契刻[redacted]甲骨[redacted]，方形易于圆形，所以后来多刻成方形的[redacted]。甲骨文里尚无金旁的釘，只有丁。到了金文，丁仍象铜饼形。但是混入了一颗尽头牙，学名智齿，亦即第三磨牙。这是恒牙中最后萌出的牙齿，表征人到[redacted]成年。智齿与铜饼拉不上[redacted]关系，也要取名为丁。从此[redacted]成年就[redacted]叫丁年，苏武"留胡，丁年奉使，皓首而归"。[redacted]丁取得[redacted]成年义，[redacted]成年而健者男[redacted]叫壮丁，不当官叫白丁。智齿根深而尖，于是[redacted]形似智齿的[redacted]跟着也叫丁。丁字被智齿占据后[redacted]，只好分家。原先铜饼之丁改作錠[redacted]，[redacted]《说文解字》的釘应[redacted]该是錠（简作锭）[redacted]。同时形似智[redacted]齿的铁丁改作釘。錠釘二字分家迁走，丁只剩下[redacted]空壳，编入甲乙丙丁戊己庚辛壬癸，做了十干的第四名。请看金文，下端尖细的[redacted]正象智齿形，篆文丁便是缘此而生的。为了与个字区别开，[redacted]篆文丁直竖不[redacted]顶[redacted]拢。篆文丁与个易互[redacted]混，所以"目不识[redacted]个字"错成"目不识丁"，成为成语，没法纠正。

中国作家协会四川分会

篆文镞

箭镞（简作镞）之字从金族声，看似明白无疑。如果追问："族[redacted]是什么呢？"回答家族、民族、种族。再问："族字为什么从矢[redacted]？"回答起来就麻烦了。怎么也想不出来族与[redacted]矢有何关系，疑问由此生焉。

原来镞和䃚都是晚出字，金文和甲骨文只有族字，本文就是箭[redacted]镞。请从头细[redacted]说之。先说甲骨文矢，箭镞、箭杆、箭羽、箭[redacted]括皆可指认。箭括是箭杆尾端的小凹槽，为受弓弦之处，以夹角象其形。金文矢以圆点或横象箭羽形。篆文矢的箭括被夸大到讲不通的[redacted]地步，谓之象形不如谓之写意。古书记载，矢分八种，各有用途。枉矢、[redacted]絜矢可以带火发射。杀矢、鍭矢用于近射。矰矢、茀矢用于弋射。恒矢、痺矢用于散射。八种[redacted]不同之矢，差异主要在箭镞[redacted]的形态上，而箭杆、箭羽、箭括有差异也不大。矢的甲骨文、金文、篆文无法表示[redacted]镞种之间有何差异，所以另造族字。甲骨文族，矢在旗下。古代军队各[redacted]树其[redacted]旗，以图案互相区别之。造字将矢竖在旗下，用以表示镞种

矢的篆文　两个金文　甲骨文

族的篆文　三个甲骨文

25×20=500　Ch001 219 86 3　第 二 页

的独特性。在武器库，同种之镞必定放置在同一处，以便取用。家族、民族、种族诸词实取喻于[redacted]箭镞分种，各镞种皆有其独特性。当初造此族字仅指箭族。[redacted]后来[redacted]族被借用于家族、民族、种族后，才[redacted]加金旁作镞。

镝（简作镝）为“矢[redacted]锋”，见于《说文解字》。镝说成镞锋更准确。镞为箭头，镝为箭头之头。镝字从金，商[redacted]为声符。这个商[redacted]dí字易与商混。商字在[redacted]《新华字典》作啻chì，从帝从口，为语词。啻（商）的古义为祭祀上帝，与镞[redacted]锋无关系。但是作为镝的声符，啻（商）也参与意[redacted]义。啻（商）字从帝从口。可以把帝字抽出来再解剖，便得[redacted]上[redacted]刺二字。试将篆文上放置在篆文朿（刺）的顶上，便组合成篆文帝了。从镝中找出帝，从帝中找出朿（刺）。朿（刺）从木，象树上长刺形。正是树刺参与了镝字的意义，同时又提供了镝字的读音。只是由于古今音变，刺cì镝dí二音之间已有相当距离了。

镝的繁体　篆文

帝的篆文　金文　甲骨文

篆文上　篆文朿（刺）

085·贝赏贤贯贸贻

流沙河

中国作家协会四川分会

产于山东半岛的海贝最初是先民的装饰品，后兼货币功能，为商品经济服务。予童年时犹见[redacted]小孩[redacted]有颈上或腕上戴海贝者。蜀语呼海[redacted]蚆子，蚆[redacted]读pá。贝的[redacted]繁体貝字同篆文相似。贝是象形字，不过与海贝之形作比较，并不相[redacted]像。贝的甲骨文更像双壳纲[redacted]的蛤类，如蛤仔和蛤蜊。金文亦然，仍似张开双壳。而贝字[redacted]确指的乃[redacted]是作货币的海贝，古称宝贝，俗[redacted]呼贝子[redacted]或海蚆子，而非双壳纲的蛤子和蛤蜊。海贝之形，《本草纲目》李时珍说：“贝子，小白贝也。大如拇指顶，长寸许，腹背皆白。诸贝皆背隆如龟背，腹下两开相向，有齿刻如鱼齿。其中肉如蝌斗，而有首尾。”又说：“贝字象形。其中二点象其齿刻，其下二点象其垂尾。”古代作货币的并非[redacted]含肉的活海贝，只[redacted]是海贝之壳，自不待言。[redacted]旧时偏僻省份云南，以海贝作货币，[redacted]从远古到明清两代，历数千年。

贝的篆文　两个金文　甲骨文

海贝形

贝既然成货币，所以古人赏贝。赏的繁体賞字从贝尚声。甲骨文里还没有形声的赏字，都用商字。卜辞多见“商某贝”的记载，就是賞貝

赏的篆文　两个金文　甲骨文

给某人。商字原[redacted]本象酒觞形。商就是[redacted]后来的觞字，不含赏赐之义，音同[redacted]借用作赏而已。那时字少，只好如此。

赏给哪些人？当然是贤人。贤的繁体賢字为何从贝，不好解释。贝是货币就是钱。人賢不賢，看他有无德才，不是看他有钱无钱。汉碑多见臤字不要下面的贝，只要上面左臣右又，就当作賢字讲。这[redacted]倒吻合腐儒“君子耻[redacted]言利”的作派，但是难以解释不要贝的左臣右又之字为何终被淘汰，为何后人非要下面添贝写成賢字不可。如此说来，賢字为何从贝，疑问仍旧存在，等待[redacted]解释。

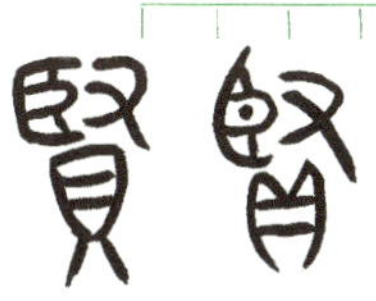

賢的篆文　金文

试作简单解释。賢字从臣从又从贝。臣是瞋的象形字，画一只瞋大的眼睛。又是右手的象形字，画一只伸出的右手。下面来一个贝，意思是眼明手快会搞钱，这就叫賢。古代国王没有一个不需要这样的贤臣。

贤臣领[redacted]赏贝一大堆，先要数计。一个贝算一员（简作员）。篆文員字从贝[redacted]圆声。那个[redacted]圆圈就是圆字[redacted]。清末民初发行银币，通称[redacted]银圆。民国纸[redacted]币圆为单位要[redacted]从贝币员来。員初指贝个数[redacted]，后用于官员吏员人员乃泛指[redacted]。金文和甲骨文員从鼎，因[redacted]贝古文形近鼎而致误，其实与鼎无关。

員的篆文　金文　甲骨文

贝币皆有人工钻孔，数计之后，还得用绳貫（简作贯）穿起来，才好背回家去。甲骨文皆纵貫两员贝币。贝形非方，刻成方形，象意而已。金文亦纵貫两员贝币，贝形略似。篆文变成横貫后文加贝注明：此系貫贝。

貫的两个篆文　金文　三个甲骨文

秦代改用铜钱，皆有穿孔，直到清代，穿钱绳仍旧呼为貫。一千钱为一貫。“家财万貫”，钱多可知。钱绳穿满一貫，谓之貫盈。“恶貫满盈”，恶极可知。

贝币若干貫背回去，为此造了負（简作负）字。負字不从刀，上面是人字。用背部去背重物就叫負。《易经》说“負且乘，致寇至”。上车坐着了，仍背着重物，不肯放下来，肯定很值钱，必然招匪抢。为了[redacted]字形结构方便，篆文負贝[redacted]不在人背上，而放在人脚下，[redacted]乃不得已，就通融吧。

篆文負

贝币背回[redacted]，[redacted]貯（简作贮）藏在方橱内。甲骨文和金文延伸到橱外的是绳头，表明这是貫貯，[redacted]而非散貯。篆文为了字形结构方便，贝置橱外，亦不得已。繁体貯字右边是从方橱和绳头的象形演变来的，[redacted]原非屋盖和丁字也。

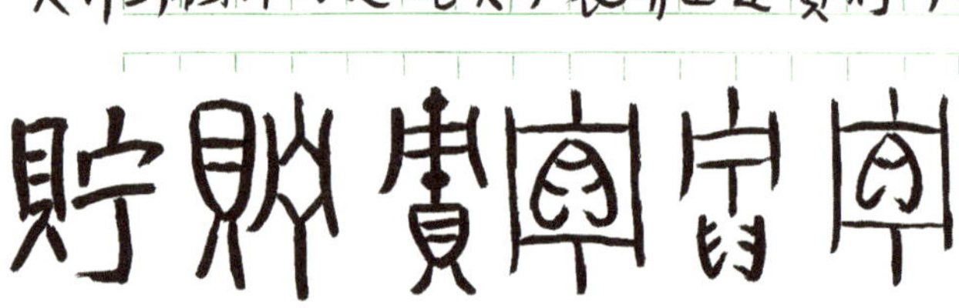

贮的繁体　篆文　两个金文　两个甲骨文

86 第 三 页

086·贝币与贝饰

流沙河

前篇说贯（简作贯）从贝，上象绳贯二贝之形。又说一千钱为一贯。贯上加屋盖变成實（简作实）。實字初义乃指家财殷實，谓富户也。充實、壮實、朴實、真實、现實等已是引申义，离初义很远了。

实的繁体　篆文　金文

经商赚了钱就叫赢，又叫賴（简作赖）。《说文解字》以赢释賴。赢字常用，好懂。賴字则不常用，难懂。刘邦少时，无业游惰。刘太公责备他"亡賴"亦即无賴，不赢，不能赚钱养家，并[redacted]不含有[redacted]侮辱人格的意思。賴即赢，所以甲骨文賴画个胀鼓鼓的钱袋，内盛二贝。金文賴从[redacted]囊省，内盛一贝，仍是胀鼓鼓的。篆文改从束。束是两头开口的囊，亦可作钱袋也。又在贝上添刀。刀也是钱的一种，称刀布或刀钱。篆文变得太多，很难与金文搭上继承关系。

賴的篆文　金文　甲骨文

得的篆文　两个金文　两个甲骨文

人[redacted]生总有一次在路上拾得钱[redacted]。古人由此造出得字。看甲骨文是伸手[redacted]拾贝币。再[redacted]加行字左旁，表明[redacted]是在[redacted]行道上拾得的。看金文亦如此。到篆文表示右手的又字加一点成寸字，说不出[redacted]啥道理[redacted]，纯装饰性。推而广之，从事一种职业赚了钱也叫得。修道有了心得也叫得——不过换一个写法，字作德。贝币太俗，换之以心（思想）。精神方面的得曰德。

价值的价，物价的[redacted]价，繁体作價。價字从人从賈（简作贾）。《红楼梦》贾芹名字拆解成“西貝草斤”。小说[redacted]娱乐嘛，[redacted]不是文字学。认真说来，賈上非西。賈古音gǔ，义指商人。说具体些，行曰商，坐曰賈。行商谓长途贩运，坐賈谓开店营业。賈字从貝，上面该是罟的象形字作声符[redacted]。试将賈的篆文与战国[redacted]陶文作对比[redacted]，便知我说不谬。[redacted]罟为罩形网。篆文賈字上部正象罩形。不过并不参与字义，纯声符而已。賈后来又作姓音jiǎ。加人旁成價钱的價。

賈的篆文　战国陶文　篆文罟

買（简作买）字为啥从网？持貝入市购物，事类持网入水捕鱼，作比喻也。篆文变网为窗的象形字，求其受看，并无深意。篆文也有不这样写，仍从网的。

買的篆文　金文　甲骨文

貴（简作贵）字《说文解字》认为是形声字。篆文貴从貝，上部是蕢[redacted]

篆文貴

的象形字作声符。此说可疑。蕢是用草编的筐子。试看篆文贵的上部明明是两只手，中间一个入字，何尝有半点像匡子。去查金文吧，金文不见貴。幸好金文有遺（简作遗），可以从中看出[redacted]貴是怎样写的。原来贵的上部是双手提棍[redacted]——权杖，表示地位尊[redacted]貴。貴的本义乃指尊貴。从貝表示财富。貴了自然就富起来。價格貴贱已是引申之义。

遗的繁体　篆文　金文

　　嬰（[redacted]简作婴）字最早出现于商代的青铜器上，是为商代金文，被释为“子荷貝”。说者谓男子肩挑貝币去经商。本来，商朝那边的人[redacted]会做买卖，所以做买卖的人被称为商人。但是“子荷貝”释错了，这是嬰字。嬰字本义是指项链，古称“颈饰”。不是“荷貝”，是戴貝壳串[redacted]成的项链。《荀子·富国》说[redacted]“处女嬰珠宝”，[redacted]嬰[redacted]作动词用。缠线于颈曰[redacted]嬰。古人冠帽有绳系颈，谓之冠[redacted]缨。马络头[redacted]的皮绳也叫马[redacted]缨。樱桃取名于[redacted]女饰[redacted]的缨珠。初生男曰儿，女曰嬰，乃借用。本字作嬰，见《释名·释长幼》。

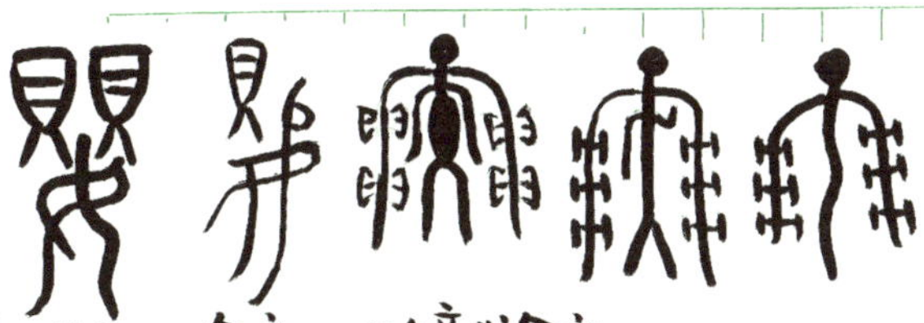
嬰的篆文　金文　三个商代金文

087·风和虹都是虫

流沙河

中国作家协会四川分会

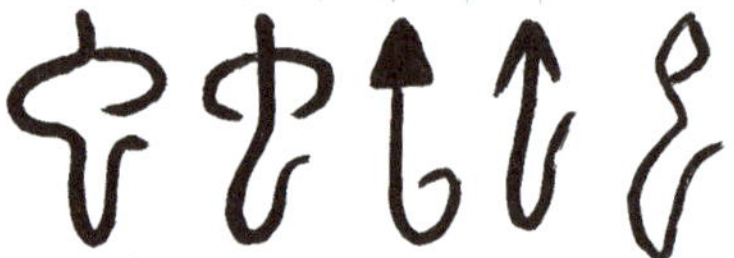

虫的两个篆文　两个金文　甲骨文

虫这个字在甲骨文读huǐ，就是后来的虺字，专指毒蛇中最毒的蝮蛇。三角形大头，细颈，短身。金文和甲骨文正象其形。后来篆文有了虺字，虫就改充[redacted]蟲的简体字而读chóng，写法亦有改变。请看虫的篆文已不太像蝮蛇，而更[redacted]像蚯蚓小虫[redacted]。三条小虫聚在一起，就成繁体的蟲。古人用蟲[redacted]表示蟲类这一[redacted]概念。他们认为[redacted]蟲分五[redacted]类：兽叫毛蟲，鸟叫羽蟲，鱼叫鳞蟲，龟鳖叫介蟲，人叫裸蟲。难怪俗呼虎为大蟲，蛇为长虫，九头鸟蜀语[redacted]叫九头蟲。古人所谓的蟲与今大异。今则以蟲泛指昆[redacted]蟲。

篆文虫蟲

《说文解字》有它无蛇，它就是蛇。它今音tā而古音shā。它字为啥应该不加虫旁？因为它字已[redacted]象蛇形，又加虫旁可能误读为两条蛇。在甲骨文，它与虫极相似，为了不致互混，所以往往在它头上加止（趾）成跎，意思是千万别踩着了。这个跎[redacted]是它字异体，同为今之蛇字。卜辞常见问话“亡跎”或“不跎”就是问“没蛇吧”。先民居处[redacted]草[redacted]莽，最怕不小心踩着蛇。卜辞问“没蛇吧”意思是询问向神灵

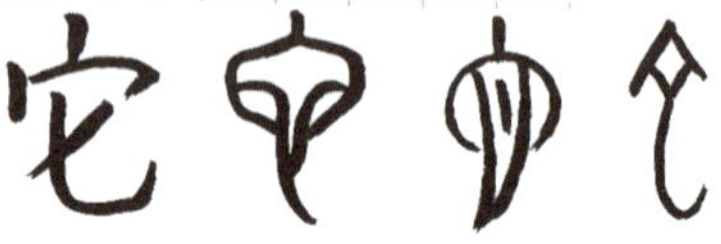

蛇的古写　篆文　金文　甲骨文

甲骨文跎

“[redacted]不会有祸患吧”。今人互相问候“没啥吧”就是从“没蛇吧”承续来的，啥即蛇也。

前面说到九头鸟又叫九头蟲，以证鸟为羽蟲。古人认为風（简作风）与蟲有关系，而现代人很难理解。風字从虫（蟲的简体）凡声。風与鳳（简作凤）曾经是一个字的两种写法，区别是一从虫一从鳥（简作鸟）。既然鸟也属于蟲类，風鳳便为一字。远古神话说鳳飞过，天上就吹大風，所以甲骨文画一只鳳在卜辞里读作風。旧时蜀人遇吹大風则云：“天上过九头蟲啦！”犹与远古神话遥相呼应。九头蟲应是鳳鸟的原型。

不但天上的風，天上的虹原来也是[redacted]蟲[redacted]。看了甲骨文虹你就明白，先民认为虹是[redacted]蟲怪，双头有角，一身卷拱，大张其口。卜辞有“虹饮于河”的记载。历代传说都有虹饮溪水的怪事。虹这个[redacted]蟲怪带三分邪恶，所以《淮南子·原道》说：“虹霓不出，贼星不行，合德之所致也。”霓是虹下的副虹，其色浅。虹则七色漂亮悦目，都是[redacted]人间丧德的象征。汉代刘熙《释名·释天》说，“阴阳不和，婚姻错乱，淫风流行，男美（媚）于女，女美（媚）于男，互相奔随”，天上就要频频出虹。虹名“美

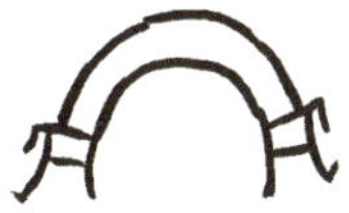
甲骨文虹

人"，乃谓其媚人也，使人迷惑悖乱，做出丧德的事。北宋曾慥《类说》引传说云："首阳山有晚虹，下饮溪水，化为女子。（汉）明帝召入宫。曰：'我仙女也，暂降人间。'帝欲逼幸，而有难色。忽有声如雷，复化为虹而去。"你看，皇帝[redacted]都迷乱了，多[redacted]邪恶可怕呀。甲骨文虹双头怪蟲，不仅媚人，还能带来灾[redacted]祸，所以卜辞记录虹出，卜问是否"有艰"。

作为文字，画那[redacted]戴角张口的双头怪蟲，未免笔划太繁，终久要演变成简易的形声字。早在商代晚期的青铜礼器上已有虹的形声字了。下面由右向左排列，先是从虫（虺）[redacted]从日[redacted]工声，然后[redacted]从日从虫（虺）工声，再后左工右虫（虺），最后左虫（虺）右工，与今虹[redacted]字全同。

商代晚期的四个虹字

虹的语源是弓。英文虹叫Rain—bow（雨弓），可作旁证。发明弓箭以后，先民目睹[redacted]映日光而显现的彩虹，其形似弓悬天，所以虹字用同音的工做[redacted]声符。

虹在欧洲人观念中是希望的象征，源于《旧约·创世纪》所载神与人立约，不再用[redacted]洪水淹灭人类，而以[redacted]虹为信物。这与我先民视虹为[redacted]妖异大不相同。

088·蛙和大腹虫

流沙河

中国作家协会四川分会

蛤蟆与蟾蜍[redacted]，形相[redacted]似而[redacted]不同类。蛤蟆鸣，蟾蜍不能鸣。蛤蟆指的是[redacted]蛙类，包括黑斑蛙、金线蛙、虎纹蛙、雨蛙多种。鸣声哇哇，所以名蛙，这叫“其名自呼”。蛙字从虫圭声，圭在这里显然音wā。蛙的篆文不从虫而从黾

篆文蛙

mǐn的繁体黽，声符放在其上[redacted]。古人往往连称蛙黾。蛙状其鸣声，黾象其[redacted]大腹

黾的繁体　篆文　籀文

。《周礼》规定设置专业的捕蛙户，名曰蝈氏，哪里蛙噪[redacted]，就去捉拿。所谓“蝈氏掌去蛙黾”是也。蝈在这里也就是蛙。蛙黾连称，概括蛙类。整个蛤蟆hama之名，以音求之，就是[redacted]古之蛙黾wāmin。蛤即蛙，蟆即黾，古今音变所致[redacted]。

黾的篆文省略四肢，强调大腹。籀文加左右手，表示捉拿，旁证《周礼》所言不虚。蛙黾鸣时，鼓其胸臆，显得十分努力，所以勉励他人努力，嘱其“黾勉”。

甲骨文黾

甲骨文黾与篆文和籀文大不同，并不强调大腹，而四肢皆具备，作腾跃状，更像蛙类。看来是面面俱到了，结果却被淘汰。强调大腹的篆文黾终被后人接受，隶变成[redacted]黾的繁体黽与保留着[redacted]篆文[redacted]笔划。有趣的是别的虫类，论[redacted]种类和形状与蛙类不相干，仅仅由于[redacted]自身大

腹，也来傍上这个黾字。鳖，俗呼甲鱼，大腹。鼋是一种大鳖，亦大腹。鼍为扬子鳄，俗呼猪婆龙，体型与蛙类绝无相似处，唯腹稍大，字也从黾。最可笑的是蜘蛛和苍蝇，也要标榜大腹，搭蛙黾的便车。

鳖　鼋　鼍　蛛　蝇

鼍是简体。繁体作鼉tuó，[redacted]單声。异体字有作鱓的，亦以單为声符。單声怎么会读成tuó，使人困惑，只好归之于古今音变吧。鼉为中国龙之原型，拙著《再说龙》有详说。

蛛结网以觅食，似有智谋，故称智蛛，[redacted]字作蜘蛛。蛛的两个金文比上面的篆文更古老，字亦从黽（简作黾），可知象的是蛙黾形，而不是蜘蛛形。朱字义为植株，作为蛛的声符，并不参与字义。篆文朱字从木，腰上一横，指示此即植株。

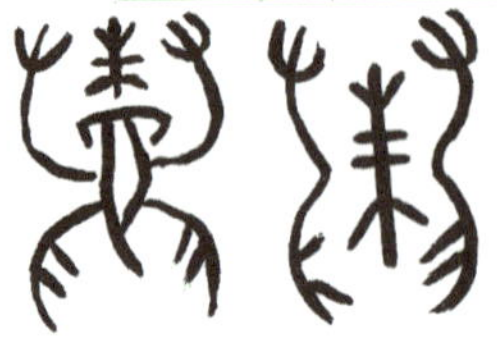

蛛的两个金文

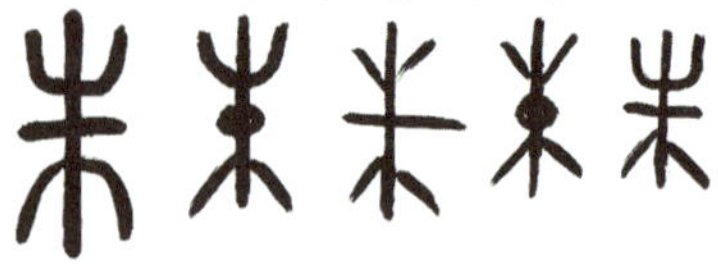

朱的篆文　两个金文　两个甲骨文

朱即株之本字，原无异议。[redacted]后人[redacted]见朱的金文和甲骨文有作木腰上一圆点者，[redacted]联想到蜘蛛形，乃认为朱即蛛之本字。又见到甲骨文有疑似蛛字的，如图所示，乃释[redacted]为蛛之象形字。窃以为蜘蛛胸部和腹部之间有腹柄相连接，而图所示并无腹柄，只是囫囵整体。又，蜘蛛八足，而图所示只有四肢。

疑是蛛字的甲骨文

看来这两个甲骨文仍然是蛙黾的黾字。卜辞朱为地名，是[redacted]后来周代的[redacted]邾国[redacted]所在。后人又有一说，亦很有趣。说是木腰上一圆点的朱字[redacted]，在金文和甲骨文所见的，应[redacted]是珠之[redacted]本字。原来朱字并非从木，而是象绳穿珠之形。圆点为珠，上下三岐者为绳端（绳乃三股绞成）。假设先民喜佩丹砂研[redacted]珠，便好解释朱字为何又有红色一义，如朱砂、朱衣、朱门、朱鸟、朱颜等。又，蜘蛛多有圆腹其[redacted]似珠者，蛛即珠形虫也。同株和蛛比较起来，用珠[redacted]解释朱字似乎更有道理。

蝇是简体。繁体作蠅，[redacted]从黽，[redacted]字从黽表大腹。如果[redacted]黽有资格算大腹，[redacted]昆虫界的大腹就太多[redacted]。试看[redacted]虱、蚊、蝇、蜂、蚜、螨、蝗、蚕[redacted]等，谁不大腹。一般而言，昆虫全靠不停进食以维持其生命，所以非[redacted]有大腹不可。蝇字已[redacted]经从虫，或许是用黽作声符，而非取其大腹之义。黽min蝇ying叠韵对转，蝇字从虫黽声，也说得通。

蝇的种类甚多。我国最常见者为舍蝇，体长六七毫米，灰黑色，故呼为苍蝇。此外还有金蝇、绿蝇、麻蝇等。[redacted]蝇类飞翔，其声营营。《诗经·小雅·青蝇》："营营青蝇，止于樊。"营营正是其飞翔声。蝇无发声器官，以振翅鸣。此害虫之所以名蝇者，亦"其名自呼"也。

089·令人敬畏的虫

流沙河

蛾蝶类的幼虫，蜀人叫蠋儿虫。如果虫体偏布刚[redacted]毛，蠚hē[redacted]刺人手[redacted]，则呼为[redacted]蠚辣子。蠋字见[redacted]《诗经·豳风·东山》的“蜎蜎者蠋，烝在桑野”，[redacted]指的应是野蠶（简作蚕）。蜀与蠋不相同，蜀是家蠶。蜀字从目，目下或二虫或一虫都一样。从目表示此虫要人照看。什么虫需要人照看呢？当然是家蠶。推想起来，蜀字最初指野桑的蠶虫。驯化家养后，让加虫旁的[redacted]蠋[redacted]去指难以驯化的[redacted]野蠶，蜀则专指家蠶。有这一段纠缠，所以古[redacted]代中原人士往往蜀蠋不分。古代蜀国人士[redacted]能分[redacted]清楚。远古酋长[redacted]蠶叢（简作丛）开国，[redacted]既然国以蜀名，标榜养蠶首[redacted]功，蜀必定是家蠶。蠶叢即蠶虫，乃[redacted]复名。单名，中原曰蠶，蜀国曰虫。扬雄《蜀王本纪》用此复名蠶叢，便利[redacted]中原人士了解。远古酋长本名叢(虫)。

蜀的两个篆文　　两个甲骨文

《说文解字》：“叢，聚也。”虫的繁体作蟲。小蟲多有聚居[redacted]习性，所以蟲字具有叢聚之义。释蠶叢为蠶蟲（蚕虫）[redacted]根据[redacted]在此。

蠶字从二虫，上面是声符。这个声符同样[redacted]用于潛、僭、譖、簪诸字。二虫一虫三虫意思相同，总属虫类。倒是简体蚕字从天从虫，意谓大自然赐给[redacted]人类的[redacted]虫，比[redacted]形声[redacted]的蠶字更具内涵[redacted]可讲。

蚕的繁体　　篆文　　甲骨文

蚕乃合乎情理很成功的简化字，不属[redacted]官方生造，民间早就有了。这种简化属于文字正常[redacted]演变，我[redacted]拥护。你看甲骨文蚕，难以规范书写，不简化还行吗？

《说文解字》：“禹，虫也。”

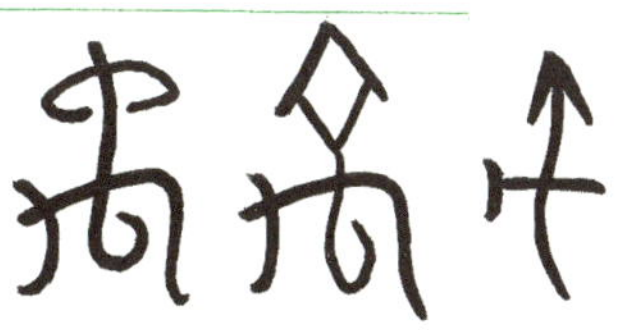

禹的篆文　古文　金文

文字书嘛，就字释字。若是史书，那就该释为“古帝王名也”。禹字从虫从九。九是肘的象形字。又（右手）字刀撇拖长倒拐，变成九字。肘关节向[redacted]内弯，置于虫下，表示致敬[redacted]，说明此虫具有神格，乃[redacted]神虫。这位[redacted]神虫躯体甚大，因为禹yǔ声表示惊叹，相当于[redacted]今之哟[redacted]。先民见蜀地有植物块根大得骇[redacted]人，惊叹一声哟，所以名叫[redacted]芋，正如见有虫大得骇[redacted]人，惊叹一声哟，所以名叫[redacted]禹。从字形和语源可推知禹是[redacted]神虫，躯体甚大。禹和禺为[redacted]一[redacted]字。禺即《庄子·大宗师》的禺强，或作禺京，北海之神。禺有[redacted]大义[redacted]。人头大谓之[redacted]颙是其证。禺京者，大鲸也。禹为何虫[redacted]，终于现形。夏朝开国帝王取禹为名，他是蜀地西羌之人，[redacted]属龙图腾。古人以[redacted]为鲸鲵亦属龙类，取名为[redacted]禹即禺京（大鲸）便容[redacted]易理解了。

禺的篆文　金文

旧时华北有一种可怕的虫，名蠍（简作蝎），属于蛛形纲动物，而非昆虫。蝎具[redacted]双螯[redacted]八足，长尾[redacted]毒针螫人惨[redacted]痛。[redacted]毒液[redacted]使人神经麻痹，有致死者。蝎也[redacted]有无毒的，古名萬（简作万），体大色深，步行举螯翘尾，状甚威武。古代武舞有所谓萬舞者，仿蝎步也。

万的繁体 篆文 金文 甲骨文

萬在卜辞为地名，后又用[redacted]指十千，本义遂[redacted]被遗忘。甲骨文萬象形，省略八足。金文[redacted]蝎下置肘，表示致敬。由畏[redacted]生敬，古今常情[redacted]。

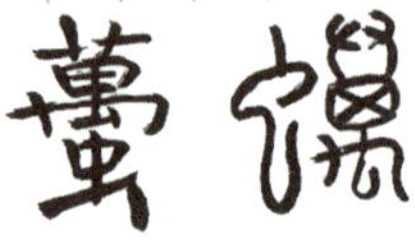

虿的繁体 篆文

多数蝎类有毒，另立名称曰蠆chài（简作虿），以便与萬区别开来。古语说到毒刺[redacted]剧烈[redacted]，连称蜂虿而无称蜂蝎者，蝎固包含[redacted]无毒类也。于是在萬和蠆这两个小概念上，再造一个禼字，以涵盖之。由于商民族的始祖取名为禼，所以古文双螯改作长发飘飘。古写的禼，俗写作蠍，从虫歇声。简作蝎而与另一种虫名混同，甚无道理。

蝎的繁体 古写 篆文 古文

这个禼chī不是離的简化字。这个禼是山神。字从山从禽省。古书说“山有夔”，怪兽独足即此。又[redacted]有作螭者，说是无角龙。还有作魑者，则近鬼怪矣。不管是[redacted]啥模样，向它致敬，总保险些。

篆文禼

090·令人恐惧的虫

流沙河

蜮比蝎更可怕。语以"鬼蜮"比喻阴险之徒，出自《诗经》骂人"为鬼为蜮"。俗呼[redacted]此虫为溪鬼虫。《说文解字》："蜮，短弧也。似鳖，三足，以气射害人。"又名水弩或名[redacted]射工，能含沙[redacted]射口影而致病，难怪以溪鬼名。《五行传》说："南方淫惑之气所生，故谓之蜮。"可知蜮[redacted]字音huò而不音yù，《新华字典》错了。

篆文蜮

真有这种虫吗？真有，学名[redacted]弹涂鱼，又名跳跳鱼的[redacted]便是。此鱼长三寸许，体色深扁，前宽后窄，[redacted]腹软背硬，故曰"似鳖"。眼能[redacted]上耸，突出惊人[redacted]，[redacted]头面怪异，故以"鬼"名。左右胸[redacted]鳍有力，能在滩涂跳[redacted]行，[redacted]尾能[redacted]着地支撑，又被误认[redacted]的"三足"。栖息在海边或河口附近，能含泥涂弹射岸[redacted]草上的小虫，猎而食之，故名[redacted]水弩、射工、短弧。射人影而致病，则出于[redacted]丰富的[redacted]想象力，未足采信。

蜥蜴种类[redacted]繁多。其中有一种体型比较小，学名避役，又叫变色龙的，在古代单名易。体长一二尺（未计长尾），其色青碧，浑身疣瘩。两只眼球突出，可以各自活动。颈部有肉鬣作[redacted]冠状。这种蜥蜴可以因光线和温度等环境以及自身情绪的变化而改变其皮肤的颜色，以此退敌避害。[redacted]甲骨文易象其鬣冠和长尾形，四足省作三足。

易的篆文　五个金文　三个甲骨文

认真说来，已不像了。易在卜辞作动词用，其义一为赐与，二为变换，无一处作名词指蜥蜴。说易的原义指变色龙，亦推测耳。这个推测，从字形的演变过程看来，是可靠的。古人有谓易字上日下月，阴阳结合，引起变化，又谓上日下勿，勿即旗上飘带云云，皆妄说也。《易经》之易指事态之变易，溯其语源，当出自变色龙。其体色之易变，又孳生出容易简易一义。[redacted]锡矿炼锡，由于此种金属熔点比铁比铜都低，容易取得，故名为锡。这种蜥蜴变色吓人，由此又造出警惕的惕字。

卜辞[redacted]有记载商王卜问牙齿[redacted]痛的文字："疾齿[redacted]惟易？"和"疾齿[redacted]亡易？"问的是"齿[redacted]痛是换牙吗"和"齿痛不是换牙吗"。[redacted]易字作改换讲，此一证也。

旧时两广偏僻乡间，常有蠱（简作蛊）毒诉讼。甲病久不愈，控告乙放蠱。所谓放蠱是指甲在乙的饮食内阴下蠱毒，致乙[redacted]病死。[redacted]明代李时珍，大科学家了，他都信这个。据他所著的《本草纲目》说，养蠱者置百蟲于一皿，使其互相吞食，剩下唯一活蟲，焙干碾碎成末，便可用来放蠱害人致死。蠱字从蟲从皿，[redacted]正是[redacted]制作方法。所谓百蟲包括

蛊的繁体　篆文　三个甲骨文

蛇[redacted]、蛙[redacted]、蜥蜴、蜈蚣、蜣螂、蟑螂、螳螂、蟋蟀、蚂蝗、蚂蚁、金蚕、蜘蛛等等。今人听了[redacted]失笑，古人[redacted]深信不疑。蛊毒诉讼不知判了多少冤案，良可太息。三千五百年前，商王胆战心惊问卜："不惟蛊？"（不会有[redacted]人放我[redacted]蛊吗），见于卜辞。汉武帝在宫中追查巫蛊，刑杀上百的人。到1954年，[redacted]最高人民法院院长谢觉哉还发现广西[redacted]报告有[redacted]放蛊案，纠[redacted]其荒谬，命其撤案。[redacted]

蛊到底[redacted]指啥呢？据《左传》说，原来专指仓[redacted]粮[redacted]放久了飞出的小虫，虽有害而无毒。[redacted]蛊字从皿，皿乃饭碗，代表粮食而已，并非皿养百虫。《说文解字》说蛊是"腹中虫"，又说"皿虫为蛊"，[redacted]不知[redacted]皿只代表[redacted]仓粮，遂致以讹传讹，愈传愈怪，害民不浅。

仓粮小虫名声搞[redacted]得如此之臭，被人[redacted]随便拿来说事。精神病发作了，恍恍忽忽，谓之蛊疾。心理疾患，疑神疑鬼，也叫蛊疾。被人煽惑，叫蛊惑。见美女而迷窍，也叫蛊惑。须知其间并无一条虫啊！

091·螳螂与蜾蠃

流沙河

强本来[redacted]是虫名，难怪[redacted]从虫。下面三个强[redacted]字[redacted]篆文。第一个是虫名的强。第二个双弓[redacted]叠合成[redacted]一[redacted]

虫名的强　硬弓的强　强壮的强

弓，表示这是[redacted]“双料货”，也就是硬弓，[redacted]即强弓。杜甫诗云：“用箭当用长，挽弓当挽强。”本该用这双弓的强。奈何此字已被废置，只好借用虫名的强。第三个左象形右声符，也是硬弓的强。奈何又被借作强壮的强，而和硬弓脱离关系。今人写书法“自强不息”[redacted]爱用彊字，显示古奥，炫人眼目。

回头说虫名的强。强是何虫，许慎弄不明白，只得根据《尔雅·释虫》之说，在其所著《说文解字》中说：“强，蚚也。”又说：“蚚，强也。”强蚚互训，仍未说清楚到[redacted]底是何虫。后人有说强是米中的小黑虫，几成定论。

《尔雅·释虫》说这种虫爱用腿脚拭擦身上，而米中小黑虫据鄙人的观察，未见其有擦身动作。苍蝇倒有这个动作，但不可能名之曰强。除了苍蝇，螳螂也有这个动作。它不但用腿脚拭擦身上，还用口器三瓣大牙清理双臂，使之洁净灵敏，以利[redacted]攫[redacted]捕[redacted]猎物。螳螂还有一个动作，给我留下深刻[redacted]印象。每值猎物挡路[redacted]，行将快速出击之前，它总[redacted]巍然不动，双臂举高，就像人打拱作揖，似在祈祷什么。哈，明白了。

难怪强又名蚚91。蚚字从虫[redacted]从祈省，祈亦声。古人质朴有趣，视螳螂为正在祈祷之虫，所以名蚚。蚚强双声[redacted]对转，所以互训。

螳螂堪称虫中猛兽，名强不亦宜乎？细心的读者说，强qiáng壮的强，有时候又读jiàng，例如倔强。不错，蜀人叫“强拐拐”，指为人固执者。字或作犟。我想起了，螳螂固执而愚。孩时燃一炷香，让螳螂向上爬，算是残酷取乐。螳螂每次爬[redacted]近火炷，双臂被灼。于是退后两步，舔被灼处。随即又向上爬，又被灼。虽百灼而不肯回头，固执不可理喻，可谓犟矣。

篆文[redacted]强字，左旁的弓应是双弓叠合省作一弓，作声符用。右上象螳螂的双臂展开，右下从虫。许慎[redacted]将螳臂和弓组成弘字，说是声符。于是强字解作从虫弘声，恐怕错了。

许慎显然不认为强这种虫是螳螂，所以《说文解字》另立堂蜋（螳螂）条目，说此虫“一名斫父”。我想该是蚚父，蚚错成斫了。

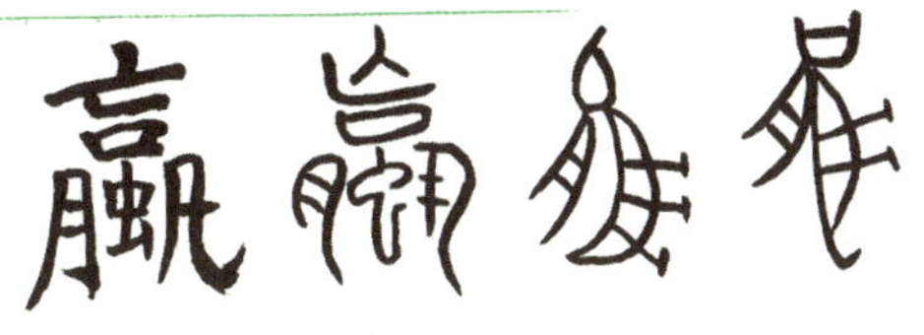

篆文　两个金文

现在说蠃luǒ是什么虫。《诗经·小雅·小宛》：“螟蛉有子，蜾蠃负之。”其间一大冤案牵涉二虫，更足见古人之质朴有趣。螟蛉，桑虫，就是名蠋的野蚕[redacted]，肥白可爱，蜀人叫蠋儿虫。蜾蠃，古人叫细腰蜂，蜀人叫吊脚蜂，学名胡蜂。头黑，体瘦长。身[redacted]有黄黑相间[redacted]斑纹。尾有毒针和产卵器。喜在土墙上或竹筒上打洞做窠。窠做好，[redacted]去找小[redacted]螟蛉，抱着飞[redacted]回窠[redacted]在窠内豢养。然后衔泥封堵洞口，以策安全。事毕飞走，不再回窠。衔泥封洞时，振[redacted]翅发出咿嗡声。古人说，细腰蜂[redacted]正在念咒语，曰："像我像我。"[redacted]窠中的小[redacted]螟蛉真听话，就变成细腰蜂的幼虫[redacted]发育成熟后，便破洞飞走。古人认为凡大腰皆雌性，不相信龟鳖类有公的。又认为凡细腰皆雄性，不相信细腰蜂有母的。细腰蜂不能生育，所以[redacted]抱走小螟蛉做自己的儿子有充分的理由。何况据郑玄说，细腰蜂"取桑虫之子，负持而去，煦妪养之"，以父职行母爱，堪称仁慈到顶。真相说来可怕，原来细腰蜂同样有雌性。它抱走小螟蛉回窠中，先打毒针，使之麻痹，昏[redacted]睡不死。接着产卵在小螟蛉身上，使[redacted]自己的子女破卵壳而出后，有新鲜的肉食。鲁迅先生著文揭发[redacted]出残酷的真相，让读者明白这一场冤案，并由此斥责国人的麻木。这一来煦妪的母爱撕下了画皮，细腰蜂之凶狠歹毒，要招国人的愤怒申讨了。

然而昆虫常识提醒我们，细腰蜂是益虫。除了捕食桑树上的螟蛉之子，它还捕食棉蛉、稻螟蛉、玉米螟等其他害虫，于农业有功。天地本来非仁，亦非非仁。甲吃乙，乙吃丙，自有其道理。

蠃的两个金文象形。头胸部、细腰、腹部、尾针、六足（侧视见三）和双翅，皆可指认。演变成篆文，完全走样了。中间又添虫字，多馀。

092.六种虫的取名

流沙河
中国戏剧家协会四川分会

螟是螟蛾的幼虫，蛀食稻心为害。《尔雅·释虫》："食苗心，螟。"蜀人叫钻心虫。它躲在稻苗茎秆内，悄悄冥冥作恶，所以叫螟。现代人说"暗箱操作"，或许是拜螟为师吧。《说文解字》释曰："吏冥冥犯法，则生螟。"揪住官员不放，大方向正确，惜乎违反科学常识。

篆文螟

《诗经·小雅·大田》："去其螟螣，及其蟊贼。"毛传郑笺一致认为"食根曰蟊，食节曰贼"。其说失之烦琐。窃以为蟊贼不必分开讲，只是一类虫。以音求之，即蚂蚱也。北人叫蚂蚱，南人倒过来叫蚱蜢。稻蝗，蜀人叫油蚱蜢儿，烧吃甚香。蝗类包括飞蝗、稻蝗、竹蝗、棉蝗、蔗蝗等。飞来遮天蔽日，庄稼啃光，不分什么根什么节。造成蝗灾的，乃飞蝗。蝗类在民间叫蚂蚱。《诗经》恶名蟊贼，译蚂蚱二音耳。

篆文蟊和贼

蝗又名螽zhōng。字又作虫旁一个众字，读zhòng。前面说了，蝗虫南人叫蚱蜢。蚱蜢两音急读之，拼成zhong。读第一声写出来是螽，读第四声写出来是虫旁一众，所指皆蝗。

二虫一冬

虫旁一众

蜘蛛可以单名蛛，而[redacted]不可以单名蜘。[redacted]蜘本来[redacted]该作知，意为"有知识的"，是修饰词。蜀人叫哲蛛，赞它有智慧。知识和智慧见之于结网，坐待飞虫送肉上门。网结成[redacted]，[redacted]便作坐禅老僧入定状，停在网心[redacted]不动。凡是停留[redacted]一处，不再动迁的，[redacted]那就叫[redacted]住。蛛者住也，由此得名。蛛字从虫从朱，篆文从黾（简[redacted]作黾）从朱。黾即蟆，亦虫类。从朱，朱[redacted]就是株的本字[redacted]。[redacted]栽在一处不动，所以[redacted]名[redacted]株。可知株亦住也。

篆文蛛

先民视蜘蛛为久停不动之虫。其实当初结网时，动得可勤啦。它以网心为出发点[redacted]，不停旋转牵丝，拉[redacted]出由小到大许多个[redacted]同心圆，直至网成。人在[redacted]思考问题时，走来走去转圈子，谓之踟蹰。这是蜘蛛[redacted]作[redacted]动词，[redacted]用之于人者。《诗经·邶风·静女》："爱而不见，搔首踟蹰。"踟蹰同踟蹰，当以音求义，不要扣住字面拆开讲。

篆文蜎

蜎是蚊[redacted]的幼虫，蕃殖在阴沟[redacted]里。古名蛣蟩[redacted]，今名孑孓，其实皆[redacted]读jiéjué。在水中活[redacted]动时，而忽弯曲成圆[redacted]，而忽挺直成一[redacted]。[redacted]蜀人叫羹斗虫，又名沙虫子。文章句子读起来不顺口，扭曲拐弯，使人受罪，谓之诘[redacted]屈聱牙。[redacted]诘屈就是孑孓，名词作形容词。蜎字从虫从肉[redacted]。从肉，不是[redacted]孑孓[redacted]多肉，而是说它可以充逭美的肉食。篆文肉上圆圈便是圆字，声符。

蜗牛名[redacted]蜗（简作蜗）。[redacted]蜀中儿歌：“牛儿牛儿快犁田，妈妈给你二百钱。牛儿牛儿快转弯，妈妈给你二百三。”牛儿指蜗牛。蜗牛驮着圆壳慢爬，三四小儿围着它唱，天趣盎然。蜗壳上的[redacted]纹理如河上的旋涡[redacted]。[redacted]蜗字从虫从涡省，盖取名于旋[redacted]涡[redacted]。

篆文蜗

田螺生活在水田里，有异[redacted]于生活在湿地上的蜗牛，虽然都驮着圆壳。蜗壳平坦[redacted]微凸。螺壳甚凸呈圆锥[redacted]状。螺字晚出，从虫从累。累，古作纍。上面似田非田，乃是回字[redacted]讹写。看[redacted]回的古文，象回水之形，你就明白了。累本指粗绳索。[redacted]捉将官里去叫“身陷缧绁”，就是一根绳索绑了。绳索从此端到彼端，乃一串回形纹，就像田[redacted]螺壳上的纹理。可知其取名于回[redacted]形纹，正如蜗牛取名于旋涡[redacted]纹。

篆文纍

回的篆文 古文 金文 甲骨文

093·捕鱼和养鱼

流沙河

六千年前西安半坡村陶盆上[redacted]已有[redacted]画魚（简作鱼）。不知[redacted]又过[redacted]多少年，魚画[redacted]逐渐减笔[redacted]，最终减成魚字。魚字象形，世界上各民族的男女都能一眼认出这个魚字。象[redacted]形文字里最象形的当推魚字。甲骨文魚逐渐减笔，到金文又转繁。最后定型于篆文魚，魚头成[redacted]人字，魚尾成[redacted]火字，已经不像[redacted]了。

魚的篆文　两个金文　　三个甲骨文

捕魚曰漁（简作渔）。甲骨文漁至少[redacted]三种写法。第一种，看见溪水魚跳，于是[redacted]"临渊羡魚"，乡村少年[redacted]跳下去捉。第二种，钓魚。第三种，网魚。比较而言，第一种映照出人情不远，古今攸同，而笔划又简约，最为可取。

漁的三个甲骨文

如果漁得大魚一条，狂喜之后，[redacted]首先要做的事，你猜是啥？答：快拿秤来称吧，看有好重。用秤chēng称chēng大魚，称的繁体最初[redacted]内涵就是这个[redacted]。作为衡具的那一杆秤省略了，看来似乎是[redacted]用手掂重量。读者问：你怎能直接断定称的是一条魚呢？我

称的两个繁体　　金文

说，[redacted]甲骨文[redacted]有魚与此相似，所以我认为[redacted]隶变作冉者其实是[redacted]魚字。请看下面两字，彼此相似，知非虚言[redacted]。还有一个旁证，就是衡字。许慎说是“牛角触，横大木”，认为作声符的行字中间从角从大。其实戴角动物甚多，怎能断定其必为牛。大木也不可以单作一个大字。《说文解字》误解衡字[redacted]。衡是衡器，即秤。作动词就是称。前面说[redacted]称大魚。后来称粮食，所以加禾旁。衡字从魚，讹作从角从大，遂致误解难通。窃以为正确的衡字应该从魚行声。今[redacted]所谓衡量和平衡，皆取[redacted]义于衡具，也[redacted]就是有杆有砣[redacted]有盘的星点秤（其小者称金银或药物叫戥子）。吾人称秤时，秤杆横于前，所以衡又[redacted]借[redacted]作横用，例如合纵连衡、衡门、衡行、衡决。甚至头发上的横簪、楼台边的横栏[redacted]、车厢前的横木都叫衡。许慎所谓[redacted]牛角上的横木当然可以叫衡，[redacted]终非衡之[redacted]原义。

彼此相似

衡的篆文　金文

正确的衡字

漁得多魚而归，[redacted]喜悦之后，也会发愁。此物易死易烂，不比粮食可存期年。除少[redacted]部分送[redacted]魚市[redacted]卖现钱而外，还剩大部分魚，赶快鲜藏起来，他日分批再卖。鲜魚价钱比比咸魚高得多，首选鲜藏。一是盆养，二是池养。若是小魚，养大了还可以多卖钱，也算生财之道。

鲁的篆文　两个金文　两个甲骨文

捕魚曰漁。魚捕回，养起来，不再叫漁，而叫魯（简作鲁）。其理正如打仗，[redacted]俘获敌人回来，不杀而活养之，就叫虜（简作虏）。虜[redacted]字中间从贯省贝，意为用绳[redacted]贯作一串，防逃跑也。虜魯音同义[redacted]近，盆魚池魚也可以视之为俘虜啊。

古文字魯，下面似口非口，盆也池也。后来口内添了笔划，似曰非曰，似日非日，盆水也池水也。

鲁后来作地名，是孔子和孟子的祖国。设想其地古多养魚行业，因而[redacted]名鲁，便好理解。鲁莽、[redacted]鲁钝、粗鲁、愚鲁[redacted]都是借作卤用。[redacted]卤指荒芜的盐碱地，土层[redacted]死板，不长莊稼，比喻人的[redacted]脑子死不开窍。

25×20=500　　第三页

094.大鱼和小虾

流沙河

鯤（简作鲲）鰥（简作鳏）都是大魚。鲲kūn鳏guān最初本为一字。《说文解字》收[redacted]鰥字，[redacted]不再收鯤字[redacted]，免得重复。今昆弟，古称昆弟，是说[redacted]昆有大义。不过，严格说来，昆乃同音借字。本字是[redacted]罤kūn，上罘下弟。鰥字以罤为声符，省作罘。由此可知鰥古音与[redacted]鯤同，最初本为一字。说是大魚，究竟是哪种魚，古人语焉不详，我们只能猜度。

鯤　鰥

昆弟的昆

《庄子[redacted]·逍遥游》里的鯤，长数千里，那是远古神话，当不得真。《诗经·齐风·敝笱》里的鰥，说是大魚，却能钻入魚笱，其长不可能超过一公尺，未免又太不神话了，也当不得真。窃以为鯤鰥大魚的传说与鯀gǔn有关系。鯀（简作鲧）为[redacted]禹[redacted]父之[redacted]名[redacted]。传说他治洪水不成功，被殛于羽山。[redacted]其子禹[redacted]继续治[redacted]，终成功，由此成为[redacted]夏朝开国之王。像这样的父子，先民眼中的大人物，必有来头，身具神性。禹被说成是一条龙，禹父鯀当然也属于龙族。治水嘛，离了龙不行。鯀被说成是属于龙族的一条大魚，即[redacted]鰥或鯤。鯀gǔn鰥guān音近可转。

鯀的篆文　金文

鯀字从魚系声。系声就该[redacted]读xì，为啥[redacted]读gǔn？此乃一大疑案，许慎说不清楚。看金文鯀，像用丝绳钓鱼，其实不是。现在拿掉鱼旁，专说声符系字。原来甲骨文系是用手（爪）把两股或三股丝绞合成[redacted]线。这种绞合动作曰绩。丝叫绩丝，麻叫绩麻。湘中绩麻叫孿（简作孪）麻。孿luán的篆文和系的甲骨文相比

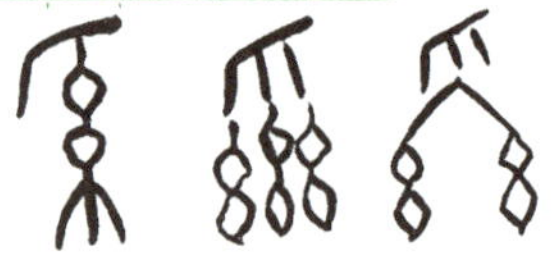

系的篆文　两个甲骨文

篆文孿

较，[redacted]多出一只手，而意思相同，都是孿[redacted]丝成线。鯀字系声，系在这里音luán，不读xì。鯀可读luán 正如鯤可读luǎn（卵）。所以鯤又可以释为鱼卵。《尔雅》说："鯤，鱼子。"鱼子即鱼卵也。说这么多，无非阐明鯀和鯤都源于远古[redacted]大鱼[redacted]传说。大鱼[redacted]传说[redacted]到我童年仍然存在[redacted]，那时大人讲"鳌鱼眨眼地翻身"的神话。鳌，传说中的大鳖。傲有大义。

海中最大的鱼是鯨（简作鲸）。传说与神话[redacted]的大鱼[redacted]从鲸来。鲸字从鱼京声。京有大义，城大所以叫京。鯤[redacted]音近，所指同源。古代中原人无由见海鲸，传说不免发挥想象。

篆文鲸

古人有认为鮒（简作鲋）是小鱼的，盖源于《庄子》涸辙之鱼的寓言。你想，泥路上[redacted]车辙内[redacted]居然有一条鱼，那肯定小得很。此鱼名鮒，足见

篆文鮒

鲋是小魚。他不知鲋乃魚名，非关大小。鲋有小的，也有大的。鲋就是鲫（简作鲫），魚身侧[redacted]宽而薄，似乎易于附着，故名。孔子有[redacted]八代孙名鲋，就是抱着礼器投陈胜造反军的那位。[redacted]鲋[redacted]为常见[redacted]魚类。

孔子有子名鲤。鲤亦常见魚类。身有纹理，故名。

古人粗疏，蝦也拉入魚类。篆文鰕从魚是其证。后人觉得不对，改为虫旁（简作虾）。[redacted]篆文鰕从魚从霞省[redacted]声。蝦类捞起[redacted]后，[redacted]壳转为红色，[redacted]如朝霞之色，所以字从霞，省雨头，作声符。[redacted]甲骨文[redacted]魚身而长[redacted]须，让人[redacted]猜许久，方悟此乃蝦[redacted]，而非魚有长须者。研习古文字，趣味正在此。

虾的繁体　篆文　甲骨文

海洋[redacted]出大蝦。《尔雅》郭璞注，说长可二三丈，须长数丈，[redacted]未知[redacted]确否。山东沿海[redacted]呼大蝦为鰝 hào 蝦。以音推测，即浩大之蝦而已。予生内陆，见过最大的海蝦长不过一尺。

篆文鰝

095. 魚名探源

流沙河
中国戏剧家协会四川分会

赫哲族自古蕃息在吉林东北混同江沿岸地。其民用魚皮缝衣裳，旧时称为"魚皮韃子"。早在汉代，[redacted]为秽貊国，已以魚皮输入中国。用[redacted]来剥皮的魚名魵（简作鲂），读音同颁bān，又名斑文魚或斑魚。魵字从分，谓刀剖也。甲骨文从八，谓扒皮也。篆文比甲骨文多一把刀，八变成分。八的初义是扒树皮和扒兽皮，后借用于数字序列。

鲂的篆文　甲骨文

鮮（简作鲜）怎样讲？[redacted]魚羊为鲜？非也。鮮字从魚，羴省声。羴乃异体字，正体字作羶shān（简作膻），义为羊肉的膻气。鲜字借用羊肉的膻[redacted]气来转喻魚肉的腥气。鲜的本义即魚腥气。活魚和生魚肉都有正常的应有的腥气。魚死已久，魚肉已坏，那就是臭气了。鲜的篆文有二，魚羊组合延续下来，三魚组合被淘汰了。金文同样有二，放在下面的那个是三魚，放在上面的那个[redacted]，羊角之下三斜横表示三只羊，也就是羴字。《说文解字》说鲜是羴省声，是有根据的，金文可作证。不过，许慎又说鲜是一种魚的名字，缺乏证据支持，我未采纳。

鱖（简作鳜）属硬骨魚纲。大口细鳞，身有黑斑，肉质鲜美，为名贵的淡水魚类。鳜魚身体不能弯曲，仿佛僵倔，所以鳜字从厥，厥亦声。厥倔义可通，音相同。由此可知鳜字既以厥为声符，本应读jué。今音已转为guì，俗呼桂魚。桂是写别字了，仍作鳜为是。

篆文鳜

另有一种与鳜魚不相干的海魚名鮭（简作鲑）。鮭guī鳜guì音近，容易混同。鮭亦属硬骨魚纲。口大而斜，鳞细而圆，为大中型的经济魚类。在我国主产于黑龙江流域，俗呼大马哈魚。鮭魚生殖季节溯河而上，作长距离的洄游，必须到出生地去产卵，仿佛游子归家，故名鮭魚，意即归魚。鮭音同归。

鯢（简作鲵），俗名娃娃魚。《说文解字[redacted]段注》作者清代段玉裁先生不信世间有此魚，后在四川雅安目睹，方才信了。此魚头似鲇，能上树，四脚，啼声如小儿。鲵字从兒（简作儿），兒亦声。兒古音ní而今音ér。鲵在《庄子·外物》义为小魚。指娃娃魚的鲵通称大鲵，以区别之。大鲵长可三[redacted]尺，重达百斤，为现存最大的两栖动物。顺便说说，兒字象形。小兒眉目分明，鼻口省略，头顶骨未合拢，双手爬行。

篆文鲵

鲦的繁体　篆文

庄周与惠施濠梁上观魚，辩论魚快乐否，事见《庄子》。那一群魚，书上写明，名[redacted]叫鲦魚。鲦的繁体，从魚攸声。鲦，蜀人叫白条魚。为啥攸声而音同條（简作条）？不奇怪，條字也是从木攸声呢。攸，长也。攸有tiáo yáo二声，分别写出来就成连绵词遥迢和[redacted]窈窕，皆具长义。鲦魚瘦长，故名。

篆文鲍

鮑（简作鲍），当今富人吃，古时穷人吃，岂不怪哉？不怪。今之所谓鲍魚指的是一种软体动物，肉味鲜美，为海味之珍品。古之所谓鲍魚指的是盐渍的咸魚。富人吃鲜魚，不吃咸魚。鲍魚就是打成包运去卖的咸魚，所以鲍字从包，包亦声。《孔子家语》以“鲍魚之肆”[redacted]言其臭。暴君秦始皇死，以车载鲍魚掩盖其尸臭。一名而二物，读者宜明察。

篆文鲛

鮫（简作鲛）是海里的鯊（简作鲨）。鯊皮粗厉，古人用来沙磨木器，所以又叫[redacted]沙魚，而字作鯊。殊[redacted]不知《诗经》早就有鯊字，指的乃是南方溪涧中的一种小魚，长不过四五寸，厚肉细鳞，体圆似鳝，其尾不歧。因栖息[redacted]沙沟[redacted]，吹沙而游动，故[redacted]名吹沙魚，而字亦作鯊，遂致混淆。

096.鸟隹之辨

流沙河

鳥的篆文　甲骨文　隹的篆文　甲骨文

鳥（简作鸟）为何又叫隹zhuī？《[redacted]说文解字》回答：尾羽长的为[redacted]鳥，尾羽短的为[redacted]隹。后[redacted]人多不赞同这个说法，因为从鳥之字也有尾羽短的，从隹之字也有尾羽长的。今人[redacted]审视古文字的[redacted]笔划，发现鳥字张嘴，隹字闭嘴，便认为善[redacted]鳴的为鳥，不善鳴的为隹。针对这个说法，也能举出若干反证。所以[redacted]在此另辟思路，提出愚说[redacted]，就教读者诸君。

1949年底，南下大军入蜀，多属陕西、山西、河北、山东、河南诸省[redacted]人氏。每与蜀人交谈，呼铁椎、木椎、大锤、钉锤为椎子和锤子，必引起蜀人捂嘴[redacted]诡笑。蜀人俗呼男根为椎子和锤子，只在骂架斗嘴时偶一用之。盖以隹代指彼物，正如北人以鳥diāo代指那话也。蜀中客家千年前曾经是中原的北方人，至今仍保留着这个语词。予昔年在农场劳作，见某[redacted]客家妇呼其幼子[redacted]小名“大鳥哥”，乃深信方言之难以改易。回到正文来[redacted]，我由此想到，呼鳥类为隹，或许是[redacted]远古时南人的方言[redacted]。早在甲骨文时代，鳥隹二字已经并存了。推测距今四千年前，中原华夏称鳥，南蛮称隹。形成文字时，鳥隹二字虽然都象羽族之形，但是读音各异，所以一物两[redacted]各，并存至今。

简体鸡字[redacted]两个繁体，一从隹，一从鳥，其间并无是非可言，互为异体罢了。奚字放在左旁[redacted]声符。雞雞叫声jiji或xixi，"其名自呼"。这里不用奚义，仅借[redacted]奚声标注[redacted]雞字[redacted]读音。奚字象形，本义是抓人的小辮子，被抓者当然是罪人了。不过此事与雞毫无关系。

雞 鷄

鸡的两个繁体

甲骨文两个雞，一象形，一形声。形声的雞张嘴啼叫，头上戴冠，和象形的雞一样，都是公雞无疑。公雞到籀文和篆文被规范为鳥和隹，也是不得已。显然公雞是吃亏了。

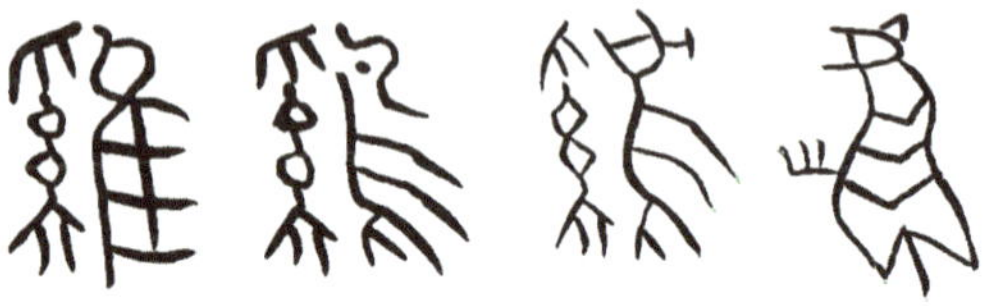

雞的篆文　籀文　两个甲骨文

鳴（简作鸣）指鳥鳴。公雞抗议说："看甲骨文和金文，明明是我在叫，到了篆文就变成鳥叫了！"从前乡下人无钟表，都是雞鳴起床。皇宫都设专职雞人，头戴雞冠帻，鳴锣报[redacted]晓呢。鳴字本从雞，而且是公雞。造字如此，反映出先民对报时的迫切需要。

鳴的篆文　金文　两个甲骨文

雏的繁体作雛。本指小雞，北人呼雞娃子，川人叫雞儿，《说文解字》谓之雞子（不是雞蛋）。雛字以芻为纯符。芻（简作刍），饲牲畜[redacted]的草料。篆文象割下的两箩草[redacted]料。草料与小雞不相干，取其芻声而已。本指雛雞，后来泛指雛鳥。请看甲骨文，右边明明是一只雞，而且是公雞。

雛的篆文　甲骨文

予曾[redacted]用砖石砌雞塒于庭院之一隅，养雞十馀只，日日捡蛋，心中快乐，成为文革时期最美好的回忆。蜀中人家若只养两三只，便用竹编雞罩，比砖石砌雞塒省事得多。雞罩无底，早晨放雞出来，只须将罩提起，彼等[redacted]自动跑[redacted]开。此时正好净扫雞屎，堆在院角积肥。雞罩上方有洞，便于伸手入内捉拿[redacted]。只有[redacted]雞[redacted]市场上，贩子才[redacted]设置有底的雞笼，关雞七八只，任顾客挑选。

罩的篆文　甲骨文

你看罩的篆文上面是网（繁作網），却非魚网鳥网。网在此就是罩。一切罩子都是无底，由[redacted]上扣下罩着。雞罩亦复如此。养雞用罩，养鳥用笼，所以网下的那个隹在这里必定是雞。再看甲骨文，果然是公雞。

现今罩字从网卓声，已是形声字了。《说文解字》解罩为“捕魚器”。养雞之罩形似[redacted]捕魚之罩，借用罩字也说得通。

097·鸿雁和鹰

流沙河

在吾国典籍里，鴻（简作鸿）乃名鳥。《月令》有“鴻雁来宾”的记载。武王伐纣，渡黄河而北上，适逢鴻雁向北[redacted]飞去，彷佛天[redacted]军[redacted]赶来助战，士气大振。后世诗词文赋，感叹春去秋来，罔不寄兴鴻雁。

鴻的两个篆文　　金文　　两个甲骨文

回想童年，春秋二季晴日，必有鴻雁列阵飞过故园。届时群儿拍掌欢唱：“雁鹅雁鹅扯长，扯根竿竿晒衣裳。”鴻雁受惊，阵列大乱。移时整队，排成人字而去。

俗以江鳥解鴻，错了。篆文从水从鳥，谓为水鳥，工声读[redacted]hóng，不江鳥者宏也，谓其躯体宏大也。鳥类躯体宏大，在苦饥的先民眼里，意义非凡。两个篆文，从鳥从隹皆可。本属候鳥，南来北往，可以两从。甲骨文未从水，只是工声。右边是隹是鳥，亦难深究。

鴻为混称，包括大雁、天鹅、野鹅在内。天鹅色白，比大雁大，又单名鵠（简作鹄）[redacted]。古人行文往往鴻鵠并称，相当含混。

篆文鵠

鵠hú以告为声符。古人练习射箭，箭靶画鵠，鵠中画一圆点⊙的，所以叫作鵠的。此处鵠读gǔ，不读hú。[redacted]的字[redacted]原[redacted]指女子额[redacted]妆[redacted]的红圆点。左白是脸，右勺是声符。

同雞一样，雁也有两个篆文，一从隹，一从鳥。其间并无是非可言，互为异体罢了。《说文解字》认为从隹的雁是天上飞的，即鴻雁的雁，从鳥的鴈是家中养的，即今[redacted]之家鵝。后人早已不[redacted]理这个[redacted]说法，等同雁鴈，互[redacted]为异体[redacted]。[redacted]清代段玉裁为了维持[redacted]许慎的这个说法，竟说雁字从人是因为"雁有人道"[redacted]，而鴈字从人却是因为"依[redacted]人"[redacted]。同是从人，却有二说。其实从人是[redacted]指雁阵在天[redacted]排成人字[redacted]罢了，何必咬姜喝醋生造[redacted]奇谈。至于雁鴈左旁的厂an，那是声符。

雁的两个篆文

先秦典籍记载，[redacted]家鵝也有叫作[redacted]鴈的，不过有时字又作雁。古人送礼讲究，要送射猎来的飞雁，那是"野味"，很值钱呢。如果用家鵝冒充飞雁做礼品，便要被人嘲笑为鴈（家鵝）。贗品一词由此生焉。贗是繁体，简作赝了。

篆文鵝

鵝（简作鹅）也不一定指家鵝，天上飞的野鵝也叫鵝呢。古人把家鵝叫作舒雁，把家鴨（简作鸭）叫作舒鳬（简作凫）。舒为形容词，动作迟缓也。飞雁，蜀人叫雁鵝。

鷹（简作鹰）与雁的篆文易生夹缠，因为字形有相似处，读音又相近。字形之所以相似，原因是鷹的篆文写错了。按照《说文解字》原文，鹰字[redacted]该有两个篆文：第一个篆文"从隹瘖省声"，第二个篆文"从隹从人人亦声"。

鹰的篆文　两个金文　甲骨文

鹰的这两个篆文不知被谁合并成一个篆文，完全弄错了。更何况这两个篆文自身就有问题，这样就错上添错，错得无法解说。

鹰的两个篆文

不得已，请先抛开篆文，直接考察甲骨文吧。甲骨文鹰左旁是隹，右旁是人平抬双臂，露出胸膛。这是最初的膺字。膺即胸膛。最初的膺字就这样简单，只须平抬双臂，显露出[redacted]胸膛来，便成。金文怕读者读不懂，[redacted]拄一[redacted]点在胸前指示[redacted]说："就是此处！"[redacted]这个只有三划的膺是作声符用的，不是人字。鹰的金文和甲骨文是形声字。所谓"瘖省声"完全无根据。

最初的膺字正如最初的腋字。平抬双臂之下拄一点，正如两腋之下各拄一点，都是指点身体[redacted]特定部位，让读者去领会而成字的。

膺　腋(亦)

098·雀雉翟隼鹤[redacted]莺

流沙河

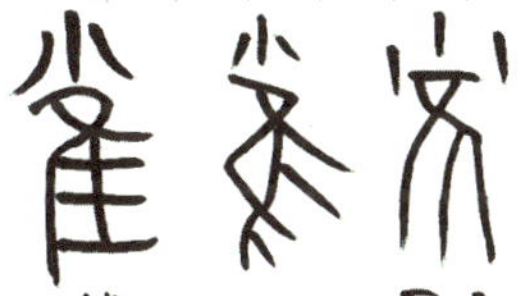

雀的篆文　两个甲骨文

所谓小鳥依人，说的是雀。雀字从小从隹，意即小鳥。雀栖瓦檐之下，古称瓦雀。羽色棕黑多斑，今呼麻雀。雀目夜盲，所以人患夜盲症谓之"雀矇眼"。儿童被戏弄说："看见麻雀走路，必中状元！"張目凝视既久，方知此鳥跳跃前进，绝不跨步。古人一大迷信，秋季"雀入大水为蛤"，载在官方《月令》。

雉是学名，俗呼野雞。字从矢，是声符，但也参与意义。雉栖息在林间草丛，受惊时突然腾飞而起，迅速远逝，且不转弯，正像飞矢那样，故名。古人插雉尾的长羽在车上和船上，谓可加速前进。其根据乃"物性相感原理"，亦迷信耳。

雉的篆文　两个甲骨文

还有一大迷信，同样载在官方《月令》，就是冬季"雉入大水为蜃（大蛤）"。正是由于这类迷信，才使古人对大自然心怀敬畏，不敢妄动一山一水一草一木。

雉以矢shǐ为声符而音读zhì，是因为古音可通。甲骨文雉也有作夷旁，以夷yí为声符的，也是因为古音可通。夷即弋射，所谓矰zhēng缴suó，就是矢尾系丝线射[redacted]飞鳥。从夷[redacted]从矢，用意[redacted]相同，都是形容雉之迅速直飞远逝。

雉喜整治栖息场地，弄得干干净净。《周礼》设置清除野草的专业户，名曰雉氏。后人加草头作薙字，与剃字通。清朝开国，下薙发令，规定剃发留辫，违者杀头。其实早在甲骨文里，雉就常作动词用了。卜辞记载商王[redacted]询问“雉众”或“不雉众”。雉众即整顿部队。

雉有一种尾羽特别长的名翟dí，俗呼山雞。翟字从羽，是強调其尾羽，不是说此鳥头上有羽冠。切勿望字形而生义。翟的尾羽，古[redacted]人舞蹈执用。戏曲演将帅的，冠上插饰“野雞翎子”就是翟尾。翟作姓用音zhái。

篆文翟

隼sǔn为猛禽。隼科[redacted]包括小隼、游隼、燕隼、红脚隼等。隼比鹰小，俗呼小鹰。隼[redacted]捕食鼠[redacted]、兔[redacted]、鳥。游隼长尺馀，性[redacted]凶猛，能捕食野鸭，故又称鸭虎。捕猎物时飞行迅速，所以隼的第二个篆文加“走之”便是迅字，义为疾速而行。《说文解字》不知[redacted]这[redacted]是隼字减笔，但知义为“疾飞”。

隼的两个篆文

古人训练游隼，作为猎鳥兔的助手。出猎时，游隼站[redacted]立猎人[redacted]左臂膀[redacted]上。篆文的那一横即臂膀也。隼与迅今音[redacted]异，古音[redacted]同。迅字从[redacted]减笔的隼，隼亦声。隼捕猎[redacted]物准[redacted]其，所以准字[redacted]繁体作準，[redacted]从水隼声。木[redacted]器榫头[redacted]必须一丝不差，準确[redacted]头入卯眼，所以榫[redacted]字从木隼声。

隼又名鶻（简作鹘）。鶻读hú。也是因为飞得太快，忽然而至，故名。唐朝皇帝训练鹰犬助猎，专设雕、鶻、鹞、鹰、狗五坊，职掌此务。以此推断，鶻必是隼。

鶴（简作鹤）身高颈长，屈居鳥笼，很不舒服，总想从格栅间伸出头去。惜乎[redacted]栅间太窄，仅容[redacted]出嘴[redacted]而已。造字诙谐有趣。后世迂夫子[redacted]，都不懂，皆另作[redacted]极无趣之解说。[redacted]

鶴的两个篆文

鶯（简作莺）这种鳥，历来说即黄鸝（简作鹂），又叫黄鶯，沿习上千年矣。本来世间并无鶯这种鳥。《诗经》中说"有鶯其羽"，乃形容桑扈鳥羽毛灿烂有闪光，鶯在这里是形容词，通熒（简作荧）。

莺和鸎的繁体　篆文　繁体　篆文

那么"鶯迁乔木"之说又是怎样来的呢？误读来的。《诗经》："伐木丁丁，鳥鳴嚶嚶。出自幽谷，迁于乔木。"这里只说某鳥鳴声嚶嚶，怎能断定其名为鶯呢。原来黄鸝又名鸎（简作鸎）。其字从鳥从嬰（简作婴）省女。嬰是女子戴的贝壳项链。黄鸝颈毛有斑纹似项链，所以又名鸎。但这也不是鶯。大约到了南北朝，形容词的鶯变成了鳥名，才取代了鸎的。

099·鸱鸮与鹳雀

流沙河

头上长角的鳥，你见过吗？鳥不可能长角，这是常识。下面这只鳥，看其甲骨文，确实长了两只角在头上。不是骨质的硬角，而是毛角。头上长毛角的鳥是鴟鴞（简作鸱鸮）。这只头戴毛角的鳥，其字隹上不是草头。现今被简化作草头而字作萑huán，大错特错。萑为芦苇一类植物，非鳥也。

萑的繁体　篆文　两个甲骨文

我们现在说的是鳥，是头戴毛角的鴟鴞。所以这个萑的繁体，按照《说文解字》[redacted]之说，应该"读若和huò"音同祸，就是蜀人呼为"鬼冬哥"的哥之[redacted]音[redacted]转。此鳥[redacted]冬夜鸣声huō—ò，人家以为不祥有祸。

鸱鸮一科多种，包括雕鸮、耳鸮、草鸮、小鸮等，头上皆戴毛角，泛称鴞或梟（简作枭）而皆音xiāo。鸮类[redacted]夜晚[redacted]叫嚣，[redacted]故名。

篆文鴞从号，号叫也。篆文梟从木，住在树洞内，[redacted]人不见其脚也。鸮类脸貌奇特，两眼不像一般鳥类生在头部左右两侧，而是并列生在正面前方。眼周羽毛呈放射状，形[redacted]成[redacted]"猫[redacted]面[redacted]"，故俗[redacted]呼猫头鹰。周身羽毛褐色，带小斑点。飞行无声，夜捕鼠和小鳥以及昆虫为食，[redacted]应被视为益鳥。可悲的是[redacted]古人[redacted]误认作食母的恶鳥，播祸的妖

篆文鴞　篆文梟

鳥，横加迫害。《周礼》[redacted]设置杀灭妖鳥的专业户。古书上鼓动说鸮肉可口，逗引射手技痒。[redacted]予曾见乡下人售猫头鹰，云可治偏头痛。冤哉枉也，令人叹息。

[redacted]鴟（简作鸱）与鸮原非一物。鴟指猛禽鹰类。鸮亦猛禽，故名鴟鸮，见于《诗经·豳风·鴟鸮》。

鴟的篆文 籀文

据说这首诗是周公作的。诗以一只小鳥的口吻，呼鴟鸮之名而控诉其“取我子”又“毁我室”之罪，非常怵目惊心，一读难忘。鴟字篆文从隹，籀文从鳥，说明隹鳥可以互换。隹部和鳥部有不少的字皆[redacted]仿此例。

鴟鸮[redacted]又作鸺鹠（简作[redacted]鸺）。鸮xiāo 鸺xiū 双声对转，鸺即鸮也。又名鸺鹠（简作鹠），特指小型鴟鸮，亦即小鸮。鸣声连转，如云“休留休留”，亦[redacted]是其名自呼。

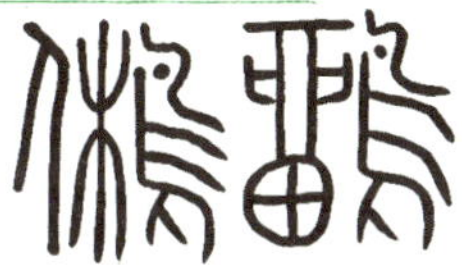

鸺 鹠

舊（简作旧）原来是鳥名，后来借[redacted]作新舊的舊。舊字[redacted]非草头，那是鴟鸮的毛角。舊[redacted]名鸺鹠的小鸮。舊字[redacted]臼为声符。新舊的即舊本该作臼[redacted]，俗呼碓窝。古[redacted]时村庄必[redacted]有公用的大石臼，历[redacted]百年而不坏，资格最老，所以先[redacted]民用臼做形容词，形容事物的古老。

旧的繁体 篆文

前面说了，草头萑huán的繁体所指[redacted]已不再是芦苇，[redacted]就[redacted]应该[redacted]改音huò，所指为[redacted]戴毛角的鸱鸮。[redacted]此字[redacted]毛角之下加两个口，就变成雚（简作鹳）。雚字古写无[redacted]鳥。看篆文、金文、甲骨文便明白鸛字[redacted]右旁鳥是后来添的。两口并列音guàn，是雚字的声符。鸛为大型涉禽，羽毛灰色、白色或黑色，头[redacted]无毛角，嘴长而直，形状像鹤。鸛生活在江河湖沼附近，[redacted]日[redacted]守水边，捕食鱼虾蛙蛇。[redacted]筑巢在大树上，[redacted]高烟囱上，楼阁屋上。[redacted]古人以为鸛在高处俯察[redacted]下面人来人往，一定看得仔细，[redacted]由此[redacted]造出察看的觀（简作观）。

萑的繁体　加两个口　篆文　金文　甲骨文

[redacted]觀字从见，左旁[redacted]是一只鸛。像鸛那样仔细察看，此之谓觀。先民象喻，稚趣可爱。鸛又名鸛雀。山西蒲州有鸛雀楼，唐代王之涣登楼有诗云："白日依山尽，黄河入海流。欲[redacted]穷千里目，更上一层楼。"他在楼上东张西望，正像鸛雀那样察看，留下千古名篇。

观的繁体　篆文

100·从隹的一些[redacted]字[redacted]

流沙河

篆文两隹并列，二鳥成双，一呼一应，雔（简作雠）[redacted]。字从言，又可以是[redacted]两人[redacted]言语[redacted]呼应。古人校对书籍，两人各执一册，一人逐字逐句诵读，一人回应是否有误，所以谓之校jiào雔[redacted]。两人交易[redacted]，一人喊价，一人还价，也叫雔[redacted]，俗作售。售字[redacted]二鳥省作一鳥，言省作口，词[redacted]义[redacted]未变。雔[redacted]又通仇。仇有正负两义：嘉偶曰仇，[redacted]《诗经》"君子好逑"又作"君子好仇"；怨敌[redacted]曰仇，仇人仇家[redacted]。

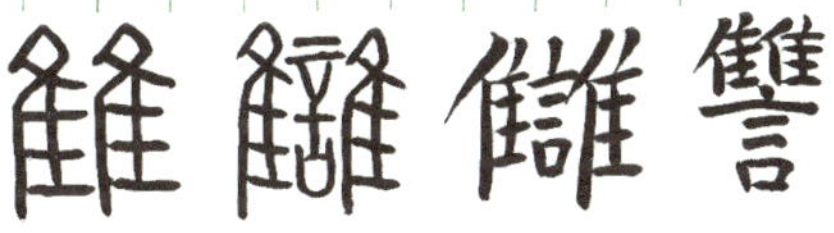

雔的两个篆文　两个繁体

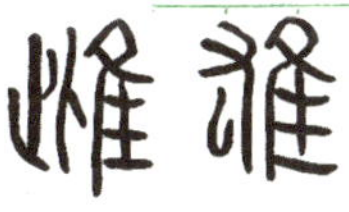

雌　雄

雌雄[redacted]原本说鳥。雌字从此，此字从匕从止，[redacted]文[redacted]为女脚。女脚比男脚小，雌鳥身体比雄鳥小。雄字从宏省，宏，大也。雄鳥身体比雌鳥大。

集合原本说鳥。群雀或者[redacted]群鴉（简作鸦）共栖一树，曰集。如果不同种群的鳥共栖一树，那就叫雜（简作杂）。集的甲骨文画一鳥代表群鳥。金文承之，亦然。

集的两个篆文　金文　两个甲骨文

霍的篆文　金文　甲骨文

夏日[redacted]暴雨来急[redacted]，群鳥提前回巢避雨。总[redacted]有些迟归冒雨回巢的[redacted]，三五成群乱箭般的从先民头顶上迅速飞[redacted]过，耳边但闻霍霍之声，使人惊怵难忘。这个印象拿来造[redacted]成霍字，

连缀一个然字，

作形容词，广泛使用，例如疾病“霍然”而愈之[redacted]类。

雋（简作隽）jun 字上隹下弓，义为鳥肉味美。如果鳥肉不美，何必在下面用弓弹打它呢？用弓弹打，可知鳥肉味美无疑。文章好，有味道，称赞说“雋永”，亦即味道长。先民补充说：“好比吃飞禽！”简体变弓成乃，少写一划。

篆文雋 

离的繁体　篆文　甲骨文

離（简作离）字今义为離别，古文为[redacted]遭遇。屈原《離骚》抒发愤懑。“離骚”二字今译[redacted]便是“遭遇忧愁”。飞鳥遭遇长柄罕网，如甲骨文所示，这就叫離。鳥遭网曰離，人遇祸曰罹。離罹音同义通。篆文大变，罕网直[redacted]柄变曲，遭网的鳥省掉，只剩一爪，网柄上添一又（右手），右旁添隹。若不细心辨认，[redacted]很难看清[redacted]篆文和甲骨文之间的承续关系。鳥也好，人也好，一旦有所遭遇，便告[redacted]别旧轨道，所以離又作離别讲。

奮（简作奋）的金文，鳥在衣中拼死碰撞。人有衣。鳥无衣，以笼为衣。鳥下的田不是农田，而是[redacted]猎田。在猎田被捕捉，关入笼中，鳥有碰撞不已而致命者，其奋勇可知矣。篆文衣错成大，遂至无解。

奋的繁体　篆文　金文

夺的繁体　篆文　金文

奪（简作夺）的金文也是鳥在笼中，与奮相同。不同者鳥有冠，可能是雞，农家养的。強盗进村，牵牛拖猪，近要[redacted]把笼中雞。有趣的是奪字从寸。寸，法度也。盗亦有道，按照规矩抢[redacted]奪。

虽的繁体　篆文

雖（简作虽）是何物，你想过吗？此字从虫（蛇）唯声。唯在此读若谁shuí，音近率shuài。《孙子·九地》说常山蛇名率。率字无蛇义，乃借[redacted]作雖字。雖[redacted]才是蛇名，难怪[redacted]字从虫（蛇）。这种蛇很厉害。雖然它很厉害，接着来个但是，也就不足畏了。于是做文章我们用雖然，不再[redacted]追问雖为何物。

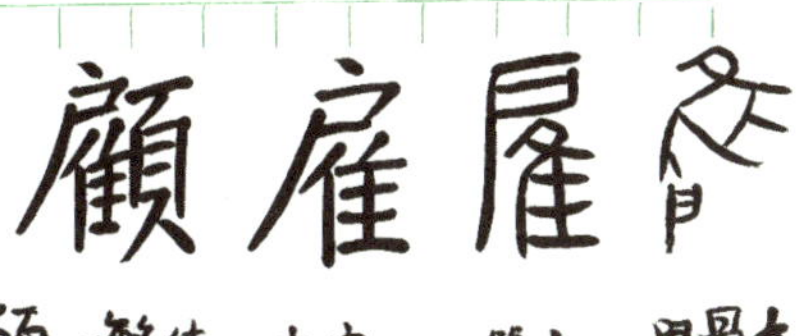

顾的繁体　本字　篆文　甲骨文

顧（简作顾）字晚出，最早只有雇字。甲骨文所示为鳥上门，似来飞[redacted]来看顧农家。人上门来[redacted]谓之顧客，鳥上门来[redacted]谓之雇鳥。古人说有九种雇鳥。其实皆候鳥，季节到自然要[redacted]飞来。先民[redacted]天真，认为它们按时飞[redacted]来眷顧我们，所以雇字从鳥从户。

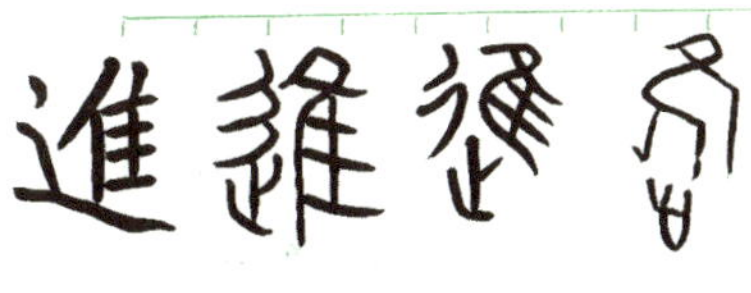

进的繁体　篆文　金文　甲骨文

前行曰進（简作进）。为啥鳥下一止（人脚）为進？鳥飞只能前行，不能退飞。人脚之上一鳥，表示人在前行，这就是進。金文添从行省，篆文承之。行的左旁与止结合，隶变所谓"走之"，而成進字。

101. 子规鸟及其他

流沙河

"子规夜半犹啼血，不信东风唤不回。"

"胡蝶梦中家万里，杜鹃枝上月三更。"

上引宋人诗句，子规（简作规）杜鵑（简作鹃）[redacted]一鳥二名。唐人李白诗云："蜀国曾闻子规鳥，宣城还[redacted]见杜鵑花。一叫一回一肠断，三春[redacted]三月忆三巴。"可[redacted]证子规即[redacted]杜鵑也。

上溯到屈原《离骚》云："恐鹈鴂之先鸣兮，使夫百草为之不芳。"鹈鴂（简作鹈鴂）朱熹注音弟桂。蜀人叫[redacted]李桂阳[redacted]的就是这种鳥。李桂阳乃此鳥的叫声，"其名自呼"。前举子规、杜鵑、鹈鴂以及《说文解字》的[redacted]鴂（简作[redacted]鴂）全是李桂二音的不同写法。

再上溯到孟子嘲弄[redacted]"南蛮鴂舌之人"说[redacted]话听不[redacted]明白，鴂即鵙也。[redacted]《说文解字》有鴂无鵙，知鵙为晚出字。鵙啼有的四声，听似"割麦插禾""幺姑包脚""快点包谷"，有的三声，听似"李桂阳""你归呀""宁[redacted]归去"。四声鵙和三声鵙都是鴂，啼声听不明白，故有多种译法。

四声鵙即布谷鳥，虽[redacted]属杜鵑科（Cuculus），却[redacted]不是子规。子规乃三声鵙李桂阳，古人称蜀魄鳥，与蜀国古[redacted]传说有关系。扬雄《蜀王本纪》引[redacted]于《太平御览》者云："望帝使臣鳖灵治水。（鳖灵）去后，望帝与其妻通。（望帝）惭愧，且以德薄，不及鳖灵，乃委国授之，去。望帝去时子规鸣，故蜀人悲子规鸣而思望帝。望帝，杜宇也，从天堕。”[redacted]知耻主题[redacted]感人手千[redacted]载[redacted]后，洵精神遗产也。上引文内子规字作圭旁一鳥，我改作规，[redacted]特此说明。

篆文鴂

鴂字从鳥夬声。夬guài[redacted]规guī音近可转，知鶗鴂即子规。那么李桂阳呢？子[redacted]的古音读李。《说文解字》：“李，果也。从木子声。”是其证明。

子规北方没有（但有四声鹃的布谷）。许慎北人，或未见过此鸟，所以《说文解字》说巂（简作嶲）有毛冠。巂guī即子规，或作子巂，也就是三声鹃李桂阳，经查头上并无毛冠。字从山，是说此鸟栖息山区[redacted]密林，每年暮春迁来[redacted]蜀国平原地带，[redacted]日夜啼叫，不久[redacted]又回山区去了。鸣声凄厉哀伤，写入诗词频率极高。巂字下面从内从口，是呐喊的呐字。古蜀人以为它是望帝的归魂在呐喊，所以造字如此。作为地名，[redacted]蜀有越巂[redacted]，巂[redacted]改音xī。

巂的繁体　篆文

烏（简作乌），今[redacted]呼烏鴉（简作鸦）。烏全身黑，远看不见眼睛，所以篆文烏无目便是烏。三个金文，先是巨喙即大嘴鸦，逐渐符号化，竟变成“於”字，读音仍同烏。试将篆文於和第三个金[redacted]文作

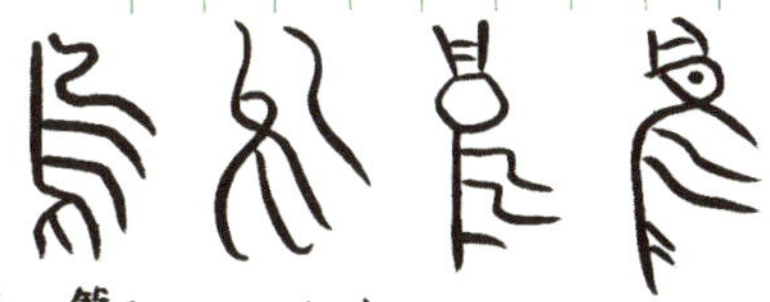
烏的篆文　三个金文

篆文於　金文烏

比较，已经相近了。由于金文烏逐渐变得走了样，最终变成於字。读音也逐渐变，烏wū最终变成于yú。

烏鸦复名。烏说其色，鸦状其[redacted]声。古人[redacted]感叹烏乎，后来字作嗚呼，相当于川话的"哦ǒ[redacted]嚯huò"，一点也不深奥。

燕的篆文[redacted]全体象形。头、喙、身、翼、尾俱有了。三千[redacted]年前，殷人礼拜燕子，尊称玄鳥。《说文解字》谓齐鲁称燕子曰乙。燕子叫声乙乙，"其名自呼"。

篆文燕　篆文乙

乙的篆文象燕飞之侧视。

焉字在古籍皆虚词。造字之初，焉乃鳥名。《说文解字》："焉，焉鳥。黄色，出于江淮。象形。"金文焉从鳥，延省声（省掉延字左旁）。篆文焉上部是延字再省，下部是鳥，无[redacted]头无颈，非常可怪。小时候在老家，年年秋末冬初，总有一大群白颈鸦不知从哪里飞来，聚集门前古槐，尖声聒噪。《尔雅》："燕白脰，乌。"乡民叫银牌子老鸦，古名和燕子同，或许这就是焉。颈白身黑，一晃眼似乎无头颈，正如篆文所示。金文焉从延省。延者，远举也。谓此鳥从遥远飞来也。遗憾的是许慎说是黄色，与白颈鸦不同。

篆文　金文　延的篆文

102. 羊[redacted]与从羊诸字

流沙河

中国作家协会四川

远古游牧生活，衣食俱取于羊。古文字羊为羊头的图案化，富有艺术趣味。彼时牧人要求不高，只要羊在就好，谓之吉羊。后世字作吉祥。其实甲骨文里笔划最繁，瞪着大眼的羊就是后来造的祥字。公羊曰牡羊，又名羝。谓其好斗，互相[redacted]角抵[redacted]。母羊曰牝羊，又名牸。谓其能生小羊。字这个字的原义为家中添[redacted]子，象意。

羊的篆文 金文 三个甲骨文（大眼为祥）

很多人写[redacted]美字下面从[redacted]火，错成[redacted]羔字。小羊曰羔，篆文[redacted]很像错写的美[redacted]。羔字从火，似乎难解。或许[redacted]漠北草原苦寒，母羊产子，需用[redacted]暖室，故从[redacted]火吧。羔者烤也，烤火的小羊也。

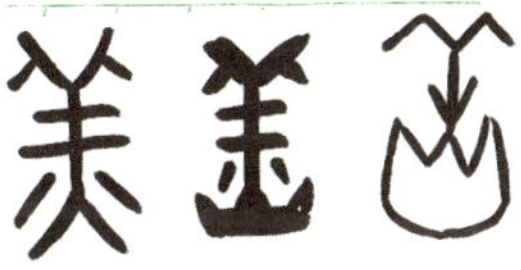

羔的篆文 金文 甲骨文

羊多成羣（简作群）。羣字从羊君声为单纯的形声字，羊与君王不相干。君字从口，发号司令要用嘴巴。尹是手提[redacted]权[redacted]棍，为君之义自见。当然，尹也作声符用。

群的繁体 篆文

慈善[redacted]，完善，皆是后起之义。善的初义是说羊肉好吃。字从羊从二言。二言的意思是“争着说”，可见羊[redacted]肉真的好吃。隶变简化二言，作善。

篆文善

20=500　Ch001.60.93.9　第 一 页

艺美，貌美，亦是后起之义。美字从羊从大，是说六畜肉食，羊为首选。并非如美学家所说的羊壮大就很美，[redacted]是说羊肉鲜美第一。不过此说亦有疑点。甲骨文美有从羊的，也有不从羊，而像人头上插羽毛为装饰以显美的。存疑可也。予识一塞尔维亚人，写篆文美，长腿细腰卷发，俨然现代美女。

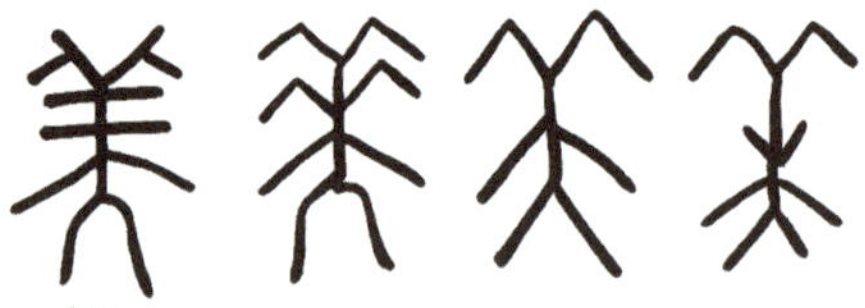
美的篆文　三个甲骨文

羌的异体　篆文　金文　两个甲骨文

今之四川羌族同胞，在《说文解字》为“西方牧羊人也”。古代羌为大族，崛起华夏之西，累遭商朝派兵弹压。甲骨文羌多有绳捆械系，在卜辞里用于杀祭，等同牲畜。异体羌字[redacted]犹有捆系残馀，使人不安。今夏四川大地震又损我羌胞，伤哉。

養（简作养）字从羊从食（饲），义为養羊。后来扩[redacted]义而为養猪養狗養儿養花，乃至養痈。进而营養修養，越跑越远。甲金二文执鞭赶羊，前人有释牧者。最初或许有别，牛曰牧，羊曰養。金文所执，以字形考察之，实为柯之古写，盖折树柯[redacted]当作赶羊鞭也。

养的繁体　篆文　金文　甲骨文

義（简作义）与羊有关系。羊群（简作群）有领头羊，走在最前，仿佛示范。群羊视领头羊为榜样，亦步亦趋。[redacted]试以竹竿设栏，领头羊一跃而过，诸羊相继跃过[redacted]。此时纵然收去竹竿[redacted]，后面的羊走到那里照样跳跃一次。義字从羊，取榜样的意[redacted]思。義最[redacted]初指容儀（简作仪）。国王[redacted]要求士大夫[redacted]做好[redacted]领头羊，表率百姓。士大夫若做了假[redacted]表现，那就叫伪，意指[redacted]人为而非出自本性的伪儀表。

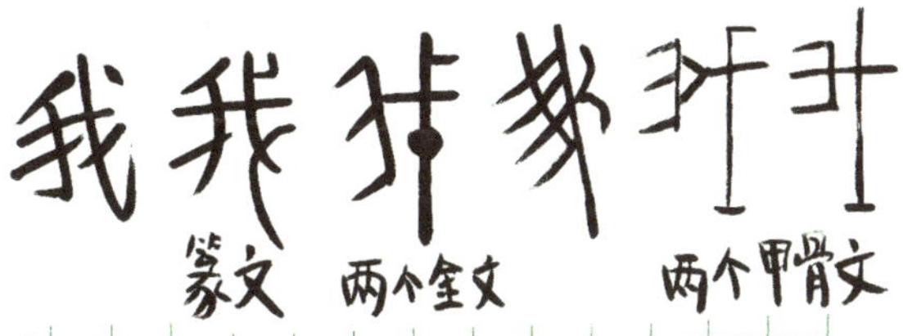

那么義字从羊从我，就是“我的儀表”？非也。我是纯声符，不参与字义。我古音yí，本義并非指第一人称的自我，而是一种兵器之名。《诗经·豳风·破斧》提到一种兵器名锜（简作锜）音yǐ，鄙人认为就是镋钯。我字从戈，表示此乃兵器。看古文字，若拿掉戈，剩下部分正是镋钯之形。镋钯八齿[redacted]倾向一侧，用以抓杀敌人[redacted]。头部倾向一侧曰俄，一侧头的瞬间曰俄顷，可知兵器名我者，齿锋倾向一侧[redacted]之谓也。不过我与羊无关系，只作義之声符而已。

103·牛与从牛诸字

流沙河

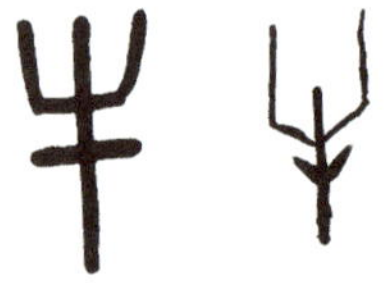
牛的篆文　甲骨文

篆文牛象牛头形。双角，背脊（正面看），两眼，鼻端，俱可指认。公牛，牡。牡有大义，丹花（芍药）之大者叫牡丹。母牛，牝。相当于人称妣。牝字从匕，匕亦声。匕象女倚卧形。女阴亦曰匕。

牡的篆文　甲骨文　牝的篆文　甲骨文

牧的篆文　两个甲骨文

羊曰養，牛曰牧。词汇丰富[redacted]，方有准确[redacted]可言。篆文牧从牛，右旁从攴（右手）[redacted]卜声即今扑[redacted]打的扑（繁体作[redacted]撲）。扑牛就是牧了。甲骨文或执棍或执柯都是挥鞭。

牟是牛鸣。牛上的三角形并非私字古写，而是牛口。牛口这样写，目的是[redacted]要和告字区别开。牟的牛口在上，告的人口在下。告字明明上牛下口，如何又说是人之口呢？《易经·大畜》："僮牛之告。"僮，今撞字，我认为。予在乡村目睹[redacted]牛若撞人，农夫便用三尺木棍横捆在牛角上，给路人提个醒。这是牛主人的无声宣告，所以告字的口是人之口。"僮牛"又有作"童牛"者，注家皆以童昏幼[redacted]牛解之，错了。

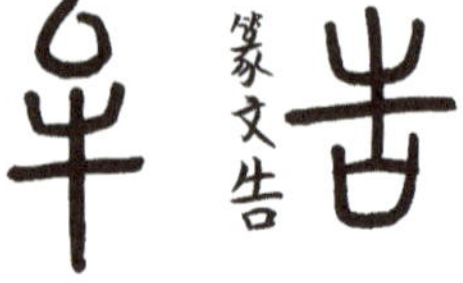
篆文牟　篆文告

公牛性猛，动辄撞人，故谓之犇（简作牤）。其字从牛莽声。横不讲理之男，蜀人叫作莽子。又有小男孩憨蛮可爱者，蜀呼莽娃，或说莽乖莽乖的[redacted]逗人爱。莽皆音māng。公牛

牤的繁体

长大要骟。古时骟牛曰犍，今时骟牛叫犗jiè。

篆文犗

骟牛曰犍

犗字从牛害声。也可以视之为从割省。骟不是要用刀割吗？害字中间三斜一直，不是丰富的丰，而是象锯齿形，读音同犗，意为[redacted]用刀来回拉割。[redacted]蜀人叫解，音gèi。

公牛中有极少数品种最优良的不骟，留作种牛，古人称之曰特。特出，特异，特殊，诸义来自种牛。又称朴特。木材未经木匠加工曰朴。朴特[redacted]意为未经阉割手术之特出公[redacted]牛。予曾在配种站瞻仰过从国外引进的“朴特”，日饲营养[redacted]精料，寒暑关怀[redacted]备至。站长说：“每月开销在它身上的钱，相当于正处级！”特殊[redacted]待遇用于特牛，不亦宜乎。

篆文特

主人带到配种站来配种的母牛，古人叫牸牛。前面说过，字者家中添子也。文与文组合成的符号[redacted]也叫字，已属后起之义。除了牸牛[redacted]和[redacted]种牛，以及肉牛，还有幼牛，其余的不论公母都[redacted]有劳役要服，或耕田，或拉车，或转磨。牛耕田曰犁。犁的繁体右上非刀，乃象木犁之形。古写和篆文同，黎做声符，右上为木犁。史载汉代赵过发明牛耕。其法为牛[redacted]负[redacted]轭，拉动铁铧木犁，农夫随[redacted]后扶[redacted]犁[redacted]前行。至今

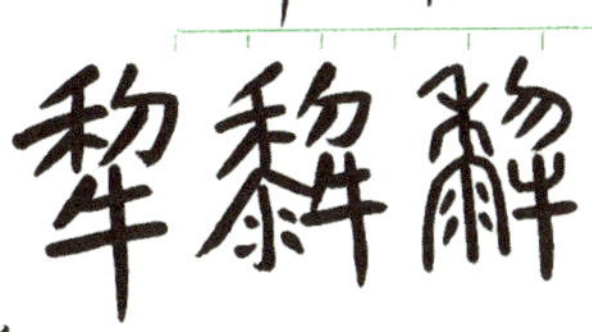

犁的繁体　古写　篆文

仍用赵过之法。赵过之前也有牛耕，那是两牛用角拉动[redacted]铜尖木犁，效率太差。

牛拉车曰牽（简作牵）篆文从牽，牛走在前，颈上[redacted]负轭[redacted]（盖象轭形）系绳（玄[redacted]象绳形）。绳的[redacted]彼端连着[redacted]车辕，还有[redacted]車厢，都省略了。牵牛一词首见《诗经》，释为牵车之牛，所以我才这样解释牵字。

牵的繁体　篆文

牢的篆文　甲骨文

牢为牛棚，蜀称牛圈，一瞥便知，不劳解释。黄河流域冬季严寒，棚内必须保温，所以篆文棚门紧闭，密不透风。监狱亦须[redacted]紧闭，故也称牢。古代祭祀牢牲，牛曰太牢，羊曰少牢，不直接说杀牛杀羊[redacted]。

物，篆文从牛勿声。勿本义为杂色[redacted]旗帜，所谓勿旗。物则指[redacted]杂色[redacted]牛[redacted]。古代祭祀宰牛，规矩[redacted]烦琐，就连[redacted]牛的毛色都有[redacted]讲究。卜辞里[redacted]“十勿牛”就是十头杂色牛，“物牛”也指[redacted]杂色[redacted]牛。《诗经》里“三十维物”是三十头杂色牛。世间动物品种繁杂，好比杂色牛（物），所以统称万物。

物的篆文　甲骨文

篆文件

牛割颈放血后[redacted]，就算杀了。接着解牛，从剥皮始，开膛掏空[redacted]内脏[redacted]，再解成块件。整体解成若干块件。件字表示人对牛体加工，分解成件。部件，零件，条件，莫不和牛有关。扩义[redacted]为量词用，衣[redacted]以件称，货以件计。又泛用于[redacted]文件、邮件、事件，乃愈行愈远矣。[redacted]、软件

104·马与从马诸字

流沙河

馬

马的繁体

篆文　金文　甲骨文

羊牛字正面看，馬（简作马）字侧面看。甲骨文和金文以馬眼代馬头，鬃毛背毛，双脚有蹄，尾。篆文眼变头颈，突显鬃毛，四脚，尾。隶变承袭篆文，一笔不差。牡[redacted]馬曰騭（简作骘）。其字从馬陟声。陟zhì义为登高。牡馬[redacted]登牝馬而[redacted]交配，故名。牝馬曰騍（简作骒）。《本草纲目》连称课馬[redacted]，盖谓其有产駒（简作驹）之课程欤？《月令》说所[redacted]"累牛腾馬"，累者[redacted]重叠也，腾者[redacted]上升也，皆说交配事[redacted]。

騭

骘的繁体

騍

骒的繁体

驄　驃

骢　骠

馬以毛色命名者[redacted]，青白曰驄（简作骢），谓葱色也，浅黄发白曰驃（简作骠），谓漂白也。驃若改读biāo，义则为骁勇。汉代霍去病为驃騎将军。马毛色不纯曰駁，谓其多色交叉如爻也。交叉则不一致，互相错迕，衍生杂駁、反駁诸词。

駁

驳

駕　馭

驾　驭

馬颈安置枷具（轭）以便挽车，曰駕。造字[redacted]馬上[redacted]加（枷），正是[redacted]如此。車夫右手执绳控馬，左手挥鞭赶馬，就叫駕馭（简作驭）。馭字正是右手控馬。

两馬并列[redacted]，共挽一车，曰駢（簡作骈）。《说文解字》释駢为"駕二馬"，即一车駕二馬。二馬并列，一左一右，步调一致，用力相当，全靠车夫控制有术。概自六朝以及初唐，文章盛行字句两两[redacted]偶对成趣，如"駕二馬"一般，同时要求文字[redacted]讲究[redacted]音韵协和，[redacted]词藻务求丰赡[redacted]靓美，后世谓之駢文。例如王勃《滕王阁序》内的对句："[redacted]渔舟唱晚，[redacted]响穷彭蠡之[redacted]滨。雁阵惊寒，声断衡阳之浦。[redacted]遥吟俯畅，逸兴遄飞。爽籁发而清风生，纤歌凝而白云遏。睢园绿竹，气凌彭泽之樽。邺水朱华，光照临川之笔。"文多四、六字句，所以又叫[redacted]四六文，或叫駢四驪六。驪义同駢，亦二馬也。駢字并声，篆文并为[redacted]二人。驪字麗声，篆文麗为二[redacted]鹿。

駢(骈)　驪(骊)

馬体大曰駿（簡作骏），如[redacted]俊杰也。馬身高曰驕（簡作骄），喬即高也。馬低能曰駑（簡作驽），[redacted]似奴才也。馬懒惰曰駘（簡作骀），暗吐衔铁以怠工也。

駿　驕　駑　駘

骏　骄　驽　骀

驚駭（簡作惊骇）指馬而言，馬易受驚而駭。《说文解字》："驚，馬駭也。""駭，驚也。"驚駭二字互训。后乃移用于人，吃驚恐駭是也。

人间姓馮（簡作冯）与馬有何关系，不知当初造此馮字绝非出于姓氏需要。馮字从馬冰声，不读今音féng，要读古音péng。馮馮形容马队孔武[redacted]强壮，[redacted]在《诗经》里[redacted]皆作彭彭。例如《大雅·大明》："檀车煌煌，駟騵彭彭。"郑笺云："兵车鲜明馬又强。"彭彭应作馮馮[redacted]方才合适。篆文馮左旁是古写的冰，象河冰破碎后[redacted]撑拱[redacted]之形。《论语》里的"暴虎馮河"，馮[redacted]乃借用，本应作淜。

馮 

冯的繁体　篆文

闖（简作闯）是馬棚[redacted]开门，群馬争[redacted]出之状。[redacted]作形容词，说[redacted]某人[redacted]太莽闖。作动词，说[redacted]某人[redacted]闖[redacted]江湖。

李自成号闖王。当初和他一道造反的还有个头领叫闖塌天。

闖

闯的繁体

騙（简作骗）字从馬偏省声，义为从旁一[redacted]跃上马。垫脚[redacted]上馬石又叫[redacted]騙馬石。偏即旁也。欺騙字应作諞（简作谝）。諞嘴迹近吹牛，言多不中。不中则偏。諞亦从言偏省声。

騙　諞

骗　谝

騷（简作骚）字从馬[redacted]蚤声。篆文蚤字拿掉虫，[redacted]剩下爪甲的[redacted]爪字，象形。人伸手用爪甲给马[redacted]搔痒，为騷字之本义。騷馬[redacted]近似[redacted]指爪戴甲刷馬，用棕刷刷掉皮毛间的寄生虫和卵。有騷必动，生出騷动、騷扰、騷乱诸词。

騷 

骚的繁体　篆文

105. 豕与从豕诸字

流沙河

豕是野豬（简作猪）。篆文长吻（蜀人所谓[redacted]长嘴筒子），此为野豬特征。[redacted]四足，短尾。甲骨文多出[redacted]鬃毛三根，但只两足。然[redacted]有蹄，大腹，且张口叫，更象其形。豕古音xī，读音[redacted]同豨[redacted]。比乃[redacted]小野豬[redacted]尖叫的xī声。“其名自呼”又添[redacted]一例。野豬生性凶猛，往往迎敌而上，拱翻强手[redacted]，獠牙致命。猎人说“一豬二熊三豹子”，厉害可知。先民怎样驯化[redacted]野豕，[redacted]其间种种经验，我们无从得知。但从古文字里能侦悉到最关键的一步[redacted]，就是手术阉割。彘zhì的甲骨文正是用矢镞割豕腹[redacted]以阉之的写照。豕变温驯后[redacted]，不能再称豕[redacted]，名之曰彘。彘，滞也。行动变得迟滞[redacted]，不再横冲直闯猛蹦跳了[redacted]。篆文不肯[redacted]顺水推舟地写成矢旁一个豕，而是把豕变形，在四[redacted]足间的腹下置放一矢，以存真相。篆文彘下面[redacted]看似二人者，非比字也，乃[redacted]四[redacted]足也。彘[redacted]后来读音转成zhū，写出便成豬字。彘zhì豬zhū双声对转。

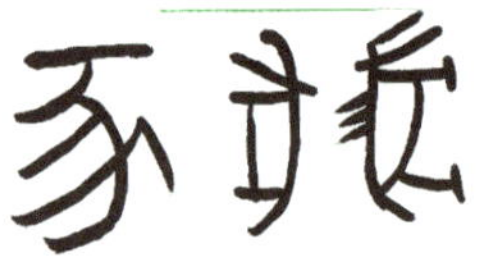

豕的篆文　两个甲骨文

彘的篆文　甲骨文

《说文解字》：“豬，豕而三毛丛居者。从豕者声。”三毛丛居是说一个毛孔内长三根毛。予曾协助杀豬刮毛，仔细看过，佩服[redacted]这位“五经博士”许先生眼睛尖。豬字[redacted]者做[redacted]声符，不必诧异。试看煮翥诸堵赌暑署都[redacted]等字，便能猜出者字的古音来。

繁体猪　豬

25×20=500　Ch001.60.93.9　第一页

豚是小豬。准确说，是肉[redacted]嫩味腴的小[redacted]豬。古文[redacted]从又，表示可以一手提来提去，非[redacted]是小豬[redacted]不可。从月（肉）[redacted]强调其肉[redacted]可口，切勿错过。[redacted]篆文肉[redacted]象豬腿形，盖以豬腿代表一切肉类。甲骨文肉作数字母A形，后逐渐变成月（肉）。小豬[redacted]散放，喜爱逃跑，所以豚[redacted]加走之便是遯字。后代[redacted]清高之士隐居山林，谓之遯世。[redacted]豬只逃遯，主人追逐。所以豕加走之便是逐字。不过逐字更像农家[redacted]赶跑[redacted]野豬。旧时野豬[redacted]下山吃[redacted]庄稼。农家吆喝追逐，夜[redacted]不[redacted]安寝。甲骨文逐，野豬[redacted]后面一止（左脚），是人在追。金文添[redacted]行字左半边[redacted]，追到人行道上[redacted]了。行字象人行道。

[redacted]前面谈到[redacted]豕（野豬）[redacted]阉割变成[redacted]豖，性情温驯了，还不算真正的家豬。意思是纵然是真正的[redacted]。家豬，不论公母，亦须在成[redacted]年前予以阉割。用[redacted]川话说，公曰騸，母曰解。乡下有[redacted]騸豬匠，一请就来。或[redacted]騸或解，几分钟[redacted]便做成[redacted]。篆文豕腹下添一笔便是今用椓字。古代椓为酷刑，用施于乱搞男女[redacted]的双方。显然这是騸解之技移于人体。

公豬曰豭，见于《左传》。[redacted]

乡下除[redacted]骟猪匠，还有牵豭猪者[redacted]。[redacted]农家专养[redacted]母豬，若[redacted]需配种[redacted]，豭豬牵[redacted]去其家，[redacted]交[redacted]毕收钱。甲骨文家正是"豭豬牵[redacted]去其家"之象。古代婚配，女来就男曰嫁，男去就女曰家。[redacted]可知家本动词。豭豬牵去就[redacted]母豬，其事类同男去就女，所以家字要这样造。古人质朴，不觉得这可笑。甲骨文家，细看[redacted]屋下豕挺阳具，正是豭[redacted]字。许慎说家字是豭省声，完全正确。

甲骨文家

戏剧起源于看野兽打架。剧，繁体作劇。劇字初无右旁的刀，看篆文便明白。此字上虎省，下豕，意思是老虎同野豬打架，其劇烈可知矣。想一想古罗马斗兽场，便知予说不谬。后来此字右旁加刀，表示人同野兽[redacted]血战。第三者[redacted]旁观之，正是精采戏劇。

剧的繁体　两个篆文

彖字彑头亦即野[redacted]豬[redacted]头。篆文下面四足一尾。彖tuàn字义为[redacted]肥腯tú，就是川话说的肥嘟嘟（应作腯腯）。篆字从竹彖声。《易经》卦辞曰彖辞，彖借用为断，推断之辞也。

篆文彖

篆文彙[redacted]豬头豬身两足一尾，胃省声。圆圈内一米字象胃形，为胃省。彙huì即猬，指刺猬[redacted]。猬科动物古人误认为属豬类，所以造字[redacted]如此。[redacted]刺猬针毛丛聚御敌。下级搜罗[redacted]情况，[redacted]分丛聚而[redacted]之，向长官报告，谓之[redacted]彙报。今简作汇报矣。

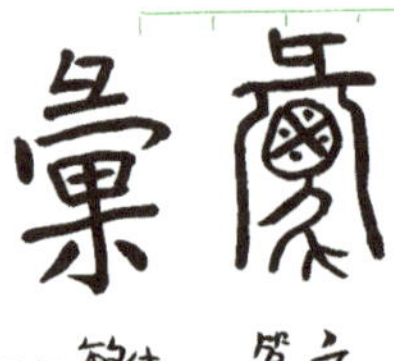

汇的繁体　篆文

106·犬与从犬诸字

流沙河

犬尾上翘，是其特征。孔子说："视犬之字，如画狗也。"许慎说，有悬蹄的方可称之为犬。悬蹄，俗呼飞爪，为已退化之蹄爪。无悬蹄的便是狗了，以此区别。推想狗先被人驯养，用来[redacted]警夜。狗善吠吼，所以[redacted]名[redacted]狗。狗吼古音可通。犬保留[redacted]更多的野性，[redacted]而特长于嗅觉。鼻嗅[redacted]的嗅，古皆作臭xiù。臭字上自（鼻）下犬。犬鼻善嗅，用于狩獵（简作猎）。獵字从犬，右旁声符读liè，是形声字。做声符读liè的这个字是何意思，所象者何，有必要深究之。原来就是子字金文变形。甲骨文子头留胎发，手臂爬行。金文加添[redacted]躯体双脚。古人讲究十二生肖，子既属鼠，所以头[redacted]改下作篆文鼠形。这样变形弄得面目大改，认不得了。其实[redacted]是个很简单的子字。子古音lì近liè，[redacted]就是獵字右旁，做了声符。

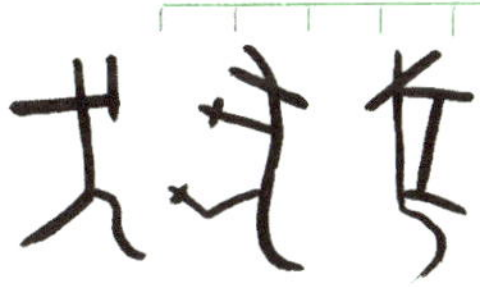

犬的篆文　两个甲骨文

篆文　甲骨文

猎的繁体　篆文　金文

子的篆文　金文　甲骨文

獵则有獲（简作获）。獲字从犬从又，手牵獵犬。头长毛角的隹音huò，做了声符。[redacted]隹的这个毛角被误书为[redacted]草头。[redacted]简体跟着错成草头，给人[redacted]印象，以为打獵[redacted]草下[redacted]。这个字大不通。

获的繁体　篆文

羊合羣，犬尚獨（简作独）。犬对主人尽[redacted]忠，但是[redacted]难以容忍同类。这样释獨方便。不过当初造此獨字，却是专指古蜀国传说的一种怪兽，名獨谷兽，见《山海经》。川北乡间旧有送獨谷兽归天的仪式，少时见过，印象深刻。

獨 獨

独的繁体 篆文

两犬监守一言，为獄（简作狱）。此非[redacted]以言治罪。夹在中间的本该是辛字。为了獄字字形结构匀称，辛[redacted]添口变成了言。篆文言字上辛下口。辛象雕刀形，就是[redacted]镂。镂[redacted]刀[redacted]给罪犯劙面，用此即[redacted]黥刑。所以，镂刀[redacted]夹在两犬中间，代表罪犯，这样造成獄字。

獄 獄

狱的繁体 篆文

羣犬追逐，[redacted]跑得风快，这就叫[redacted]飈（简作飙）。古写为[redacted]三只犬。实际用于文章中，往往加風（简作风）成飈biāo。龙卷風亦名飈，缓读之则分为扶摇二音。所以《尔雅》：“扶摇谓之飈。”蜀人形容赛车[redacted]高速[redacted]，说：“好快，一飈就过去了！”

飈 猋

飙的繁体 古写

请看两个然字，略有差异。第一个[redacted]为今书[redacted]，第二个[redacted]为古写[redacted]。古写正确。然字下面从火，上面从犬从肉。左月（肉）右犬，义为犬肉，[redacted]其字音yán。字典查不到这个字，因为它被[redacted]獻（简作献）字顶替了。古人用犬肉汤祭[redacted]祖宗，不能[redacted]说[redacted]，明

然 肰

今书 古写

中国作家协会四川分会

要[redacted]改口说这叫"羹獻"。獻要读yan[redacted]，为[redacted]犬肉的雅称。[redacted]犬肉雅称[redacted]用久生变，其义转为[redacted]贡献，竟忘其犬肉之[redacted]归路矣。

旧时居宅，墙有狗洞。请看突字，[redacted]狗从墙洞[redacted]窜出。在狗这是突出，[redacted]路人则感突然。又看默字，狗不发声偷咬人。从犬黑（墨）声，大可玩味。从犬诸字，例如哭、戾、犯、狂、猖、獗、狡、狯、狰、狞、狭、猛、猾、猥、猜、猝，皆写狗态。读者自可意会，不烦一一唠叨。

突 默

突 默

打狗打狼，要打它的腿。一棍子扫[redacted]在后腿上，狗便跛[redacted]了[redacted]，拖着后脚[redacted]逃了。篆文犬尾扫来[redacted]一棍，以见[redacted]其义。[redacted]犬拖[redacted]后脚[redacted]跛[redacted]行，是此字的本义。添加[redacted]足旁成跋，义为[redacted]人拖[redacted]一脚跛行[redacted]。在一篇文章或一部著作的后面[redacted]，附[redacted]写一段文字，也叫跋，类似拖着一脚在后，所以含有自谦之意。谁知这和一条跛狗有关系呢。

跋 犮 戈

今书 古写 篆文

脚伤而艰于行，乃有跋涉之苦[redacted]。《诗经·鄘风·载驰》："大夫跋涉，我心则忧。"据毛传说，跋是行走在草丛中。草丛中走，[redacted]脚虽无伤，也艰于行。拔、魃、髪（简作发）和跋有共同的声符。髪简化成发[redacted]已经多年了。理髪店写招牌想复古，都误写[redacted]。迷途既久，欲返故乡，髪字全难啊！

髪 髮

发的繁体 误写

107. 猫科猛兽及其他

流沙河
中国作家协会四川分会

家貓（简作猫）由埃及经印度传入中国之前，《诗经》里已有貓。指的[redacted]然不是家貓，而是一种浅毛虎，后来[redacted]呼为山貓，属于猛兽。聚讼已久，不知究为何物的豸zhì，鄙人推测就是《诗经》里的[redacted]貓。看古文字，知悉这种猛兽张开大口，耸耳曲身，拖着长尾。从豸之字，有貓、豹、豺、貔、貂等，多属猛兽。推测豸属猛兽，并非瞎猜。家貓传入中国之后，夺去貓名。[redacted]《诗经》里亮相的浅毛虎只好放弃[redacted]貓名，改名叫豸。

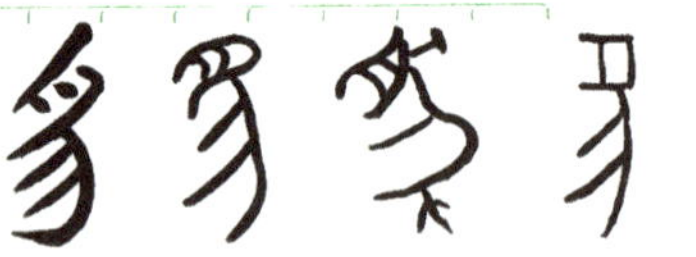
篆文 金文 甲骨文

《说文解字》无貓有貍（简作狸）。貍就是《诗经》里的貓，即豸。豸貍古音通，本来是一物[redacted]。后世貍貓连称，皆指野貓。

狸的繁体 篆文

豹字从豸，形态似貓（浅毛虎），勺声。勺是瓢的象形字[redacted]，读[redacted]piáo。豹[redacted]奔[redacted]着[redacted]飘，故名。甲骨文虎身而有圆形斑，我猜应[redacted]该是金钱豹，释[redacted]为豹字。

篆文 甲骨文

豺，比狼小，比狗瘦。豺字从豸才声。木残为才，音又通[redacted]柴[redacted]。柴声之字[redacted]多有小义。豺瘦，所谓骨瘦如豺。语同肥胖如豬，皆以动物比人。不必写成[redacted]柴字，柴不存在肥瘦问题。

篆文

容貌的貌为何从豸？原来有两个篆文。最初没有豸旁，

25×20=500 Ch001.69.93.9 第一页

貌的两个篆文

皃mào是双臂爬行的婴儿的面貌。篆文省去身体和下肢，突出面部。面部两眼连作一线，口鼻两耳皆省。后来添加豸旁，[redacted]义转为猫科猛兽的外貌。但在实际使用时，仍旧[redacted]偏重于指人，代替了皃字。

从豸之字还值得一提的有貘。貘似猪，鼻圆柱形，能伸能缩。为热带哺乳动物，善游泳。这和中国古代所谓的貘相去太远。《说文解字》：“貘，似熊而黄黑色。出蜀中。从豸莫声。”清代段玉裁注说：“《尔雅》谓之白豹，《山海经》谓之猛豹。今四川川东有此兽。采薪携铁饭甑入山，每为所啮。”传说此兽食铁。《诗经》里的驺虞是其别名，说是“白虎黑文，不食生物”，称为[redacted]仁兽。《山海经》说“出孟山”，予以为即[redacted]岷山。此兽据考证[redacted]为熊猫。“不食生物”，食竹。古人观察欠精确，难免讹传。

貘的篆文　金文

虎字笔划当从古文字推求之。如果一笔一划细心比对，便知楷书虎字整体象形，不可拆开来讲。卜辞虎字数见，皆如甲骨文所示之大口、巨目、利爪、长尾、身斑。一条卜辞问：“甲申，王其擒虎？”另一条卜辞说：“王梦有死大虎。”似乎三千五百年前

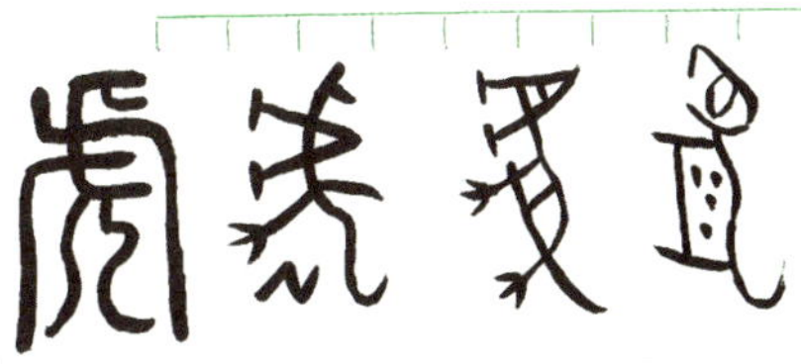
虎的篆文　金文　两个甲骨文

中原多虎，与今大异。虎兮归来，要靠周老陕了。

少时闻诸长辈，虎一胎若三只，其一为彪，凶猛异常。今知虎旁三撇乃表示有纹彩。汉代班彪字伯皮，彪为虎皮花纹，非猛兽也。彪见虎之美，而虐则见虎之恶。虐从虎省，从爪人，谓虎抓人压毙。《说文解字》："虐，残也。"谓残酷也。

彪 篆文

虐 篆文

远古未有金属冶炼，炊用土釜，就是陶锅。其字从豆[redacted]（[redacted]盛菜肴的高脚碗盏）[redacted]，虎省声。虎为纯声符，不参与意义。这个釜的古写已被淘汰，今书作釜字了。虽然已淘汰了，但是作为声符，还保留在从戈的戲（简作戏）字里。戲是用戈矛比武艺，与虎无关。戲是比武，劇为老虎野豬打架。戲劇之起源可想而知矣。

釜 今书　古写　篆文　戲 戏的繁体　篆文

貓科猛兽除了虎豹，[redacted]有獅（简作狮）。古称師子，又称狻猊（音读酸倪）。《穆天子传》说"狻猊野马，行五百里"。《尔雅》说"狻猊食虎豹"。梁山泊英雄有浑名"火眼狻猊"者。此兽[redacted]来自西域，国人罕见，故多瞎说。吾人当知晓者，[redacted]師子二字古音与狻猊同（子古音倪），皆[redacted]兽名之译音[redacted]。

獅 獅的繁体

108.小鼠到大象

流沙河

篆文鼠

鼠字整体象形，不可拆[redacted]讲[redacted]。不可[redacted]主张鼠字从臼，从二爪，一尾[redacted]。拆开就讲不通。只可以说整体象形，神似而已。许慎定义鼠为"穴[redacted]虫"，极简而确。鼠的种类繁多，今说其二。先说鼹，从鼠晏声。蜀人叫地老鼠。隐匿地下，挖掘洞道，伤害作物。鼹鼠[redacted]矮胖，耳小肢短，头尖[redacted]吻长，[redacted]形态异于家鼠。《庄子》："偃鼠饮河，不过满腹。"偃鼠即鼹鼠。晏是匽的今书[redacted]。古写[redacted]作匽。《说文解字》："匽，匿也。"因为隐匿地下，又呼隐鼠。人怀隐忧，谓之"鼠思"，见于《诗经》。再说鼬，从鼠由声。俗名黄鼠狼。因能放屁[redacted]退敌，又名臭鼬。鼬形态似鼠，而捕[redacted]鼠以食。

鼹 晏 匽

今书 古写

篆文

古人迷信它有[redacted]神性。香港民间拜的"黄大仙"便[redacted]是鼬[redacted]——黄鼠狼姓黄嘛。鼬是形声字。黄大仙有象形字[redacted]吗？有。尤就是象形字。甲骨文和金文尾长且大，屁[redacted]腰张口。特征为尾下垂。犬之古文字尾[redacted]上翘，知此非犬[redacted]甲骨文之有祸祟者，黄大仙能祸福人也[redacted]（不然谁去拜它）。

篆文 金文 两个甲骨文

兔（简作兔）与鼠皆属啮齿类。兔字象形，长[redacted]耳大眼[redacted]肥躯[redacted]跳行，甲骨文画形态抓住特征。篆文亦侧视，两足一前一后，

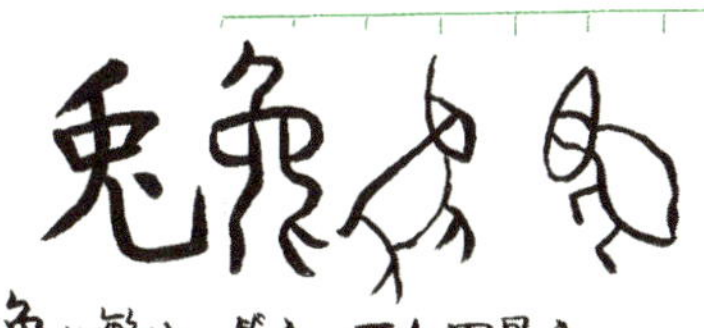
兔的繁体 篆文 两个甲骨文

有短尾，长耳讹作人字[redacted]。兔是野兔，卜辞有“[redacted]翌辛丑王逐兔”的记载。野兔逃跑，若不用犬而用人的脚步去追，那是追不上的，必逸无疑。逸训逃，又训失。对兔而言，是逃脱了。对人而言，是失掉了。

野兔落[redacted]网[redacted]，体[redacted]屈成团，是谓之冤。人受屈，不得伸，亦冤也。弯曲竹篾编成筦箕。筦冤同音，义[redacted]亦[redacted]屈[redacted]也。[redacted]冤为屈兔体，筦为屈竹篾，仅此不同[redacted]而已。

冤的篆文网变成冖（盖巾），意在简省笔划。[redacted]清代段玉裁注《说文解字》[redacted]认为免字[redacted]和[redacted]兔有关[redacted]。他说，兔[redacted]跑太快，看不见脚，就是免字，义为逃[redacted]脱。[redacted]段先生未见过甲骨文，不知免字的甲骨文象人戴羊角帽之形，免即冕。或者这样说吧，免是古写，冕是今书。免和兔的简体兔字毫无关系。

客游峨眉[redacted]目睹[redacted]，[redacted]群猴[redacted]守[redacted]候[redacted]路旁，忽悟猴者候也，[redacted]候客[redacted]来喂食[redacted]也。猴是形声字。猩猩、大猩猩、长臂猿等与猕猴有区别，称之为猿，古写作猨。以其善攀援，故名[redacted]。爰的篆文和甲骨[redacted]文，上面一只手递棍子给下面一只手，义为援引，助他一臂之力。猨攀树[redacted]干，引体向上，故字从爰得声。

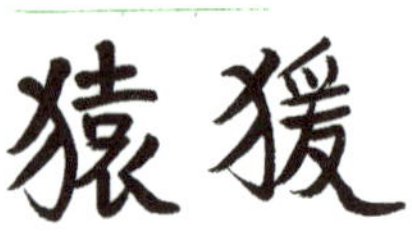

猱为今书。古写结构一望而知其为象形。篆文可[redacted]辨认头面和身躯，止字为前肢，巳字为尾巴，其[redacted]下为后肢。金文加卣[redacted]yǒu旁做声符。甲骨文長吻双耳有短尾。予以为是狒狒或山魈。《说文解字》释为"母猴"。非雌猴，母猴即沐猴或马猴，谓其体型巨大。薛蟠诗句"闺房里攒出个大马猴"即此物。

náo 古写 篆文 金文 甲骨文

犀兕都是犀牛。角入中药，皮做盔甲。犀为独角犀牛，体型巨大。兕为双角犀牛，体型较小。犀字从牛尾声。兕字象双角一前一后形。

xī sì

卜辞有田猎获象的记载，足证三千五百年前中原气[redacted]候温和，植被茂盛，迥异于今。许慎称象"南越大兽"，可知到[redacted]东汉中国已无象[redacted]。其[redacted]实早在战国末年，韩非已说"人稀见生象"了。象字象形。

篆文 金文 甲骨文

手牵象，就是爲（简作为）。爲训做。手牵象做啥事？答：耕地。远古农业用象耕地。春雨地湿，牵象[redacted]来回走动，一番[redacted]蹂躏之后，便可播种。这叫象耕。

繁体 异体 篆文 金文 甲骨文

109.屋盖下面有事

流沙河

中国作家协会四川分会

屋盖作为部首音mián，象[redacted]平房[redacted]形。为何音mián？原来是由“不见”二音拼成。入住其中，得以藏身，外面的人就看不见你了。汉朝皇帝住未央宫。宫内大厅，皇帝在此办公，名曰宣室。屋盖下的亘huán是声符。皇帝坐在宣室发布政令，就叫宣布。传达四方，就叫宣传。宫字屋盖下不是吕（简作吕），而是许多院落互相隔离，象形。至于官字指的并非官员，而是官府。官府里部门多，这一堆那一堆。屋盖下的便是堆字，[redacted]象分堆[redacted]形。

篆文 甲骨文 篆文 甲骨文

篆文 甲骨文

远古人类皆盛行过生殖崇拜。示的古文即象男根悬垂之形。后来文明日臻，始知掩饰。《说文解字》：“示，天垂象，见吉凶，所以示人也。”释示字上两横为天，下三竖为日月星。

宗的篆文 甲骨文

看文字的演变经过，乃知宜字上面原非屋盖，而是分格容器。内盛两只猪腿，代表肉食。有肉贮存，那就很好。由此[redacted]出适宜[redacted]。冰箱有肉贮存，哪个傻瓜会说不适宜呢？

篆文 古文 金文 甲骨文

怎样才得安寧（简作宁）？答曰：一要女人在家，屈腿坐[redacted]炕，[redacted]做家务事；二要有屋[redacted]可居，饭碗不倒，心中[redacted]稳定[redacted]。旧时男治其外，女治其内。在农家这便是男耕女织。寧字有丁者以丁为声符。

篆文　宁的两个繁体　篆

[redacted]财主家称[redacted]殷實（简作实）富户。實者[redacted]多财力[redacted]之谓也。看金文知其家有箱分格藏宝，箱外又有貝币。篆文宝箱貝币组合成貫（简作贯）。貫上部为钱串。一横是串，两叠是钱。

实的繁体　篆文　金文　篆文　金文

《说文解字》："實，富也。"富则是家中有酒坛，酒香溢出一点点[redacted]。这和[redacted]今日[redacted]富人，厅有酒柜[redacted]设置，趣旨相同。

賓（简作宾）以丏mian为声符。mian[redacted]声与今读bin[redacted]有距离。丏，[redacted]古写[redacted]为万，在甲骨文屋[redacted]盖之下居左，亦为声符。居右[redacted]者为主人。客人左脚已到屋外，即将步入。金文脚错作貝，莫非要客人先送礼[redacted]？

宾的繁体　篆文　金文　甲骨文

宿下看似百字，实则非百，乃竹席也。在甲骨文竹编纹路尚可指认。这是席的象形古文。席旁一人卧下，[redacted]此之谓宿。

篆文　甲骨文

华北严冬，[redacted]西北风透墙隙而灌入，冷得要命。篆文双手掬泥填缝（四个似工字者为墙上的砖缝），为此而造[redacted]塞字[redacted]，音sāi。若读sài则指边塞，关塞。[redacted]驻军防守，不让敌人乘隙而入。字又作寨或砦，皆音zhài。从木或从石，滚木擂石也。

塞  篆文　寒  篆文

寨 zhài　砦 zhài

寒[redacted]塞二字形[redacted]似，[redacted]篆文大不相同。寒是室内铺草，人睡其中。[redacted]室外结冰，寒冷可知。还有一处最为要紧，入冬以前必须塞住，那就是北墙上的通风洞，古名曰向，象形。《诗经·豳风·七月》说的"塞向墐户"[redacted]为两件事。墐是抹泥填缝，户是采光窗户。通风洞和采光窗[redacted]为炎夏和春秋二季所需，冬天来了，就得堵死。

向  篆文

殷實富户要小心了。强盗入室，猛击头部，把你打昏[redacted]，[redacted]消除记忆，[redacted]免被告发。寇字所以从元。元，首也。右旁卜下一又，单独是字，[redacted]就是撲打的撲，简写作扑。古写的卜下一又，[redacted]与[redacted]简写的[redacted]卜左一手，正好接轨，而音义皆同撲（简作扑）。一个从又卜声，一个从手卜声，巧合。我拥护简体扑。

寇  篆文　金文

110·建筑物种种

流沙河

居字从尸古声。尸象人仰卧形，在古文字常与人字混用[redacted]，是活人，非遗体。遗体字作屍。如今[redacted]屍字已废，不论死活，都用尸了。居字[redacted]古为声符。巴蜀民间[redacted]至今有居读gū，问："你这些年gū到哪里去了？"居也作名词用，指[redacted]居宅。屋字从居省，从室省。取居字的尸，取室字的至（至即到），合成屋字，义为居室。

居 居 屋 屋

篆文 篆文

漏字的古写没有三点水，义为房屋漏雨。其字显然也从居省。同样，層（简作层）字显然也从居省，曾声。曾是甑的象形字。下面大[redacted]锅[redacted]水沸，蒸气上冲，中间[redacted]叠[redacted]甑[redacted]，上面冒气。用叠甑作比喻，層字本义《说文解字》说是"重屋"，亦即楼房。

屚 屚 層 層

漏的古写 篆文 层的繁体 篆文

廟（简作庙）是宗廟，帝王供奉祖宗之所。字从朝，朝拜祖宗于此也。朝字上面象[redacted]屋盖的边缘，其下为[redacted]走廊，作为部首音yǎn。旧时民居，走廊上炊廚（简作厨）或设马廄（简作厩）并非罕见。廚[redacted]廄皆形声字。类似的形声字尚有廉和序。室窄曰廉。人所占有甚少，也跟着叫廉了。廉以兼为

廟 廚 廄

庙 厨 厩jiù

廉 序

声符，其理正如脸以佥为声符。jian声缓读便[redacted]成jian—lian，分化出尾音来。黄河流域居宅[redacted]坐北朝南，进大门的东西夹墙曰序。著述前面加写一段[redacted]引子也跟着叫序了。

門 門

门的繁体 篆文

左右两个户字，写法一正一反，组合成門（简作门）。先有户，后有門，皆象形。門为建筑物的入口，两扇合拢。人在門内看见月光，便知合拢不严，存在閒隙。引申义为空閒、休閒。字简作间，今定作闲。人从門隙观看路[redacted]人走过，一[redacted]閃[redacted]（简作闪）便[redacted]不见了。閃字造得妙。居家听见敲門，問（简作问）是谁。外面有了回答。既聞（简作闻）之后，方才[redacted]应門。問聞二字[redacted]所以从門，极有道理。

閒 閃 問 聞

间 闪 问 闻

啟 啟 啓 𠁒

启的繁体 篆文 金文 甲骨文

应門之后，该啟则啟，不该啟则不啟。啟今简作启。其字从口表示先問清楚，然后从右手啟户。篆文右手[redacted]上面误加[redacted]一卜，义转为扑。敲門人[redacted]是贼吗？古人也会搞笑，是吧？

閨 閭 闖

闺 闾 闯

門有卷拱，顶部半圆，其形似圭，曰[redacted]閨（简作闺）。旧时豪宅多筑閨門，不限于女院也。閭[redacted]（简作闾）是巷門。小巷进去，一家紧邻一家，若脊骨然。其字从門呂声。呂正是脊椎骨的象形字。两块脊椎今断联系，呂简作吕。闖（简作闯）字从門

[redacted]（川话读kǎn）
或声，义为門限。现代建筑物，[redacted]车辆要进出[redacted]，大門[redacted]不能[redacted]设門限[redacted]。閾字[redacted]今仍用于科技领域，义[redacted]为极限。

古代[redacted]有[redacted]高大的建筑物，人见[redacted]而[redacted]呼："好高！"所以高字从口，作形容词。这类建筑物垒土为台，台上建楼，侧视便是甲骨文京。若在两侧筑墙，合围成城，就叫京城。

篆文　甲骨文　篆文　甲骨文　篆文

京城外面郊区有瞭望楼，曰亭。字象形，丁声。路人亭下歇脚，就是停字。城市外缘一圈曰郭，就是城墙。最初城[redacted]郭不大，南北二门而已。[redacted]如篆文郭所示，空中鸟瞰，有南北二门楼，城郭一圈之内又有小圈，那是[redacted]王宫。

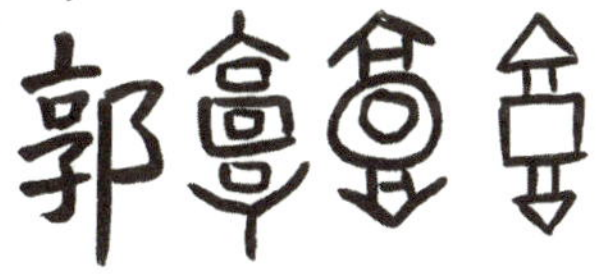

篆文　金文　甲骨文

金文　甲骨文　篆文　金文　甲骨文

除了城墙，还有围墙。囿即園（简作园），[redacted]林園也）[redacted]。圃是菜園。圂（今作溷）是豬圈兼厕所。[redacted]囿圃圂皆有墙围住。囹圄是监狱，单称圉yǔ。监狱必有围墙。圉内原非幸字，而是執（简作执）字，义为抓住。[redacted]甲骨文執象人双手被铐形。[redacted]圉义后转为马棚，圉人也就成马伕了。

篆文　甲骨文

25×20=500　第 三 页

111·衣被天下人

流沙河

中国作家协会四川分会

先民披[redacted]兽皮时，尚无文字。待到衣字出现，穿着已很讲究[redacted]。篆文衣象两袖和交领形。交领，上衣右襟掩盖左襟，纽扣自然居[redacted]左，古装片中惯见。

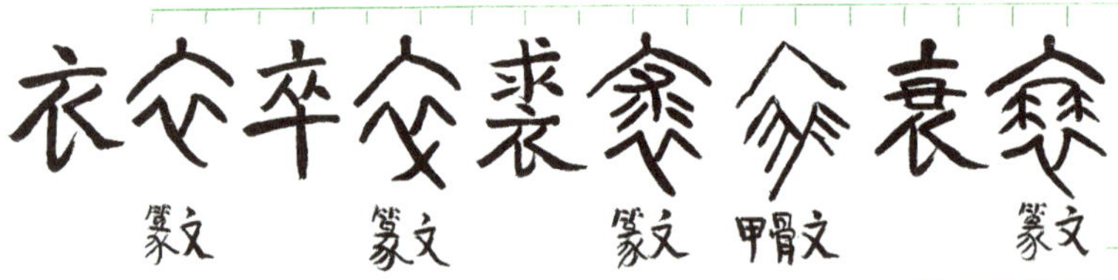

当兵[redacted]穿制服，有特殊[redacted]标志。[redacted]篆文衣下一撇，代表特殊标志，就是士卒的卒字。甲骨文有衣内一人，这必定是动词衣[redacted]字。接着说吧，皮袍曰裘。篆文裘从衣求[redacted]声。甲骨文则象形，整体[redacted]毛茸茸的着眼。衰是蓑衣，有草编的，有棕编的，象形。这是农夫雨天穿的，若与[redacted]油布雨衣[redacted]比较，那就[redacted]太寒伧了，所以衰字转生[redacted]出衰败[redacted]义。本义既失[redacted]，只[redacted]得[redacted]又造一个蓑字。

初，始也。其字从刀从衣，动剪刀为缝衣之始。裁，从衣𢦏省声，义为制衣。车衣工称裁缝。剪刀在手，裁布成片，缝制成衣。制裁一词移作他用，便具惩罚意味。

旧时富贵人家有喜爱炫耀的，一天[redacted]换两三遍[redacted]衣，被嘲笑为“亮折子”。衣橱充盈，象征富裕[redacted]子女。裕字从衣从谷。谷，山谷。古语“谷量牛马”形容牲畜数量之多。裕字从谷，表示衣服数量多不胜数。

中国作家协会四川分会

先民披兽皮，都是毛向外，斑斓美观嘛。后来兽皮裁剪缀缝成裘，继承传统，毛仍向外。又后来由野蛮入文明，觉得一身毛茸茸的不雅，便在裘衣外罩一件面衫。面衫古人叫表。所以篆文表，衣在毛之外。表面，表现，外表，仪表，诸词皆从面衫来。古人立竿日下，测竿影之移动距离，用来计时。因为是公开的，所以这[redacted]叫表竿。近[redacted]代金属制计时器也跟着叫錶（简作表）。面衫[redacted]单衣，薄薄一层。夹衣[redacted]有裹[redacted]，表层裹[redacted]层缝叠成一件衣。裹，今简作里，俗呼衣里、里子。衷即内衣。字从中，中即[redacted]内。内衣贴身[redacted]，密[redacted]触肌肤，不免汗垢，所以又叫褻（简作亵）。猥亵一词由此而生。前面说到夹衣，春秋二季服用。

篆文　篆文　篆文

冬季北方须穿能御寒的絮衣，就是[redacted]表裹两层之[redacted]间装填丝绵[redacted]的厚襖[redacted]，古人叫複（简作复）。篆文複右上为有盖的双层蒸屉象形。双层便[redacted]具重複一义，借来造字，[redacted]命名厚襖。複，衣表用一种布料，衣裹用另一种布料，中间装填的又[redacted]与表裹不同[redacted]，可谓杂矣。[redacted]複杂一词由此而生。

复的繁体　篆文

古装戏里，美[redacted]女[redacted]拖着长袖[redacted]，与今之亮膀子大异其趣。注意察看，当能发现[redacted]长袖实为两截缝合：上截[redacted]袖体和[redacted]下截[redacted]袖头子，又[redacted]叫水袖，哭泣时拭泪用。袖体，从肩部到袖口，古人叫袪。因为双袖横出而去，所以名袪。袖口向下接续一段白绸筒子，这就是袖头子，古人叫袂mèi。袂[redacted]，抹也，抹泪用也。难怪又叫水袖。猜想这袂最早应[redacted]是抹[redacted]怕缝在袖口[redacted]，有实在用途的。男式衣袖同样[redacted]有袂，所以朋友携手谓之联袂，bye-bye谓之分袂。袂从决省者，谓其与袖体缝合，可拆洗也。

篆文　　篆文

古人不穿我们穿的这种西式[redacted]长褲（简作裤）。《说文解字》定义褲云："胫衣也。"就是仅有[redacted]两只褲管，前不蔽腹，后不遮臀，只能[redacted]笼住小腿和大腿。难怪后人误以为古人不穿褲。这种褲管民国时代叫作套褲，仍有老年人穿。至于蔽前遮[redacted]后的封[redacted]襠（简作裆）褲，古代也有，只是不叫褲而叫褌kūn。褲管短的叫[redacted]犊鼻褌。

褲的繁体　　古写

《说文解字》定义被云："寝衣也。"非睡衣，乃被盖，也有叫被条的。被从皮，皮亦声，谓其紧裹人体似皮肤也。这是单人被。双人被叫衾，即所谓大被。[redacted]旧时家庭弟兄姐妹众[redacted]多，兴[redacted]用大被。古乐府诗说到的"合欢被"，想系[redacted]夫妇用的双人睡袋。

篆文　　篆文

112.葛巾麻布丝帛

流沙河

巾[redacted]是最古老的葛[redacted]纺织品。葛[redacted]巾用于衣着，取代兽皮。葛[redacted]巾织成，还[redacted]须漂洗[redacted]，方能使用。篆文巾象搭[redacted]竿[redacted]晾晒之形。由上[redacted]俯视，中间一竖便是竹竿。搭葛巾的布与巾不同，布是麻纺织品，见于《说文解字》。[redacted]篆文布从巾父声。麻布是机织的，宽窄幅度固定，便于计算面积，可以当作通货使用。《诗经》有云"抱布贸丝"，便是用布[redacted]买丝。巾字上面一横，易眼误认为是市字，实则非也。此字音fú，为带字的声符（巴金[redacted]姓李名芾甘）。市场的市上面乃是一点，而非一竖拉通。篆文市象人肩挑一担去赶集。金文市用丁型杵竿（挑担者歇[redacted]肩用）代表挑担，两点象货物形，止（趾代表脚）表示向前走。这些都与巾上一横读fú的字大不相同。此字义指[redacted]腰下的遮羞布，上面一横为[redacted]简易的腰带（简作带）。此字[redacted]就是后来的韨字。

篆文　篆文　fú 篆文

篆文　金文

旧称绅士，直译为[redacted]"有腰带的男子"。绅即腰带，腰带即绅，本一物也。篆文带为何从巾？腰带非巾，但与巾[redacted]有关连[redacted]，[redacted]所以[redacted]从巾。其余[redacted]部分象形，一一说之。上面一横为腰带。中间是带钩，带钩即[redacted]皮带扣。左右[redacted]弧线为腰部。腰之下，巾之上，为先民的一方遮羞布[redacted]。遮羞布后来演变为衣袍的下襬（简作摆），

带的繁体　篆文

再后来演变为礼服[redacted]前襟[redacted]下部的一方绣品，美其名曰黻fú。然而查其[redacted]读音，[redacted]黻与“巾字上面一横”义指遮蔽者[redacted]相同。

元帥（简作帅）与巾有何关系？没有一点关系。帥字[redacted]义为佩巾。古代[redacted]男女左胸上部[redacted]要佩手巾。帥和帨shuì原来是一个字的两种写法，作名词是手巾，作动词是拭擦。

帥 帥 帨 帨

帅的繁体 篆文 Shuì 篆文

蜀俗呼餐厅侍者肩上搭的[redacted]抹帕曰“随手”，令我困惑。[redacted]后知应作“帨手”，出自《仪礼》，义为拭手。元帥字乃借用，本来应作元率。率，领先也。

前面说到布是麻纺织品。古代布帛连称，帛是丝纺织品。较之葛巾和麻布，丝帛[redacted]显得更白，所以名帛。丝帛也是机织的，[redacted]宽窄幅度固定，便于计算面积，而且质地密致，色泽美观，更宜当作通货使用。古代强盗劫夺“布帛子女”就是抢钞票[redacted]抓人质。帛又叫幣（简作币），谓其可以蔽体。古代富人衣帛，平民衣麻，穷人衣葛。丝帛既然可以当作钞票使用，幣[redacted]便失去蔽体[redacted]功能，义转为货幣了。幣字从巾敝声。敝字右旁[redacted]从又卜声，即今扑字，左旁从巾[redacted]内外四点，表示纺织品被扑打坏了。敝义为破[redacted]败[redacted]，自谦用。敝是幣和蔽的纯声符，不参与意义。

帛 帛 幣 幣

篆文 币的繁体 篆文

士绅长袍，平民短衣。上曰衣，下曰裳。裳即围裙。今唯女性着围裙，古则男女皆着。旧时作坊里的工匠，厨房里的司务，例着围腰布，便是古裳之遗制。裳，本[redacted]作常，从巾尚声。[redacted]制一件常，用布料有定准，所以恒定曰常。经常，平常，常常，诸词皆缘围裙而造。常既然有另用，只好又造一个[redacted]裳字。

篆文　篆文

葛[redacted]藤野生，纤维纺线，可织葛[redacted]巾。葛巾粗疏，经纬[redacted]孔[redacted]大，利于透风，适宜暑天穿着。篆文希[redacted]从巾从爻xiáo，义指粗疏的[redacted]葛布。希[redacted]又通[redacted]绤xì。希所从爻即象经纬孔大，俗呼为稀交眼之形。葛[redacted]衣穿着，身上凉爽。篆文爽正象葛衣凉爽意，令人想起两腋生风。

篆文　篆文

希多孔眼，通风透气，比喻前[redacted]途有望，是谓希望。如果堵死，不通不透，就无希可望了。没有希望，蜀人说“没眼了”，正得希字本义。

从希之字有絺（简作𫄨）chī，义指细密的葛布，富人衣之。

113·丝系索牵和乱卵

流沙河

[redacted]絲（简作丝）[redacted]要绞作油炸麻花之形，才算成品。一绞称为一束，二束称为一两（一双）。絲以两为数量单位上市，盖自古而然矣。从甲骨文[redacted]到简体字，絲字皆象[redacted]成品絲[redacted]二束形。从絲之字皆以一束代替二束，俗呼为“絲绞旁”，意在求简而已。甲骨文和籀文系为手爪提着絲線（简作线）表示悬系[redacted]。悬系之物，不管是啥，必有一段距离。悬系着的是子，这便是孫（简作孙）。悬系着的是倒首，这便是縣。

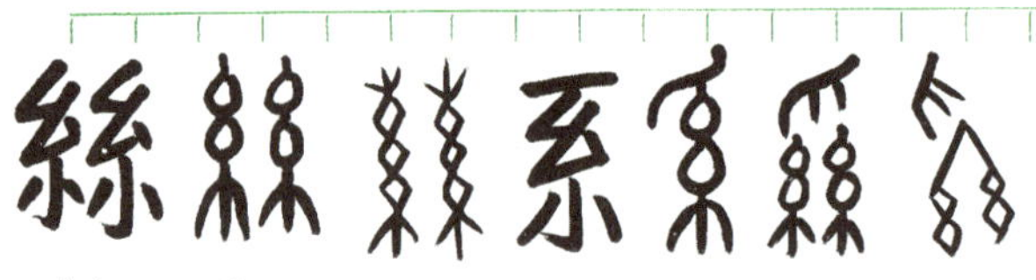

丝的繁体 篆文 甲骨文 篆文 籀文 甲骨文

孙的繁体 篆文 县的繁体 篆文

此縣字[redacted]本义为悬头示众，而且[redacted]读Xuán，乃是悬字[redacted]古写。秦朝设郡，中央直属。在郡之下，又设[redacted]地方政府。因[redacted]与中央远[redacted]距，所以借用縣字而改读Xiàn，今简作县。读Xuán的縣后改作懸，今简作悬。

子孫的孫，郡縣的縣，字[redacted]从系，而[redacted]兼有悬系[redacted]之义，当然不是真有絲線挂着。如果真有绳子[redacted]在手，拿去捆人，那就是係字了。係今被当作系字的繁体。其实係字从系从人，就是绳子捆人。《易经》有“係小子，失丈夫”即今之“拾得脂麻，丢了西瓜”，正用绳捆之义。甲骨文

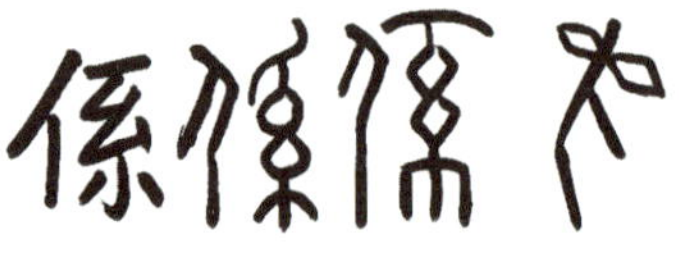

系的繁体 篆文 金文 甲骨文

係一瞥便知那是绳捆颈项，意象强烈。簡化成系[redacted]便[redacted]淡化了。

今人呼绳曰索。索[redacted]字从[redacted]糸，起初[redacted]或[redacted]纺指絲[redacted]成[redacted]線。到了《诗经》时代，[redacted]义已转为搓草成绳，见于《豳风·七月》之“昼尔于茅，[redacted]宵尔索绹”。白日割茅草，夜[redacted]晚搓草绳。绹[redacted]义为绳。索，在金文为家中双手纺絲成[redacted]線，在篆文添加从八从草，就是扒取[redacted]麻皮，制[redacted]成麻绳，而省去双手。

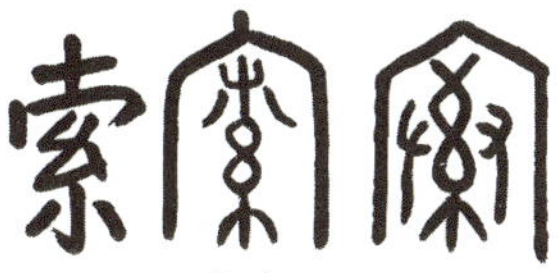

篆文　金文

率，《说文解字》释为捕鸟用的畢网。说是上象絲网[redacted]，下象长竿。[redacted]许慎不知甲骨文率从絲水声，是形声字，上既无网，下亦无竿。原来率就是一条绳。率绳双声对转，可能[redacted]最早称绳为率[redacted]。拖运重物，率[redacted]绳[redacted]居前，所谓[redacted]率先、率领、直率、统率诸词生焉。

篆文　金文　甲骨文

用牛拖运[redacted]曰牽（简作牵）。《诗经·小雅·大东》怨牵牛不拉车，乃知牵牛一词[redacted]谓牵车之牛也，是牛牵车而非人牵牛也。由此角度解释牽[redacted]字，察其篆文，应是牛走在前，负轭与率绳居牛后。再后有[redacted]车，省[redacted]了。似冖盖者象牛颈所负轭，[redacted]似玄字者象率绳系轭上，一目了然。

牵的繁体　篆文

係、索、率、牽四字本[redacted]从絲省，其实与絲已脫离[redacted]关系了。

[redacted]“[redacted]省絲”已成[redacted]泛化，符号[redacted]管他草制的[redacted]麻制的[redacted]，皆可借作[redacted]形符，[redacted]用来[redacted]造字。请看字典“絲绞旁”的字，很多都与絲不沾边，这就叫[redacted]形符的泛化。泛化之外，还有形符的雷同。

试看幺字和幼字。篆文所见，幺与甲骨文絲之省写法相比照，全同，不过[redacted]另是一字。幺yāo，《说文解字》云：“小也。象子初生之形。”这里的子，既可以是鸡子鱼子的子（卵），又可以是种子的[redacted]子（籽）。

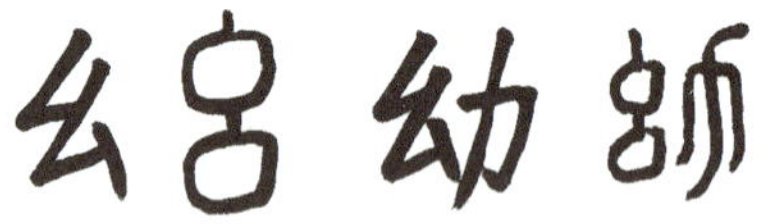

篆文　　篆文

骰子上面的[redacted]幺，很小一个圆点。小子叫幺儿。幼字从力幺声。篆文幺虽然是象形字，却不专指某动物某植物之子，它也可以是体蝨（简作虱）之[redacted]子。旧时人穷，换衣不勤，多生体蝨。蝨卵下在内衣的褶缝里，其名为蟣（简作虮）。虫旁是后加的，幾即蝨卵。

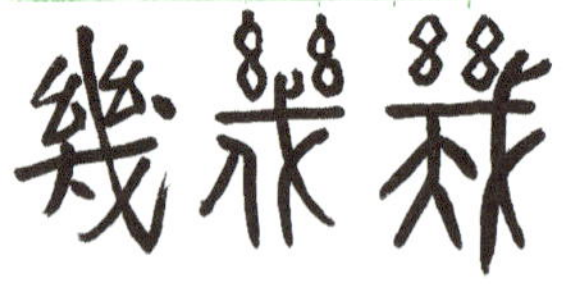

几的繁体　篆文　金文

篆文幾[redacted]上面的两个幺正象四粒蟣形，下面[redacted]从人，寄生在人体也，戈声。蝨卵极小，故幾训微。珠太小，又不圆，谓之璣（简作玑），用蝨卵作比喻也。明乎此字，再[redacted]看幽字，便[redacted]须另觅解法[redacted]。幽[redacted]的篆文[redacted]从山[redacted]错了。看甲骨文那不是山，[redacted]是火。火上却非四蟣[redacted]象形，只是幺字（二幺等同一幺）。幺，小也。小火不明亮，就是幽暗嘛。

篆文　甲骨文

Ch001.60.93.9　第三页

114·从丝省之字

流沙河

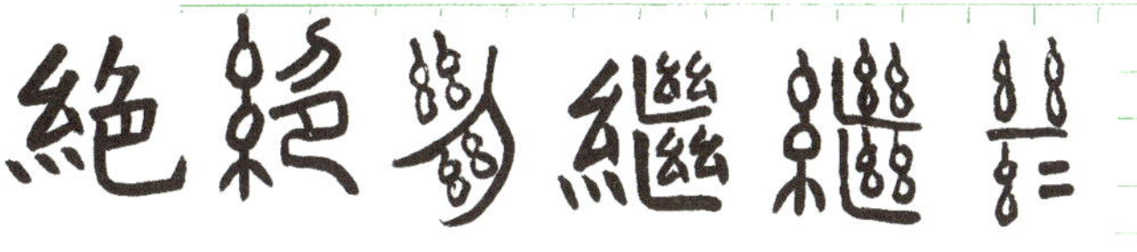

绝　篆文　金文　继　篆文　金文

金文絕（简作绝）很怵目，是刀割絲。篆文承续，从刀从絲省。不过添加一人，跪屈着膝关節（简作节）。这便是膝关節的節字之古写，作絕字的声符。由此可知絕字并非从色，因为颜面气色的色上面从人，絕字却是从刀。只是隶变图方便，权且写成色字而已。金文絕刀割絲刀在右，其实在左仍然是絕，在右在左意思一样。这样来看繼（简作继），便该是从絕（金文）从絲省，意思是已絕之絲又接[redacted]起来[redacted]。同样，斷（简作断）是从斤从絕（金文），意思是用长柄斧[redacted]将某物砍[redacted]成两段。

断

亂（简作乱）的原本义是治絲，就是整理紊絲。看篆文是絲搭在杠架上，双手整理，已紊的使之顺。需要治，需要理，絲当然是紊的。所以亂这个字，除了治絲，又旁生[redacted]紊亂一义。后来旁生之义成了主义，亂字[redacted]本义便被遗忘[redacted]，说起亂字大家都要皱眉头呢。

乱的繁体　异体　篆文

终的繁体　篆文

終（简作终）是什么意思？終了吗？错了。終字本义原是纠絲，就是把已经治顺了[redacted]的絲绞作油炸麻花之形，使之成束。絲既成束，工序完成。义为纠絲之終，于是旁生完成一义。日久，本义被遗忘，说起終字大家就只晓得完了終了OK了。

桑蠶（简作蚕）[redacted]吐絲作[redacted]繭（简作茧），沸水煮之，锅中[redacted]搅动不已，是谓[redacted]繅絲。[redacted]絲事由此开[redacted]始，造出以下诸字。

緒統紀細紙

绪　统　纪　细　纸

緒（简作绪）。絲头曰緒。在沸水中找出头緒，抽[redacted]出[redacted]絲来。緒论、緒言、情緒、思緒诸词生焉。[redacted]抽出[redacted]絲头既多，各有所統（简作统），必须分别开来。一絲为一紀（简作纪），此紀彼紀不能互混。传統、系統、紀律、紀念诸词生焉。細（简作细）[redacted]指單絲[redacted]繅出，尚未成[redacted]綫（简作线），所以很細。仔細、細心、战綫、綫人诸词生焉。[redacted]繅絲剩馀坏絮，用簾网捞起来，曰紙。紙片[redacted]装填冬[redacted]襖，可以御寒。后来作书用[redacted]紙仿此方法[redacted]造成，所以沿用紙[redacted]名。

絡繹繚繞

络　绎　缭　绕

繅絲抽出細絲，延续不絶，谓之絡繹（简作络绎）。绾上转轮[redacted]，谓之繚繞（简作缭绕）。絡繹繚繞滥见于时文中。

[redacted]績（简作绩）。絲和麻纺成綫，曰績。成績一词生焉。

績純經緯

绩　纯　经　纬

絲績成綫，不掺合别的纤维，谓之純（简作纯）。单純、純洁诸词生焉。

絲綫上机，纵称經（簡作经），横称緯（[redacted]簡作纬）。經綫緯綫，古用于[redacted]經书緯书，今用于地球天球。

總約結級

总　约　结　级

聚絲成束，曰總（簡作总）。總理一词生焉。絲束横缠，以免散亂，曰約（簡作约）。条約一词生焉。絲束纏好，打个纥繨，曰結。總結、結婚、[redacted]結[redacted]果、結局諸词生焉。成品絲以质地订等差，曰級[redacted]（簡作级）。阶級、班級、級别諸词生焉。

織綜素練綢組

织　综　练　绸　组

机上經綫纵列密排，緯綫装在梭中[redacted]，[redacted]来回反复[redacted]横穿。經緯相交，曰織（簡作织）。罗織、交[redacted]織諸词生焉。机上經綫纵列被[redacted]挟持[redacted]于机綜（簡作综）。綜合一词生焉。織成的帛，色白净，质密致，曰素。朴素一词生焉。生帛用碱脱脂，以便[redacted]染色。脱脂工序曰[redacted]練（簡作练）。熟[redacted]練、老練、训練諸词生焉。絲織品有[redacted]质地稠密者曰綢（簡作绸）。多[redacted]色絲綫織成的綬带和纓带曰組。組織一词生焉。

編繪繁納緋

编　绘　纳　绯

編（簡作编）是絲綫編排竹简。繪（簡作绘）是彩绣。繁是马颈装饰的絲綵，今为繁盛。納（簡作纳）是絲織品进贡，今为納税。緋（簡作绯）是染成红色的絲織品，今则用于緋闻矣。

115·君子动口诸字

流沙河

上个世纪三十年代，苏联很有名的科普作家伊林先生，在其所著《书的故事》书中解释言这个字。他说，古代的中国人已具有声波观念。看他们造言字，口上三横正是表示声波传播。伊林只见过楷书的言字，故有此误。篆文言从口，上面辛省声，哪有啥声波哟！

篆文 金文 两个甲骨文

辛象雕刀形，即今之锓（简作锓）字，作言的声符。甲骨文里，言音本是一字。言古音yin[redacted]与[redacted]锓[redacted]qin相近。两个甲骨文言，一个以箭头表示锓刀之锋，一个省掉箭头，剩下三角形，而锓刀之形显著。总之，言是形声字，不能凭想象乱解释。

发言曰言，交谈曰[redacted]語（简作语）。語，篆文从[redacted]吾，金文从[redacted]叠合五。五象相交[redacted]之意。論（简作论）从言侖声。侖（简作仑）下是册字，古代的简册，今谓之书籍。简册编排总有一定之[redacted]理，这就叫論。孔子和弟子交[redacted]谈的言[redacted]語[redacted]按理编排成书就[redacted]叫《論語》。

语 篆文 金文 论 篆文

說（简作说）这个字古音yuè，就是后来的悦字，义为喜悦。看篆文知最初并无言旁，只有右边的兑yuè。再看金文和甲骨文，下为人，中为口，口上[redacted]

说 两个篆文 金文 甲骨文

为八字[redacted]纹[redacted]。人一喜悦，八字[redacted]纹[redacted]就显现出来（我刚照了镜子），所以造字如此。普通人喜悦了就多话，于是字义转为谈說，[redacted]音亦[redacted]转[redacted]shuō。

[redacted]語言譏誚（簡作讥诮），意思就[redacted]隐微了。譏从幾，誚从肖。篆文幾象[redacted]蟣形，从人戈声。篆文[redacted]肖从小从肉，[redacted]是斩细的[redacted]肉渣。蟣和[redacted]肉渣[redacted]都是隐微之物，所以作[redacted]声符，[redacted]且参与意义。

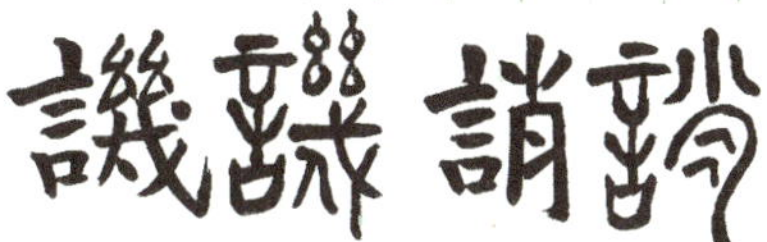
讥 篆文 诮 篆文

識（簡作识）字读shí（知識）又读zhì（款識）。查其篆文乃知中间的音[redacted]是繁化添加的，原来只是从戈从言。

识 两个篆文 金文 甲骨文

金文和甲骨文当初正是从戈从言。出土[redacted]青铜兵器，其上常有文字，谓之款識。巴蜀出土者往往有图[redacted]語，此即"前文字"。戈上留言包括文字图[redacted]語，意在互相[redacted]区别，免得拿错。有[redacted]了款識便于认知，知識一词生焉。

訐（簡作讦）字音jié，义为以[redacted]言犯人，所谓攻訐。[redacted]字从干，一种古代兵器，可能是三股叉[redacted]。兵器不是吃素的，[redacted]从干便有进犯[redacted]义。訕（簡作讪）字音shàn，义为以言犯上，所谓訕谤。

讦 篆文 讪 篆文

字从山，山向上顶[redacted]去，便[redacted]具犯上义[redacted]。

許（简作许）字午声，可知古音不读xǔ而读wǔ。許的本义为应允，为认可。今人[redacted]点头认可说唔wǔ，就是古之許wǔ[redacted]。計（简作计）字从十，其实非十[redacted]，乃一纵一横之算筹。古[redacted]时替人画計，口称第一第二第三，同时摆放算筹，以便对方知晓。张良在餐桌上为刘邦画計，摆[redacted]筷子当算筹，事见《史记》。訓（简作训）字义为说教，要使听者服从。字从川者，从川之字如顺如驯皆具服从之义[redacted]。誆（简作诓）[redacted]字从匡，匡象三面[redacted]围栏[redacted]大之床形，王声。匡床见于《庄子》。夕睡匡床[redacted]安[redacted]稳。[redacted]甜言稳着对方，使他觉得安全，曰誆。[redacted]大人哄小孩，[redacted]四川人叫誆。譯（简作译）字之义，当从驛（简作驿）字求之。古称驛递[redacted]曰传，跑马传递文书[redacted]。譯[redacted]便应是传[redacted]言[redacted]，今之翻譯亦传話也。謇jiǎn字从蹇省，言辞阻塞不畅，口吃是也。

許　計　訓　誆　譯　謇

许　计　训　诓　译

会上两人争相发言，彼此不肯稍[redacted]待。《说文解字》用"强語"释競（简作竞）。[redacted]强語就是争相发言。篆文競是两[redacted]人并[redacted]排，头上各安一个言字，便象二人争相发言之意。金文和甲骨文，头上的言简作三角形下一横。

竞的繁体　篆文　金文　甲骨文

116·二三四五只手

流沙河
中国作家协会四川分会

旧时熟人见面，拱手行礼。拱字古写由左右二字的上半部组合成。篆文更明白易懂，象左右手打拱形。如果两人各出一手同抬一物，那就是共同的共，而与打拱无关了。孔子那个时代讲礼，要求士人聚会时必须“拱立”，规范手脚。旧时画孔子像都是“拱立”的。

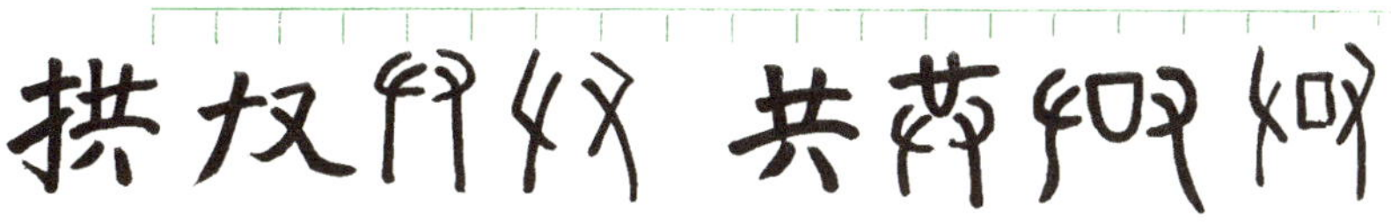

古写 篆文 甲骨文 篆文 金文 甲骨文

拱手也可能不是在向谁行礼，如果拱持的是武器的话。兵字正是如此，拱持着一柄斤。篆文斤象平头横刃斧形，双手握用手柄斫杀[redacted]，便是武器，其名为[redacted]兵。后来兵字另有[redacted]用处，例如兵器、兵法、士兵、步兵，不得不又[redacted]造个镑字作为平头[redacted]斧之专名。木匠用来削平木料，呼为镑锄者，兵之[redacted]遗制也。与兵字[redacted]类似的有戒字，双手拱持着一枝戈。戒就是持武器以警戒，就像持枪站岗放哨那样。由戒严而戒烟戒酒，乃至劝诫惩诫，衍生诸词。

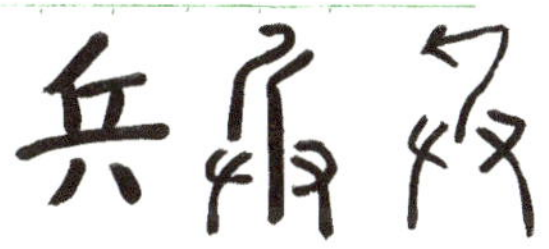

篆文 甲骨文

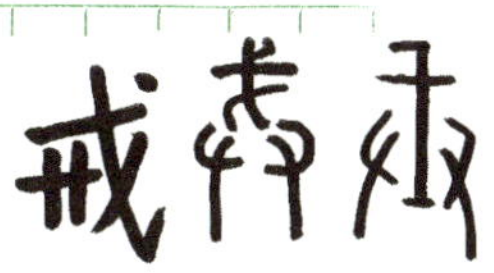

篆文 甲骨文

战国时秦武王设左右丞相，作为行政首长。丞这个字在古文字象拯人出坑形。篆文从旁援手，金文和甲骨文[redacted]从上援手。丞相二字

篆文 金文 甲骨文

意为从旁协助国王祝事。其实丞字本义只是拯救。黑社会说的“拉兄弟一把”从受方得丞义。

与丞字类似的有承字，不但从旁援手，而且有手从下托升。从下托升这只手最要紧，力捧着那个人的臂部，构成了承字的[redacted]主义。奉承传承由此而来。看篆文奉承二字很相似。奉字从承省丰声。正如丞即后造之拯，奉即后造之捧。已经三只手，一在左，一在右，一在下，又加所谓提手，[redacted]拯捧二字就四只手了。隶变后，前三只手不见了，只能看见一只提手。

承 篆文 奉 篆文

舁yú字看篆文应该是二人对抬。古人打了败仗“舁尸而归”，担架正是二人抬的。與（简作与）字利用舁做声符，义为给予。给予何物？一瓢饮水。与在篆文就是瓢中盛水，瓢柄端有挂钩。路人求饮，一瓢水给予他。與字声符被简化掉，剩下一瓢水，当作简体字，便是今之与。

舁 yú 篆文 與 与 篆文 舉 举 篆文

篆文与

舉（简作举）字看篆文居然有五只手！其实只有一手。舉字利用與做声符，让下面的一手表达字义，就是舉手。

古时文盲多，选领袖舉手，所以叫选舉。

輿（简作舆）字简单，从車（简作车）舁声。远古酋长出门坐二人抬。不是手抬，而是一前一后肩抬。此即肩舁，后人误作"肩輿"。发明車载以后，仍然叫舁yú，写成字则是輿（以为车厢）。蜀人叫滑竿，字应作荷竿。负荷的荷，肩负曰荷hè。

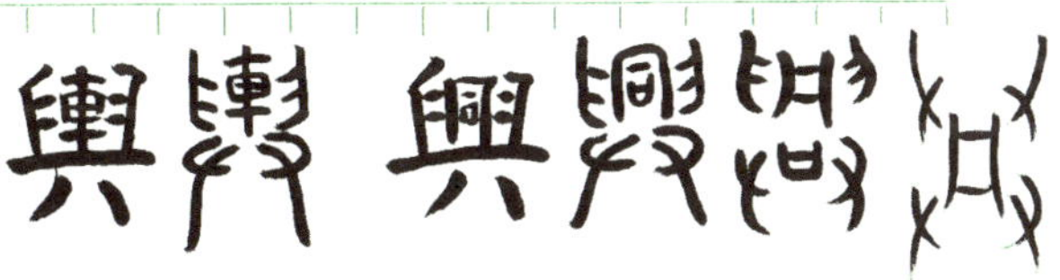

舆　篆文　兴　篆文　金文　甲骨文

興（简作兴）字原本是夯字的古写。正如行又音háng（银行），興也有其古音hāng（夯）。甲骨文象对抬石夯之形。金文加口，打夯要[redacted]喊号子。打夯先抬起，所以興训起。石夯[redacted]方柱形，两棍夹持[redacted]紧，二人对面夯之。请再看甲骨文，正是俯视[redacted]之形。

请从四只手回到两只手，说異（简作异）。看古文字，異最早是大人头上顶甾zāi[redacted]。甾即缶，蜀人叫瓦钵钵。此容器演变成田形，易致误会。容器盛液体，小心扶稳当，所以舉双手。異和戴本一字，古音同。用肩荷物曰负，用头顶物曰戴（也就是異）。

异　篆文　金文　两个甲骨文

有人说異字[redacted]象人戴面具之形。非也。戴面具有䫏（简作䫏）字。甲骨文䫏不舉双手扶着，和異字大不同。

甲骨文䫏

117.双手万能

流沙河
中国作家协会四川分会

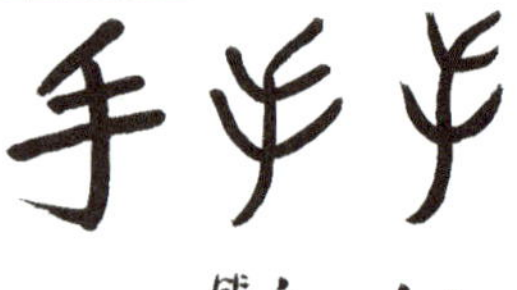

篆文 金文

甲骨文有右手有左手，却无手字。金文始有手字，五指具备，概括了左右手。这个手字大量用于偏旁，便是所谓提手。带[redacted]提手的动词形声字极多。先说揚（简作扬）字，左为形符，右为声符。[redacted]篆文揚右旁是阳光的阳字。日[redacted]晒地[redacted]面，远看热空气在扰动，古人[redacted]谓之阳焰[redacted]。[redacted]不过阳焰并不参与字义，只起注音作用。揚[redacted]字从手，[redacted]义为[redacted]举起手。再说播字，也是左形右声。篆文播右旁番[redacted]象兽类[redacted]脚蹯形。上似米而屈其头者趾爪也，下似田者掌也。番同样不参与字义，只起注音作用。播字义为播撒。

扬 篆文 篆文

爪字象指爪[redacted]形，作动词[redacted]加提手就是[redacted]抓。从爪的孚和奚，在古文字相似，而字义大不同。孚是孵的古写。爪为鸡爪，子为鸡子（蛋）。母鸡孵蛋，用腹部加温，还要用爪翻蛋，使之受热均匀。母鸡孵蛋，轰之不走，极其固执。主人把蛋[redacted]捡走，母鸡仍旧坚[redacted]守岗位，伏在[redacted]窝中加温不已。所以守信用又叫孚信用，母鸡

篆文 甲骨文

篆文 金文 甲骨文 篆文 金文 甲骨文

给人示范。孚加人旁，便是俘获的俘。甲骨文卜辞内，[redacted]孚[redacted]作俘用，未见有作孵用的。今人多不信以鸡孵蛋说孚字，我信。至于奚，义为奴，殆无疑。金文和甲骨文为绳索[redacted]捆人抓[redacted]走。罪人惩罚为奴，古称奚奴。

爰和受[redacted]是两人各出一[redacted]手。爰是援的古写。篆文爰，上面一[redacted]手递来一干（竿），下面一手握着，被拉上岸，是为溺水[redacted]救援。甲骨文棍代干，只一斜杠。受则不分上下，[redacted]甲骨文是一手递来一舟，另一人伸手接。怪哉，舟船巨物，居然手递！不怪，蜀人上菜品的木盘叫船盘，承茶碗的铜盘叫茶船。[redacted]《周礼》祭祀用的彝器皆有承盘，古名曰舟。又，另一个更老的[redacted]甲骨文递来的不是舟，而是凡（盘）。凡[redacted]改作舟，取其兼任声符罢了。宴席上递承盘乃常事，取象造字，便于理解。后来又给递方造出授字，受则用手接[redacted]方。篆文舟省，只剩方盘三边。许慎未见过甲骨文，从何而知是舟省声？可能有师传吧？

篆文 甲骨文　　篆文 两个甲骨文

争鬥（简作争斗）二字也是两人各出一手，就像他们唱的“该出手时就出手”那样。争，看甲骨文应是争夺一件陶缶，蜀人叫瓦钵钵。事涉饭[redacted]钵，[redacted]岂有不争之理。

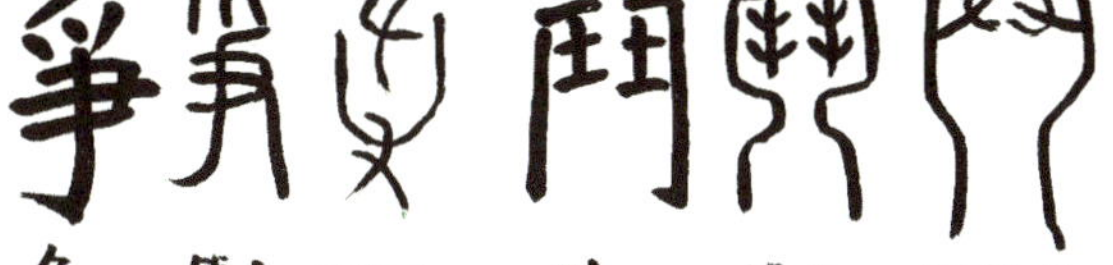

争 篆文 甲骨文　斗 篆文 甲骨文

到了篆文，陶缶没有了，替代的是一条曲线。这条曲线也是字呢，是曳ye字的古写。曳，用力拖扯也。互相拖扯，争义显出。至于鬥字，看篆文[redacted]好像双手捧植物，莫名其妙。看甲骨文，知[redacted]是两[redacted]人[redacted]打架。唉，这就是斗争了。

尋（简作寻）字也有两手，[redacted]却是[redacted]庹tuǒ，展双臂横量竹席长度。甲骨文[redacted]显示的正是这样[redacted]。尋乃[redacted]度量单位。

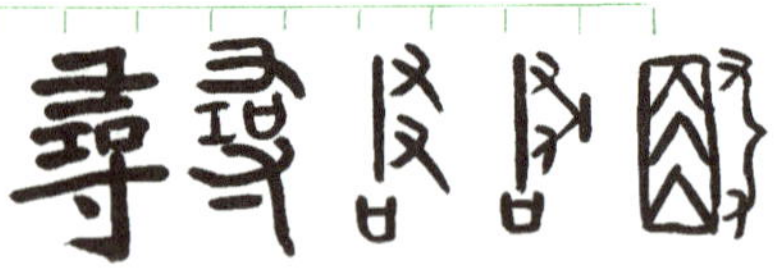

寻　篆文　三个甲骨文

汉代八尺为尋，合今五市尺，1.70米，正是成年男子臂展之长，也是身高。甲骨文尋，竹席由俯视而侧视，变成一线，加口报数，又省臂膀，惟馀两手。到篆文尋，一线变工，下手变寸，变得太厉害了。甲骨文里还有加所谓双人旁的尋，字[redacted]从行省，这[redacted]是寻找之[redacted]尋。这个[redacted]字早作[redacted]废，通用八尺之尋代理寻找之尋。尋字[redacted]八尺本义今亦隐矣。

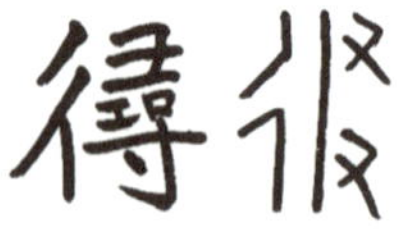

寻找之寻　甲骨文

“出手”最可悲者该是執（简作执）字。執是被捕[redacted]，双腕[redacted]上[redacted]铐。甲骨文象[redacted]被铐之形。古用[redacted]木[redacted]铐，[redacted]双[redacted]板[redacted]嵌合，[redacted]腕夹在[redacted]内，两端上锁。到了金文一变，铐具认不出了。篆文又变，罪犯也认不出了。隶变左幸右丸，不知所云。

执　篆文　金文　两个甲骨文

118. 好歹都是手

流沙河

篆文又象右手之形。省掉[redacted]食指[redacted]和无名指，以三指代五指。甲骨文又[redacted]，或解作右，或解作祐，或解作有，都绝不[redacted]含有“再次”的意思。古今[redacted]相异如此。凡是从又之字，多有动手之义[redacted]。先[redacted]看这个及字，从又而义为逮，逮捕的逮。甲骨文一人跑一人追，追者伸手去逮[redacted]逃者。后省追者，保留他的[redacted]右手[redacted]就足够了。到金文逮[redacted]住了。犹嫌不足，添双人旁，也就是从行省，表明是在路上逮[redacted]着的。篆文手象形欠准确，有误解作以饭勺取食者。

篆文　甲骨文

篆文　两个金文　两个甲骨文

远古地旷人稀，野外相遇，各自扬[redacted]手，表[redacted]示不拿[redacted]武器，以通友情，[redacted]造字如此。甲骨文偶有两手腕连双[redacted]线表示“联系”[redacted]者，未免蛇足。到了金文，添加菜盆，[redacted]请客[redacted]吃饭，促进友谊。古已如此，于今为烈。

篆文　三个金文　三个甲骨文

甲骨文尚未造有无的有，又即有也。金文又下加肉，有肉吃便是有。古埃及象形文一人蹲坐，右手持肉，也是有字。可见人同此心，心同此理。农业丰收，古称“大有”，可以帮助我们理解先民[redacted]心中什么叫有。

篆文　金文　甲骨文

教育的教，甲骨文右旁是手拿鞭子[redacted]扑打之形，左旁是挨鞭的孩子，爻声。隶变左旁错[redacted]成孝字，孝与教无关系。教字初义为家长打娃娃，边打边骂，旧时谓之“打骂教育”。篆文鞭打之形改作从又卜声[redacted]今之扑字，隶变又成为俗呼的反文。整理的整，篆文从今之扑从束，意为[redacted]收拾行囊，正声。篆文束象两端扎口的囊袋形。不要声符正，敕chi字义为训诫，有管束的意思。

篆文　甲骨文　篆文

手执权杖为尹，篆文象形。尹在古代乃官名，例如令尹、府尹、道尹。君字从口从尹，尹亦声。从口，发号施令。君在商代为地方官[redacted]，并非只有国王称君。

篆文　甲骨文　篆文　甲骨文

前面说[redacted]及字象伸手逮人之形。服字[redacted]古写则是罪人被逮捕[redacted]后低头折腰，手置膝上，表示服罪[redacted]之形。这个古写已[redacted]废，早就[redacted]通用服字。看篆文知服字多出一个舟旁（并[redacted]非月旁），义为罪人驾船[redacted]舟，服劳役。盖以操舟之劳概括各种服务事项。劳动惩役或曰劳动改造，看来古已有之。

篆文　古写　篆文

前已说到服字右旁象被逮后服罪之形。在此罪人左旁配置[redacted]一副木[redacted]铐，铐住双腕，便是報（简作报）字。今人但知日報[redacted]晚報公报学报，鲜闻報字本义。汉代治狱判案，须向上面呈報。待批准后，方能[redacted]宣判。報字本义就是向上呈報案情以及审理过程，并拟出定判刑[redacted]条款。今人说到某件案子已经“報批”，本[redacted]义犹存。古代朝廷刊发诏令和奏章以及官吏任免事项，也跟着叫[redacted]朝報，后来又叫公報。此即近代報纸之滥觞也。看甲骨文，報字和執字相比较，仅[redacted]多一手而已。

报　篆文　甲骨文　挞tà　古写　甲骨文

撻（简作挞）tà与打有区别。執法棰治罪人曰撻。甲骨文以一副木制腕铐象征[redacted]罪人，举棍而棰治之。想起《水浒》犯人初到“喫一百杀威棒”或即此欤？

今以隶为隸之简化字。其实隶字古代早有，独立成字。隶字从又从尾省，抓着[redacted]猎物的[redacted]尾巴，表示逮住了。罪人被逮，罚为奴隸。隸字左旁本是柰字，作为声符，义指罪人。引申义为附属，奴隸属于公家嘛。隸的异体从又从米，男奴舂米，女奴择米，都要用手嘛。

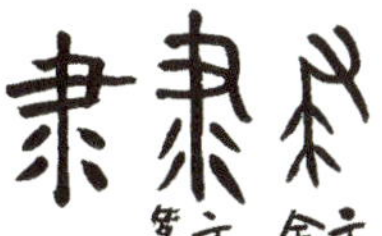

篆文　金文

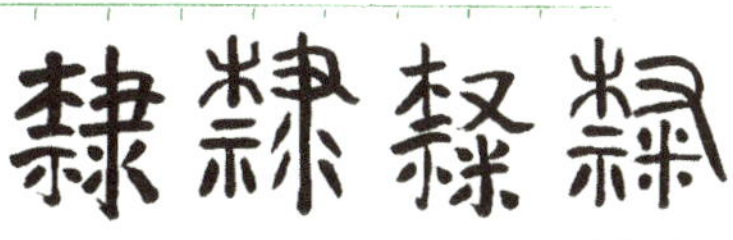

繁体　篆文　异体　篆文

119·投矛握笔摇铃

流沙河

中国作家协会四川分会

殳shū 是古兵器之一的殳矛，[redacted]音近讹作梭标。

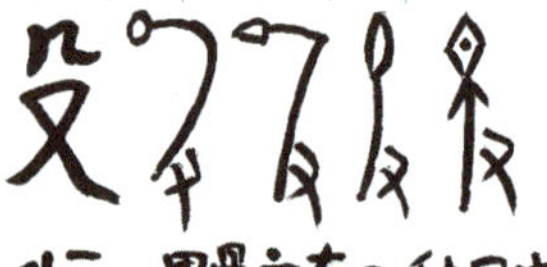

shū 甲骨文有四种写法

甲骨文殳四种写法。最早的写法一看即知是殳矛，直杆尖锋，颈有缨须。后来笔划随意[redacted]，直杆由曲而折[redacted]弯，尖锋由钝而圆球，完全走样。殳矛遥掷曰投。

古写 篆文

投字古写从殳豆声，义为投矛。体育项目有掷标枪，便是古之投矛，或叫投枪。

段字今有二义，一是姓，二是段落，皆非古义。段字从殳从石，须看金文，象[redacted]手执锤捶打岩石之形。石器时代捶打岩石制作石斧石刀，有专业的作坊。段字义为捶打[redacted]石器。后来铁匠捶打[redacted]铁器，也叫锻了。

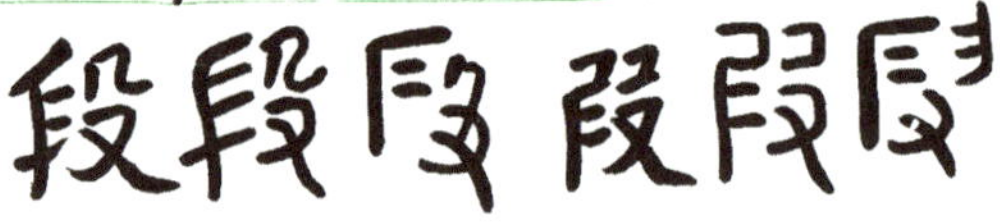

篆文 金文 假 篆文 金文

假字本义只是假借。金文两人各出一手，一为爪手，一为又手。从石，一人将石器[redacted]交给另一人。假就是我们今天说的给。真假，假期，皆衍生义。

甲骨文舟和凡（盘）常混用。两个甲骨文里，为首的一个便是用盘（简作盘）[redacted]当船舟。从殳的般当然不是捶打盘子，而是篙竿撑船。金文不从殳而从今之扑字，仍是撑船。

篆文 两个金文 两个甲骨文

那时文字尚多疏漏，我们[redacted]谅解古人[redacted]随意[redacted]，知道般字义为[redacted]泛舟游乐就行。

泛舟游乐转一圈便回来，好比盘子之圆，古称“盘游”。般即盘游。卜辞有云：“辛未卜，今日王般，不风？”正是盘游上船之前，先问卜有风否。

丑字见于甲骨文者莫不从又（右手）而屈其指，前辈多认为手字的古写，甲骨文无手字，丑即手。也有人不同意，说丑即杻chǒu，械具也。在手[redacted]杻，在足[redacted]械。在手之杻为木制铐，所以从木。[redacted]文字丑象手指被铐形，实乃杻[redacted]之古写。这种械具有别于腕铐，应该叫指铐。形制今已难说。未睹实物，猜想而已。今之指环，旧呼戒指。顾名思义，[redacted]即械指也。此或指铐之异化耶？

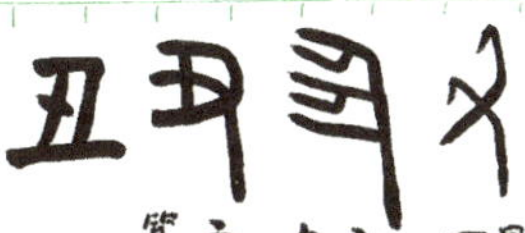

篆文 金文 甲骨文

篆文失从手乙声，今义为失掉。失古音yì同逸。已到手之猎物未抓紧，逃逸了，应是失字本义。《说文解字》以纵释失。放松了便是纵，所以纵欲谓之淫泆yì，未收检而散失谓之佚[redacted]yì。甲骨文和金文未见失这个字，人便怀疑篆文失的从手乙声，认为笔划[redacted]错了，应是金文豕字。今将常见金文豕字两个摹写下来，请读者与篆文失对照比较，看看是否相似，会不会互混致误。我所识的金文太少，或许有相似者，井蛙便是我了。

篆文

篆文失 两个金文豕

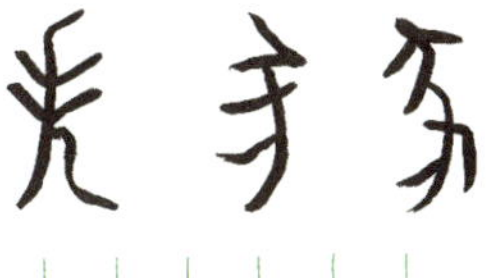

筆（简作笔）字从竹从聿yù。[redacted]聿象握筆之形，古今一贯，由简而繁，其间增益，一一可指。据《说文解字》称，汉代[redacted]毛筆名称因地而异，楚叫聿，吴叫不律（不律拼音成筆），燕叫弗（[redacted]读bù）。

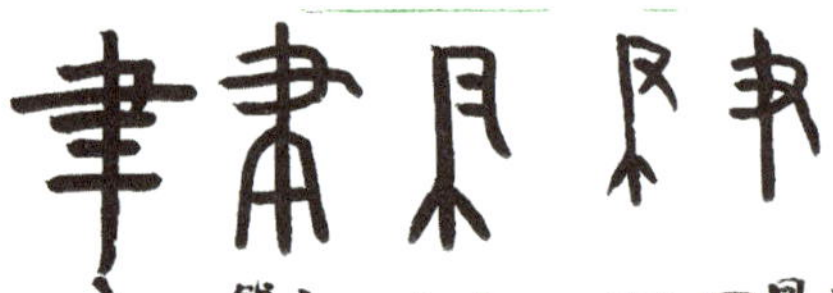

yù　篆文　金文　两个甲骨文

五经博士许慎惯用儒家理想解字，他说[redacted]：“史，记事者也。从又持中。中，正也。”意谓写历史要中正，不要偏左偏右。周[redacted]朝史官甚多，大史，小史，内史，外史，御史，女史，左史，右史，并非全是写历史的，多为办[redacted]事[redacted]官员。商朝更难说了。卜辞所见史字，多应作[redacted]事字讲。甲骨文无事字，史即是事。到了周初金文，史字添筆划，才造出事字。

篆文　两个甲骨文　篆文　甲骨文

何况甲骨文史，右手持的[redacted]不是中字。甲骨文和金文中皆象场中插旗之形，与史无关。甲骨文史字疑作[redacted]事字讲。[redacted]古代宣布政事，摇铃聚众。右手所持，正是铃也。

金文中　甲骨文中

[redacted]长柄直贯铃中，做成木舌，举高摇动，厥声远播。后来《周礼[redacted]·大司马》所载振铎宣传仿此。[redacted]直到民国年间，蜀中各[redacted]县[redacted]政府宣布政事，仍[redacted]用鸣锣警众，以见传统不绝。事字很难象形，乃以摇铃象之。

120·见德觅相眼蒙眬

流沙河

眼睛二字形声，已属晚造。眼即目，睛指眼珠。甲骨文目多为左眼。注意内眼角，睑皮上搭下，谓之蒙古皱折

目的篆文　甲骨文　看的篆文　見的篆文　甲骨文

，为我东亚人之特征。篆文目作偏[redacted]旁，只好竖立，大不近情。篆文看，左手搭棚看远方。[redacted]見（简作见）比看进一步，是本人去面見。

得字古写从見，似乎和眼見有关系，实则误会。金文明明从貝，变篆文时错作見了。貝币到手[redacted]便是得，甲骨文和金文俱如此。隶变加行省，所谓双人旁，表示行道有所得。什么叫“行道有所得”？包

古写　篆文　金文　甲骨文

含两层意思。一，走路拾得貝币。二，修道有了心得。两件事有相似性，毕竟意趣风马牛，不宜共用一个得，所以又造一个德。解释德字之前，还须先认直字。

甲骨文直，眼上一条垂直线。这是修建房屋，立柱筑

篆文　甲骨文　　两个异体　篆文　甲骨文

墙为了取直，看铅垂线。直字本义就是正直，不偏不曲。直的古音同得，借作声符，左旁配个行省，即所谓双人旁，造出甲骨文德。后来又认为

既然是心得，而非走路拾得貝币，所以又添个心，形成篆文德。所谓道德就是修道有了心得。德者，得也。

覓（简作觅）字不見于《说文解字》。《广韵》：“覓，求也。”金文瞪大眼用爪刨，同我们翻箱子找东西一样。找字晚造，古皆用抓zhāo。爪作动词，今写成找。俗字也，不可解。知道覓字从見从爪，义为找，就行了。覡（简作觋）字虽然从見，却只作声符用。見古音又有xiàn同現。覡是男巫。女巫，蜀中称覡娘婆，俗讹作仙娘婆。

闹市走一圈，光看不买，上海人谓之白相，最得相xiàng字真谛。伯乐相马，术士相面，找婚配的相亲，皆是此相，义为观察，不读互相的相xiāng。甲骨文是木匠观察一段木料，不是闲看一株树。国王找人代其视事，称之为相。与相相似，涕字古写却不是观察雨水，而是眼下落泪。遗憾的是这个古写从未当作泪涕的涕被古人使用过，它出场的机会都被后造的形声字涕夺去了。

一件锐器逼近你的眼睛，虽然事先保证绝不刺伤，你

仍旧会眨眼，眨个不停。古人以此经验造出目旁一矢之字，义为眨眼，音shùn。后经演变，定型于瞬，成形声字。而目旁一矢

三个异体　篆文　甲骨文

之异体仅存于古籍中，为今人所不识，必查字典而知之矣。至于瞤（简作𥇖）这个字，除了眨眼，更有眼皮跳的意思。汉代迷信“目瞤得酒食，灯花得财钱”。影响至今者有谚语“左眼跳挨，右眼跳财”。

甲骨文有見字头顶或面蒙幂巾之字，被专家识破，原来就是受蒙蔽的蒙。变成篆文时又添了一横，表示双层蒙蔽。古写不便于读音，演变为形声字的矇（简作蒙）。

蒙　古写　篆文　两个甲骨文

目不明曰矇矓（简作眬），正如月不明曰朦朧（简作胧）。眼睛看不明白，你说矇，我懂了。为啥又说矓？这与龍（简作龙）有关系吗？问得好。卜辞有一条，国王眼病问：“有疾目龍？有疾不其龍？”这里龍即矓，眼睛看不清。哈，怪事！耳不明曰聾（简作聋），目不明曰矓，龍就那么惨吗？请传人放心吧。那时癃字尚未造出，不得不借用龍。癃，义为人体器官闭塞不通。聾为耳癃，矓为目癃。

121·眼睛多种表现

流沙河

女子眼中射电，媚惑男子，自古已然。睇dì眄miàn二字在《说文解字》同义，皆指含情斜視（簡作视）。斜視犹嫌不够，还要流动眼珠，古人说是[redacted]"流眄[redacted]倾[redacted]城"，效果更佳。[redacted]戏舞台，旦角表演"流眄"之态，蜀人叫作"丢yì子"。写不起的这个yì字，推想该是睇之异体，从目夷声之字。字形异体字，音亦有可能[redacted]异读成yì了吧？如果流动眼珠仍嫌不够，更有[redacted]旋转眼珠，《说文解字》的上般下目之字，音bān此字[redacted]释云："转目視也。"[redacted]也就是"西厢记》的"秋波那一转"。北人叫bān媚眼，词牌有"眼儿媚"，皆[redacted]指[redacted]这种武器。可惜《辞源》漏收这个bān字。般字[redacted]本义是[redacted]船出去转[redacted]圈，亦即[redacted]盘游。那么般下一目则是指目睛的旋转了。

dì 异体 篆文 miàn 篆文 bān 篆文

懼（簡作惧）字从心瞿声。瞿字义为猛禽瞪目使人恐懼。上溯到甲骨文[redacted]与禽[redacted]无关，只是一人屈身，左顾右盼，[redacted]很害怕的样子。篆文省掉屈身之人，左顾右盼也改成两眼平視前方，[redacted]恐懼便消失了。

惧 异体 篆文 甲骨文

視（簡作视）字从見示声。示[redacted]为神灵[redacted]显示吉凶，所以視曾有行注目礼的意[redacted]思。后代視事，視学，就是注視。

视 篆文 古文 甲骨文

视察工作，仍存此意。如果看事物的目光不恭不敬，那就不叫視而叫艮gèn。此字不妨当作恨字看待。有以异者，恨为心中之恨，[redacted]艮为眼中之恨而已。从哪里看出有眼中之恨？[redacted]金文和甲骨文，眼睛[redacted]主人扭身向后，不屑一視。他如果扭回身，人与眼的方向便一致了。赖此细节，艮字取得狠[redacted]义，艮犬为狠[redacted]。不过眼字却从眶限得义，与恨无关。

gèn 篆文 金文 甲骨文

睡卧二字义有差别。睡为眼睑垂下，准备入眠，从目从垂。卧则躺下[redacted]休息，眼睛睁着，从人从臣。臣字象瞋目形，就是古写的瞋[redacted]，[redacted]义为[redacted]是睁大眼睛，注視事物。手下人被叫去帮助主子視事，[redacted]称之为臣，已是后起之义。《说文解字》说臣字“象屈服之形”，是由于许慎未見甲骨文。

篆文 异体 篆文

眉字象形，古文字的[redacted]目上有眉线和眉毛。篆文夸张眉线，眉毛呈叠山形，令人想起东坡的“山似眉峰聚”。与眉[redacted]易混者为省[redacted]xǐng。省字义为省視。卜辞有“省牲”“省牛”“省田”“省方”“省西”的记载，都是外出視察工作。省字目上是生字的[redacted]省略。省視就是生視。生視者有别于熟視之，

篆文 两个金文 甲骨文

篆文 三个金文 甲骨文

无睹也，要用新眼光看个很清楚。后世目中生翳子，又造出眚[redacted] shěng 此[redacted]字[redacted]从目生声，有别于省之[redacted]从生[redacted]的省略。翳子一点如星，所以生声（星字也是生声）。

睪（简作驿）字去掉馬旁，仍旧音yì。此字从[redacted]目，目下一幸niè（不读幸福的幸）。幸niè的甲骨文是一副木制腕铐，象征罪犯。上面加个横目，义指司法衙门派出来的[redacted]眼线。监视谓之眼，密报谓之线，所以此字从目。[redacted]先有此字，然后才有加[redacted]馬旁的驛字。汉置驛站，馬递公文。三十里一驛站。站有长，自然负有[redacted]眼线之责，监视地方，密报衙门。

yì 篆文 niè 篆文 甲骨文

民字居然也和眼睛有关系，真想不到。更想不到的是[redacted]，民与今之公[redacted]民没有[redacted]关系。远古部落战争，俘虏或杀或存。存[redacted]者被刺瞎[redacted]一只眼[redacted]了，拿来做本部落的奴隶，低人一等，称之为民。民盲音近，民乃[redacted]半盲。[redacted]古文字民象[redacted]针刺目之形。进入尧舜时代，百官称为百姓，被统治者称为黎[redacted]民。黎有黑义，犹存半盲之义，虽然不再被盲一目。

篆文 古文 两个金文 甲骨文

122. [redacted]一口到四口

流沙河
中国作家协会四川分会

篆文 一口 二口 三口

口象人类[redacted]张口[redacted]之形。吃饭，说话，接吻，[redacted]不能紧闭[redacted]嘴巴。取象于张口，表明在工作。人以口计，统计学称人口，可见这个器官如何要紧。篆文左右口角上移。张大嘴巴照[redacted]镜，所见正是如此。口字有时[redacted]不指人的嘴巴。举例[redacted]，在鸣字指鸟喙，在吠字指狗嘴，在唬字指虎口，在启字指门洞。(和噪字)

二口横排音huān，义为惊呼[redacted]。古书都用讙字代替。讙通歡(简作欢)。二口之字(二口横排难看)，作为偏旁，有哭。哭是人哭，为何哭字从犬？甲骨文哭，象人披头散发之形，[redacted]古人哭丧固如此也。推测散发人形笔划[redacted]可能变异成犬字了。犬遇伤心事，嗥声呜呜呜，确实像人哭。所以前人有说，哭本犬哭，借指人哭，也有道理。

哭的篆文 甲骨文

喪(简作丧)音sāng，死了人办丧事的丧。篆文由哭亡二字组成。稍有异者，哭字二口下移，以求字形受看。哭字在上，亡字在下。篆文亡由入隐二字组成。人或物入隐而不见了，也就是亡失了。字从二口之字，

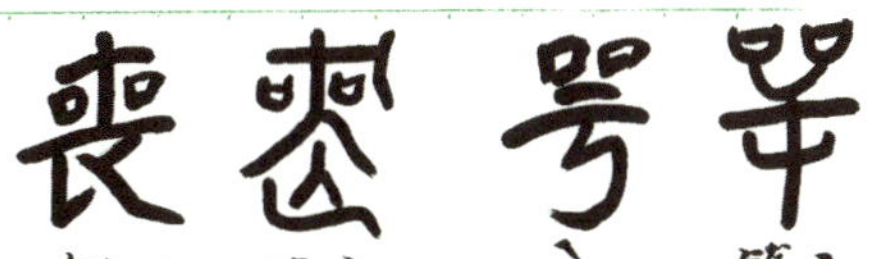

喪的繁体 篆文 亡 篆文

第 一 页

还有一个咢[redacted]è，以为喧哗。篆文咢下面是逆之省[redacted]（省掉[redacted]走之），作声符[redacted]。此字楷书变[redacted]形求简，不再是逆之省，如今所见。从咢之愕，义为惊[redacted]讶。喧[redacted]声，听了惊心嘛。热带沼泽有凶恶的爬行动物，使人惊恐，所以名鳄。繁体作鱷。噩è有多人惊恐之义，所以咢从四口。

二口横排之字作为偏旁，还有咒骂二字，不可不[redacted]解。骂字好解。洪声斥责，故从二口，马声。咒语不同，有的[redacted]需要洪声[redacted]朗诵，有的[redacted]需要细声[redacted]暗诵，所以咒字从[redacted]本义为惊呼的二口，就没道理。

咒的古写　祝的篆文　甲骨文

看咒字的古写，左一口，右一兄，原来[redacted]非二口也。这是[redacted]由祝字演变而来的，就像[redacted]祝字开的分店。有以异者，篆文祝[redacted]象跪[redacted]向神祇，口诵祝愿之形[redacted]，而[redacted]咒的古写则[redacted]省掉神祇，加个口旁，强[redacted]调口诵而已。神前祝愿，念念有辞，请求保佑。神职人员古有庙祝，专司此职。兄[redacted]字，人张大口，[redacted]当初造出[redacted]，并非用于[redacted]弟兄。兄[redacted]是最初造的诵字。张口能诵辞章之士[redacted]，受人敬[redacted]重，尊称为兄。后移用于家庭之内，才有弟兄一说。于是又造从言甬声之誦（简作诵）。

二口纵排的吕，与嘴巴不相干。[redacted]不必要的简化造出这个怪字，让人误解。繁体作呂，二口之间纵向[redacted]联系。篆文吕象脊椎之[redacted]形。我们[redacted]有脊椎骨二十一块，块块之间纵向联系。简化一刀，砍断联系[redacted]，不再象形，便不好解说了。吕是最初造的膂字。膂，脊也。菜肴糖醋膂脊，俗误作里。

一口二口说了。品却不是三口，而是三只相同的碗，象形。[redacted]同一规格的器皿被视为同类。所谓品类，品即类也。旧时官分九品，亦即九类，九个等级。所谓品评，评等级也。同规格的器皿一起装箱，免[redacted]得弄混，这就是區（简作区）區。[redacted]字象三碗装箱之形。所谓區分，器皿分规格装箱也。嵒是岩的异体字。嵒字从山，山上[redacted]也[redacted]非三口，而是磊磊然的三块石头，象形。癌长包块似此，[redacted]所以癌字从嵒，嵒亦声。

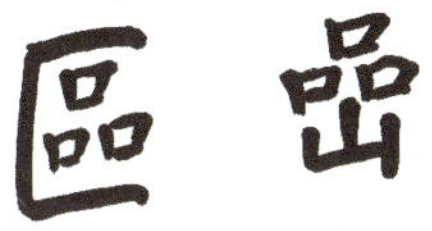

区的繁体　岩的异体

器也不是四[redacted]口，而是四件器皿。四在这里表示很多。很多器皿放在那里，如果是青铜的，乃至银的，就很值钱，有人来偷，所以叫犬[redacted]去守。正因为有狗守，你才不会仿照嵒字之例，认为那是不值钱的四块石头。其实古人也不用真犬[redacted]守[redacted]盆盏碗碟，他们有[redacted]厨柜嘛。造字用犬，意在暗示此乃器皿罢了。古人巧思如此。囂xiāo（简作嚣）字篆文頁即面部加上手足，四口表示此人发声分贝甚高，难怪囂字义为喧哗。囂是真四口。[redacted]真四口还有嚚yín。嚚字从四口，表示其人尽说假话，臣声。假话太多，需要四张嘴巴[redacted]齐说，[redacted]其人奸伪可知[redacted]。《孟子》[redacted]说，舜在家中处境[redacted]难，因为“父顽母[redacted]嚚”。嚚在这里义为唠叨骂人，嘴狠。

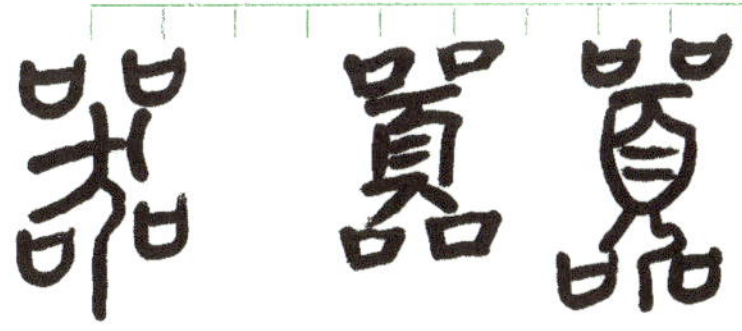

器的篆文　囂的繁体　篆文

123·口之多用途

流沙河

篆文甘象口中含物之形。美食入口，细嚼慢吞。观其迟迟噙含，便知味道很好，[redacted]甘义由此自见[redacted]。汉末甘蔗传入中国之前，饴糖珍贵，平常人家难得甜食，遂[redacted]以甜为美味。古甘为甜[redacted]。果甜，所以名柑。

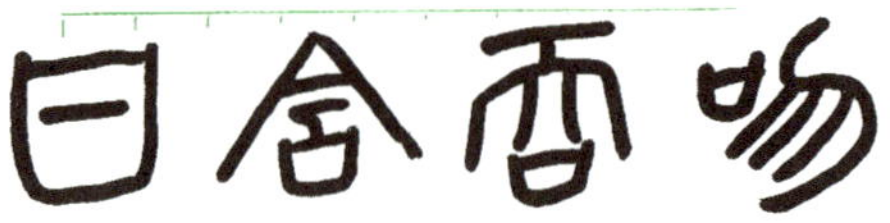

篆文甘　篆文含　篆文吞　篆文吻

含，从口今声从今亦声。噙，从口从禽(同擒)禽亦声，而禽又从今得声。可知噙含二字不但义同，古音亦同。今的篆文[redacted]象捕兽之夹形。兽肢被夹[redacted]，食物被含[redacted]，事有类同，所以含字从今得义，并以今作声符。[redacted]吞，从口[redacted]天声。今人多误写成下口上夭。天古音ting，与吞音近。吻，从口勿声，《说文解字》说指[redacted]口边。口边包括[redacted]上下嘴唇以及[redacted]左右嘴角。上下嘴唇闭合就叫吻合。[redacted]以吻触物，今[redacted]谓之吻，[redacted]旧时蜀人曰啵。原先蜀人不说接吻，只说打啵。

唇在《说文解字》绝[redacted]非今[redacted]之嘴唇。嘴唇字本作脣(简作唇)，从肉辰声。辰古文乃[redacted]蜃蚌象形。口边[redacted]上下嘴皮能开合似蚌壳，所以脣字从[redacted]辰[redacted]。

唇的繁体　篆文　齿的繁体　篆文　舌的篆文　甲骨文

古之唇字音义同震。所不同者震指雷[redacted]霆炸震，[redacted]唇指惊震。人被吃惊而张口[redacted]不下，似[redacted]蜃蚌之开壳，所以唇字[redacted]从口从辰。口张[redacted]

[redacted]方能见齒（简作齿），所以篆文齒字从口有缺，[redacted]止声。缺口表示张开嘴巴。上齒一排，下齒一排，口中[redacted]一横是舌。篆文舌字口上是干，《新华字典》错成千了。甲骨文舌，[redacted]舌伸出口[redacted]向上翻，见舌底之肌纹。肌纹[redacted]既非干字，更非千字。

曰字[redacted]义为[redacted]意内[redacted]言外，[redacted]就是说话[redacted]。说话也要张口，所以篆文[redacted]口上有缺。但又并非张口不下，而是一开一合，一合一开，所以缺口上有闸门，[redacted]开合自如。口中[redacted]一横是舌。吃，

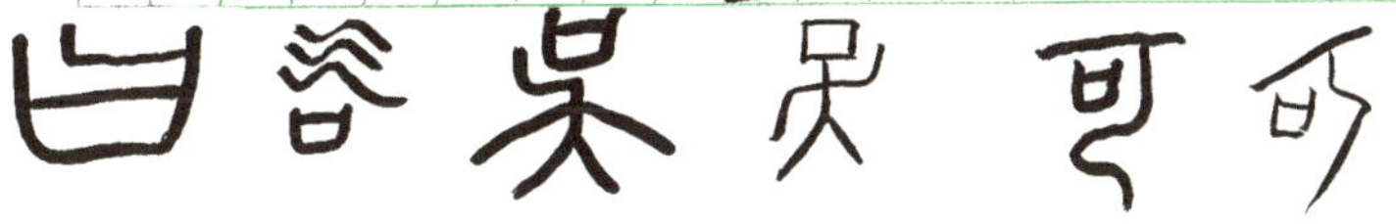

曰的篆文　吃的篆文　吳的篆文　甲骨文　可的篆文　甲骨文

从口乞声。看篆文知口在下，乞在上。乞即今之气字，象气流形。吃音[redacted]jī，义本[redacted]结巴，口吃。嘴嚼食物古[redacted]用喫字，今[redacted]用吃字，改音chī，视为喫之简化字，结巴本[redacted]义遂隐。吳（简作吴）篆文从大偏头，从口，象人唱歌之形。唱歌表情[redacted]摇摆头部，古今皆然。吳字后来加女作娛（简作娱），吳娛[redacted]为古今字。可字义为肯同。表示肯同就要发话，所以可字从口。其馀部分，一横一竖象枝柯形，[redacted]是柯字的古写，可字的作声符[redacted]。纸上写个可字，翻看[redacted]背面，变成叵字。叵字义为可的反面，就是不可。叵pǒ[redacted]由不可[redacted]拼读而成[redacted]。用这种很怪异的方法造字，当然不合许慎六书之法，所以叵被视为俗字。

甲骨卜辞有"多臣多尹多君"的记载。推想比臣高一等[redacted]是尹，比尹高一等[redacted]是君。君应是商王下[redacted]的小首长[redacted]。尹象右手[redacted]挥[redacted]杖之形。君从尹从口，不但挥杖[redacted]，而且[redacted]下令，更神气些。春秋战国以后，国王称君，地位就更高了。吉祥的吉，篆文字从士口。士本武士。士口是说"吃粮投军"前途美好[redacted]？看甲骨文方知不然。下面很像[redacted]是盛[redacted]器如匣，上面[redacted]明显是[redacted]矛锋[redacted]去[redacted]柄，盖以"刀枪入库"[redacted]不打仗了为吉祥吧？毕[redacted]竟"兵凶战危"不打为妙。造此字者[redacted]见识高超。

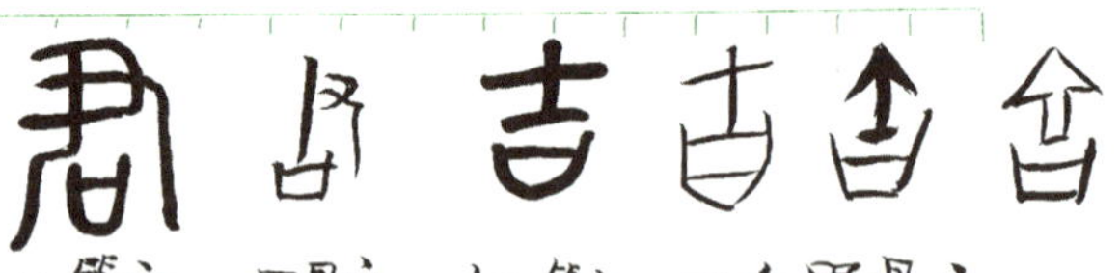

君的篆文　甲骨文　吉的篆文　三个甲骨文

古字篆文、金文、甲骨文都从十口。甲骨文[redacted]数目字以直杠作为十。到金文怕误认，直杠中加圆点。[redacted]篆文为了书写[redacted]方便，变圆点为横杠，如今所见。推想史前时代，部落兴衰存亡种种大事，全靠巫师口头传[redacted]授，成为故事。一代一口，十代十口，历三[redacted]百年，是谓之古。古字本义就是故事。至今讲故事粤人叫讲古，四川人叫摆龙门阵。

古的篆文　金文　甲骨文

124. 聽聖聲聝聯職

流沙河

篆文耳象人耳之形。耳廓[redacted]耳孔皆可指认。注意是左耳。甲骨文有左耳有右耳，不一。耳主聽（简作听）。耳廓展开，便于纳声[redacted]放[redacted]大[redacted]。聽字右边是德[redacted]字的异体悳[redacted]，义为心得。德者得也。有所收益曰得。心中有所收益曰德。当初造这聽字，已有聽话进德的用意，不让你去乱聽。聽字左旁上从耳，下廷省做声符。就字形言，耳得为聽。简体听字汉赋上面就有，《说文解字》释为"笑貌"，[redacted]音yin。俗语"笑吟吟"或"笑盈盈"[redacted]本来应作这个听字。麻将牌有聽用，虽然是繁体，全民都认得，何必简作听。甲骨文简单，口附耳为聽，管他进德不进德。

耳的两个篆文　两个甲骨文　听的繁体　篆文　甲骨文

聖（简作圣）字从耳呈声。聖和聽[redacted]甲骨文[redacted]相似，都是左口右耳。稍有不同者，甲骨文聖多一个人，以人字[redacted]做声符，表示此字读音有异于聽而已。

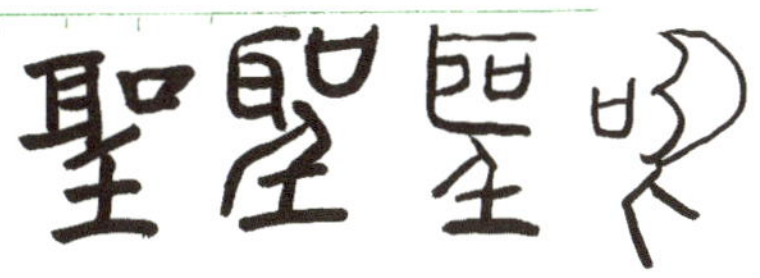

圣的繁体　篆文　金文　甲骨文

推想[redacted]远古时所谓聖是指那些侦聽能力超常之[redacted]人。聽力超常者[redacted]，[redacted]遇狩猎[redacted]或争战[redacted]会被[redacted]呼为[redacted]聖人。后世[redacted]文明臻进，表现突出，聖人称号才与知识蓄涵[redacted]和道德修养相联系[redacted]，如老子和孔子，被称为聖人。聖字今人误书为"耳口王"，不知呈[redacted]非"口王"。

25×20=500　Ch001.60.93.9　第 一 页

聖字简作圣，不知《说文解字》早有圣字。圣从又从土，义为掘地，音guài。[redacted]怪，从心圣声。由此可见圣字至今仍然健在，不能拿去做聖字的简体[redacted]。若把圣认作聖，岂不误导人“聖心为怪”吗？

聲（简作声）字先看甲骨文，很容易看懂。一片石[redacted]磬[redacted]悬挂着，一只右手拿槌敲，其下有[redacted]耳朵在[redacted]听。经过篆文变成繁体，仍然是磬挂着，拿槌敲，耳在听，三千年一贯不变。聲音本无形[redacted]象，古人乃借磬、槌、耳这三件具象之物，凑在一起，显[redacted]出聲音之[redacted]存在，这[redacted]就是象意[redacted]。读[redacted]者当能看出，简体声字正是悬挂着的那一只磬。这样简化尚不离谱，很多人能[redacted]接受。

声的繁体　篆文　甲骨文

馘guó字异体作聝，义为割取所杀敌兵尸体[redacted]左耳。异体的聝[redacted]从耳或声。或就是[redacted]古之國（简作国）。正体馘[redacted]不从耳而从首，甲骨文也不从耳而[redacted]从首（但用目代[redacted]表首）。推想最初实行[redacted]割[redacted]敌首计战功，后嫌头颅太重，多割不便携带，改成割耳。这样改了，一可杀百，很快升为将军，岂不美哉。看甲骨文，以目代首，悬系在戈缨上。改成割耳，绳串[redacted]挂腰[redacted]，十分[redacted]轻便。为此[redacted]特[redacted]造出[redacted]一个字，

馘的异体　篆文　甲骨文

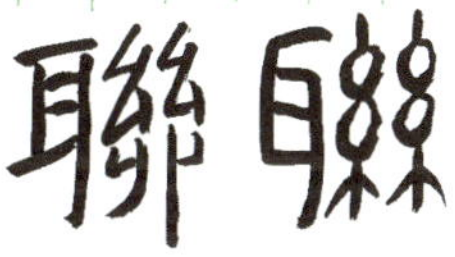

联的繁体 篆文

那就是聯（简作联）。看篆文知此字从䜌（简作丝）从耳，盖谓䜌绳串耳成聯，反映[redacted]战地[redacted]实况所见。甲骨文和金文不见聯字，是因为商周两代割首不割耳。强秦[redacted]崛起西陲，侵[redacted]犯中原，奖赏"首功"，多杀为荣之后，才[redacted]有篆文聯这个字的诞生。此字今已普及，聯系聯锁聯盟聯合国，谁肯去查明耳[redacted]旁的来历。

《说文解字》段注："凡言職者，谓其善听也。"職（今作职）字从耳，表示善听长官吩咐。字右边是声符，

职的繁体 篆文

音zhí。识的繁体作識，有相同的声符。这个声符[redacted]的字义为[redacted]牢记。[redacted]对職字而言，要能牢记才算善听。对識字而言，要能牢记才算知識。可见職字的声符也参与字义，不是纯声符。

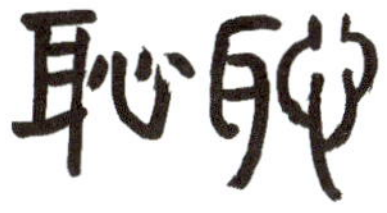

耻的异体 篆文

耻字[redacted]异体作恥。羞愧原属心态，所以恥字从心。内心羞愧而脸红，而耳朵发烧，所以也从耳。正体耻则从耳止声。

聊，赖也。没依没靠就叫无聊。然而这不是聊字的本义。聊字从耳，右为[redacted]声符[redacted]。聊[redacted]本义是耳鸣。刘向

聊的篆文

《九叹·远逝》有"耳聊啾而惝慌"。聊啾，闹叫。惝慌，张惶。今人说"耳朵闹"。人到老年耳鸣，日夜蝉噪[redacted]不休。聊[redacted]的声符字读liú，象漏斗插入容器口之形。柳[redacted]留二字皆用此做声符。

125·人頭与鬼頭

流沙河

篆文首象人头形。眼耳口省去[redacted]，唯留自（鼻）。自上一横为额。额上为发。[redacted]金文同样。甲骨文诡异，人头似狗[redacted]头。

首的篆文　金文　甲骨文

秦[redacted]废分封[redacted]，行郡縣制。縣（简作县）为郡下新设置的行政单位。在这之前，縣是动词悬挂的悬（繁作懸）。篆文縣[redacted] xuán 左旁是篆文首的倒写，右边是系挂的系，象斩首倒挂[redacted]意。金文以眼代表全首，倒挂木上。縣被借去做了郡縣，只好另造懸字。郡以下之所以称为縣，取其远离首都咸阳，维持一线系挂而已。

悬的繁体　古写　篆文　金文

首与頭（简作头）古音同，本一物。[redacted]篆文首[redacted]上无发才是[redacted]頭字。頭字缓读变成两音便是髑髅。篆文面[redacted]从頭，[redacted]方框象面形，所谓国字脸。古代[redacted]男女美容，脸[redacted]搽[redacted]粉[redacted]增白。故名[redacted]面粉者，[redacted]敷面之粉也。面粉可食，于是造麪字。麪又拉成[redacted]条叫麪条，打成饼叫麪饼，搅成糊叫麪糊。麪今简作面。

头的繁体　篆文　面的篆文

頭字从頁（简作页），頁也是頭，豆声。从頁之字甚多，莫不与头有关。分说之。颜（简作颜）[redacted]最初仅指双眉[redacted]间的[redacted]印堂穴，后来所指向上扩展到额（简作额）。印堂看来[redacted]亮色，古人说颜色好。大门上挂匾牌，通称匾额。春

页的繁体　篆文　金文　甲骨文　颜　额　题

联贴门左右，门上方贴横额。若视门为面部，门上方便是额。额部下有双眉，上有发际[redacted]，左右[redacted]有太阳穴，[redacted]界限分明，生出[redacted]限额、定额、超额、额外诸词。额字古写作額，各声。题（简作题）本义就是额。华夏疆域辽阔，名物因地而异。[redacted]眉上发下和[redacted]左右太阳穴之间的范围，甲地叫额，乙地叫颜，丙地叫题。题字从頁是声，正如提字是声。试卷既然叫卷面（此作脸），上方自然[redacted]该叫[redacted]题。[redacted]题目，也就是额头和眼睛。

頤（简作颐）字左旁或声符，同时也是古写[redacted]，从篆文演变来。口[redacted]内包[redacted]含[redacted]大块食物，嘴巴和腮帮鼓突起来，《易经》上叫朵頤。请将古写向左推倒横看，口的周围[redacted]正[redacted]是頤之所在[redacted]。[redacted]大快朵頤，突嘴鼓腮，今人以为食相不雅，[redacted]饥年[redacted]却是[redacted]令人羡慕的口福。頤主[redacted]进食，故有养义。

頤的繁体　古写　篆文

25×20=500　Ch001.60.93.9　第二页

因名頤和者，頤养天和也。[redacted]

頃（简作顷）字从匕从頁，义为頭不[redacted]端正。匕是餐具[redacted]饭匙[redacted]，四川人叫[redacted]调羹。调羹頭部[redacted]形之側看是歪[redacted]扭的。[redacted]頃字从匕，表示頭歪。吾人側耳傾听，頭也歪[redacted]扭往往。不过為時[redacted]甚短[redacted]，遂有頃刻一詞。頗（简作颇）字皮声。皮古音bo，义为剝皮。请看第二个篆文頗，便知[redacted]皮[redacted]象手剝树皮[redacted]。皮声之字，波为水不平，坡为地不平，頗为頭偏。[redacted]不平[redacted]則斜，斜則偏[redacted]，一回事。

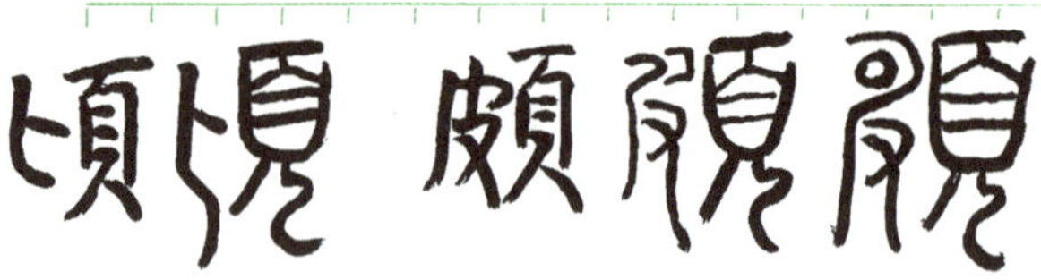

顷的繁体　篆文　颇的繁体　两个篆文

䫏（简作䫏）qī字从頁其声，义指巫师驱鬼戴的面具。据说孔子像貌狞恶，"面若蒙倛"。驱鬼法事做毕，这种面具必须抛弃。谁捡回去，家中就会闹鬼。蜀人嘲讽愚[redacted]儿拾回[redacted]废物，[redacted]笨哥买回[redacted]假货，曰"捡䫏[redacted]頭"。䫏頭在《周礼》又叫方相氏。顺手牵羊之徒[redacted]东张西望，蜀人说"他在看哪里有方相"。甲骨文䫏极富趣味，从人其声的异体字由此变来。尤可惊[redacted]者[redacted]三星堆出土的青铜面具与甲骨文[redacted]所见一模一样！

䫏　魌　倛

䫏的繁体　两个异体

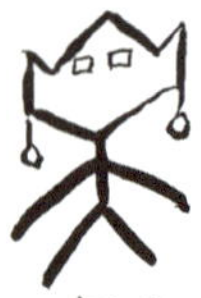

甲骨文

126·头上毛最长

流沙河
中国作家协会四川分会

髮（简作发）字上为长毛[redacted]，下为声符。三斜撇象毛形。人体毛之最长者为[redacted]头髮，所以长毛[redacted]有其髮文。声符之字是犬尾上一斜撇，表示[redacted]外力拖[redacted]扯犬尾[redacted]。犬被拖扯[redacted]，只能[redacted]慢慢爬行。

发的繁体　两个篆文　金文

哈哈，这就是今日的爬字啊。爬字[redacted]做[redacted]声符，不参与字义。髮的两个篆文，前者与繁体同，后者[redacted]以首代替长毛，而首上[redacted]已经有三茎长毛了。金文相同，但尾上无一撇。仔细观察，原来尾梢被首压住了，还是只好慢慢爬。

鬚[redacted]（简作须）字下面[redacted]须旁三撇[redacted]便是胡须，形[redacted]文已足，上面长毛就多馀了。何况胡须也有短的。鬚被简化，理所当然。男子汉大丈夫必定有须，所以说“必须”呢。髯字也该简掉[redacted]长毛，因为冉的篆文、金文、甲骨文都象络腮胡之形。不简掉是由于冉字借去做姓，络腮胡之本义被人忘记，不得不在上面保留长毛，以利认识。

须的繁体　冉的篆文　金文　甲骨文

鬢（简作鬓）[redacted]为颊上之[redacted]发，俗呼鬢[redacted]角。别看笔划多

鬓
鬓

得吓人，拆开看很[redacted]简单。上部仍是长毛之发，下部賓（简作宾）是[redacted]声符。试看濱（简作滨）为水边，[redacted]海濱湖濱都是指边边上。可知脸颊上的头发生长[redacted]在边边上，所以[redacted]叫[redacted]鬓。西式婚仪，有伴郎[redacted]在新郎身边，有伴娘[redacted]在新娘[redacted]身边，通称男女[redacted]儐[redacted]（简作傧）相。鬓发自上而[redacted]下侵入脸颊如半岛然，[redacted]所以谓之鬓角，让人联想起非洲好望角。

鬈
quán

鬈quán指头发卷曲，正如蜷指虫体卷曲，拳谓手指卷曲。古书竹简木牍，上下绳编，捲成筒状[redacted]存放。一捲就叫一卷，两捲就叫两卷。现代书籍不必再捲[redacted]，仍以卷称。长毛之发，下加一卷，此[redacted]字见于《诗经·齐风·卢令》之"其人美且[redacted]鬈"。先贤皆以勇壮释之，不知古代亦以[redacted]头发卷曲为美。蜀人鬈音juān，所谓"烫个鬈鬈头发"指用电烫头发[redacted]卷曲，使之[redacted]好看。此风肇自上个世纪三[redacted]十年代，实则古已有之。

髦
máo

人之头发，荣枯各异，遗传决定。头发有[redacted]特别美秀者谓之髦发，引人艳羡。髦者茂也，茂荣而盛密也。士人之杰出者，古称髦士，乃髦义之引申。近[redacted]代[redacted]仕女美发，样式翻新，招引众目，谓之时髦。意义扩张，纹眉涂唇，短裙低胸，也跟着叫时髦。一再扩张，一时趋新风习皆谓之时髦矣。

髳 máo

髳[redacted]字上部仍是长毛之发，下部矛声。这和[redacted]髦字音[redacted]同而义不同。其义为[redacted]覆额的[redacted]披发，俗呼披毛，即此髳字。又叫刘海，传说仙人刘海蓄此发式。蜀人叫“妹妹头”，唯小女孩蓄之。古礼不分男女，未成年者皆须在父母面前装幼稚，所以[redacted]留[redacted]髳[redacted]在额，以娱堂上双亲。后世髦髳二字混用，不可深究。且罢。

髢 dí

髢[redacted]字音dí，上部头发，下部也声。也声音dí，不必怀疑。你要晓得，地字亦用也做声符。也字古音dí，与今音大异。髢字义为假发，[redacted]北方[redacted]人叫髢髢。《诗经[redacted]·鄘风·君子偕老》说美妇人[redacted]头发[redacted]黑[redacted]亮“不屑髢也”，可知古代假发流行。

髡字音kūn，上部亦为头发，下部历来说是兀声。兀声而读kūn音，似乎相隔太远，使我[redacted]怀疑。我[redacted]猜想这个兀或许不是音wù之兀，而是从人以上[redacted]一横表示[redacted]头上剃发。髡字义为剃发之刑。古代小孩剃发，成人不剃，因为头发剃光[redacted]乃是重刑。比髡[redacted]刑更重的[redacted]是宫刑（割掉男[redacted]人的性器官），可见髡[redacted]刑也够严重[redacted]。比髡刑低一等是耐刑，也要剃发，不过放过鬓[redacted]发和胡须不剃罢了。耐字从而从寸，而象胡须之形；从寸，表示法制。后世借去作虚词用，而字本文遂隐，人不知其为胡须了。

髡的篆文

而的篆文 金文 甲骨文

127·从囟门到鼻子

流沙河

人头顶上有囟xìn，通称[redacted]囟门，蜀人叫脑门囟。小孩囟门骨缝未合，皮下起伏颤动，清楚可见。篆文金文象[redacted]囟之形。其间有[redacted]交叉线那是[redacted]五字。

囟的篆文　金文　脑的繁体　篆文

这里的五不是数目字二加三，五是[redacted]后来造的毋字，表示此处万万[redacted]不可触动，意在禁止[redacted]。腦（简作脑）字从肉，[redacted]为肉体之局[redacted]部[redacted]。右边象形，三茎头发在囟门上。腦本来指颅内脑髓，权且借可视的囟门以表示之。篆文不从肉而从反人，人字反写[redacted]也是人[redacted]，本应置放在[redacted]囟下。今置左旁，避[redacted]免字形瘦长难看，并无深意可言。

《说文解字》无惱（简作恼）。惱字晚造，左旁从心，俗谓竖心。佛经所谓烦惱意即烦腦，给腦子添麻烦，也就是伤腦筋。由此思路，造出一个惱字。造得不好，因为这个惱字从囟从心，与思字雷同了。

恼

现在转说思字。思字上面本来是囟，隶变作田，使人迷惑。囟代表腦，腦下加心，从动腦到用心，便造成思字了。古人虽然说“心之官则思”，其实也明白先要动腦子，并非一味随心任性而为。慮（简作虑）字从思，上面

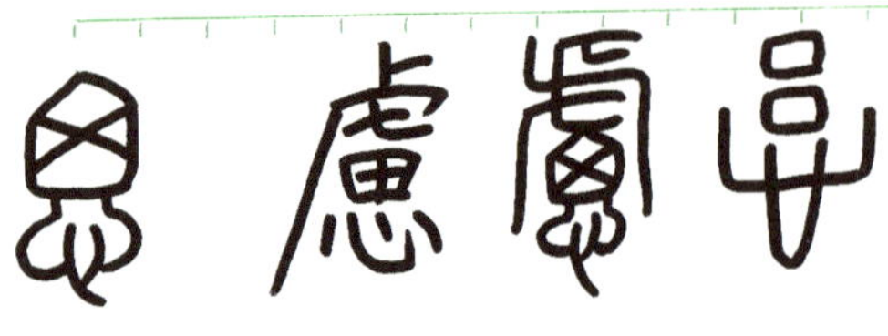

思的篆文　虑的繁体　篆文　金文

虎头吓人。其实这是虜（简作虏）之省做声符，同老虎不相干。篆文慮是思上虎头，而金文[redacted]则是吕字做声符。

心字象心脏形。人心和其他哺乳动物的心脏一样，都有四个内腔。居上位的为左心房和右心房，居下位的为左心室和右心室。

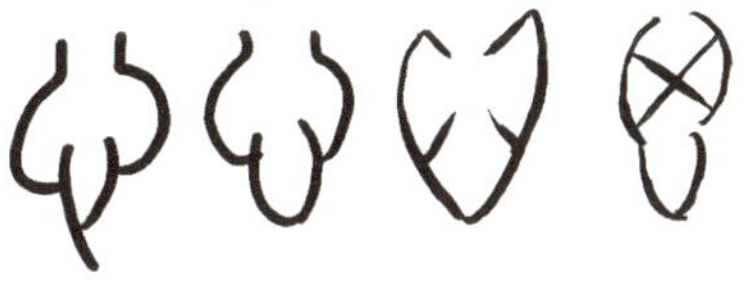

心的篆文　金文　两个甲骨文

篆文只见两个内腔一左一右，以及向下的心尖，其实并不太像。出于意识形态需要，《说文解字》说心“在身之中”而已，又拿去配五行。其实心脏[redacted]不算中正，而心尖又都歪向左，古今争论心是“土脏”或“火脏”，毫无意义可言。

心上一个烟囱的囱，此字音cōng。其实囱不像常见的烟[redacted]囱，只是一扇可通风的窗子，象窗框和窗格之形而已。篆文一扇窗[redacted]放[redacted]心上，表示内心通泰，俗话说的“头脑开窍”是也。难怪加个耳旁就是耳聰[redacted]的聰（简作聪）。

cōng　篆文　金文　甲骨文

[redacted]不加耳旁，[redacted]当然[redacted]是指[redacted]心之聪了。有趣的是金文和甲骨文，心上一个菱形符号，先贤不识，都猜错了。数十年后，于省吾先生识破这个[redacted]字，原来就是悤字。菱形符号是木匠用的[redacted]三寸长[redacted]钢铳子，是铳的象形字，作声符用。旧木料内潜伏[redacted]断钉，木匠

就用钢铳子把它铳出来。铳通了，留个孔。心上[redacted]铳[redacted]有打通的意思，所以铳不但是声符，也参与字义。想来也是，心要打通，有孔窍了，才算心之聪嘛。

心上一自（鼻）为息。用鼻正常呼吸，曰息。非正常的急促呼吸，口鼻并用，曰喘。息又叫鼻息，所以字[redacted]从自，也就是从鼻。[redacted]人在加快呼吸的同时，心跳也跟着加快。[redacted]古人认为是心在管呼吸，所以字又从心。其实是肺在管呼吸，息字不该从心。缓缓呼吸，在正常范围内，既然曰息，所以组成休息一词。人若静坐不动，呼吸可以很[redacted]缓慢很微弱，接近停止，所以又组成停息一词。君子勤奋，不愿停滞不前，所以又说人应“自强不息”。息又引申出生长[redacted]的意思，[redacted]故有“休养生息”之说。放债有利息，便是生长出来的利益。

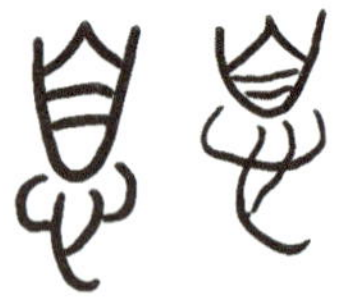

息的篆文　金文

事物烂熟于胸，谓之熟悉。悉，知也。悉[redacted]字与狩猎有关系。老猎人能认出各种野兽的脚印。悉字从心，古人以[redacted]为认识过程属于心智活动。心上不是采字，而是蹯fán字的古写，象[redacted]兽类[redacted]脚印形。[redacted]熊掌古称熊蹯。蹯字从足，右下是猎田（围场），右上是兽类的脚印。蹯字[redacted]晚造[redacted]。最早的写法既无足旁，也无猎田，只有那个[redacted]常常被[redacted]错认作采的脚印。

悉的篆文　金文

128·送礼和找饭碗

流沙河

中国作家协会四川分会

慶（简作庆）字之义，古今有些差异。今义为祝贺，而古义，从篆文看，内容似更丰富[redacted]。篆文顶上是[redacted]鹿省，要送两张鹿皮去。鹿皮古称俪皮，俪者双也，要送两张才够意思。鹿皮是高值的[redacted]皮币，等于今天的大面额[redacted]货币，就是送礼钱去。中间是[redacted]心，表达心意，要说几句贺喜的话。下面是止（趾）的倒置，要亲自送上门，以示郑重。比篆文更早些，金文[redacted]简单[redacted]，光送[redacted]鹿去。鹿身上或有心或有文都一样，文是有花纹的梅花鹿，心是象花纹形，也是梅花鹿。甲骨文又不同，[redacted]心[redacted]放在文之中，表示纹身。这是同族成员送鹿贺喜，倒不在乎[redacted]鹿身有无花纹。先民质朴，不乱送礼。

庆的繁体　篆文　两个金文　甲骨文

慶字可能存在[redacted]更古老的初义，从另一甲骨文能看出来。[redacted]和前面那一个[redacted]大不同，这个甲骨文[redacted]不见[redacted]纹身[redacted]的，只有[redacted]戴角的鹿[redacted]鹿身[redacted]有心[redacted]形的花纹。慶恐是此鹿[redacted]名称，并无贺喜送鹿之[redacted]意[redacted]。愚以为慶就是传说特有的[redacted]的麒麟。麒麟二音急读可拼成慶，慶[redacted]缓读[redacted]成麒麟[redacted]，本是同一物。此物罕见，见则大吉，所以繁衍出吉慶[redacted]慶贺诸义来。

又一个甲骨文

古今人情不远。我们念念不忘之事，古人同样常常挂在心头。旧时谋职，今日打工，俗谓之"找饭碗"。甲骨文大碗内一颗心，饭碗有了，心就安寧（简作宁），这便是最早的寧字。

宁的繁体 篆文 金文 三个甲骨文

后来大碗变成扁脚碗的皿字，下面加声符丁，碗里[redacted]心也不要了，意思[redacted]仍是安寧的寧，不过要读作停。卜辞多[redacted]"寧风"和"寧雨"的祭祀，寧都读作停，就是祈请大风不要吹了，[redacted]久雨不要下了。又后来加屋盖，表明祭祀活动在祠庙内举行。到了金文和篆文，心又[redacted]放回皿内[redacted]，字义回归安寧的寧，不再读作停了。停寧叠韵，可以对转。一字两音，原不足怪。

安寧复词，拆开来说，家[redacted]有饭碗则寧，室[redacted]有女人则安，无非食色两个[redacted]字，却是民生第一功。今人所说寧愿、寧肯，义从安寧引出，已非[redacted]寧之本义。

寧愿之字本作寧願（简作愿）。願字从原，原，篆文[redacted]象山泉[redacted]流[redacted]出之形，含[redacted]有顺从之[redacted]意，而从页则表示首肯。至于愿这个字，《论语》早就有，本是正体字，绝对不该拿去做願的简化字。《说文解字》："愿，谨也。从心原声。"谨慎本来不错。乡愿却指那些没见识而胆小怕事[redacted]随大流的庸人，孔子认为这些人是"德之贼也"。愿若做简化字，读者会误会《论语》已有

愿的篆文 金文

简化字。他们会不会把乡愿误写成乡願呢？

恆（简作恒）字义为经常。在甲骨文都是一瓣弦月，工声。那时尚未加[redacted]竖心旁，这不是恆，应该[redacted]是亙（简作亘）gèn。亙字义指弦月，包括上弦月和下弦月，历时近二十夜[redacted]之久。圆月[redacted]历时不过三夜[redacted]，何况还有阴天，故不常见。常见的是弦月，所以亙字除弦月本义外，又衍出经常一义来。做一件事，经常不辍，坚持不懈，人说是有恆心。于是亙加心旁，造出金文恆字。亙恆二字读音，都是工声转成。篆文把月错成舟了，害得[redacted]《说文解字》拿心与船说事，[redacted]勉强牵合，不能服人。

恒的繁体 篆文 金文 甲骨文

恆字初作亙，本义属[redacted]月相。民俗由此[redacted]以为月中有女名叫恆娥。恆既训常，遂名[redacted]嫦娥。虽不实，但美丽。我不想杀风景，请谅解。

必字看似从心，和心脏或心情有关系，其实半点也不搭界[redacted]。必字义指汤瓢手柄。金属汤瓢非装[redacted]木[redacted]柄不可，否则烫手，不能舀沸汤。甲骨文很明白[redacted]象汤瓢形，末端一撇指明手柄所在，八声。蜀人称手柄为欛子，正是八声。木旁一必应该是必字的异体。必八双声，可以对转。

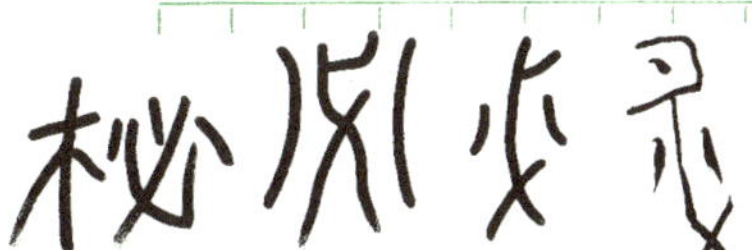

必的异体 篆文 金文 甲骨文

129·心思喻象之妙

流沙河
中国作家协会四川分会

爱的繁体　篆文　ài　篆文

愛（简作爱）字[redacted]简化，人笑"有友无心"。[redacted]凡今男子同居者，[redacted]今通称"女友"。瓦合瓦解，无情无义，不正是"有友无心"吗？简得好。不过还有[redacted]更令人意外[redacted]的[redacted]这个繁体愛字同愛情无[redacted]关系。《说文解字》[redacted]愛为"行貌"也就是[redacted]步行的样子。篆文上面音ài作声符用，下面是倒置的止（趾）之变形。夊变形，仍然代表脚。篆文上面音ài之字还要分解成两部分慢慢说。其上部分是既字的右边。看甲骨文乃[redacted]知既字是人坐对满[redacted]器[redacted]食物，掉[redacted]开头打饱嗝，意思是吃过了。既字的右边就是后来的嗝字。嗝下加心音ài之字，义为[redacted]心[redacted]中阻[redacted]塞不畅，有事[redacted]藏在心头[redacted]，[redacted]不[redacted]指爱情。《诗经·邶风·静女》："静女其姝，俟我于城隅。爱[redacted]而不见，搔首踟蹰。"此[redacted]爱义为藏[redacted]害得男子来回找她[redacted]。古代[redacted]男女[redacted]相悦，一好，就是隐不用这个愛字。愛字本义是指[redacted]举步[redacted]维艰，似有阻塞，不能畅行的样子，就像[redacted]打嗝使人气不舒畅那样。

甲骨文

惠字[redacted]含有[redacted]爱义。不过这是仁爱之爱，并非男女之爱。篆文惠字从心，上[redacted]是惠字的古写。这就是说，古写惠字无心，心是后来[redacted]加的。古写无心之惠象纺垂形。旧时

25×20=500　Ch001.66.93.9　第一页

妇女居家[redacted]使用铁制纺垂，[redacted]其形状为[redacted]长轴贯圆饼，散麻缠绕轴上，手搓[redacted]圆饼旋转，纺麻成绳，供绱鞋用。甲骨文[redacted]要求刻写方便，圆饼改成菱形，横[redacted]置改成纵立，致使长轴[redacted]不见了，只见散麻头，遗憾。在卜辞[redacted]中无[redacted]心之惠[redacted]作[redacted]句首虚词用，与唯[redacted]相同，从未用过纺垂本义。篆文惠字义为仁爱，与纺垂的功用不相干，只用[redacted]它作声符[redacted]，这已是后来的事了。

惠的篆文 古文 金文 古写 两个甲骨文

卜辞常见唯字，作句首虚词用。句首为何需要放置[redacted]虚词，少时[redacted]我不理解。后接触山西[redacted]农村一位老革命，听他每次[redacted]发言[redacted]先发出[redacted]一声[redacted]wei，使我恍然大悟，这就是卜辞和古书上的句首虚词之"唯"[redacted]。[redacted]卜辞有时候不用唯而用惠，亦取其wei声而已。其后又有用惟[redacted]顶替唯的。

惟的篆文 金文 唯的篆文 金文 甲骨文

不过从字形看，金文惟字从心，唯省声，毕竟义属思[redacted]想活动。《说文解字》[redacted]分思[redacted]想活动为多种：虑为谋思，愿为欲思，想为冀思，怀为念思，念为常思，[redacted]惟为凡思。[redacted]凡思即一般[redacted]的泛泛之思。《诗经》不用唯惟二字，倒皆用維（简作维）。維[redacted]义与[redacted]系相同，[redacted]就是[redacted]系住。一绳維系而已，生出唯一、唯有、[redacted]唯心、唯物诸词。[redacted]用绳心头挂牵着[redacted]也就是思系，今曰思維。

25×20=500　(…)001.60.93.9　第二页

念为常思，不是泛泛之思。常不但[redacted]经常，而且[redacted]永远。常思永念之，思绪教人无法摆脱[redacted]。念好比心被捕兽钳夹住了，永远摆不脱。念字心上一今。今就是古时的捕兽钳[redacted]象形。请看A形[redacted]钳夹左右撑开，夹内设有触机，上挂诱饵，一一可以指认。先民狩猎为生，取喻于捕兽钳，实不足怪。所谓今，[redacted]在他们看来，就是被钳擒的一日。昨日已逃走，明日[redacted]未来到，擒在手的[redacted]唯有这今日。永念难以排遣，所以念字从心从今，钳心[redacted]似乎被钳住摆不脱了。喻象奇妙，令人陶醉。

念的篆文　两个金文　甲骨文

[redacted]古人造这个安慰的慰字亦颇有趣。他们想象伤心就是心受伤了。伤得怎样[redacted]？人的心像一张[redacted]小手绢，被[redacted]揉皱了[redacted]暴力，需要安慰。看篆文才明白，今通用的慰字是错体。正体上面从火，火被错成小了。慰的正体从心，上面应该是熨yùn，熨斗的熨。这个慰是俗字，写法不对。正确的写法，看正体便知。正体右上[redacted]从寸，寸即手。拿[redacted]熨斗要用手。左上从尸从二，这是夷字古写。夷，平也。[redacted]其下从火，火指内燃木炭的铁[redacted]熨斗。拿熨斗把一张揉[redacted]皱[redacted]的心熨平，[redacted]就是安慰。

慰的篆文　正体　错体

130·悔忧悦惊惕

流沙河

悔恨复词，今已通[redacted]用。单（独）言之，悔为自恨。恨则兼指恨人，其义较广。男子悔恨而怒，女子悔恨而哭。甲骨文悔[redacted]所以[redacted]从女，从目在滴泪，从心在滴血，是[redacted]象意字。看图识字也不容易，前贤误把心认作贝，未想到[redacted]这是[redacted]悔，以为是为钱哭。另一个甲骨文，从女乔声，是[redacted]形声字，又[redacted]被误认作每。篆文就好认了，从心每声。

悔的篆文　两个甲骨文

憂（简作忧）字和愛字为同类，义亦[redacted]行貌，都是[redacted]走路的样子。稍有不同者，愛为走路粘滞难看[redacted]，憂为走路平和好看[redacted]。事属步行，所以憂字也从倒置的止（趾）之变形。夊变形，仍然代表脚。历来都把憂字当作憂愁的憂，错成习惯，不可改了。《说文解字》主张[redacted]，憂字必须拿掉下面倒止，才训"愁也"。奈何此[redacted]字不被[redacted]接受，早已淘汰出局[redacted]。要说冤，这真有点冤。

忧的繁体　篆文　yōu　篆文

憂字上面从頁从心。頁（简作页）义为頭（简作头）[redacted]。心中愁，愁为心上秋，反映到头部[redacted]，[redacted]便是疾痛。造字正如此。义与憂愁相同，[redacted]还有[redacted]患字。患字从心，贯省声。贯省掉贝，横置便是串[redacted]字。贯串义同，古音亦同，象钱串形。[redacted]钱串

[redacted]之形，用细铁钎贯串[redacted]有孔铜钱，悬吊起来，[redacted]便是[redacted]一串千钱。[redacted]

解析患字，串只是纯声符。若要[redacted]从钱串上寻找忧愁之义，那是白费脑力。患，今常用于病患字。其实古籍忧字本身也有病[redacted]义。还有恙字，从心羊声，《说文解字》亦[redacted]训“忧也”。其实[redacted]常常用于指称疾病。

喜悦的悦字，《说文解字》查不到。许慎认为悦是俗字，正字作兑yuè。兑非[redacted]从八从兄，八兄与喜[redacted]悦扯不拢。

悦的正字　篆文　金文　甲骨文

要解兑字，你去照镜。[redacted]请作喜悦表情，你能看见鼻翼两旁的[redacted]八字[redacted]线，各从左右嘴角而下，[redacted]分外明显。你若板起面孔，八字线便浅了。篆文兑应该是从儿从口，[redacted]上象[redacted]八字线[redacted]形。八字线[redacted]相面书叫法令线。据其[redacted]深浅长短，推测寿命，信不信由你吧。兑在《易经》《诗经》音duì，另具意义，此处不说。

快急二字本义相去甚远。快是畅快，快活。快字从心，右为声符。急[redacted]是[redacted]紧急，急躁。急字从心及声。看篆文及是一人在前，另一只[redacted]手[redacted]正在提[redacted]拿此人。捕人之事，当然急嘛。快由畅快引申出快速义，急由紧急引申出急速义，是此二字本义虽相异，引申义却相同。邮寄有快件有急件，皆速递也。

快　急

古代官员在笏板上记[redacted]事[redacted]，用以备忘。甲骨文勿字正象笏板形，两撇表示书写[redacted]其上。篆文变形，古义[redacted]，被误释为旗杆上的三条飘带。忽字淹没[redacted]由[redacted]勿[redacted]而来，义为忘却。既有笏板在手，要上奏的事项就不必一条条记在心了，可以暂时把它忘了。笏板下一个[redacted]心，造成忽字，组成忽视、忽略[redacted]、轻忽、玩忽诸词。

忽的篆文 勿的篆文 甲骨文

惊字简体，从心京声。京是纯粹声符，受[redacted]惊之事与京城不相干。繁体作驚，字从馬（简作马），[redacted]义为馬受驚。驚字馬上的敬是最初的警字。[redacted]篆文敬字象手拿棍[redacted]防狗之意，就是所谓提高警惕。后来加人旁成儆字，仍是一人拿棍防狗，《说文解字》训为"戒也"。于是把[redacted]腾出来的敬字派去训"肃也"，此后[redacted]才有[redacted]尊敬、恭敬、敬鬼神诸词[redacted]。

惊的繁体 篆文 惕的篆文 金文

[redacted]惕字从心易声。在甲骨文，易字最初象一杯水倾倒[redacted]入另一杯之意，义为改变，后省[redacted]略为残杯盛水。到金文渐变形为蜥蜴。[redacted]蜥蜴类有一种变色龙[redacted]，能改变体[redacted]色[redacted]以退敌[redacted]，[redacted]所以[redacted]命名为易，而加虫旁。人见蜴而[redacted]警戒，是为警惕。后世遂说易字象蜥蜴形，也算与时俱进。

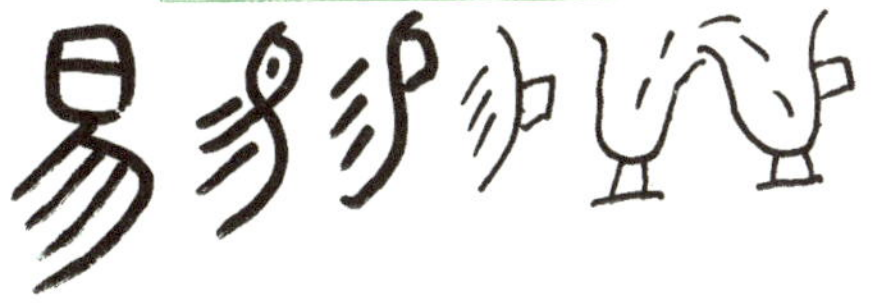

易的篆文 两个金文 两个甲骨文

131·怡怠恶惶恭

流沙河

怡　怠

怡怠二字同为从心台声，本是一字两写，义皆快乐。后乃各立门户：享有快乐为怡，耽于快乐为怠。怡则怡情，怠则怠惰。一[redacted]好[redacted]一[redacted]坏，其义相反，读音亦异，遂成二字。台作声符，在怡音yí，在怠音tài。唉，这是莫可奈何的事，耐烦些吧。且说台字，台yí非臺之简化。台字古已有之。分解开来，从口从厶[redacted]厶亦声。韩非认厶为私有之私，不妥。厶音yǐ，象薏苡子实形。厶是苡的古写。厶加人就是以，所以以是苡仁（人）。

厶的篆文　三个金文　甲骨文

金文厶有从口从人的，表示苡仁可食。薏苡为禾本科植物，茎叶略似高粱，叶腋生花结子。子实椭圆，坚硬光泽。子仁白色，通称苡仁，用于粥类。薏苡俗呼药玉米，又叫回回米，入药用。以字[redacted]义[redacted]为苡仁。苡仁可食用可药用大有用，所以[redacted]以训用。苡仁藏稃壳内，所以[redacted]以又训因。薏苡之薏，意即心也，谓苡仁藏稃壳内也。《逸周书·王会》有桴苡即稃苡，薏苡也。《诗经·周南·芣苢》[redacted]为陕南农妇[redacted]采薏苡之[redacted]作。芣同稃，苢即苡。今陕南一带在周朝称周南，[redacted]历来出产薏苡。可注意者，陕南以及

[redacted]陇南一带，远古时[redacted]为夏民族蕃息[redacted]地，治洪水的夏禹[redacted]所出自也。夏民族种植薏苡[redacted]，遂用薏苡做姓，写在书上[redacted]便是姒姓。薏苡因带来快乐而壮大，故造怡字如此。

惡（简作恶）字一看就留下坏印象。许慎认为坏就坏在上面的亞（简作亚）。亞古音与惡同。亞字象鸡胸驼背形，其义为醜（简作丑）。惡字初义不涉人的道德品质，只是像貌体态醜陋罢了。《孟子[redacted]》说[redacted]惡人虽然样子醜陋，只要[redacted]斋戒沐浴，做到身心俱洁，同样有资格参与拜上帝。许慎做《说文解字》，据《孟子》之说，释惡为[redacted]形体醜。甲骨文[redacted]出，真象[redacted]大白，令人失笑。

恶的繁体　篆文

说亞先说行。金文和甲骨文行是十字交道，原本名词，今训走路。亞是堵死出路，就像街上戒严，禁止通行。亞古音既同惡，详其字形，[redacted]音义[redacted]应与遏同，就是[redacted]遏制。所谓鸡胸驼背，活天冤枉。惡字从心亞声，本义只是[redacted]厌恶wù。形体醜，品质劣，皆可由厌恶而来。甲骨文无惡字。卜辞有亞，为品位较低的官职。孟子称亞圣，[redacted]赛事有亞军，出乎此。

行的金文　甲骨文　亞的金文　甲骨文

[redacted]惶恐的惶显然同皇帝没关系，正如蝗虫的蝗同皇帝没关系，一样皆取皇[redacted]做[redacted]声符而已。今人[redacted]滥用农药，杀一切虫，

惶 蝗

早已忘却蝗灾。旧时中原蝗灾可怕，庄稼不但颗粒无收，并秸秆亦啮尽，农民饿亡。《尔雅·释虫》蝗类名螽zhōng，分为五类。为害最烈者为飞蝗，飞则蔽天，落则遍野，田间一切，席卷而空。其来也，[redacted]鼓翅奋飞，大声嗡喤，[redacted]全村皆闻，十分恐怖。先民以其飞[redacted]声取名曰蝗，也是“其名自呼”。可以推想，惶恐一词来自蝗恐。蝗灾恐怖虽成历史，惶恐一词却留下来。

正如怡怠二字同为从心台声，恭㤨二字也是同为从心共声。《说文解字》恭训“肃也”，㤨训“战栗也”。恭敬严肃与吓得战抖皆从惧怕来，这是古代威权统治下的实情。恭㤨二字语源同出，后乃各立门户。人[redacted]感[redacted]惧怕，往往[redacted]拱背耸肩，全身战抖[redacted]。可见二字皆取共做声符，

恭 㤨 qióng qióng

很可能与拱背有关系。《尔雅·释虫》有蛬，就是蟋蟀。蟋蟀鸣时，[redacted]背翅拱起，抖动摩擦发声。先民睹此鸣虫，推己及物，认为它好像是[redacted]吓得战抖，所以名之曰蛬。后借蛩[redacted]代替之。

132·从肩到尾

流沙河

人有左右两肩。细看篆文，肩字从肉，其上象右肩形。后减一笔，错成从户。肩头与门户扯不拢，从户[redacted]不通。膀pǎng非臂膀bǎng，注意读音。膀在《说文解字》乃指两胁[redacted]而言。猪两胁肉，蜀人叫包胁肉，肥美可口。胁肉用于[redacted]川菜，有烧膀，[redacted]有烧白。据《广雅》，白应作胉，字义同膀，亦胁肉也。

肩的两个篆文　膀　胸　胃

膀字从肉旁声。胸在篆文尚无[redacted]肉旁，匈即今[redacted]胸[redacted]。匈字从包凶声，乃[redacted]指胸腔而言。胸腔包藏住心脏和肺脏，所以又叫胸膛，或叫[redacted]胸房。胃字从肉，其上象胃囊形。囊内饭渣菜滓，正在[redacted]消化，不必问了。篆文肉象猪腿形。造字者以猪腿代指人之肉体，[redacted]不得已也。

篆文腹从肉复声，简单的形声字，很容易认。追溯到甲骨文就麻烦了。甲骨文从人，而大其肚皮，已暗示其为腹字。犹嫌不明瞭，又在左旁加畐做声符。畐fú是[redacted]扑满[redacted]（畐扑古音同），俗呼攒钱罐，象形。难怪富福二字从畐，既取其义，又得其声。畐下又加倒止（趾），便是画蛇添脚，不必要了。另一个甲骨文只从人，不大肚，亦畐声。到篆文用蒸笼[redacted]置换了攒

腹的篆文　两个甲骨文

钱罐，意思[redacted]跟着变了。蒸笼重叠，複（简作复）[redacted]取得重複义。其下倒止，復（也简作复）取得回復义。腹则不取义于蒸笼和倒止，仅取复做声符而已。《说文解字》不认为畐是攒钱罐的象形字。释畐字云："畐，满也。从高省，象高厚之形。"意思是上部为高字[redacted]省略，下部似田者象厚。畐训满，所以攒钱罐名扑满者，盖取畐满也。

臍（简作脐）俗呼肚臍眼。篆文从肉齊声。齊（简作齐）在卜辞为地名，在周代为国名，与人臍不相干。篆文齊象薺（简作荠）形。野生薺可采食，故名薺菜。花白，细小。果荚亦细小，呈倒三角形，扁平。果荚[redacted]形状在甲骨文、金文、篆文都能一眼[redacted]认出。不过这仍然与肚臍眼不相干。[redacted]《说文解字》段注："凡居中曰臍。"意[redacted]谓臍等分身高。鄙人身高一米七，而臍高一米，可见[redacted]不等分，其说[redacted]不可据[redacted]。比篆文古老，金文臍尚未[redacted]从齊[redacted]乃用次做声符。这与"居中"[redacted]更无涉了。

齐的繁体　篆文　金文　甲骨文

脐的繁体　篆文　金文

腰要为古今字，要字是腰字的古写。其篆文和古文所示者皆女腰。俗话说："男子头，女子腰。"[redacted]谓其尊严不可冒[redacted]犯，所以造字如此。两个篆文都强调腰之细。古文明白从女，可知确指女腰。女子站在对面[redacted]，双手叉腰，尊严自见。腰部柔弱，易受[redacted]攻击，生出要紧、要害、重要、机要诸词。后[redacted]造腰字，腾出要字代理欲字。于是文言“吾欲”“汝欲”白话说[redacted]“我要”“你要”，要之本义被人遗忘。

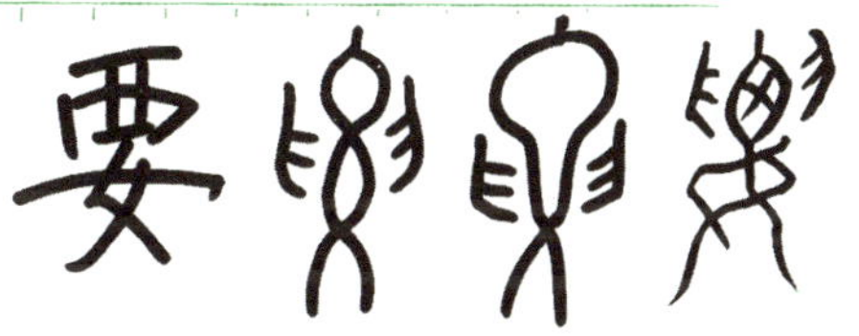

腰的古写　两个篆文　古文

《说文解字》分得细致，两个篆文同样音jǐ而义有指整体与指局部之分。从肉的为脊字，指脊部整体。无肉的则仅指脊椎骨。推想起来，读音既同，形亦不异，应是一字，而从肉的[redacted]晚造[redacted]罢了。篆文中[redacted]线象脊椎形。上端折线，颈椎。左右两边象肋[redacted]骨形。横线表示腰部所在。其下短线则尾椎也。

脊的两个篆文

人类无尾，而有尾字从尸，这就怪了。尸是活人坐着，代表已故先人，接受子孙祭拜。尸也是人，怎能有尾？许慎说古人衣裳有尾饰，或许[redacted]造字如此。其实不必曲为其说。吾人不妨自己摸[redacted]尾椎，乃知尾迹尚在，尾[redacted]骨突出尻上。何况人类[redacted]偶有返祖遗传而生尾者，哪怕极其罕见，仅占人口百万分之一，亦能轰动俗人耳目，广为传播，终入苍颉[redacted]法眼而成尾字，何足怪哉。

尾的篆文　甲骨文

133. 从胯到胯间

流沙河

俗呼大腿，古称股。两股之间为胯。胯字从肉夸声。推测肉旁是后加的，夸字已具备两股之间的意思。夸从大。大[redacted]象人横展其两臂比划说：“这么大[redacted]”此[redacted]人两股之间是个于字，做声符用。于古音huà转kuà。于即竽，管乐器。金文胯的竽置乐器盒内。夸本指人体两股之间的部位，今则借去作誇的简化字。夸部向上去是奎部，指人体左右髋骨之间的部位。奎字从大圭声。夸字后来加足旁，便是向前跨出去了。

胯的两个篆文　　金文　　甲骨文

俗呼沟子，古称尻kāo，今曰臀tún。沟乃尻之音转，沟子应作尻子。《说文解字》臀训“髀也”。髀股俗作屁股，不通。髀肉复生，刘备感叹久不骑马。常骑马者臀瘦。臀肥而英雄悲，可知髀肉就是臀肉，髀即臀也。篆文臀，笔划繁的从骨殿声，笔划简的先造。笔划简[redacted]的从尸象人坐形，尸[redacted]下一横表示臀所在[redacted]，其下两曲线象臀肉之两堆，再其下为坐几。坐几所承载者正是臀也。甲骨文则质朴可笑，乃画臀之侧视。同样可笑还有屎字，甲骨文作尸下四点，象人坐着排便

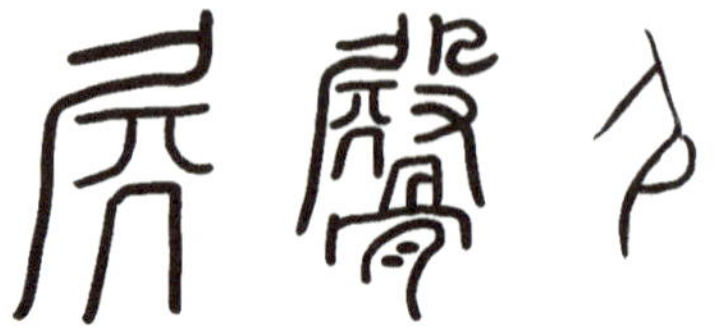

臀的两个篆文　　甲骨文

屎的古写　甲骨文

之形。《说文解字》无屎，但有屎的古写，训为“粪也”。卜辞[redacted]记载武丁“屎西单田”[redacted]。屎[redacted]谓给禾稼上粪肥。这是[redacted]国王亲自[redacted]到西坛实验田[redacted]去施肥。古代国王表演农事，实属[redacted]劝农活动而已，历代如此。屎的古写，在经籍中似未露面，早作废了。

《说文解字》释示字很庄严：“天垂象，见吉凶，所以示人也。”篆文示，[redacted]说是从二，二是上字[redacted]古写[redacted]。二[redacted]下的三垂线[redacted]，又说是[redacted]日月星。示字义为天象昭示人类，有吉有凶，必须留意。今释示[redacted]为男根之象形，未免太[redacted]具颠覆性了[redacted]，所以阻力甚大。一，认为是[redacted]祭天柱之形，左右两撇是[redacted]柱上[redacted]的彩幡。二，认为示与宗同，为供奉的神主。三，认为是石柱的象形，代表神祇。以上三说都有根据，不可妄驳。不过若问一句：“祭天柱、神主牌、石柱神出现之前，示文应该是啥呢？”远古人类群居，形成各个部落。一个部落兴衰存亡，多取决于成员增减[redacted]。可知[redacted]宗教形成前，先民已[redacted]有生殖崇拜了。世界各地皆有象男根之石柱存遗至今（成都有天牙石），是其证也。所以追[redacted]究到底，示应该为男根之象形。只是后来文明臻进，男根[redacted]改造为祭天柱，为神主牌，为石

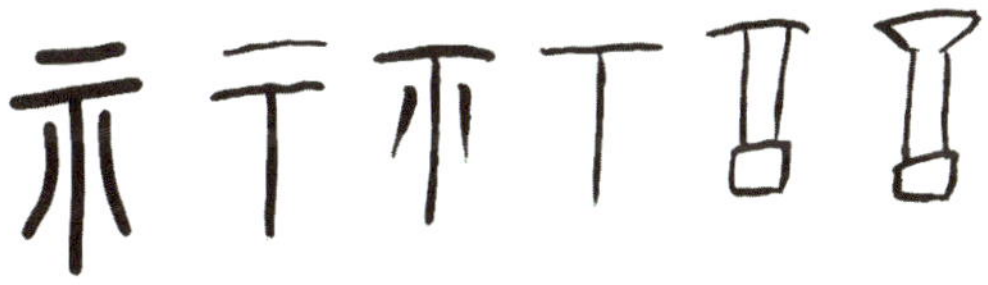

示的篆文　五个甲骨文

柱神，为[redacted]石敢当，为诽谤木，为华表，为佛塔，亦与时俱进也。示字本义史前时代已经隐没，古代典籍所见示字竟无一例[redacted]释为男根，也就不足怪了。与示同音的势字，[redacted]本义为态势，[redacted]借去顶替示字，指雄性[redacted]生殖器。骟牛马曰去势，还算留下一点痕迹，暗示示[redacted]曾经指男根。古代乡村，[redacted]男性[redacted]随地小便，也不避人，遂有“出示”“显示”这些说法。认[redacted]人看曰[redacted]示，看他人[redacted]曰视，就这样来的。

《玉篇》有了字，其义为悬挂，音liào。悬挂就是吊，所以了又音diào。看篆文了字象男根形。[redacted]《水浒》有[redacted]骂人的鸟diào，其实应该是[redacted]了[redacted]字而音diào才对。俗[redacted]造屌字，因其下垂悬挂，所以从尸从吊，音diào，拿来代替《水浒》的鸟[redacted]。读书人嫌不雅，避免[redacted]用这个字。了字本义今亦隐没不彰了。

了的篆文

祖宗的祖最初[redacted]作且，音zǔ。试看组、阻、诅、俎、租、助诸字皆用且作声符[redacted]，便明白[redacted]且字古音zǔ。前人多主张，且字象神主牌或坟[redacted]碑。不过甲骨文且分明[redacted]保留着男根形，一瞥而知，终难否认。且zǔ音转椎zhuī，便是客家话的椎子，又转槌[redacted]chuí，便是四川话的槌子，皆指男根而言。后来文明臻进，家族制度[redacted]成熟，且字才加示旁作祖，变成祖宗的祖。

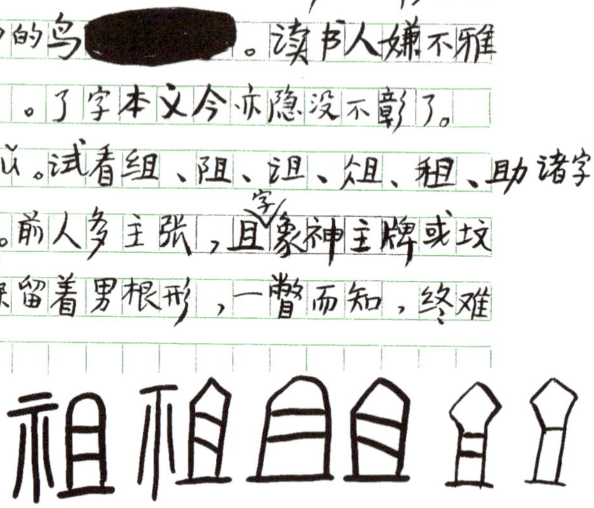

祖的篆文　三个金文　两个甲骨文

134·膝与屈膝

流沙河

中国戏剧家协会四川分会

古人说的"席地而坐"，今人看了说："明明是跪嘛。"看甲骨文，一人跪在地上，置手于膝，表示这是膝字。到了篆文，结构未变，但是俯首屈身过甚，怕不好认。不得已，在左旁加一个漆树的漆字之古写做声符。这个是正体字。今变成俗体[redacted]的膝字了。当初造此字[redacted]，想用膝头代表人体[redacted]四肢的关節（简作节），所以膝節二字读音相近。简体的节拿掉草头，就与甲骨文膝结构相同，可知膝[redacted]節同源，曾经为一个字。節指竹关節，与膝关節有相似之处。难怪《诗经·齐风·东方之日》借即为膝，云："彼姝者子，在我室兮。在我室兮，履我即兮。"所谓"履即"乃指男女[redacted]相对跪坐，[redacted]用趾搔触对方的膝头。此例可证膝節二字音近。

膝的正体　两个篆文　甲骨文

试看卷邑二字，也能悟到膝節二字曾为一字。卷juǎn字动词，义为[redacted]裹成[redacted]筒状[redacted]。篆文卷为啥从膝[redacted]？膝关節能蜷屈也。又看邑字，义为城镇。金文和甲骨文用圆圈代表城镇[redacted]。邑字下面不是巴，而是膝，[redacted]只因为邑在交通线上正好比膝在腿上，都具有关節的性质。篆文邑圆圈变成口，便讲不通了。

卷的篆文　邑的篆文　金文　甲骨文

说到肥字，也要提醒，右边不是巴，而是膝。看篆文便知是人跪坐，置手于膝，肥字从膝。膝在这里代表腿部。膝之上为大腿，膝之下为小腿。腿部肥厚多肉，所以造字如此。肥字从膝，等于从腿。从膝等于从腿[redacted]，又举一例，就是仰字。仰字人旁是后加的，古写尚无人旁。看其篆文，从匕（妣）指妇人[redacted]，从膝指腿部。妇人平躺，两腿[redacted]抬起，就是古写[redacted]尚无人旁的仰。加人旁使[redacted]字义一般化，便与男女房事不相干了。仰望，仰慕，[redacted]瞻仰，景仰，今人[redacted]常用[redacted]不[redacted]疑，谁会想到那上头去[redacted]。

肥的篆文

仰的古写　篆文

我在前面说过[redacted]，膝字[redacted]甲骨文那人的姿势，古人说那[redacted]叫“坐”。古人坐姿有二：尾椎搁置[redacted]脚后跟[redacted]叫安坐；[redacted]尾椎离开脚后跟叫危坐。篆文危[redacted]为人立山岸边[redacted]上，象危险意。其下为啥从膝？想[redacted]惧高危，吓得腿膝战抖，所以造字如此。与安坐比起来，危坐就是“不安”，这是用危字的引申义。古代大官小官同样[redacted]“席地而坐”。见大官[redacted]来[redacted]，表示尊敬，小官纷纷由安坐而危坐。南北朝[redacted]后，兴[redacted]坐椅子。你若单独[redacted]席地危坐，就矮了一大截，等于自[redacted]辱。[redacted]危[redacted]加足旁的[redacted]跪字。从此[redacted]危坐[redacted]叫跪[redacted]并以下跪为卑[redacted]贱。

（不过《说文解字》已有）

危的篆文

从膝等于从腿，还有一例是腳（简作脚）。腳字义指胫部。[redacted]膝头以下，[redacted]踝骨以上，这一段谓之胫，俗呼小腿。腳字肉旁是后加的，古写只作[redacted]卻（简作却）。卻字从膝等于从腿。因为属于腿，所以要从腿[redacted]。左旁的谷jué为声符，不参与字义。[redacted]谷与[redacted]噱jué为古今字。噱字义为大笑。人大笑时，不但嘴角两边纹路深现，脸上多条纹路都展现了。篆文谷字正象面纹大现之形。

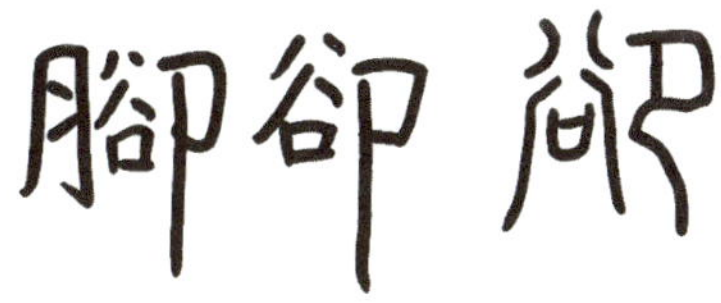

脚的繁体　古写　篆文

膝字若作动词，其义[redacted]便是屈膝，出现于抑字与印字的结构里，篆文抑印二字结构[redacted]相同，不过一正写一反写而已。恐怕最初本是一字，今之摁字是也。看篆文抑与印都是用[redacted]爪（手）摁头，使之屈膝。距今四十年前搞文化大革命，这类场景到处都能目睹。那时[redacted]被揪斗的各类分子都尝过这苦头，看了这两个字应该“倍感亲切”。

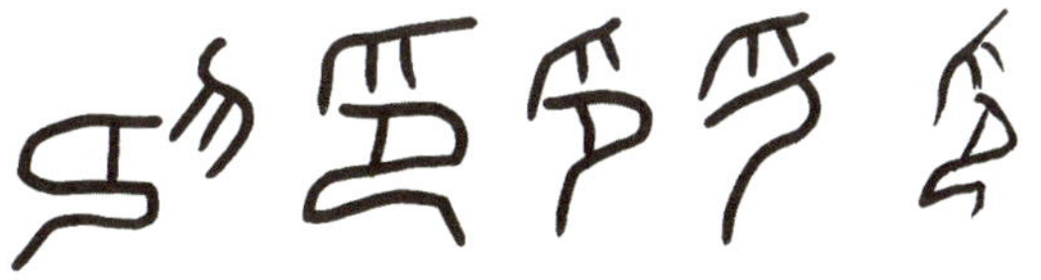

抑的篆文　印的篆文　两个金文　甲骨文

抑字训摁，好懂。印字也训摁吗？我说可能。印最初是动词，即今之摁[redacted]，到汉代兴用印章了，才转成[redacted]名词[redacted]的。[redacted]于是一字分化为两个字，一作抑，一作印。抑印双声，可以对转，暗示同一语源。

135·从足三组连绵词

流沙河

足 疋 两个甲骨文

足zú疋xū今为二字，形音义三者彼此都不同[redacted]实则最初本[redacted]来是一个字，皆指人的足部。足部曾经包括大腿小腿以及脚跟脚趾在内，所以甲骨文足从止（趾），并象腿形。那时止和腿连在一起才[redacted]叫足[redacted]。篆文足字求简，用圆圈表示圆柱状的腿。今则字义大大收缩，足等于脚。其实脚在古代乃指小腿（胫部），现今字义[redacted]改变为指脚板，脚等于止（趾）[redacted]。脚板到[redacted]此而完，所以[redacted]说终止[redacted]。人体到足而[redacted]尽，所以说满足[redacted]。

蹉字从足从差，差亦声，字义[redacted]为跌跤[redacted]。差就是[redacted]错[redacted]。脚踩[redacted]错了跌一跤。蹉跎组成叠韵连绵词，却另有其含义。时光[redacted]耽误了，谓之岁月蹉跎。蹉跎音转糟蹋，含义相近，为浪费，为损失。凡连绵词不能拆开来讲，

蹉跎 跳踉

cūo tuó tiào liáng

其义当以音韵求之。跳踉组成复词同义。踉义同跳。跳踉就是跳来跳去。《庄子·逍遥游》说狸狌"东西跳梁，不避高下"，"跳梁"即是跳踉，并非在梁上跳。梁是同音假借字。

蹇字义为跛足，俗呼跛子。《说文解字》[redacted]此字从足，寒省声。看篆文从寒省。窃以为应该是从塞省，似有阻塞而颠跛，不能畅行。正如謇字也该是从塞省，似有阻塞而口吃，不能畅言。篆文蹇[redacted]謇都可能写错了。

蹇

躉
趸 dǔn

货物批成[redacted]谓之躉（简作趸）[redacted]。货物批发谓之躉卖。蜀人不音dǔn而音duì。字从萬（简作万），数量极大也[redacted]。又从足，足够也。萬足[redacted]凑在一起，构成躉字，其义自明。

蹢躅
zhí zhú

蹢躅和[redacted]蹉跎，又不同[redacted]是双声连绵词，不能拆开来讲，当以音韵求其词义。《诗经·邶风·静女》："静女其姝，俟我于城隅。爱而不见，搔首踟蹰。"可知最早字作踟蹰，义为徘徊。蹢躅、踯躅、彳亍、踟蹰，不过借字表音而已。语源可能出自蜘蛛。蜘蛛结网，绕着圈跑，不正是徘徊吗？

跌蕩
diē dàng

跌字从足从失，义为失足[redacted]倾倒。走路不小心，[redacted]忽视地面的凹凸，一脚踩虚[redacted]，就会跌[redacted]跤。失足为跌，字义明摆着，不劳探索。双声连绵词跌蕩（简作荡）却与跌跤不相干，词[redacted]义乃指[redacted]放纵[redacted]不拘。跌蕩音转倜傥tǎng，词义又变，乃指卓越不群，[redacted]遂成褒辞。倜傥也不能拆开讲。

蹵
蹴

蹴cù字义与[redacted]踢同。[redacted]吾国古代踢足球曰蹴鞠。鞠即毬之古今字。[redacted]字从革者，[redacted]皮缝制也。[redacted]又从[redacted]匊[redacted]者，[redacted]双手捧着曰匊，[redacted]喻其体积之大小也。近代[redacted]改用[redacted]球字[redacted]。[redacted]球字[redacted]从王求声，义为美玉，借来顶替毬字。

跋字从足，可知与行走有关系。右边是犬，尾[redacted]上一撇，表示此处被外力拖住了，[redacted]走动不便，艰难[redacted]爬行。《诗经·

跋

豳风·狼跋》用"狼跋其胡，载疐其尾"形容老狼[redacted]行动艰难，跋字义为踩踏。老狼前行[redacted]踩着[redacted]了颔下的赘肉，后退[redacted]踏住了自己的尾巴。今[redacted]人说的"处境狼狈"，应作狼跋才对。[redacted]古音跋与沛同，所以跋错成狈[redacted]。后世题词在书卷前曰序，在书卷后曰跋。此跋却与踩踏之义无关，或许是[redacted]表示拖在尾巴上罢了。《新唐书·褚无量传》："贞观御书皆宰相署尾，臣位卑不足以辱，请与宰相联名跋尾。"意即签名于后，如今所谓联署是也。序跋之跋又或许是由跋尾来的吧。

撐的繁体　古写

撐（简作撑）字义为支撑。古写从足，尚省声。古写从足而义为支撑[redacted]，是说[redacted]足部支撑着我们的身体。如前所述，足部曾经[redacted]包括大小腿[redacted]以及脚跟脚趾，由上而下连在一起成圆柱状，这样才能起到支撑作用。这个古写[redacted]字《说文解字》足部不收，而列入止部，恐怕不对。古写被取代，才造出[redacted]撐字，右下改从牙。[redacted]齿是共名，臼齿单独[redacted]名牙。[redacted]进食之际，须赖上下臼齿支撑，以便[redacted]嚼碎磨细，所以撐字从牙。又[redacted]考虑到撑船撑竿都用手，所以[redacted]又[redacted]把从牙改为从手。然后再加[redacted]提手旁，以免与掌字混同。简体字撑就这样面世了。

136·一直走下去

流沙河

走字上面明明是土，篆文却是夭。如果不看篆文，你就认不得这个走。走字从止（趾），趾义为脚。行走要用脚，这好懂。为啥从夭？《说文解字》夭训"屈也"。看其字形，象头部向前倾，屈其颈也。古所谓走，乃今之跑。人跑步时，头部须向前倾，这样跑得更快。走字从夭也好懂了。奔字同样从夭，奔也是跑。其下为卉，声符。

走　奔

趣字从走取声。趣字义为加快脚步。途中加快脚步，总是有所打算。于是趣字有了志趣、意趣、旨趣、意向诸引申义。再引申更有了趣味、有趣、谐趣诸义，距离加快脚步本义已很远了。趨（简作趋）字同趣一样也是形声字，义亦相近，《说文解字》训"走也"也就是跑。跑步总有方向，生出趋势一词。趋与去音相近，但是字义取向各异。趋往彼地同时，也就离开此地。离开此地正是去字初义。

趣　趨

去的篆文　甲骨文

甲骨文去，象人离去洞口。离去可快可慢，不一定奔跑，所以去字从大不从夭。篆文变洞口为饭筥，筥做声符。华北农村，给田地里送饭，盛在筥中送去。离开此地同时，也就走向彼地，所以去字又有去到外地的意思。

四川文艺

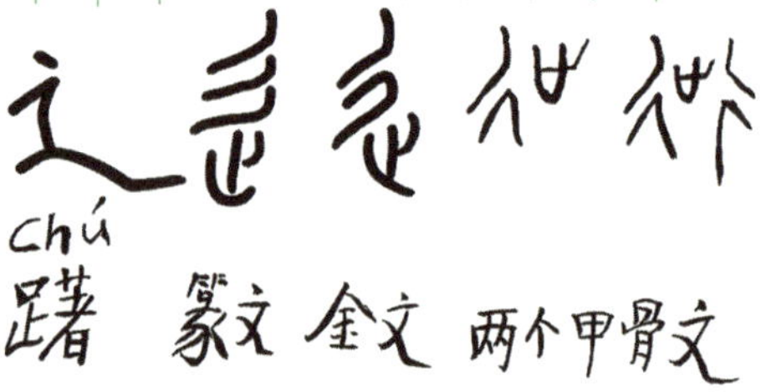

作为偏旁，用于迎、返、速、逃、追、退诸字，俗呼走之，这是啥字？一番考证，这还真是一个字，在《春秋公羊传》里用过，就是今之躇chú，字义为走路。前举迎、返、速、逃、追、退诸字，个个都与走路有关，所以用作偏旁。这个字[redacted]甲骨文早就有了，从行从止（趾），义为走在行中亦即[redacted]十字路上。金文十字路剩一半，从彳从止。篆文彳变三撇。隶变[redacted]所谓[redacted]走之，更认不出来了。

達（简作达）字训通，今曰通達。注意，走之内不是幸，比幸字多一横。此字篆文从大从羊，音dá，做達字的声符。甲骨文達今写出来便是简体字达，可谓今古暗合。

連（简作连）字本义指人力車（简作车）。其制为乘客坐在車厢内，前面绳系人拉。字从走之，人在前面拉着走路，从車，客在車中坐着。人車之[redacted]间[redacted]一绳[redacted]牵系，乃有連续、連结、連坐诸词。水上藕花与水下藕連在一起，故名蓮花。連字[redacted]本义隐没，遂造輦[redacted]字顶替，仍旧[redacted]指人力車。你看，两个車夫正在拉呢。

遣的篆文　两个金文　甲骨文

[redacted]遣字义为遣送。试与金文比较，便知篆文遣字右边全写错了，以致解说不清。看甲骨文，一手持苡仁送给另一手。其下一口，表示可食。苡的[redacted]另体[redacted]作苢，从草，象薏苡形。苡仁滋补入药，可作礼品赠送亲友。加走之旁便俱遣送义了。

追的篆文　金文　甲骨文

追字难道是追[redacted]苡仁[redacted]，当然不是。苡和苢今音yǐ而古音sì，难怪[redacted]以声的似和姒、吕声的耜都音sì。師[redacted]（简作师）字左旁[redacted]薏苡字做声符。甲骨文和金文看来是[redacted]薏苡形，其实是師之省。从止（趾）从師省，甲骨文和金文追字义为打仗“追奔逐北”。追字变成篆文又写错了，害得专家误解。

旧说進（简作进）字隹声。隹zhuī指[redacted]短尾鸟类。zhuī声与進声距离[redacted]太远了。進字从隹，[redacted]或许是取鸟类不能退飞之意。《春秋》载“六鹢退飞过宋都”，那是妖异反常。不能退飞，只能進飞，所以進字从隹。退字篆文日下倒止（趾），太阳有脚，表示“日踵”。太阳在黄道十二宫[redacted]缓缓移动，自[redacted]西向[redacted]东，每月一宫，一年走完十二宫，[redacted]回到起点。常人看太阳每天自东向西跑。古代读书人懂[redacted]“日踵”，知道太阳每天都[redacted]在自西向东逆行，故造退字如此。

进的繁体　篆文　退的篆文

137. 行走在路上

流沙河

四川文艺

征的篆文　金文　甲骨文　甲骨文正

正字义为“正行”，也就是正步走。正确、正派、正统诸词都从士兵操正步来。甲骨文正从止城声。那个方块是城的象形字。征字义为出師（简作师），多属[redacted]征战活动。甲骨文征所以左旁是師之省。征字是按照金文写的。若按照篆文写，就不能双人旁，而该是走之旁。

徙的篆文　甲骨文

徙字义为迁徙。注意甲骨文是两只左脚（步是左脚在前右脚在后），表示不止一[redacted]人[redacted]。搬家成员走在一路[redacted]，人数不少。隶变成徙，右边仍[redacted]是两只左脚，忠实于甲骨文。其实篆文[redacted]细看并未走样，不过[redacted]移[redacted]动一只左脚到左旁去罢了。

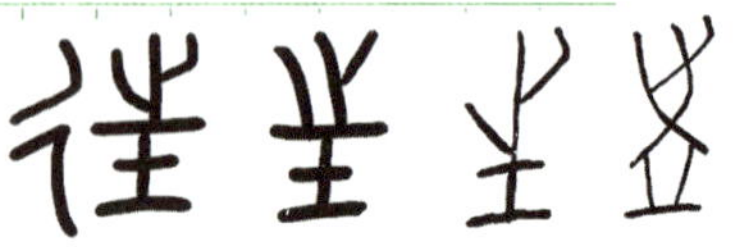

往的篆文　金文　两个甲骨文

往字《说文解字》训“之也”。篆文往拆开看，左旁彳，右上之，右下土。之是动词，象草木滋生意。引申其义为去。由[redacted]此地去[redacted]彼地，曰往。[redacted]往字[redacted]右边含已[redacted]错成主了，遂不可解。金文和甲骨文简单许多，从土从止（赴）便是往字。篆文右上的之，在金文里仍旧是止。往彼地去与草木滋生[redacted]拉不上关系，可见篆文往所从的之字，实为止字[redacted]讹变而已。

御字本义为迎。甲骨文御从膝，表示双膝下跪迎接，左旁午做声符。午御古音同，正如吾予皆我，古音同也。顺便说明，午字象有丁字柄的杵锤形，夯地[redacted]用之。迎宾何用杵锤，[redacted]必定是做声符。御字金文加彳加止，表示走[redacted]去迎接。[redacted]迎接的若是鬼神，便加示在其下，字[redacted]作禦[redacted]。本是不同的两个字，今则[redacted]强拉御字做禦字的简体。禦是迎神活动，客有疑问："禦敌[redacted]也叫迎吗？"答："迎击也叫迎嘛。"又问："御用二字怎讲？"又答："认真说应该用[redacted]控马的驭字，用御字是同音假借[redacted]，也可以。"

御的篆文　两个金文　甲骨文

律起源于市场管理。首先是度量衡要划一。《尚书》说[redacted]"同律度量衡"亦即尺的长短、斗的大小、秤的斤两必须划一。[redacted]划一就要制[redacted]定[redacted]标准，这便是律。篆文右边握[redacted]笔表示划一，左旁行省表示执行。

律的篆文　甲骨文

建律二字篆文相似。有以异者，建下自左向右拖一曲线，[redacted]律[redacted]下没有。对照金文，方知篆文这条曲线乃是字[redacted]省笔，并无奥秘。建字最初应该是立界桩，[redacted]立旗杆。到[redacted]金文[redacted]建字才成形，我们能看见的已经是握笔表示规划，从彳从止表示脚步丈量地面，其义不言而喻是建筑房屋了。

建的篆文　金文

《说文解字》认为篆文廷[redacted]建[redacted]都是左旁从彳，而在其下自左向右拖一曲线。其实并非如此。看金文廷尤其明显，左旁象小船形，[redacted]是舟之省，右旁人立土上，是停字的古写，[redacted]声符[redacted]。

廷的篆文　三个金文

原来这是[redacted]艇字[redacted]自从被借去做朝廷的廷，左旁[redacted]改装[redacted]之后，小船就不见了。朝会之处曰廷，谓群臣在这里停留着。

《说文解字》释微为“隐行也”。隐行就是潜逃。篆文从彳[redacted]表示走[redacted]路，从人头上有[redacted]物遮蔽[redacted]表示[redacted]隐姓埋名，潜伏下来，免遭后面追击。金文和甲骨文[redacted]易被误认[redacted]象[redacted]发长[redacted]形。奈何发长受打击[redacted]于理不通，所以我以隐蔽释之。

微的篆文　两个金文　甲骨文

围和韦本一字，繁体作圍和韋。篆文二止绕城行走，已具圍城之义。金文四止，其义尤显。后来考虑到韋作皮韋用，才加框成圍字，[redacted]保持原义。卫繁体作衛，[redacted]指宫内的[redacted]守衛。[redacted]甲骨文从防省，谓防衛也。或不从防省而从人，则谓保衛主人也。从行谓巡逻也。

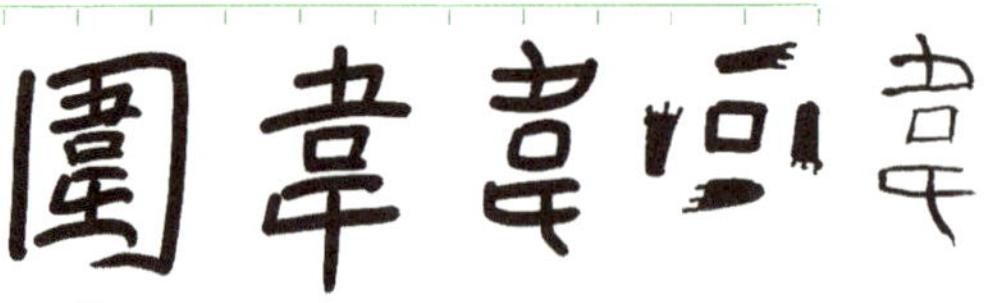

围　韦　篆文　金文　甲骨文

卫　篆文　金文　两个甲骨文

138.男女好眤孕

流沙河

四川文艺

远古之世[redacted]，人指男人。女就叫女，女不叫[redacted]人。后世才有"女人"[redacted]这种说法。看甲骨文，人字正是男子做爱最一般[redacted]的姿势。男字从力从田[redacted]以表示农作。力无形，[redacted]不可象，画胳膊连手掌以象力[redacted]量之意。

人的篆文 甲骨文 男的篆文 甲骨文

女字象黄河流域妇女坐炕上做手工之形。笔划看似复杂，实则仅有三划。母字结构[redacted]同女，但多两点表示乳房。

女的篆文 金文 甲骨文 母的篆文 妣的篆文 甲骨文

奶小孩是当妈的头等大事。造字者区别母女，只须两点便够了，先民不愚。妣指[redacted]亡母，从女比声。甲骨文匕本象饭匙之形，因字形近似甲骨文人字，便借来指妣母以及一般女性，而与专指男性的人字相映成趣。甲骨文匕，从左看是上柄下瓢，柄端挂钩，饭匙也；从右看是俯身屈膝，手臂下垂，女人也。

子固然象孩子襁褓形，但也借指男子。左女右子为好，音hào，义指情爱。《诗经》的"惠而好我，携手同行"和"中心好之，何日忘之"皆咏爱情。至今还有"相好"一说。情爱[redacted]堪称美事，引出美好之义。尼字从尸从匕。尸象人[redacted]高踞形，匕象女倚卧形。实则上男下女，暗

好 尼

指男女做爱。尼即昵，亲昵也。今派昵字做暱字的简体，因为可以少写五划。做爱须隐匿，暱字从匿得义[redacted]，而且得声。

婦（简作妇）在卜辞指商王的配偶。商王武丁有配偶名叫婦好，统兵打仗，蜚声[redacted]显赫。甲骨文婦[redacted]常常[redacted]不用女旁，使人愕然。原来帚就是婦[redacted]，帚字音fú。帚字义本扫把，借用为婦。如果帚和[redacted]婦音不同，就不可能借用[redacted]。

妇的繁体　篆文　两个金文　甲骨文　婦好

蜀人用扫把扫[redacted]一扫，说成是"帚[redacted]一帚"[redacted]，而音fú，犹存[redacted]帚的古音。安阳武官村大墓出土青铜器，上铸婦好之名[redacted]，正是"帚好"二字。帚字为何[redacted]改读今音zhǒu，有待探讨。

说也字象女性生殖器形，为《说文解字》一大疑案。许慎说得简单明白："也，女阴也。象形。"看篆文像喇叭花开，或可联想及之。然而考察金文和甲骨文，也它二字皆象蛇形，本是一字。严格说来，甲骨文里没有也字，只有巳字，巳就是也，字象蛇形。许慎女阴之说必有根据，不能用金文和甲骨文[redacted]驳倒他。汉代或许另有传承，不同于商周的学说[redacted]。试看也旁从又从卜的[redacted]攺，音义与施相同，而字形为对着女阴施力。男女交媾，《韩诗

也　攺 shī

25×20=500　　第二页

外传》说是"施化"。分开来说，施是男施，化是女化。男用力施，字本作攺。从攺字看，作偏旁的也字可能是象女阴之形。还有古代洗手用的青铜[redacted]器匜，用也[redacted]命名而形制似女阴，亦可旁证。然后说化，看金文和甲骨文正是成语"颠鸾倒凤"之形。《诗经·邶风·谷风》的"昔育恐育鞫，及尔颠覆"[redacted]，颠覆亦指男女交媾。化，道教说是化去成仙，儒家说是教化成人，都是用化字的引申义，而交媾本义已[redacted]隐去。交媾的结果是女子怀孕，出现一系列的因化而生之[redacted]变[redacted]，就叫变化[redacted]。化字由此获得新义，与男施女化无涉矣。

化的篆文　金文　甲骨文

篆文身象人身侧视形，佝背凸腹，状甚可笑。腹上一横，束带。凸腹胖子腰带下滑到腹部，古今皆然。最可[redacted]怪者有尾上翘。我想这些或出自造字者的谐谑吧。孕字从乃（奶）或与乳房发育有关。若看甲骨文，身孕二字同形，孕字多一小子在腹。包字今作包裹包含字用，其实包字本义乃是胎儿的胞衣。篆文包正象胎儿在胞衣内之形。原来包是最初的胞字。自从加肉旁造出胞字后，包字就失业了，被借去用于包裹包含。读者见到包字，也忘记了包内的包象胎儿形。

身的篆文　甲骨文　孕的篆文　甲骨文　包的篆文

139.毓育幺幼乳

流沙河

四川文艺

前面[redacted]说了，女加两点成母。现在文[redacted]说，母加小草成每。每字义为形容词，[redacted]指[redacted]草茂盛貌。不过古代可以[redacted]借作母用，这里不妨认每作母。毓yù篆文象母产[redacted]子。子头先出产道，所以倒写。头上三毛也可视为从川，川顺流，表示顺产。甲骨文简陋，从女，女产[redacted]倒子，或有两点羊水。育是[redacted]毓之异[redacted]体。[redacted]篆文育从肉从倒子，字义仍是产[redacted]子。所谓养育，先[redacted]育[redacted]后[redacted]养，该说育养。甲骨文育，小子似从井中喷出。其实不是[redacted]是从也省。前面说也字象女阴[redacted]形，甲骨文仅画其可见部分，到篆文才完整。与甲骨文[redacted]比较，便知篆文育所从[redacted]肉原本该是女阴，嫌其不雅[redacted]，被规范成肉了。

母 每 毓　毓的两个甲骨文

育　育的甲骨文

远古之世，部落通过产道努力繁殖人口，多生育猎手和战士，才得强盛起来[redacted]。所以分娩孩子为头号大事，动词竟有三个，除毓育外，第三个是后字。

后的篆文　金文　两个甲骨文

注意[redacted]此非繁体後字[redacted]简化，此后比後早出上千年[redacted]。篆文后从[redacted]人横置，表示这个是[redacted]女人，为啥从口？[redacted]看了甲骨文才明白，此口非嘴巴[redacted]，乃是小子头部先出产道。甲骨文简陋，男[redacted]人当[redacted]成母。可知造后字时章法尚未严密，后字比毓

四川文艺

和育更古老。后字出现于典籍上已失产子本义，转义[redacted]指"继体君"，见于《说文解字》。继体君，储君也，今曰接班人。接班候补，在君王身边侍候着，所以又转指王后，从接班人变成了[redacted]君王的正妻。今又[redacted]被分身兼任[redacted]後字的简体。

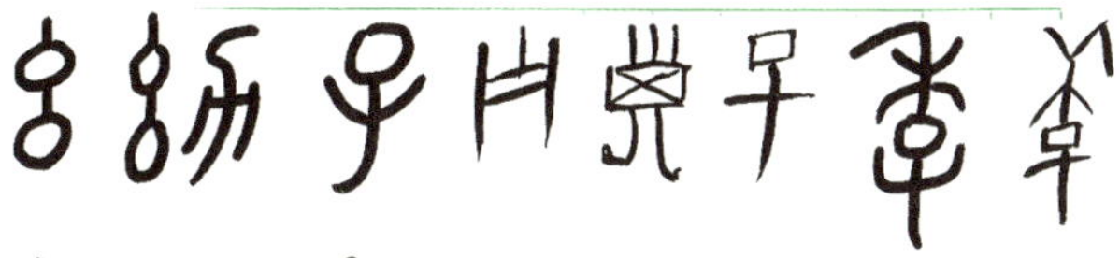

幺的篆文 幼的篆文 子的篆文 三个甲骨文 季的篆文 甲骨文

《说文解字》释幺："小也。象子初生之形。"释幼："少也。从幺力。"小子刚生下，手脚未展开，幺象此形。[redacted]幼儿身心[redacted]，肢体已有[redacted]力，所以幼从幺力。今呼幼小者为[redacted]幺弟、幺妹、幺儿。季字从禾，禾指小米，颗粒最小。最小的弟弟称季。三兄弟，孟仲季。季在末尾，春末称季春[redacted]，秋末称季秋[redacted]。后来颠倒用，乃有春夏秋冬四季之说。

子既育，要喂奶，雅言曰哺乳。《说文解字》认为乳字从乙，乙是玄鸟，[redacted]从爪，爪是鸟爪。于是下定义：[redacted]人类和鸟类产子都[redacted]叫乳。许慎未见过甲骨文，故有此误。甲骨文乳绝对与鸟无涉，原来是女人[redacted]着抱子喂奶。篆文求简，女人变乙，女手变爪，遂失本义。金文乳[redacted]同样是[redacted]喂奶，只是省掉女人[redacted]搂抱

乳的篆文 甲骨文 孔的篆文 金文

四川文艺

而已。孔乳二字[redacted]并非完全同义，孔是小孩跑来[redacted]索奶。蜀人[redacted]笑小孩[redacted]"猴奶奶吃"。猴应作[redacted]孔二字[redacted]古音相近。想想吼字用孔做声符吧。

毋字被[redacted]许慎说得很严重："毋，止之词也。从女一。女有奸之者，一，禁止之，令勿奸也。"一[redacted]难道是警棍能够禁暴[redacted]？毋与无与勿皆表wú声以示否定罢了，从字形是找不出否定[redacted]义的。卜辞有用毋字表达[redacted]"莫要"和"不得"的。后人终嫌不妥，在金文里就将毋字两点连成一杠，使之有所区别。篆文继承下来，亦无专门为禁止强奸而造字的意思。

奸字从干从女。干，犯也。奸字义指男干犯女，一看字形便懂。可知[redacted]字[redacted]义明明白白，只能用于性侵犯。姦jiān字《说文解字》训"私也"。盖以为女[redacted]人们聚在一起必有钩心斗角之事，自私便是姦邪之根。此处不必争论造字者的观念是否正确，还是就字说字。照此说来，奸臣、汉奸、奸滑、权奸都应该用姦字才对。显然，奸姦二字各秉形义，当非一字。奈何奸被指派做了姦的简体，生拉硬扯，不通之至。二十世纪四十年代报刊[redacted]有鉴于汉奸一词已定不可改，便将强奸写成强姦，这正[redacted]是要错[redacted]大家错。成汉姦（同胞[redacted]女不答应）

奸 姦
jiān

25×20＝500　　第 三 页

140·家庭成员与孝老

流沙河
四川文艺

古代婚姻制度，一夫一妻之外，尚有妾，地位低妻一等。《孟子》说故事"齐人有一妻一妾"，那是乞丐。寻常人家有妻有妾实不足怪。夫字从大，头上有横插的发簪。妻字篆文和甲骨文相同，

夫　甲骨　妻　甲骨　妾　甲骨文

都是有女仆来给她梳头，表示地位[redacted]名分。她头上[redacted]那只手[redacted]乃是女仆之手，非亲手梳[redacted]。妾低一等，得自己梳[redacted]。篆文妾[redacted]改发式为从辛[redacted]。辛篆本雕刀形，为黥面的刑具。字从辛[redacted]以表示[redacted]为罪人，地位低下。后世妇女自称为妾，[redacted]见于小说，那是谦词，当不得真。

婢[redacted]是女仆。婢字从女卑，卑亦声。妙在[redacted]篆文卑，甲下一小草。甲象豆[redacted]类萌芽，芽瓣顶着甲皮之形。

婢　奴　妥

甲即芽。豆芽根下附生[redacted]小草，便是[redacted]卑字。卑加女旁成婢，字义不言而喻。[redacted]旧时小姐[redacted]出嫁，带着丫环，谓之陪嫁。这就是婢，含有依[redacted]附[redacted]的意思。奴字从又女，义为女俘，拿来作女仆用。妥字从爪女，爪即今之抓，[redacted]是说女在掌控之下，表现顺从。妥协一词由此生焉。

媛字义[redacted]为美女，难怪女子取名为媛。美女为[redacted]何叫媛？许慎老夫子回答说："人所欲援也。"别[redacted]

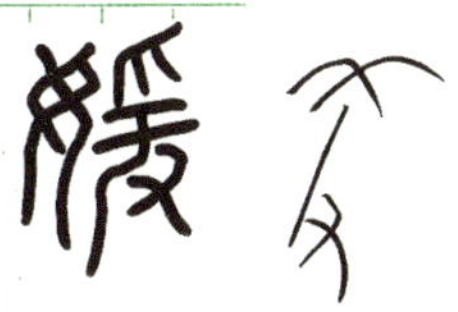

以 媛　爰的甲骨文

25×20＝500

为"五经博士"就那么古板，此话说得多么有[redacted]趣。正是美女有难，八方支援。媛字从爰，爰亦声。甲骨[redacted]文爰，上面的[redacted]手[redacted]递来一[redacted]竿[redacted]援拯下面的人，不用加提手旁，已构成援助义。

儿（简作儿）字古音ní同倪。古无er音之字。小儿头[redacted]部囟门未合，所以篆文法顶上不封口。子爱哭闹，所以眉眼下[redacted]斜。

儿　篆文　（妮）　篆文　婴　篆文

不能行走，所以翘着小屁股爬。篆文儿字全体象形。若是女儿，便加女旁。此字今已不行，以妮代之。华北口语称小妮子。婴（简作婴）[redacted]亦女儿。婴，阴也。女婴颈[redacted]系海贝为饰，所以造字如此。《玉篇》引《仓颉篇》："男曰儿，女曰婴。"古书所谓婴儿[redacted]包括女婴男儿，正如所谓妻子包括妻与子女。

远古氏族械斗，俘获敌族成员，雕刀[redacted]黥面[redacted]，[redacted]奴役使用。辛字象雕刀形，置于金文童之额上，表示有罪。横[redacted]目下面，东土构成重字，作声符用。到篆文已变形，省掉横目[redacted]。可知童字之本义为奴仆，与今义迥不同。孤字从子从瓜，瓜亦声。种瓜之法，一藤只留一瓜。瓜多了长不大。可知孤儿原指[redacted]独儿，并非《孟子》说的"少而无父曰孤"，与今义也不同。

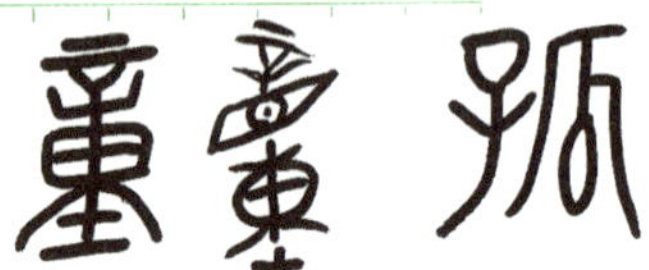

童的篆文　金文　孤

25×20＝500　　第二页

四川文艺

甲骨文士字没有[redacted]中间那一横，据说象征动物的雄性生殖器[redacted]。[redacted]这个垂直于地平线的象征符号，放在牛字旁边便指公牛，见于[redacted]卜辞。

士　上　壻

士的篆文　甲骨文　婿的正体

象征[redacted]符号进化[redacted]成文字，后就是动物去势的势字[redacted]。到金文加一横，使其有别于指一般的[redacted]动物，转而专指男人，便有了孔子誉为能"推十合一"的文士[redacted]的士字。壻（简作婿）字从士，选女婿重文化。又从胥，胥亦声。胥是小官吏，吃皇粮，那就锦上添花了。

高龄古称考，又称老。

老的篆文　金文　甲骨文　考的篆文　金文　甲骨文

[redacted]

更早些[redacted]古汉语有复辅音，高龄称考老kǎolǎo。复辅音今尚存，笆斗称栲栳，木偶称傀儡，土块称坷垃，细腰蜂称蜾蠃guǒluǒ，在四川室隅称角落guóluó，皆是其例。复辅音Kl分离[redacted]后，析成考老二字，于是分工，考指已故[redacted]，老指健在[redacted]。甲骨文考老二字同样[redacted]长发前披，不同的只是[redacted]考[redacted]扶杖而已。金文考改扶杖为[redacted]柯字的古写，作声符用。金文老从倒人，暗示走路[redacted]容易跌倒。认清老字，再认孝字，就很容易。你看小子热贴爷爷，讨得欢心。爷爷抚摸小子[redacted]头顶，显得满意。下孝上慈，不亦乐乎。

孝的篆文　金文

25×20=500　　第 三 页